Bénédicte MAZY

LANGENSCHEIDT

Vocabulaire de base allemand

Dictionnaire d'apprentissage classé par thèmes
avec phrases d'exemples

réalisé par le Service d'allemand langue étrangère

LANGENSCHEIDT

BERLIN · MUNICH · VIENNE · ZURICH · NEW YORK

Traduction: Micheline Funke
Rédaction: Hans-Heinrich Rohrer

© 1991 Langenscheidt KG, Berlin et Munich

Imprimé en Allemagne · ISBN 3-468-49402-5

Pourquoi un vocabulaire de base?

L'apprentissage et la compréhension d'une langue étrangère suppose la connaissance d'un certain vocabulaire. En tenant compte des termes appartenant aux langues de spécialité, le nombre des mots composant la langue allemande dépasse largement le million. C'est pourquoi il est tout à fait légitime de se demander combien de mots un apprenant de la langue allemande, que ce soit dans le système scolaire ou bien dans le cadre de la formation continue des adultes, doit maîtriser afin de communiquer dans une situation courante ou de comprendre un texte courant.

Les enquêtes statistiques dans ce domaine nous communiquent des résultats surprenants à cet égard: 66 mots constituent déjà 50 % de l'allemand standard oral et écrit, parmi eux trois mots «die», «der», et «und» forment 10 % des cinquante cités. Parmi les cent mots les plus fréquemment employés se trouve un seul substantif, le mot «Zeit», à la place 90. On peut donc en conclure qu'avec ces 50 % on dispose déjà d'une certaine «ossature» pour appréhender avec peu de mots le sens de textes allemands, mais évidemment c'est avec les autres 50 % qu'est exprimée la teneur d'un texte. Ce sont eux qui permettent la compréhension de certains thèmes. Les mots-outils ne permettent pas à eux seuls d'établir la communication. Il faut donc connaître en plus de ces mots-outils certains mots pleins qui rendent possible la compréhension d'une discussion générale ou d'un texte standard. Ce savoir fondamental sert de base à toute acquisition ultérieure de mots et de thèmes en langue allemande.

De combien de mots se compose un vocabulaire de base y compris les mots pleins? La plupart des programmes scolaires se réfèrent aux magiques 2000 mots minimum. Le vocabulaire de base que nous présentons contient 2×2000 mots. C'est à dire que outre les 2000 mots les plus importants de domaines divers qui permettent à l'apprenant de comprendre env. 80 % de tous les textes, nous avons un autre groupe de 2000 mots dont le taux de fréquence vient en deuxième position, cette deuxième phase d'apprentissage permettra la compréhension des 5 à 10 % restant des textes.

L'articulation du vocabulaire de base en deux groupes «1–2000» et «2001–4000» a été conçue de manière à aider l'apprenant à acquérir une base solide formée des 2000 premiers mots. Dans la deuxième phase d'apprentissage l'apprenant élargira ses connaissances, d'une manière globale ou ciblée sur l'un ou plusieurs thèmes.

Au cours de cette deuxième phase d'apprentissage l'apprenant sera confronté avec des mots déjà connus, mais dont il ignore certains emplois ou des significations plus spécifiques.

C'est ainsi que le mot «Band» apparaît deux fois: «das Band» sous la catégorie thématique «Vêtements», 5.4, et «der Band» sous la catégorie «Apprendre et savoir», 2.8.

Un vocabulaire de base »bilingue«, pourquoi?

Actuellement l'enseignement de l'allemand se fait dans la majorité des cas dans cette langue. En général, le nouveau vocabulaire est expliqué en allemand avec des mots simples et illustré par un exemple pratique.

Cependant la réalité scolaire implique le recours souple à la langue maternelle pour éviter à tout prix la confusion. Les manuels d'allemand unilingues comprennent souvent un lexique bilingue ou un glossaire d'accompagnement dans les deux langues.

Quels mots?

La conception de cet ouvrage, destiné aux apprenants en milieu scolaire ou aux adultes en formation continue, est basée sur de nombreuses sources. Ainsi une exploitation systématique a été faite de divers vocabulaires de base allemands parus à l'étranger et en Allemagne. On a tenu compte pour la sélection des mots des résultats d'enquêtes sur le taux de fréquence langagière en allemand écrit et parlé.

Il n'est pas possible dans le cadre de cette introduction de faire une liste complète de toutes les sources utilisées. Citons pour les spécialistes les enquêtes linguistiques de Kaeding, de Meier, d'Ortmann, le Corpus 1 et 2 de Mannheim, le Corpus de la langue de la presse de Bonn, le Niveau Seuil du Conseil de l'Europe, le vocabulaire fondamental allemand langue étrangère de la fédération des universités populaires allemandes et les travaux de l'Institut Goethe. Le vocabulaire de base peut donc servir d'outil de travail pour préparer l'examen officiel «Zertifikat Deutsch als Fremdsprache».

Comment se présente le vocabulaire de base?
Classement par thèmes et par importance.
Entrée avec phrases d'exemple

Le «Vocabulaire de base allemand Langenscheidt» n'est pas présenté par ordre alphabétique, il est classé par thèmes. Du point de vue didactique, un apprentissage structuré par thèmes est plus facile et donne de meilleurs résultats. L'appartenance à un même thème engendre des associations entre les mots. Un mot bien contextualisé est bien mieux mémorisé, donc mieux employé dans une situation donnée.

Vous trouverez encore davantage d'exemples illustrant le sens d'un mot dans le «Cahier d'exercices» qui accompagne ce vocabulaire de base.

Dans la mesure du possible, les mots utilisés dans les phrases-exemples font partie du vocabulaire de base.

Pour qui?

Le vocabulaire de base allemand est adapté aux publics suivants:
1 Apprenants ne disposant que de connaissances floues. Sans acquérir la maîtrise d'un certain vocabulaire de base, toute progression reste illusoire.
2 Candidats se préparant à un examen. Ils peuvent utiliser le vocabulaire de base pour comprendre les définitions d'un mot retrouvé dans un dictionnaire unilingue.
3 Adolescents ou adultes qui veulent tester, revoir ou fixer leur vocabulaire de base pour faire un bilan autonome du niveau de leurs connaissances.
4 Personnes devant effectuer un séjour à l'étranger. Elles seront en mesure de communiquer dans toutes les situations quotidiennes, après avoir assimilé le vocabulaire de base.
5 Débutants.

Le «Vocabulaire de base allemand Langenscheidt» et le «Cahier d'exercices»

Le vocabulaire de base allemand est accompagné d'un cahier d'exercices.
L'apprenant choisira de travailler uniquement avec le vocabulaire de base ou d'approfondir ses connaissances lexicales par des exercices.
Un travail systématique avec les deux ouvrages familiarisera l'apprenant avec la méthode d'apprentisage du vocabulaire.
Le vocabulaire de base et le cahier d'exercices ne peuvent se substituer ni à un dictionnaire ni à une grammaire. L'apprenant doit consulter un autre ouvrage pour avoir toutes les flexions verbales. Nous avons cependant indiqué après l'entrée toutes les formes de flexion qui ne sont pas régulières.
Un mot ayant des significations différentes selon son utilisation, nous avons expliqué ces différences par des exemples précis, par exemple:
Fußball m, -(e)s, kein Pl. Fußball ist bei uns die beliebteste Sportart
(Fußball = discipline sportive)
mais
Fußball -bälle   Die Fußbälle sind aus Leder
(Fußbälle = ballons de foot)
Il est naturellement impossible de présenter tous les sens et tous les emplois d'un mot. En partant d'un critère de fréquence, nous avons retenu les utilisations les plus importantes ainsi que les formes grammaticales courantes. Ainsi nous n'avons pas tenu compte de formes verbales rares

ou peu usitées. Dans la même optique, peu de termes appartenant à une langue de spécialité figurent dans notre inventaire, la signification courante d'un mot est toujours privilégiée. En outre le nombre de mots-composés, très grands en allemand, est volontairement limité, mais une bonne connaissance du vocabulaire fondamental fournit à l'apprenant la base nécessaire à la compréhension et à la formation d'autres mots composés.

Comment travailler avec le vocabulaire de base?

Une certaine systématisation dans l'apprentissage est indispensable pour réussir. Voici quelques suggestions:

1. Profitez des avantages du classement par rubrique thématique. Ne travaillez pas page par pages, mais par rubriques, par exemple 6.3 Argent et possession! Il existe des associations entre les mots de la même rubrique. Les rubriques thématiques s'interpénètrent. Le titre des unités lexicales vous aidera aussi à retenir les significations.

2. Commencez par apprendre dans chaque rubrique les mots de 1 à 2000. Plus tard vous passerez à l'apprentissage du deuxième degré, 2001–4000.

3. Travaillez chaque rubrique séparément. Choisissez d'abord celles qui vous plaisent davantage, puis les autres. N'oubliez pas qu'il vous faut acquérir le vocabulaire de toutes les unités lexicales.

4. Apprenez systématiquement. Progressez pas à pas! Lisez un encadré, c.a.d. le mot imprimé en caractères gras et sa phrase-exemple, et essayez de retenir la paire mot/phrase. Continuez pendant huit à dix encadrés et cachez ensuite la colonne de gauche. Retrouvez le mot caché et aussi l'exemple. Pour contrôler enlevez le cache de la colonne de gauche. Procédez de la même façon pour tout un groupe de mots. Faites une croix dans la marge devant les mots que vous ne savez pas et continuez ainsi. A la fin vous pouvez faire un contrôle oral et écrit de tout le groupe de mots.

5. Variante: au lieu de cacher la colonne de gauche, cachez celle de droite, procédez comme au par. 4. Apprenez seulement les phrases-exemples afin de retrouver dans son contexte le sens du mot, cela vous aidera à en fixer la signification.

6. Vous pouvez en cherchant un mot dans l'index alphabétique essayer de découvrir la rubrique thématique et ainsi, apprendre dans le contexte.

7. Apprenez tous les jours un certain nombre de mots. En quelques semaines vous aurez acquis un vocabulaire de base systématique, c'est le vocabulaire essentiel. N'oubliez pas de temps à autre de contrôler votre acquis et de réviser certains éléments.

8. Le Vocabulaire de base allemand est à utiliser indépendamment de tout manuel scolaire. Cependant il vous aidera à réviser aussi les mots appris en classe. Ainsi vous pourrez:

– vous préparer aux exercices de communication ou à la lecture de textes en travaillant le vocabulaire correspondant
– établir des champs sémantiques après avoir lu un texte contenant des termes qui en font partie
– découvrir et reconstituer une unité lexicale à partir d'un mot isolé pris dans l'index.
Vous pourrez aussi replacer tous les chapitres du manuel à apprendre dans les unités lexicales et les champs sémantiques correspondants.
9. Le Vocabulaire de base allemand et le cahier d'exercices ont un format pratique. Vous pourrez les emporter partout pour travailler et mettre à profit tous vos moments libres. Pourquoi ne pas profiter de ce que vous êtes installé dans le métro pour revoir le chapitre «Voyage et circulation»?
10. Bonne chance et bon travail!

Remarques:

– Les substantifs suivant une déclinaison régulière figurent en entrée avec leur prononciation, leur genre, leur génitif singulier et leur nominatif pluriel. Lorsqu'il existe une forme différente au pluriel, tout le mot est donné, par exemple:

Ball [bal] m, -(e)s, Bälle

– Les verbes sont systématiquement donnés avec les trois formes suivantes: infinitif présent, première personne du singulier du prétérit et troisième personne du singulier du passé composé avec haben ou sein. De plus, l'emploi de ces verbes est précisé par la mention *t.* (transitif), *i.* (intransitif) et *refl.* (pronominal). Les déterminants prépositionnels d'emploi courant sont également indiqués, par exemple:

anmelden ['anmɛld(ə)n] *v/t., refl., + Präp.* (für)
meldete an, hat angemeldet
Das Auto wird morgen angemeldet.
Ich habe mich morgen für die Prüfung angemeldet.

Tous les sens d'un verbe n'ont pas été retenus, les exemples choisis illustrent les significations les plus courantes. La parenthèse ( ) à l'intérieur de la transcription phonétique indique que la prononciation entre ( ) est facultative.

– Seules les formes irrégulières des comparatifs des adjectifs sont indiquées, par exemple:

weise ['vaizə] *Adj.,* -er
am -esten
Das war eine weise Entscheidung.

– Lorsqu'un mot a deux entrées, c.a.d. lorsqu'il figure deux fois, cela est dû à des différences de sens et / ou à un contexte grammatical différent, par exemple:

abgeben [ˈapgeb(ə)n] *v/t., + Präp.*
(an, bei, in) gab ab, hat abgegeben
Bitte gib diesen Brief an der Rezeption ab!

abgeben *v/t., + Präp.* (von)
Kannst du mir von den Broten eines abgeben?

En allemand la forme non déclinée de l'adjectif est employée comme adverbe. L'entrée sera toujours sous la forme de l'adjectif qualificatif; dans la phrase exemple on emploie la forme déclinée adéquate traduite en fonction du contexte, par exemple:

wirklich [ˈvirkliç] *Adj., keine Komp.* **vrai, véritable**

Ein wirklicher Freund hätte dir in dieser Situation geholfen.

Un véritable ami t'aurait aidé dans cette situation.

Hast du wirklich geglaubt, daß sie dir alles erzählt hat?

Tu as vraiment cru qu'elle t'avait tout raconté?

1 Der Mensch
1 La personne

1.1 Körper

1-2000

1.1 Parties du corps

Arm [arm] *m*, -(e)s, -e Ich habe beim Sport meinen rechten Arm verletzt.	**bras** *m* Je me suis fait mal au bras droit en faisant du sport.
Auge ['augə] *n*, -s, -n Meine Schwester und ich haben braune Augen.	**œil** *m* Ma sœur et moi avons les yeux marron.
Bauch [baux] *m*, -(e)s, Bäuche Er schläft am liebsten auf dem Bauch.	**ventre** *m* Il préfère dormir sur le ventre.
Bein [bain] *n*, -(e)s, -e Kannst du lange auf einem Bein stehen?	**jambe** *f* Peux-tu rester longtemps debout sur une jambe?
Blut [blu:t] *n*, -(e)s, *kein Pl.* Ich mag kein Blut sehen.	**sang** *m* J'ai horreur du sang.
Brust [brust] *f*, -, *kein Pl.* Reiben Sie Brust und Rücken mit dieser Salbe ein!	**poitrine** *m* Frottez-vous la poitrine et le dos avec cette pommade.
Brust *f*, -, Brüste Das Baby trinkt Milch an der Brust der Mutter.	**sein** *m* Le bébé tète sa mère.
Finger ['fiŋə*] *m*, -s, - Sie trägt an jedem Finger einen Ring.	**doigt** *m* Elle porte une bague à chaque doigt.
Fuß [fu:s] *m*, -es, Füße Nach dem Spaziergang hatte sie kalte Füße.	**pied** *m* Elle avait les pieds gelés après cette promenade.
Gesicht [gə'ziçt] *n*, -(e)s, -er Es war dunkel. Ich konnte ihr Gesicht nicht sehen.	**visage** *m* Il faisait sombre. Je ne pouvais pas distinguer son visage.

Haar [ha:*] *n*, -(e)s, -e
Bald hat er keine Haare mehr auf dem Kopf.

cheveu *m*
Bientôt il ne lui restera plus un cheveu sur la tête.

Hals [hals] *m*, -es, Hälse
Sie hat einen langen Hals.

cou *m*
Elle a un long cou.

Hand [hant] *f*, -, Hände
Sie gingen Hand in Hand spazieren.

main *f*
Ils se promenaient la main dans la main.

Haut [haut] *f*, -, *kein Pl.*
Seine Haut ist immer ganz rot.

peau *f*
Il a toujours des rougeurs sur la peau.

Herz [hɛrts] *n*, -ens, -en
Mein Herz schlägt manchmal unregelmäßig.

cœur *m*
J'ai parfois des battements de cœur.

Knie [kni:] *n*, -s, -
Ich habe den ganzen Tag auf den Knien am Boden gearbeitet.

genou *m*
Toute la journée j'ai travaillé à genoux par terre.

Kopf [kɔpf] *m*, -(e)s, Köpfe
Hatte er einen Hut auf dem Kopf?

tête *f*
Il portait un chapeau?

Körper ['kœrpə*] *m*, -s, -
Sie hat einen durchtrainierten Körper.

corps *m*
Physiquement, elle est bien entraînée.

Mund [munt] *m*, -es, Münder
Bitte halte den Mund und sei still!

bouche *f*
Arrête de parler, tais-toi, je t'en prie!

Nase ['na:zə] *f*, -, -n
Deine Nase ist rot. Hast du Schnupfen?

nez *m*
Tu as le nez rouge. Tu es enrhumé?

Ohr [o:ɐ*] *n*, -(e)s, -en
Sie hält sich die Ohren zu.

oreille *f*
Elle se bouche les oreilles.

Rücken ['ryk(ə)n] *m*, -s, -
Er hat einen schiefen Rücken.

dos *m*
Il a le dos vouté.

schwach [ʃvax] *Adj.*, schwächer, am schwächsten
Nach der Krankheit fühlte sie sich noch lange schwach.

faible

Elle s'est sentie faible longtemps après sa maladie encore.

stark [ʃtark] *Adj.*, stärker, am stärksten
Für diese Arbeit bist du nicht stark genug.

fort
Tu n'es pas assez fort pour faire ce travail.

Zahn [tsa:n] *m*, -(e)s, Zähne
Meine Zähne sind alle gesund.

dent *f*
Toutes mes dents sont en bon état.

Zunge [ˈtsuŋə] *f*, -, -n
Der Arzt sagt: Zeigen Sie mir bitte Ihre Zunge!

langue *f*
Le docteur dit: «Tirez la langue, s'il vous plaît.»

2001-4000

Atem [ˈaːtəm] *m*, -s, *kein Pl.*
Sein Atem geht schwer und unregelmäßig.

respiration *f*
Il respire difficilement et de manière irrégulière.

atmen [ˈaːtmən] *V/i.*, atmete, hat geatmet
Sie atmet ganz leise. Sicher ist sie eingeschlafen.

respirer
Sa respiration est très calme. Elle s'est sûrement endormie.

Backe [ˈbakə] *f*, -, -n
Unser Kind hat dicke, rote Backen.

joue *f*
Notre enfant a de bonnes joues rouges.

Ellbogen [ˈɛlboːg(ə)n] *m*, -s, -
Weil er keine Hand frei hatte, öffnete er die Tür mit dem Ellbogen.

coude *m*
Ayant les mains occupées, il a ouvert la porte du coude.

Faust [faust] *f*, -, Fäuste
Sie schlug mit der Faust auf den Tisch.

poing *m*
Elle a tapé du poing sur la table.

Gehirn [gəˈhirn] *n*, -s, -e
Hoffentlich ist das Gehirn nicht verletzt.

cerveau *m*
Espérons que le cerveau n'est pas touché.

Gelenk [gəˈlɛŋk] *n*, -(e)s, -e
Ich kann mein Handgelenk nicht bewegen.

articulation *f*
Je ne peux pas bouger le poignet.

Kinn [kin] *n*, -(e)s, *kein Pl.*
Sie hat ein spitzes Kinn.

menton *m*
Elle a le menton pointu.

4

Knochen [ˈknɔx(ə)n] *m*, -s, -
Der Knochen ist gebrochen.

os *m*
L'os est fracturé.

Körper **Leib** [laip] *m*, -(e)s, -er
Sie hat am ganzen Leib rote Flecken.

corps *m*
Elle a des taches rouges sur tout le corps.

(Augen-)Lid [liːt] *n*, -(e)s, -er
Das rechte Augenlid tut weh.

paupière *f*
La paupière droite est douloureuse.

Lippe [ˈlipə] *f*, -, -n
Komm aus dem Wasser! Du hast schon ganz blaue Lippen.

lèvre *f*
Sors de l'eau! Tu as les lèvres déjà toutes bleues.

Lunge [ˈluŋə] *f*, -, -n
Hör auf mit dem Rauchen! Deine Lunge ist bestimmt schon ganz schwarz.

poumon *m*
Arrête de fumer! Tes poumons sont sûrement complètement encrassés!

Magen [ˈmaːg(ə)n] *m*, -s, Mägen
Ich kann nicht viel essen. Mein Magen ist nicht in Ordnung.

estomac *m*
Je ne peux pas manger beaucoup. J'ai des problèmes d'estomac.

Muskel [ˈmusk(ə)l] *m*, -s, -n
Er hat starke Muskeln.

muscle *m*
Il est très musclé.

Nerv [nɛrf] *m*, -s, -en
Gott sei Dank hat der Zahnarzt beim Bohren keinen Nerv getroffen.

nerf *m*
Heureusement qu'en passant la roulette le dentiste n'a pas touché le nerf.

Schulter [ˈʃultə*] *f*, -, -n
Das Kind saß auf ihren Schultern.

épaule *f*
L'enfant était perché sur ses épaules.

Schweiß [ʃvais] *m*, -es, *kein Pl.*
Der Schweiß lief ihr von der Stirn.

sueur *f*
La sueur lui dégoulinait du front.

Stirn [ʃtirn] *f*, -, -en
Das Kind hat kein Fieber. Die Stirn ist ganz kalt.

front *m*
L'enfant n'a pas de fièvre. Son front est tout froid.

Zeh [tseː] *m*, -s, -en
Zehe [ˈtseːə] *f*, -, -n
Ich bin mit den Zehen gegen ein Tischbein gestoßen.

doigt de pied *m*

J'ai heurté le pied de table avec mes doigts de pied.

1.2 Aussehen 1-2000

1.2 Aspect physique

---

aussehen ['ausze:(ə)n] *V/i., +
Präp.* (wie), sah aus, hat ausge-
sehen
Sie ist erst 17, aber sie sieht aus
wie 20.

avoir l'air de; être

Elle n'a que 17 ans, mais elle a
l'air d'en avoir 20.

---

dick [dik] *Adj.*
Findest du mich zu dick?

gros
Tu me trouves trop gros?

---

dünn [dyn] *Adj.*
Warum bist du denn so dünn?

maigre
Tu es bien maigre, pourquoi
donc?

---

groß [gro:s] *Adj.,* größer, am
größten
Ich bin größer als mein Mann.

grand

Je suis plus grande que mon
mari.

---

hübsch [hypʃ] *Adj.,* -er, am -esten
Das Kleid sieht hübsch aus.

joli
Cette robe est jolie.

---

klein [klain] *Adj.*
Ich habe sehr kleine Füße.

petit
J'ai de très petits pieds.

---

schlank [ʃlaŋk] *Adj.*
Er ist groß und schlank.

mince
Il est grand et mince.

---

schön [ʃø:n] *Adj.*
Sie hat schöne Augen.

beau
Elle a de beaux yeux.

2001-4000

---

abnehmen ['apne:mən] *V/i.,*
nahm ab, hat abgenommen
Er hat über 10 Pfund abgenommen.

perdre du poids

Il a perdu plus de 5 kilos.

Bart [ba:ə*t] *m,* -(e)s, Bärte
Dein Bart muß geschnitten
werden.

barbe *f*
Il faut que tu te fasses tailler la
barbe.

blaß [blas] *Adj.*, blasser, am blassesten
Er erschrak sich und wurde blaß.

pâle
Il eut peur et pâlit.

blond [blɔnt] *Adj.*, -er, am -esten
Als Kind war ich blond.

blond
Quand j'étais petit(e), j'étais blond(e).

Brille ['brilə] *f*, -, -n
Die Brille brauche ich nur zum Lesen.

lunettes *f/pl*
J'ai besoin de lunettes seulement pour lire.

elegant [ele'gant] *Adj.*, -er, am -esten
Das Kleid ist zu elegant für diese Party. Zieh lieber eine Jeans an!

habillé
Cette robe est trop habillée pour cette soirée. Mets plutôt un jean.

Figur [fi'gu:ə*] *f*, -, *kein Pl.*
Sie hat eine tolle Figur.

silhouette *f*
Elle est très bien faite.

Frisur [fri'zu:ə*] *f*, -, -en
Die neue Frisur steht dir gut.

coiffure *f*
Cette nouvelle coiffure te va bien.

häßlich ['hɛsliç] *Adj.*
Er hat ein häßliches Gesicht.

laid
Il a un visage ingrat.

Locke ['lɔkə] *f*, -, -n
○ Hat er Locken? –
□ Nein, seine Haare sind ganz glatt.

boucle *f*
○ Il est frisé?
□ Non, il a des cheveux raides.

mager ['ma:gə*] *Adj.*
Seit ihrer schweren Krankheit ist sie sehr mager.

maigre
Elle est très maigre depuis qu'elle a été gravement malade.

zart [tsa:ə*t] *Adj.*, -er, am -esten
Sie ist ein zartes Kind.
Sie hat eine zarte Haut.

fragile
C'est une enfant fragile.
Elle a la peau fragile.

zunehmen ['tsu:ne:mən] *V/i.*, nahm zu, hat zugenommen
○ Hast du zugenommen?
□ Ja, drei Kilo.

grossir
○ Tu as grossi?
□ Oui, de trois kilos.

1.3 Geist und Verstand | 1–2000

aufpassen [ˈaufpas(ə)n] *V/i., + Präp.* (auf), paßte auf, hat aufgepaßt
Paß auf! Von links kommt ein Auto.

faire attention

Fais attention! Une voiture arrive sur la gauche.

bewußt [bəˈvust] *Adj.,* -er, am -esten
Es ist ihm bewußt, daß er für seinen Fehler die Verantwortung übernehmen muß.

conscient

Il est conscient qu'il devra assumer la responsabilité de son erreur.

denken [ˈdɛŋk(ə)n] *V/i., + Präp.* (über, von, an), dachte, hat gedacht
Bei dieser Arbeit muß man nicht viel denken.
Denken Sie an den Termin um 20.00 Uhr?
Was denkst du über den Vorschlag?

penser

Ce travail n'exige pas beaucoup de réflexion.
Vous pensez au rendez-vous de 20 heures?
Que penses-tu de cette proposition?

erfahren [ɛəˈfaːr(ə)n] *V/i., + Präp.* (von, über), erfuhr, hat erfahren
Hast du von Eva etwas Neues erfahren?

apprendre

Tu as eu des nouvelles d'Eva?

Erfahrung [ɛəˈfaːruŋ] *f,* -, -en
Er ist ein guter Arzt. Er hat viel Erfahrung.

expérience *f*
C'est un bon médecin. Il a beaucoup d'expérience.

erinnern [ɛəˈinəʳn] *V/t., refl., + Präp.* (an), erinnerte, hat erinnert
Erinnere Eva bitte an ihr Versprechen!
Kannst du dich an ihn erinnern?

rappeler (à), **se souvenir** (de)

Rappelle sa promesse à Eva!

Tu te souviens encore de lui?

Erinnerung [ɛəˈinəruŋ] *f,* -, -en
Sie hatte eine gute Erinnerung an ihre Kindheit.

souvenir *m*
Elle garde un bon souvenir de son enfance.

erkennen [ɛə*'kɛnən] *V/t., + Präp.* (an), erkannte, hat erkannt
Er trägt jetzt einen Bart, deshalb habe ich ihn nicht sofort erkannt.

reconnaître
Il a une barbe maintenant, c'est pour cela que je ne l'ai pas reconnu tout de suite.

Gedächtnis [gə'dɛçtnis] *n, -ses, kein Pl.*
Ich habe ein schlechtes Gedächtnis.

mémoire *f*
Je n'ai pas une bonne mémoire.

Gedanke [gə'daŋkə] *m, -ns, -en*
Dieser Gedanke gefällt mir.

idée *f*
Cette idée me plaît.

Geist [gaist] *m, -es, kein Pl.*
Sie ist schon über 90 Jahre alt, aber ihr Geist ist noch jung.

esprit *m*
Elle a plus de 90 ans, mais elle est jeune d'esprit.

---

intelligent [intɛli'gɛnt] *Adj., -er, am -esten*
Sie ist intelligent, aber leider nicht zuverlässig.

intelligent
Elle est intelligente, mais malheureusement pas fiable.

Interesse [intə'rɛsə] *n, -s, -n*
An Sport habe ich kein Interesse.

intérêt *m*
Le sport ne m'intéresse pas.

---

interessieren [intərɛ'siːr(ə)n] *V/t., i., refl., + Präp.* (für, an), interessierte, hat interessiert
Kunst interessiert ihn nicht.
Er ist an Kunst nicht interessiert.
Ich habe ihn für Kunst nicht interessieren können.
Er interessiert sich nicht für alte Bilder.

intéresser

L'art ne l'intéresse pas.
Il ne s'intéresse pas à l'art.
Je n'ai pas réussi à éveiller son intérêt pour l'art.
Il ne s'intéresse pas à la peinture ancienne.

---

kennen ['kɛnən] *V/t., kannte, hat gekannt*
Die Straße kenne ich gut.
Ich kenne ihn nicht gut.

connaître

Je connais bien cette rue.
Je ne le connais pas bien.

Kenntnis ['kɛntnis] *f, -se*
Er hat gute Kenntnisse in Mathematik und Physik.

connaissance *f*
Il a de bonnes connaissances en mathématiques et en physique.

---

klug [kluːk] *Adj., klüger, am klügsten*
Wir haben alle viel getrunken. Es ist klüger, ein Taxi zu nehmen.

sage

Nous avons tous trop bu. Il est plus sage de prendre un taxi.

können ['kœnən] *V/t., Mod. V.*
Er kann kein Französisch.
Das kann er auch nicht erklären, bitte frage jemand anderen.

pouvoir; savoir
Il ne sait pas parler français.
Il ne peut pas non plus l'expliquer, demande donc à quelqu'un d'autre.

---

merken ['mɛrk(ə)n] *V/t., + Präp. (an, von), refl.,* merkte, hat gemerkt
Ich merke schon, daß sich die Zeiten ändern.
Sie kann sich keine Zahlen merken.

remarquer; retenir

Je remarque bien que les temps changent.
Elle ne peut pas retenir les chiffres.

---

mißverstehen ['misfɛə*ʃte:(ə)n] *V/t.* verstand miß, hat mißverstanden
Das habe ich nicht gesagt, da bin ich mißverstanden worden.

mal comprendre

Je n'ai pas dit ça, on m'a mal compris.

Mißverständnis ['misfɛə*ʃtentnis] *n, -ses, -se*
So habe ich das nicht gesagt, das ist ein Mißverständnis.

malentendu *m*

Je n'ai pas dit ça de cette manière, c'est un malentendu.

---

nachdenken ['na:xdɛŋk(ə)n] *V/i., + Präp.* (über), dachte nach, hat nachgedacht
Hast du über meinen Vorschlag nachgedacht?

réfléchir

Tu as réfléchi à ma proposition?

---

vergessen [fɛə*'gɛs(ə)n] *V/t.,* vergaß, hat vergessen
Ich habe meinen Schirm im Hotel vergessen.
Entschuldigung, ich habe Ihren Namen vergessen.

oublier

J'ai oublié mon parapluie à l'hôtel.
Pardonnez-moi, j'ai oublié votre nom.

Vernunft [fɛə*'nunft] *f, -, kein Pl.*
Das ist gegen jede Vernunft.

raison *f*
Ce n'est pas raisonnable du tout.

---

vernünftig [fɛə*'nynftiç°] *Adj.*
Man kann gut mit ihr reden. Sie ist sehr vernünftig.

raisonnable
On peut bien discuter avec elle. Elle est très raisonnable.

Verstand [fɛə*'ʃtant] *m, -es, kein Pl.*
Hast du den Verstand verloren?

bon sens *m*

Tu a perdu la raison?

verstehen [fɛə*'ʃte:(ə)n] V/t., i., +
Präp. (von), refl. verstand, hat
verstanden

comprendre; s'entendre

Am Telefon konnte ich ihn nicht
richtig verstehen.

Je ne le comprenais pas au téléphone.

Ich verstehe nicht, warum sie das
macht.

Je ne comprends pas pourquoi
elle fait ça.

Verstehst du diesen Satz?

Tu comprends cette phrase?

Er versteht etwas vom Kochen.

Il s'y connaît un peu en cuisine.

Wir verstehen uns gut.

Nous nous entendons bien.

vorstellen ['fo:ə*'ʃtɛl(ə)n] V/i., refl.,
stellte vor, hat vorgestellt

imaginer

Ich kann mir vorstellen, daß das
klappt.

Je peux m'imaginer que ça
marchera.

2001-4000

begreifen [bə'graif(ə)n] V/t., begriff, hat begriffen

comprendre

Diese Frage begreife ich nicht.

Je ne comprends pas cette question.

Jetzt kann ich begreifen, warum
er keine Lust hatte.

Je comprends maintenant pourquoi il n'en avait aucune envie.

dumm [dum] Adj., dümmer, am
dümmsten

bête

Mach nicht so dumme Witze.

Arrête de raconter des blagues
aussi bêtes.

Einfall ['ainfal] m, -s, Einfälle

idée f (subite)

Nachts schwimmen gehen – was
für ein verrückter Einfall.

Une baignade nocturne, quelle
idée saugrenue!

einsehen ['ainze:(ə)n] V/t., sah
ein, hat eingesehen

reconnaître

Ich glaube, er hat seinen Fehler
jetzt eingesehen.

Je crois qu'il a maintenant reconnu son erreur.

erfassen [ɛə*'fas(ə)n] V/t., erfaß-
te, hat erfaßt

réaliser

Bevor jemand die Situation erfaß-
te, brannte das ganze Haus.

Avant que quelqu'un ne réalise la
situation, la maison avait entièrement brûlé.

erfinden [ɛə*'find(ə)n] *V/t.,* erfand, hat erfunden
Die Geschichte hat sie erfunden.
Diese technische Lösung habe ich selbst erfunden.

inventer

Elle a inventé cette histoire.
C'est moi qui ai inventé cette solution technique.

Erfindung [ɛə*'finduŋ] *f, -,* -en
Die Erfindung war gut, aber kein Industriebetrieb hatte daran Interesse.

invention *f*
C'était une bonne invention mais aucune entreprise ne s'y est intéressée.

Erkenntnis [ɛə*'kɛntnis] *f, -,* -se
Es wurden neue Erkenntnisse über die Ursache der Krankheit gewonnen.

découverte *f*
On a fait des découvertes sur l'origine de cette maladie.

gescheit [gə'ʃait] *Adj.,* -er, am -esten
Bevor wir anfangen, müssen wir einen gescheiten Plan machen.

valable

Avant de commencer nous devons faire un plan valable.

geschickt [gə'ʃikt] *Adj.,* -er, am -esten
Sie arbeitet sehr geschickt.

adroit

Elle est très adroite dans son travail.

gewandt [gə'vant] *Adj.,* -er, am -esten
Sie ist sprachlich sehr gewandt.

aisé

Elle s'exprime très aisément.

Idee [i'de:] *f, -,* -n
Hast du eine Idee, was wir ihr schenken können?

idée *f*
Qu'est-ce qu'on pourrait lui offrir, tu as une idée?

Phantasie [fanta'zi:] *f, -, kein Pl.*
Den Architekten fehlt manchmal ein bißchen praktische Phantasie.

imagination *f*
Les architectes manquent parfois d'imagination pratique.

überlegen [y:bə*'leg(ə)n] *V/t., refl.,* überlegte, hat überlegt
Hast du dir überlegt, ob du das Angebot annimmst?

réfléchir

As-tu réfléchi à cette proposition?

verrückt [fɛə*'rykt] *Adj.,* -er, am -esten
Er ist ein verrückter Junge, aber ich mag ihn.

fou

C'est un jeune fou mais je l'aime bien.

Vorstellung ['fo:ə*ʃtɛluŋ] *f, -, -en*
Ich habe noch keine klare Vorstellung, wie man das Problem lösen könnte.

idée *f*
Je n'ai pas encore d'idée précise sur la manière de résoudre ce problème.

wahnsinnig ['va:nziniç°] *Adj.*
Dieser Lärm macht mich wahnsinnig.

dément
Ce bruit me rend fou.

weise ['vaizə] *Adj., -er, am -esten*
Das war eine weise Entscheidung.

sage
C'était une sage décision.

1.4 Charakter | 1-2000

1.4 Caractère

anständig ['anʃtɛndiç°] *Adj.*
Bitte benimm dich anständig!

convenable
Tiens-toi comme il faut s'il te plaît!

bescheiden [bə'ʃaid(ə)n] *Adj.*
Obwohl sie reich sind, leben sie sehr bescheiden.

modeste
Bien qu'ils soient riches, ils vivent très modestement.

Charakter [ka'raktə*] *m, -s, -e*
Sei vorsichtig, er hat einen schlechten Charakter.

caractère *m*
Prends garde, il a mauvais caractère.

ehrlich ['e:ə*liç] *Adj.*
Ich sage es Ihnen ganz ehrlich: Ihr Kind ist sehr krank.

franc
Je vous le dis franchement: votre enfant est gravement malade.

fleißig ['flaisiç°] *Adj.*
Er ist ein fleißiger Arbeiter.

travailleur
C'est quelqu'un de travailleur.

Geduld [gə'dult] *f., kein Pl.*
Herr Kurz kommt gleich. Bitte haben Sie etwas Geduld!

patience *f*
Monsieur Kurz va arriver, veuillez patientez un peu!

geduldig [gə'duldiç°] *Adj.*
Sie wartete geduldig auf die nächste Straßenbahn.

patient
Elle a attendu patiemment le prochain tram.

gerecht [gə'rɛçt] *Adj.,* -er, am -esten Sie ist eine gerechte Lehrerin.	**impartial** C'est un professeur impartial.
nett [nɛt] *Adj.,* -er, am -esten Sie ist nett und freundlich.	**gentil** Elle est gentille et aimable.
neugierig ['nɔigiːriçⁿ] *Adj.* Unser Nachbar ist sehr neugierig.	**curieux** Notre voisin est très curieux.
sparsam ['ʃpaːˑzaːm] *Adj.* Sie leben sehr sparsam und sind bescheiden.	**économe** Ils vivent de façon très économe et se contentent de peu.
streng [ʃtrɛŋ] *Adj.* Sie ist eine ziemlich strenge Chefin.	**sévère** C'est une patronne assez sévère.
zuverlässig ['tsuːfɛəˑlɛsiç] *Adj.* Sie ist zuverlässig und immer pünktlich.	**fiable** Elle est fiable et toujours à l'heure.

2001-4000

Eigenschaft ['aig(ə)nʃaft] *f,* -, -en ○ Sie ist faul, dumm und unfreundlich. □ Hat sie denn gar keine guten Eigenschaften?	**qualité** *f* ○ Elle est paresseuse, bête et désagréable. □ Elle n'a donc aucune qualité?
Einbildung ['ainbilduŋ] *f,* -, -en Das gibt es nur in deiner Einbildung.	**imagination** *f* Ça n'existe que dans ton imagination.
eingebildet ['aingəbildət] *Adj.* Sie ist eingebildet und auch noch dumm.	**prétentieux** Elle est prétentieuse et en plus bête.
ernst [ɛrnst] *Adj.,* -er, am -esten Du bist in letzter Zeit so ernst. Hast du Probleme?	**sérieux** Tu es bien sérieux ces derniers temps. Tu as des problèmes?
fair [fɛːəˑ] *Adj.* Das war ein faires Spiel.	**fair-play** Cette partie était fair-play.
faul [faul] *Adj.* Wenn du nicht so faul wärst, könntest du mehr Geld verdienen.	**paresseux** Si tu n'étais pas si paresseux, tu pourrais gagner plus d'argent.

großzügig ['groːstsyːgiçᵒ] *Adj.*
Sie hat zum Geburtstag ein Auto bekommen. Ihre Eltern sind sehr großzügig.

généreux
Pour son anniversaire elle a reçu une voiture. Ses parents sont très généreux.

humorvoll [hu'moːə*fɔl] *Adj.*
Er ist ein humorvoller Mensch.

qui a le sens de l'humour
C'est quelqu'un qui a le sens de l'humour.

Laune ['launə] *f, -, -n*
Morgens hat sie immer schlechte Laune.

humeur *f*
Elle est toujours de mauvaise humeur le matin.

leichtsinnig ['laiçtziniçᵒ] *Adj.*
Ich finde, daß du sehr leichtsinnig fährst.

imprudent
Je trouve que tu conduis de façon très imprudente.

Mut [muːt] *m, -(e)s, kein Pl.*
Sie hat dem Chef ihre Meinung gesagt. Sie hat wirklich Mut.

courage *m*
Elle a dit ses quatre vérités à son patron. Elle a vraiment du courage.

nervös [nɛr'vøːs] *Adj., -er, am -esten*
Dieser Lärm hier macht mich ganz nervös.

nerveux

Ce vacarme ici me rend nerveux.

Neugier ['nɔigiːə*] *f, -, kein Pl.*
Warum willst du das wissen? Deine Neugier ist wirklich schlimm.

curiosité *f*
Pourquoi veux-tu le savoir? Ta curiosité est vraiment pénible.

ordentlich ['ɔrd(ə)ntliç] *Adj.*
Petras Büro ist immer aufgeräumt. Sie ist sehr ordentlich.

ordonné
Le bureau de Petra est toujours rangé. Elle est très ordonnée.

schüchtern ['ʃyçtə*n] *Adj.*
○ Hat dein Bruder immer noch keine Freundin?
□ Nein, er ist sehr schüchtern.

timide
○ Ton frère n'a toujours pas de petite amie?
□ Non, il est très timide.

selbständig ['zɛlpʃtɛndiç] *Adj.*
Ich muß seine Arbeit nicht kontrollieren. Er ist absolut selbständig.

autonome
Je ne contrôle pas son travail. Il est tout à fait autonome.

Sorgfalt ['zɔrkfalt] *f, -, kein Pl.*
Bei dieser Arbeit ist Sorgfalt sehr wichtig.

application *f*
Ce travail exige beaucoup d'application.

sorgfältig ['zɔrkfɛltiç°] *Adj.*
Korrigieren erfordert sehr sorgfältiges Lesen.

appliqué
Pour faire des corrections, il faut lire très attentivement.

stolz [ʃtɔlts] *Adj., -er, am -esten*
Er ist stolz auf seine Erfolge.

fier
Il est très fier de son succès.

verlegen [fɛə*'leːg(ə)n] *Adj.*
Dein Lob macht mich verlegen.

embarrassé
Tes compliments m'embarrassent.

1.5 Positive und neutrale Gefühle   1-2000

1.5 Sentiments positifs et neutres

angenehm ['angəneːm] *Adj.*
Ist die Wassertemperatur angenehm?

agréable
La température de l'eau est-elle agréable?

dankbar ['daŋkbaː*] *Adj.*
Wir sind Ihnen für die Hilfe sehr dankbar.

reconnaissant
Nous vous sommes très reconnaissants de nous avoir aidés.

empfinden [ɛm'pfind(ə)n] *V/t.,*
empfand, hat empfunden
Wie empfindest du diese starke Kälte?

éprouver; ressentir
Comment ressens-tu ce grand froid?

erleichtert [ɛə*'laiçtə*t] *Adj.*
Ich bin erleichtert, daß es ihr besser geht.

soulagé
Je suis soulagé de savoir qu'elle va mieux.

Freude ['frɔidə] *f, -, -n*
Mit deinem Geschenk hast du ihm eine große Freude gemacht.

joie *f*
Ton cadeau lui a causé une joie immense.

freuen ['frɔi(ə)n] *V/refl. + Präp.*
(an, auf, über, wegen, mit), freute, hat gefreut
Ich freue mich auf das Wochenende.

se réjouir

Je me réjouis du week-end.

froh [froː] *Adj.*
Ich bin froh, daß es dir gut geht.

content
Je suis content que tu ailles bien.

fühlen [ˈfyːl(ə)n] *V/t., refl.,* fühlte, hat gefühlt
Im Bein fühle ich keinen Schmerz.
Ich fühle mich ausgezeichnet.

sentir
Dans la jambe, je ne sens rien.
Je me sens en pleine forme.

---

gemütlich [gəˈmyːtlɪç] *Adj.*
Kennen Sie hier im Ort einen gemütlichen Gasthof?

sympathique
Vous connaissez un restaurant sympathique par ici?

---

genießen [gəˈniːs(ə)n] *V/t.,* genoß, hat genossen
Ich habe meinen Urlaub genossen.

profiter
J'ai bien profité de mes vacances.

---

gern(e) [ˈgɛə*n(ə)] *Adj.,* lieber, am liebsten
Stehst du gern(e) früh auf?

volontiers
Tu aimes te lever de bonne heure?

---

glücklich [ˈglyklɪç] *Adj.*
Er hatte eine glückliche Kindheit.

heureux
Il a eu une enfance heureuse.

---

hoffen [ˈhɔf(ə)n] *V/i., + Präp.* (auf), hoffte, hat gehofft
Wir hoffen seit Tagen auf besseres Wetter.

espérer
Voilà des jours que nous espérons une amélioration du temps.

Hoffnung [ˈhɔfnuŋ] *f, -,* en
Ich habe große Hoffnung, daß ich nächste Woche aus dem Krankenhaus entlassen werde.

espoir *m*
J'ai bon espoir de sortir de l'hôpital la semaine prochaine.

---

lachen [ˈlax(ə)n] *V/i., + Präp.* (über), lachte, hat gelacht
Über Witze kann ich nicht lachen.

rire
Les histoires drôles, ça ne me fait pas rire.

---

lächeln [ˈlɛçəln] *V/i., + Präp.* (über), lächelte, hat gelächelt
Sie gab ihm die Hand und lächelte freundlich.

sourire
Elle lui donna la main et sourit aimablement.

---

lieb [liːp] *Adj.*
Sie hat mir einen lieben Brief geschrieben.
Der Hund ist lieb, er beißt nicht.
Liebe Frau Kurz, ... (*Anrede in einem Brief*).

gentil
Elle m'a écrit une gentille lettre.
Le chien est gentil, il ne mord pas.
Chère Madame Kurz, ... (*en tête d'une lettre*)

Liebe ['li:bə] *f, -, kein Pl.*	**amour** *m*
Sie haben aus Liebe geheiratet.	Ils ont fait un mariage d'amour.
lieben ['li:b(ə)n] *V/t.,* liebte, hat geliebt	**aimer**
Ich liebe dich!	Je t'aime!
Lust [lust] *f,* -, *kein Pl.*	**envie** *f*
Ich habe Lust auf Eis.	j'ai envie d'une glace.
Stimmung ['ʃtimuŋ] *f, -, -en*	**ambiance** *f*
Die Stimmung auf der Feier war prima.	Il y avait une bonne ambiance à cette fête.

2001-4000

erfreut [ɛə*'frɔit] *Adj.,* -er, am -esten	**heureux**
Ich bin erfreut, Sie wiederzusehen.	Je suis heureux de vous revoir.
Erleichterung [ɛə*'laiçtəruŋ] *f, -, -en*	**soulagement** *m*
Die gute Nachricht hörten wir mit großer Erleichterung.	C'est avec un grand soulagement que nous avons appris la bonne nouvelle.
erstaunt [ɛə*'ʃtaunt] *Adj.,* -er, am -esten	**étonné**
Ich bin erstaunt, daß das Restaurant so voll ist.	Je suis étonné que ce restaurant soit aussi plein.
fröhlich ['frø:liç] *Adj.*	**gai**
Sven ist meistens fröhlich und hat gute Laune.	Sven est d'ordinaire gai et de bonne humeur.
Gefühl [gə'fy:l] *n, -(e)s -e*	**sentiment** *m*
Hoffentlich ist nichts passiert. Ich habe so ein komisches Gefühl.	Espérons qu'il n'est rien arrivé. J'ai comme un pressentiment.
Glück [glyk] *n, -(e)s, kein Pl.*	**chance** *f*
Sie hat in ihrem Leben viel Glück gehabt.	Elle a eu beaucoup de chance dans la vie.
heiter ['haitə*] *Adj.*	**amusant**
Dieser Film ist mir zu traurig. Wollen wir nicht lieber einen heiteren sehen?	Je trouve ce film trop triste. On ne pourrait pas regarder quelque chose de plus amusant?

sehnen [ˈzeːnən] *V/refl., + Präp.*
(nach), sehnte, hat gesehnt
Ich sehne mich danach, euch endlich wiederzusehen.

désirer ardemment
Je désire ardemment vous revoir enfin.

Spaß [ʃpaːs] *m*, -es, Späße
Diese Arbeit macht mir keinen Spaß.

plaisir *m*
Ce travail ne m'amuse pas du tout.

staunen [ˈʃtaunən] *V/i., + Präp.*
(über), staunte, hat gestaunt
Alle staunen über den niedrigen Benzinverbrauch meines Autos.

être surpris
La faible consommation d'essence de ma voiture surprend tout le monde.

verliebt [fɛəˈliːpt] *Adj.*, -er, am -esten
Er ist in Susi verliebt.

amoureux
Il est amoureux de Susi.

zärtlich [ˈtsɛːrtliç] *Adj.*
Sie streichelte zärtlich ihre Katze.

tendre
Elle caressait tendrement son chat.

zufrieden [tsuˈfriːd(ə)n] *Adj.*
Ich bin mit Ihrer Arbeit sehr zufrieden.

satisfait
Je suis très satisfait de votre travail.

1.6 Negative Gefühle   1-2000

1.6 Sentiments négatifs

Angst [aŋst] *f*, -, Ängste
Hast du Angst vor der Prüfung?

peur *f*
Tu as peur de l'examen?

ängstlich [ˈɛŋstliç] *Adj.*
Sie will nachts nicht alleine im Haus bleiben. Sie ist sehr ängstlich.

peureux
Elle ne veut pas rester toute seule la nuit dans la maison. Elle est très peureuse.

Ärger [ˈɛrgə*] *m*, -s, *kein Pl.*
Tu bitte, was er will, und mach keinen Ärger!

ennuis *m/pl*
Fais donc ce qu'il veut et ne nous ennuie!

ärgerlich ['ɛrgə*liç] *Adj.*
Der letzte Bus ist weg. Das ist wirklich ärgerlich.

ennuyeux
Le dernier bus est passé. C'est bien ennuyeux.

---

bedauern [bə'dauə*n] *V/t.*, bedauerte, hat bedauert
Ich bedauere sehr, daß ich Ihre Einladung nicht annehmen kann.

regretter
Je regrette beaucoup de ne pas pouvoir accepter votre invitation.

---

befürchten [bə'fyrçt(ə)n] *V/t.*, befürchtete, hat befürchtet
Ich befürchte, es ist etwas Schlimmes passiert.

craindre
Je crains qu'il soit arrivé quelque chose de grave.

---

böse ['bø:zə] *Adj.*, böser, am bösesten
Sie wurde böse, als ich ihr die Geschichte erzählte.

méchant
Elle s'est fâchée quand je lui ai raconté cette histoire.

---

fürchten ['fyrçt(ə)n] *V/t., i., refl.,* + *Präp.* (vor), fürchtete, hat gefürchtet
Ich fürchte, daß wir zu spät kommen.
Ich fürchte mich vor dem Hund.
Der Hund wird von allen gefürchtet.

avoir peur (de)

J'ai peur que nous arrivons en retard.
J'ai peur du chien.
Tout le monde a peur du chien.

---

leider ['laidə*] *Adv.*
Morgen können wir leider nicht kommen.

malheureusement
Nous ne pouvons malheureusement pas venir demain.

Schrecken ['ʃrɛk(ə)n] *m*, -s, -
Als er die Polizei sah, bekam er einen großen Schrecken.

frayeur *f*
Il a été effrayé en voyant la police.

Sorge ['zɔrgə] *f*, -, -n
Warum hast du nicht früher angerufen? Ich habe mir Sorgen gemacht.

souci *m*
Pourquoi ne m'as-tu pas téléphoné plus tôt? Je me suis fait du souci.

---

sorgen ['zɔrg(ə)n] *V/i.,* + *Präp.* (für), *refl.*, sorgen, hat gesorgt
Wer sorgt für den Hund, wenn ihr im Urlaub seid?
Sorg dich nicht um mich! Ich werde vorsichtig sein.

s'inquiéter

Qui va s'occuper du chien pendant vos vacances?
Ne t'inquiète pas pour moi! Je serai prudent.

Trauer ['trauə'] *f, -, kein Pl.*
Er zeigte keine Trauer über den Tod seiner Frau.

chagrin *m*
Il n'a pas montré de chagrin lors de la mort de sa femme.

traurig ['trauriç°] *Adj.*
Sie ist traurig, weil ihre Katze gestorben ist.

triste
Elle est triste car son chat est mort.

unangenehm ['unangəne:m] *Adj.*
Ich habe ihm unangenehme Fragen gestellt.

désagréable
Je lui ai posé des questions désagréables.

unglücklich ['unglykliç] *Adj.*
Er ist unglücklich, weil seine Freundin ihn verlassen hat.

malheureux
Il est malheureux parce que sa petite amie l'a quitté.

verzweifelt [fɛə'tsvaifəlt] *Adj.*
Sie war so verzweifelt, daß sie nicht mehr leben wollte.

désespéré
Elle était désespérée, au point de n'avoir plus envie de vivre.

Wut [vu:t] *f, -, kein Pl.*
Sie wurde rot vor Wut.

colère *f*
Elle devint rouge de colère.

wütend ['vy:tənt] *Adj.*
„Laß mich in Ruhe!" schrie er wütend.

furieux
«Laisse-moi tranquille» s'écria-t-il, furieux.

2001-4000

aufregen ['aufre:g(ə)n] *V/t., refl., + Präp.* (über, wegen), regte auf, hat aufgeregt
Er hat ein schwaches Herz. Deshalb dürfen wir ihn nicht aufregen. (Deshalb darf er sich nicht aufregen.)

énerver
Il n'a pas le cœur solide. C'est pourquoi il ne faut pas l'énerver. (C'est pourquoi il ne doit pas s'énerver.)

Aufregung ['aufre:guŋ] *f, -, -en*
Sie hatte vor Aufregung vergessen, was sie sagen wollte.

énervement *m*
D'énervement, elle avait oublié ce qu'elle voulait dire.

besorgt [bə'zɔrkt] *Adj., -er, am -esten*
Jens hat sich seit Wochen nicht gemeldet. Seine Eltern sind deshalb sehr besorgt.

inquiet
Jens ne s'est pas manifesté depuis des semaines. Ses parents sont très inquiets.

beunruhigen [bə'unru:ig(ə)n]
V/t., refl., beunruhigte, hat beunruhigt
Du bist so nervös. Beunruhigt dich etwas? (Warum beunruhigst du dich?)

préoccuper

Tu es bien nerveux. Est-ce que quelque chose te préoccupe? (Pourquoi es-tu préoccupé?)

Eifersucht ['aifə*zuxt] *f, -, kein Pl.*
Die Eifersucht meines Mannes wird immer schlimmer.

jalousie *f*
La jalousie de mon mari s'aggrave.

eifersüchtig ['aifə*zyçtiç°] *Adj.*
Sie darf keinen anderen Mann ansehen. Ihr Freund ist schrecklich eifersüchtig.

jaloux
Elle n'a pas le droit de regarder un autre homme. Son petit ami est affreusement jaloux.

einsam ['ainza:m] *Adj.*
Ohne dich fühle ich mich einsam.

seul
Sans toi je me sens seule.

erregt [εə*'re:kt] *Adj.* -er, am -esten
Eine erregte Menschenmenge demonstrierte vor dem Parlament.

excité
Une foule excitée manifesta devant le parlement.

erschrecken [εə*'ʃrek(ə)n] *V/i.,*
erschrak, ist erschrocken
Er erschrak, als er die hohe Rechnung sah.

être effrayé
En voyant le montant de la facture, il fut effrayé.

erschüttert [εə*'ʃytə*t] *Adj.*
Alle waren von seinem frühen Tod erschüttert.

bouleversé
Sa mort prématurée les a tous bouleversés.

Furcht [furçt] *f, -, kein Pl.*
Unsere Katze hat keine Furcht vor Hunden.

peur *f*
Notre chat n'a pas peur des chiens.

hassen ['has(ə)n] *V/t.,* haßte, hat gehaßt
Jens brauchst du nicht einzuladen. Er haßt Partys.

détester
Ce n'est pas la peine que tu invites Jens. Il déteste les fêtes.

Haß [has] *m, Hasses, kein Pl.*
Er hat ihn aus Haß erschossen.

haine *f*
Il l'a tué, poussé par la haine.

hoffnungslos ['hɔfnuŋslo:s] *Adj.,*
-er, am -esten
Die Situation ist ernst, aber nicht hoffnungslos.

sans espoir; désespéré

La situation est grave, mais pas désespérée.

leid [lait] (tun) *Adv.*
Es tut mir leid, daß ich Sie stören muß.

être désolé
Je suis désolé de devoir vous déranger.

schämen ['ʃɛːmən] *V/refl., + Präp.* (vor, wegen, für), schämte, hat geschämt
Er schämt sich vor den Leuten wegen seiner großen Ohren.

avoir honte

En public, il a honte de ses grandes oreilles.

Schock [ʃɔk] *m*, -(e)s, -s
Der Tod seines Sohnes war ein großer Schock für ihn.

choc *m*
La mort de son fils a été pour lui un grand choc.

schockieren [ʃɔˈkiːrən] *V/t.,* schockierte, hat schockiert
Er schockierte seine Eltern, als er mit grünen Haaren nach Hause kam.

choquer

Il a choqué ses parents en arrivant à la maison avec des cheveux verts.

Unruhe ['unruːə] *f*, -, -n
Der Regierungswechsel führte zu starken Unruhen.

trouble *m*
Le changement de gouvernement a causé des troubles.

Unruhe *f*, -, *nur Sg.*
Er zeigte seine innere Unruhe nicht, obwohl er Angst hatte.

inquiétude *f,* **anxiété** *f*
Il ne montre pas son anxiété, bien qu'il ait peur.

vermissen [fɛəˈmis(ə)n] *V/t.,* vermißte, hat vermißt
Ich habe dich sehr vermißt.

regretter

Tu m'as beaucoup manqué.

Verzweiflung [fɛəˈtsvaiflʊŋ] *f*, -, *kein Pl.*
Trotz unserer Verzweiflung haben wir noch immer Hoffnung.

désespoir *m*
Malgré notre désespoir nous gardons espoir.

Zorn [tsɔrn] *m*, -(e)s, *kein Pl.*
Als wir über ihn lachten, geriet er in Zorn.

colère *f*
Il s'est mis en colère quand nous nous sommes moqués de lui.

zornig ['tsɔrnɪç] *Adj.*
Er sprach mit lauter und zorniger Stimme.

en colère
Il parlait très fort, d'une voix en colère.

1.7 Gesundheit und Krankheit   1-2000

1.7 Santé et maladies (cf. a Médecin et hôpital 5.9)

---

bluten ['blu:t(ə)n] *V/i.*, blutete, hat geblutet
Die Wunde hat nur kurz geblutet.

saigner
La blessure n'a pas beaucoup saigné.

---

erkälten [ɛə*'kɛlt(ə)n] *V/refl.*, erkältete, hat erkältet
Ich habe mich erkältet.

prendre froid
J'ai pris froid.

Erkältung [ɛə*'kɛltuŋ] *f*, -, -en
Sie hat eine starke Erkältung.

refroidissement *m*
Elle est très enrhumée.

Fieber ['fi:bə*](n) -s, *kein Pl.*
Sie hat hohes Fieber.

fièvre *f*
Elle a beaucoup de fièvre.

---

gesund [gə'zunt] *Adj.*, gesünder, am gesündesten
Es ist ein sehr gesundes Kind.

en bonne santé
C'est un enfant en très bonne santé.

Gesundheit [gə'zunthait] *f*, -, *kein Pl.*
Zum Geburtstag wünschen wir dir Glück und Gesundheit.

santé *f*
Tous nos vœux de santé et de bonheur pour ton anniversaire!

Grippe ['gripə] *f*, -, *kein Pl.*
Ich möchte ein Medikament gegen Grippe.

grippe *f*
Je voudrais un remède contre la grippe.

Husten ['hu:st(e)n] *m*, -s, *kein Pl.*
Haben Sie noch Husten?

toux *f*
Vous toussez encore?

---

husten ['hu:st(ə)n] *V/i.*, hustete, hat gehustet
Wenn jemand raucht, muß ich husten.

tousser
Quand quelqu'un fume, ça me fait tousser.

---

kräftig ['krɛftiç°] *Adj.*
Vor seiner Krankheit war er ein kräftiger Mann.

robuste
Avant sa maladie, c'était un homme robuste.

krank [kraŋk] *Adj.,* kränker, am kränkesten
Wie lange ist Uwe schon krank?

malade
Ça fait combien de temps qu'Uwe est malade?

Krankheit ['kraŋkhait] *f, -,* en
Gegen diese Krankheit gibt es noch kein Medikament.

maladie *f*
Il n'y a pas de remède contre cette maladie.

leiden ['laid(ə)n] *V/i., + Präp.* (an, unter) litt, hat gelitten
Er leidet an einer tödlichen Krankheit.
Ich leide unter diesem ständigen Krach.

être atteint de; souffrir
Il est atteint d'une maladie incurable.
Je souffre de ce vacarme permanent.

Pille ['pilə] *f, -,* -n
Vergessen Sie nicht, die Pille zu nehmen.

pilule *f*
N'oubliez pas de prendre cette pilule.

Schmerz [ʃmɛrts] *m,* -es, -en
Ich habe häufig Magenschmerzen.

mal *m;* **douleur** *f*
J'ai souvent mal à l'estomac.

Verband [fɛə*'bant] *m,* -es, Verbände
Der Verband muß täglich gewechselt werden.

pansement *m*
Il faut changer le pansement tous les jours.

verletzen [fɛə*'lɛts(ə)n] *V/t., refl.,* verletzte, hat verletzt
Sie hat sich am Finger verletzt.

se blesser
Elle s'est blessée au doigt.

Verletzung [fɛə*'lɛtsuŋ] *f, -,* -en
Wegen dieser Verletzung mußt du nicht zum Arzt gehen.

blessure *f*
Ce n'est pas la peine d'aller chez le médecin à cause de cette blessure.

weh tun ['ve:tu:n] *V/i.,* tat weh, hat weh getan
Mir tun die Füße weh.

faire mal
J'ai mal aux pieds.

wohl [vo:l] *Adv.*
Du siehst schlecht aus.
Fühlst du dich nicht wohl?

bien
Tu as mauvaise mine.
Tu ne te sens pas bien?

Wunde ['vundə] *f, -,* -n
Die Wunde blutet immer noch.

plaie *f*
La plaie saigne toujours.

2001-4000

blind [blint] *Adj.,*keine Komp.
Der alte Mann ist fast blind.

aveugle
Le vieil homme est presque aveugle.

---

giftig ['giftiç°] *Adj.*
Diese Pilze kann man nicht essen, die sind giftig.

vénéneux
On ne peut pas manger ces champignons, ils sont vénéneux.

Halsschmerzen ['halsʃmɛrts(ə)n] *nur Pl.* (**Halsweh**, *n*, -s, *kein Pl.),*
Ich habe Halsschmerzen (Halsweh).

mal à la gorge *m*

J'ai mal à la gorge.

---

klagen ['kla:g(ə)n] *V/i., + Präp.* (über), klagte, hat geklagt
Der Patient klagt über große Schmerzen.

se plaindre

Le malade se plaint de violentes douleurs.

Kopfschmerzen ['kɔpfʃmɛrts(ə)n] *nur Pl.* (**Kopfweh**, *n*, -s, *kein Pl.*)
Seit Tagen habe ich Kopfschmerzen (Kopfweh).

maux de tête *m/pl*

Voilà des jours que j'ai des maux de tête.

Lebensgefahr ['le:b(ə)nsgəfa:*] *f*, -, *kein Pl.*
Bei dem Unfall gab es acht Verletzte. Zwei sind noch in Lebensgefahr.

danger de mort *m*

Huit personnes ont été blessées dans l'accident. Deux d'entre elles sont encore en danger de mort.

Ohnmacht ['o:nmaxt] *f*, -, *kein Pl.*
Als er das viele Blut sah, fiel er in Ohnmacht.

évanouissement *m*
A la vue de tout ce sang il s'est évanoui.

---

ohnmächtig ['o:nmɛçtiç°] *Adj.*
Der Verletzte lag ohnmächtig am Boden.

evanoui
Le blessé était par terre, evanoui.

---

schmerzhaft ['ʃmɛrtshaft] *Adj.,* -er, am -esten
Die Wunde ist nicht gefährlich, aber schmerzhaft.

douloureux

Cette blessure n'est pas dangereuse, mais douleureuse.

---

taub [taup] *Adj., keine Komp.*
Mein Vater ist auf einem Ohr taub.

sourd
Mon père est sourd d'une oreille.

verbinden [fɛə*'bind(ə)n] *V/t.,* **panser**
verband, hat verbunden
Die Wunde muß sofort verbunden | Cette blessure doit être pansée
werden. | tout de suite.

Zahnschmerzen ['tsa:nʃmɛr- | **mal de dents** *m*
ts(ə)n] *nur Pl.* (**Zahnweh,** *n, -s,*
kein Pl.)
Hast du eine Tablette gegen | Tu as un comprimé contre le mal
Zahnschmerzen? | de dents?

zittern ['tsitə*n] *V/i.,* + *Präp.* (vor, | **trembler**
wegen)
Der Junge zittert vor Kälte. | Le jeune garçon tremble de froid.

Übelkeit ['y:b(ə)lkait] *f, -, kein Pl.* | **nausée** *f*
Nach dem Unfall klagte sie über | Après l'accident, elle souffrait de
Kopfschmerzen und Übelkeit. | maux de tête et de nausées.

übel ['y:b(ə)l] *Adj.,* übler, am übel- | **mauvais**
sten
Mir ist übel, weil ich zuviel geges- | J'ai mal au cœur car j'ai trop
sen habe. | mangé.

1.8 Leben und Tod   1-2000

1.8 Vie et mort

alt [alt] *Adj.,* älter, am ältesten | **âgé**
Wie alt sind Sie? | Quel âge avez-vous?
Der alte Herr ist 92 Jahre, aber | Le vieux monsieur a 92 ans mais il
noch immer gesund. | est toujours en bonne santé.

geboren (sein, werden) | **né**
[gə'bo:r(ə)n]
Unsere Tochter wurde zu Hause | Notre fille est née à la maison.
geboren.
Wann bist (wurdest) du geboren? | Quand es-tu né?

Geburt [gə'bu:ɐt] *f, -, -en* | **naissance** *f*
Herzlichen Glückwunsch zur Ge- | Toutes nos félicitations à l'occa-
burt Ihres Kindes! | sion de la naissance de votre en-
fant!

Geburtstag [gə'buːɐ̯ˈtsta:k] *m,*
-(e)s, -e
Mein Vater hat morgen Geburtstag.

anniversaire *f*

Demain c'est l'anniversaire de mon père.

Jugend ['juːg(ə)nt] *f, -, kein Pl.*
In ihrer Jugend war sie eine gute Sportlerin.

jeunesse *f*
Elle a été très sportive dans sa jeunesse.

---

jung [jʊŋ] *Adj.,* jünger, am jüngsten
Sie waren beide sehr jung, als sie heirateten.

jeune

Quand ils se sont mariés, ils étaient tous les deux très jeunes.

Kindheit ['kɪnthait] *f, -, kein Pl.*
Meine Geschwister und ich hatten eine glückliche Kindheit.

enfance *f*
Mes frère(s) et sœur(s) et moi, nous avons eu une enfance très heureuse.

---

leben ['leːb(ə)n] *V/i.,* lebte, hat gelebt
Weißt du, wann dieser Maler gelebt hat?

vivre

Sais-tu à quelle époque ce peintre a vécu?

Leben ['leːb(ə)n] *n, -s, kein Pl.*
Er ist unzufrieden mit seinem Leben.

vie *f*
Il n'est pas satisfait de la vie qu'il mène.

Leiche ['laiçə] *f* -, -n
Am Seeufer wurde gestern die Leiche eines jungen Mannes gefunden.

cadavre *m*
On a découvert hier sur les rives du lac le cadavre d'un jeune homme.

---

sterben ['ʃtɛrb(ə)n] *V/i., + Präp.*
(an, durch, vor), starb, ist gestorben
Wissen Sie, woran er gestorben ist?

mourir

Savez-vous de quoi il est mort?

Tod [toːt] *m, -es, -e*
Ihr plötzlicher Tod hat alle überrascht.

mort *f*
Tous furent surpris par sa mort subite.

---

tödlich ['tøːtlɪç] *Adj.*
Seine Krankheit ist tödlich.

mortel
Sa maladie est mortelle.

---

tot [toːt] *Adj., keine Komp.*
Vor unserer Haustür liegt ein toter Vogel.

mort
Il y a un oiseau mort devant notre porte.

Alter ['altə*] _n,_ -s, _kein Pl._
Trotz ihres hohen Alters macht sie noch weite Reisen.
Erst jetzt im Alter ist er ruhiger geworden.

âge _m_
Elle continue à faire de grands voyages, malgré son âge avancé.
Il n'est devenu plus calme que maintenant, en vieillisant.

aufwachsen ['aufvaks(ə)n] _V/i.,_
wuchs auf, ist aufgewachsen
In diesem Dorf bin ich aufgewachsen.

grandir
J'ai passé mon enfance dans ce village.

beerdigen [bə'e:rdig(ə)n] _V/t.,_
beerdigte, hat beerdigt
Unser Opa wird morgen um 10.00 Uhr beerdigt.

enterrer
Grand-père sera enterré demain à 10 heures.

Begräbnis [bə'grɛ:pnis] _n,_ -ses, -se
Zu dem Begräbnis kamen viele Leute.

enterrement _m_
Il y avait beaucoup de monde à l'enterrement.

Erbe ['ɛrbə] _n,_ -s, _kein Pl._
Gleich nach seinem Tod begann der Streit um das Erbe.

héritage _m_
Les querelles d'héritage se déclenchèrent tout de suite après sa mort.

Friedhof ['fri:tho:f] _m,_ -es, Friedhöfe
Der Friedhof liegt direkt bei der Kirche.

cimetière _m_
Le cimetière est directement à côté de l'église.

Grab [gra:p] _n,_ -(e)s, Gräber
In diesem Grab liegen meine Großeltern.

tombe _f_
Mes grands-parents sont dans cette tombe.

jugendlich ['ju:g(ə)ntliç] _Adj._
Am Telefon hat sie eine jugendliche Stimme.

jeune
Elle a une voix jeune au téléphone.

Selbstmord ['zɛlpstmɔrt] _m,_ -es, -e
Man weiß nicht, ob es ein Unfall oder ein Selbstmord war.

suicide _m_
On ne sait pas si c'est un accident ou un suicide.

Testament [tɛstaˈmɛnt] *n*, -(e)s, -e

testament *m*

Das Testament hat sie kurz vor ihrem Tode gemacht.

Elle a fait son testament peu de temps avant sa mort.

Tote [ˈtoːtə] *m/f*, -n, -n

mort *m*, **-e** *f*

Bei dem Unglück gab es über 20 Tote.

L'accident a fait plus de 20 morts.

max. pause
Lo Gen. sg des Toten

2.1 Sinne und Körperfunktionen | 1-2000

2.1 Sens et fonctions du corps

anfassen ['anfas(ə)n] *V/t.,* faßte an, hat angefaßt   **toucher**
Faß den Hund nicht an, er beißt!   Ne touche pas au chien, il mord!

ansehen ['anse:(ə)n] *V/t.,* sah an, hat angesehen   **regarder**
Ich habe mir gestern einen Kriminalfilm angesehen.   Hier j'ai regardé un film policier.
Ich sah sie die ganze Zeit an.   Je l'ai regardée tout le temps.

bemerken [bə'mɛrk(ə)n] *V/t.,* bemerkte, hat bemerkt   **remarquer**
Wann hast du bemerkt, daß du deine Handtasche verloren hast?   Quand as-tu remarqué que tu avais perdu ton sac à main?

beobachten [bə'o:baxt(ə)n] *V/t.,* beobachtete, hat beobachtet   **surveiller**
Sie wurde von der Polizei beobachtet.   Elle était surveillée par la police.

betrachten [bə'traxt(ə)n] *V/t.,* betrachtete, hat betrachtet   **contempler**
Sie betrachtete die Bilder ganz genau.   Elle contemplait très attentivement les tableaux.

Blick [blik] *m,* -(e)s, -e   **vue** *f*
Von diesem Punkt hat man einen schönen Blick auf die Berge.   D'ici on a une belle vue sur la montagne.

blicken ['blik(ə)n] *V/i.,* + *Präp.* (aus, auf), blickte, hat geblickt   **regarder**
Er blickte aus dem Fenster, als ich ins Haus ging.   Quand je suis entrée dans la maison, il regardait par la fenêtre.

frieren ['fri:r(ə)n] *V/i.,* fror, hat gefroren   **avoir froid**
Wenn du frierst, kannst du meine Jacke haben.   Si tu as froid, tu peux mettre ma veste.

Duft

Geruch [gə'rux] *m*, -s, Gerüche
Viele Leute mögen den Geruch
von Knoblauch nicht.

odeur *f*
Beaucoup de gens n'aiment pas
l'odeur de l'ail.

Geschmack [gə'ʃmak] *m*, -s, *kein Pl.*
Der Geschmack jedes einzelnen
Menschen ist verschieden.

goût *m*
Les goûts varient selon les gens.

---

hören ['hø:r(ə)n] *V/t., i.*, hörte, hat
gehört
Hast du das Geräusch gehört?
Hast du etwas Neues gehört?

entendre; apprendre
Tu as entendu ce bruit?
Tu as appris du nouveau?

---

müde ['my:də] *Adj.*, müder, am
müdesten
Ich gehe ins Bett, ich bin müde.

fatigué
Je vais me coucher, je suis fatigué.

---

riechen ['ri:ç(ə)n] *V/t., i., + Präp.*
(nach), roch, hat gerochen
Der Hund hat das Fleisch gerochen.
In der Küche riecht es nach Kuchen.

sentir
Le chien a senti la viande.

Dans la cuisine, ça sent le gâteau.

---

sehen
sehen
schauen ['ʃau(ə)n] *V/i.*, schaute,
hat geschaut
Er schaute aus dem Fenster, weil
er auf den Besuch wartete.

regarder
Parce qu'il attendait de la visite, il
a regardé par la fenêtre.

Schlaf [ʃla:f] *m*, -(e)s, *kein Pl.*
Sie hat einen festen Schlaf.

sommeil *m*
Elle a un sommeil profond.

---

schlafen ['ʃla:f(ə)n] *V/i.*, schlief,
hat geschlafen
Haben Sie gut geschlafen?

dormir
Vous avez bien dormi?

---

schwitzen ['ʃvits(ə)n] *V/i., + Präp.*
(vor, wegen), schwitzte, hat ge-
schwitzt
Schwitzt du nicht in dem dicken
Pullover?

transpirer
Tu ne transpires pas dans ce gros
pull?

---

sehen ['ze:(ə)n] *V/t., i.*, sah, hat
gesehen
Ich habe Thomas in der Stadt gesehen.
Ich sehe schon, du bist beschäftigt.

voir
J'ai vu Thomas en ville.

Je vois que tu es occupé.

spüren [ˈʃpyːr(ə)n] *V/t.,* spürte, hat gespürt   **ressentir**
Spürst du Schmerzen im Arm?   Tu ressens des douleurs dans le bras?

Träne [ˈtrɛːnə] *f, -, -n*   **larme** *f*
Ich sah Tränen in seinen Augen.   J'ai vu des larmes dans ses yeux.

Traum [traum] *m, -(e)s,* Träume   **rêve** *m*
Heute Nacht hatte ich einen schrecklichen Traum.   J'ai fait un rêve affreux cette nuit.

träumen [ˈtrɔimən] *V/i., + Präp.* (von), träumte, hat geträumt   **rêver**
Ich träume oft vom Fliegen.   Je rêve souvent que je suis en train de voler.

wach [vax] *Adj., -er,* am *-esten*   **réveillé**
Ich bin morgens immer sehr früh wach.   Je me réveille toujours très tôt le matin.

weinen [ˈvainən] *V/i., + Präp.* (über, vor, um), weinte, hat geweint   **pleurer**
Er weinte vor Freude.   Il a pleuré de joie.

2001-4000

aufwachen [ˈaufvax(ə)n] *V/i.,* wachte auf, ist aufgewacht   **se réveiller**
Er braucht keinen Wecker, er wacht jeden Morgen vor 6.00 Uhr auf.   Il n'a pas besoin de réveil, il se réveille tous les jours avant 6 heures.

aufwecken [ˈaufvɛk(ə)n] *V/t.,* weckte auf, hat aufgeweckt   **réveiller**
Sprich leise, du weckst sonst das Baby auf!   Parle à voix basse, tu vas réveiller le bébé!

Beobachtung [bəˈoːbaxtuŋ] *f, -, -en*   **observation** *f*
Die Beobachtungen der Zeugin waren sehr genau.   Les observations du témoin étaient très précises.

Duft [duft] *m, -(e)s,* Düfte   **odeur** *f*
Ich mag den Duft von Rosen.   J'aime l'odeur des roses.

einschlafen [ˈainʃlaːf(ə)n] *V/i.,*
schlief ein, ist eingeschlafen
Meine Frau schläft immer vor dem
Fernseher ein.

s'endormir

Ma femme s'endort toujours devant la télé.

ermüden [ɛə*ˈmyːd(ə)n] *V/t., i.,*
ermüdete, hat (ist) ermüdet
Der lange Spaziergang hat ihn ermüdet.
Durch das schnelle Tempo waren
die Pferde schnell ermüdet.

fatiguer

Cette longue promenade l'a fatigué.
Les chevaux se sont vite fatigués
à cause de la vitesse.

erschöpft [ɛə*ˈʃœpft] *Adj., -er, am*
-esten
Du siehst erschöpft aus. Mach
doch mal Urlaub!

épuisé

Tu as l'air épuisé. Prends donc
des vacances!

schläfrig [ˈʃlɛːfrɪçˀ] *Adj.*
Der Hund lag schläfrig in der
Sonne.

ensommeillé
Le chien sommeillait au soleil.

sichtbar [ˈzɪçtbaːˀ] *Adj.*
Das Haus ist von der Straße aus
nicht sichtbar.

visible
On ne voit pas la maison de la rue.

starren [ˈʃtarən] *V/i., + Präp.* (auf),
starrte, hat gestarrt
Er starrte auf das Bild, ohne etwas
zu sagen.

fixer

Il fixait le tableau du regard sans
dire un mot.

wahrnehmen [ˈvaːˀneːmən] *V/t.,*
nahm wahr, hat wahrgenommen
Niemand nahm ihn wahr, als er
aus dem Haus ging.

remarquer

Personne ne l'a remarqué, quand
il est sorti de la maison.

wecken [ˈvɛk(ə)n] *V/t.,* weckte,
hat geweckt
Wir wurden um 7.30 Uhr geweckt.

réveiller

On nous a réveillés à 7h30.

zusehen [ˈtsuːzeː(ə)n] *V/i., +*
Präp. (bei), sah zu, hat zugesehen
Ich habe ihm bei der Arbeit zugesehen.

regarder faire

Je l'ai regardé travailler.

2.2 Körperpflege und Sauberkeit | 1-2000

2.2 Hygiène et propreté

wischen

abtrocknen ['aptrɔknən] *V/t., refl.*, trocknete ab, hat abgetrocknet
○ Trocknest du das Kind ab?
□ Ich glaube, es kann sich selbst abtrocknen.

essuyer
○ Tu essuies le petit?
□ Je crois qu'il sait s'essuyer tout seul.

Bad [ba:t] *n*, -(e)s, Bäder
Das Bad ist rechts neben der Küche.

salle de bain *f*
La salle de bain est à droite de la cuisine.

Bürste ['byrstə] *f*, -, -n
Ich brauche eine neue Haarbürste.

brosse *f*
J'ai besoin d'une nouvelle brosse à cheveux.

Creme [kre:m] *f*, -, -s
Diese Hautcreme ist sehr gut.

crème *f*
Cette crème pour la peau est très bonne.

Dusche ['du:ʃə] *f*, -, -n
Ich möchte ein Zimmer mit Dusche.

douche *f*
Je voudrais une chambre avec douche.

duschen ['du:ʃ(ə)n] *V/t., i., refl.*, duschte, hat geduscht
Er duschte das Kind und sich jeden Abend.

prendre une douche
Tous les soirs il prenait sa douche et en donnait une à l'enfant.

Fleck [flɛk] *m*, -(e)s, -en
Du hast einen Fleck auf dem Hemd.

tache *f*
Tu as fait une tache à ta chemise.

Handtuch ['hantu:x] *n*, -(e)s, Handtücher
Gibst du mir bitte ein Handtuch?

serviette *f*
Tu me passes une serviette, s'il te plaît?

Kamm [kam] *m*, -(e)s, Kämme
Ich möchte mir die Haare kämmen. Hast du vielleicht einen Kamm?

peigne *m*
Je voudrais me peigner. Est-ce que tu as un peigne?

kämmen ['kɛmən] V/t., refl.,
kämmte, hat gekämmt
Du mußt dir die Haare kämmen!

se peigner

Tu as besoin d'un coup de peigne!

putzen ['puts(ə)n] V/t., putzte, hat
geputzt
Zieh dir die Schuhe aus! Ich will
sie putzen.

nettoyer

Enlève tes chaussures. Je vais les nettoyer.

reinigen ['rainig(ə)n] V/t., reinigte,
hat gereinigt
Hast du meinen Anzug reinigen
lassen?

nettoyer

Tu as fait nettoyer mon costume?

sauber ['zaubə*] Adj.
Die Tasse ist nicht sauber.

propre
Cette tasse n'est pas propre.

Schmutz [ʃmuts] m, -es, kein Pl.
Warum ist so viel Schmutz im
Hausflur?

saleté f
Pourquoi y a-t-il autant de saleté
dans l'entrée?

schmutzig ['ʃmutsiçº] Adj.
Die Schuhe sind schmutzig.

sale
Ces chaussures sont sales.

Seife ['zaifə] f -, -n
Es fehlt Seife zum Händewa-
schen.

savon m
Il n'y a pas de savon pour se laver
les mains.

spülen ['ʃpy:l(ə)n] V/t., spülte, hat
gespült
Kannst du bitte heute einmal das
Geschirr spülen?

laver

Tu peux faire la vaisselle aujour-
d'hui, s'il te plaît?

Staub [ʃtaup] m, -(e)s, kein Pl.
Unter dem Schrank liegt viel
Staub.

poussière f
Il y a beaucoup de poussière sous
l'armoire.

waschen ['vaʃ(ə)n] V/t., refl.,
wusch, hat gewaschen
Diesen Pullover muß man mit der
Hand waschen.

laver

Il faut laver ce pull à la main.

wischen ['viʃ(ə)n] V/t., wischte,
hat gewischt
Der Boden in der Küche muß gewischt werden.

essuyer

Il faut passer la serpillière sur le
sol de la cuisine.

baden [ˈbaːd(ə)n] *V/t., i., refl.*, badete, hat gebadet | **prendre un bain**
Die Mutter badet das Kind. | La mère fait prendre un bain à l'enfant.
Ich bade mich jeden Tag. | Je prends un bain tous les jours.

fegen [ˈfeːg(ə)n] *V/t.*, fegte, hat gefegt | **balayer**
Die Straße muß gefegt werden. | La rue a besoin d'être balayée.

glänzen [ˈglɛnts(ə)n] *V/i.*, glänzte, hat geglänzt | **briller**
Der Boden glänzt nach dem Wischen wie neu. | Après le coup de serpillière, le sol brille comme un sou neuf.

kehren [ˈkeːrən] *V/t.*, kehrte, hat gekehrt | **balayer**
Der Hof ist diese Woche nicht gekehrt worden. | On n'a pas balayé la cour cette semaine.

Rasierapparat [raˈziːə*aparaːt] *m*, -s, -e | **rasoir** *m*
Der Rasierapparat rasiert sehr gründlich. | Ce rasoir rase de très près.

rasieren [raˈziːrən] *V/t., refl.*, rasierte, hat rasiert | **se raser**
Er rasiert sich (ihn) naß. | Il se (le) rase au blaireau.

Rasierklinge [raˈziːə*kliŋə] *f*, -, -n | **lame de rasoir** *f*
Hast du noch eine scharfe Rasierklinge für mich? | Tu as une lame de rasoir qui coupe bien pour moi?

Schwamm [ʃvam] *m*, -(e)s, Schwämme | **éponge** *f*
Ich wasche mich am liebsten mit einem Schwamm. | C'est avec une éponge que j'aime le mieux me laver.

Tube [ˈtuːbə] *f*, -, -n | **tube** *m*
Diese Creme gibt es in einer Dose oder in einer Tube. | Cette crème existe en pot ou en tube.

Waschmaschine [ˈvaʃmaʃiːnə] *f*, -, -n | **machine à laver** *f*
Unsere Waschmaschine steht im Bad. | Notre machine à laver est dans la salle de bain.

Wäscherei [vɛʃə'rai] *f, -, -en*
Ich bin mit meiner Wäscherei sehr
zufrieden.

laverie *f*
Je suis très content de ma laverie.

Zahnbürste ['tsa:nbyrstə] *f, -, -n*
Welche Zahnbürste gehört dir?
Die gelbe oder die rote?

brosse à dents *f*
Ta brosse à dents, c'est laquelle?
La jaune ou la rouge?

Zahnpasta(-e) ['tsa:npasta] *f, -,*
Zahnpasten
Welche Zahnpaste nimmst du?

dentifrice *m*

Qu'est-ce que tu prends comme
dentifrice?

2.3 Tun (allgemein)   1-2000

2.3 Agir (en général)

Absicht ['apzɪçt] *f, -, -en*
Ich hatte nicht die Absicht, dich
zu beleidigen.

intention *f*
Je ne voulais pas te vexer.

absichtlich ['apzɪçtlɪç] *Adj., keine
Komp.*
Er macht das absichtlich, um
mich zu ärgern.

exprès

Il le fait exprès pour m'agacer.

Arbeit ['arbait] *f, -, en, kein Pl.*
Die Arbeit ist ziemlich langweilig.
Sie wurde vor fünf Monaten entlassen und hat immer noch keine
neue Arbeit gefunden.

travail *m*
Ce travail est assez ennuyeux.
Elle a été licenciée il y a 5 mois et
n'a toujours pas retrouvé de travail.

arbeiten ['arbait(ə)n] *V/i., + Präp.*
(an, bei, für), arbeitete, hat gearbeitet
Er arbeitet sehr sorgfältig.

travailler

Il travaille très consciencieuse-
ment.

bemühen [bə'my:(ə)n] *V/refl.,* be-
mühte, hat bemüht
Wir werden uns bemühen, die Arbeit bis Freitag fertig zu machen.

faire son possible

Nous ferons tout notre possible
pour avoir terminé ce travail d'ici
vendredi.

beschließen [bə'ʃliːs(ə)n] *V/t.,*
beschloß, hat beschlossen
Sie hat beschlossen, mit dem
Rauchen aufzuhören.

décider

Elle a décidé d'arrêter de fumer.

beschäftigen [bə'ʃɛftig(ə)n] *V/t.,*
i., refl., + Präp. (mit) beschäftigte,
hat beschäftigt
Die Firma beschäftigt 200 Mitarbeiter.
Dieses Thema beschäftigt ihn
schon lange.
Sie beschäftigt sich seit Jahren
mit deutscher Literatur.

occuper

Cette entreprise emploie 200 personnes.
Voilà longtemps que ce sujet l'intéresse.
Elle s'occupe de littérature allemande depuis des années.

Beschäftigung [bə'ʃɛftiguŋ] *f, -,*
-en
Er kann nicht ohne Arbeit sein.

Er sucht immer eine Beschäftigung.

occupation f

Il ne peut pas rester sans rien
faire.
Il se cherche toujours une occupation.

besorgen [bə'zɔrg(ə)n] *V/t.,* be-
sorgte, hat besorgt
Ich fahre einkaufen. Soll ich für
dich etwas besorgen?

ramener; procurer

Je prends la voiture pour aller
faire des courses. Je peux te ramener quelque chose?

beteiligen [bə'tailig(ə)n] *V/refl., +*
Präp. (an), beteiligte, hat beteiligt
Möchtest du dich an dem Spiel
beteiligen?

participer

Tu aimerais participer au jeu?

gelingen [gə'liŋən] *V/i.,* gelang,
ist gelungen
Es ist mir nicht gelungen, den
Fehler zu finden.

réussir (à)

Je n'ai pas réussi à trouver l'erreur.

gewöhnen [gə'vøːnən] *V/refl., +*
Präp. (an), gewöhnte, hat gewöhnt
An meine neue Brille habe ich
mich schnell gewöhnt.

s'habituer (à)

Je me suis vite habitué à mes
nouvelles lunettes.

Handlung ['handluŋ] *f, -,* -en
War Ihnen nicht klar, welche
Folgen Ihre Handlung haben
könnte?

acte f
Vous n'aviez pas réalisé quelles
conséquences votre acte pouvait
avoir?

können [ˈkœnən] *V/t., Mod. V.,* konnte, hat gekonnt
Er kann einfach alles.
Wenn Sie Zeit haben, können Sie mich morgen besuchen.
Kann ich Ihnen einen Kaffee anbieten?

savoir; pouvoir
Il sait vraiment tout faire.
Si vous avez le temps, vous pouvez venir me voir demain.
Vous prendrez bien une tasse de café?

machen [ˈmax(ə)n] *V/t.,* machte, hat gemacht
Wer macht heute das Abendessen?
Diese Arbeit kann ich selbst machen.
Mit dem Geschenk hast du mir eine große Freude gemacht.
Den Schrank habe ich machen lassen.
Wissen Sie, wie das gemacht wird?
Mach schnell!
Das macht 12,40 DM.

faire
Qui fait le dîner ce soir?
Je peux faire ce travail tout seul.
Tu m'as fait très plaisir avec ton cadeau.
J'ai fait faire cette armoire.
Savez-vous comment on fait ça?
Dépêche-toi!
Ça fait 12,40 marks.

Mühe [ˈmyːə] *f, -, -n*
Gib dir Mühe, dann klappt es auch.

mal *m*
Donne-toi du mal et ça marchera.

Plan [plaːn] *m, -(e)s, Pläne*
Der neue Finanzplan muß vom Chef noch genehmigt werden.
Hast du einen Plan des Grundstücks?

plan *m*
Le nouveau plan de financement doit être d'abord agréé par le patron.
Tu as un plan du terrain?

planen [ˈplaːnən] *V/t., i.,* plante, hat geplant
Die Arbeit ist gut geplant worden.

planifier
Ce travail a été bien planifié.

probieren [proˈbiːrən] *V/i.,* probierte, hat probiert
Probier du mal! Ich kann die Tür nicht öffnen.

essayer
Essaie donc, toi! Je n'arrive pas à ouvrir la porte.

Tätigkeit [ˈtɛːtiçkait] *f, -, -en*
Für mich ist Putzen die unangenehmste Tätigkeit.

activité *f*
L'activité la plus désagréable consiste, pour moi, à faire le ménage.

teilnehmen ['tailne:mən] *V/i., +*
Präp. (an), nahm teil, hat teilgenommen
Diesen Winter nehme ich wieder
an einem Skikurs teil.

faire; participer

Cet hiver je vais à nouveau suivre
un cours de ski.

tun [tu:n] *V/t., i.,* tat, hat getan
Im Geschäft war viel zu tun.

Was tust du in deiner Freizeit?

Ich habe mir weh getan.
Er ist gar nicht müde. Er tut nur so.

faire
Il y avait beaucoup à faire au ma-
gasin.
Qu'est-ce que tu fais pendant tes
loisirs?
Je me suis fait mal.
Il n'est pas si fatigué que ça. Il fait
semblant.

üben ['y:b(ə)n] *V/t.,* übte, hat
geübt
Sie muß noch ein bißchen üben.
Dann kann sie bald gut
schwimmen.

s'exercer

Il faut qu'elle s'exerce encore un
peu. Bientôt, elle saura bien
nager.

vermeiden [fɛə*'maid(ə)n] *V/t.,*
vermied, hat vermieden
Der Unfall hätte vermieden werden können.

éviter

On aurait pu éviter cet accident.

versuchen [fɛə*'zu:x(ə)n] *V/t.,*
versuchte, hat versucht
Ich habe es versucht, aber ich
kann die Kiste nicht alleine
tragen.

essayer

J'ai essayé, mais je ne peux pas
porter cette caisse tout seul.

verwechseln [fɛə*'vɛks(ə)ln] *V/t.,*
verwechselte, hat verwechselt
Du hast die beiden Flaschen verwechselt.

confondre

Tu as confondu les deux bouteilles.

vorhaben ['fo:ə*ha:b(ə)n] *V/i.,*
hatte vor, hat vorgehabt
Was habt ihr am Wochenende
vor?

projeter

Vous avez des projets pour le
week-end?

Werk [vɛrk] *n,* -(e)s, -e
Die bekanntesten Werke der Malerin sind in diesem Museum zu
sehen.

œuvre *f*
Ce musée abrite les œuvres les
plus connues de ce peintre.

winken ['viŋk(ə)n] *V/i.,* winkte, hat gewunken
Er winkte, als der Zug abfuhr.

faire (un) signe
Quand le train demarra, il agita son mouchoir.

$$2001\text{-}4000$$

aktiv [ak'ti:f] *Adj.*
Trotz ihres hohen Alters ist sie noch sehr aktiv.

actif
Elle est restée très active malgré son grand âge.

Aktivität [aktivi'tɛ:t] *f, -, -en*
Wenn Sie Karriere machen wollen, müssen Sie mehr Aktivität zeigen.

activité *f;* **dynamisme** *m*
Si vous voulez faire carrière, vous devez être plus dynamique.

Angewohnheit ['angəvo:nhait] *f, -, -en*
Sie hat die Angewohnheit, während des Essens zu lesen.

habitude *f*
Elle a l'habitude de lire en mangeant.

anstrengen ['anʃtrɛŋən] *V/t., refl.,* strengte an, hat angestrengt
Der Nachtdienst strengt ihn sehr an.
Du mußt dich mehr anstrengen, sonst schaffst du es nicht.

fatiguer; faire des efforts
Etre de garde la nuit le fatigue beaucoup.
Tu dois faire davantage d'efforts, sinon tu n'y arriveras pas.

Anstrengung ['anʃtrɛŋuŋ] *f, -, -en*
Die Anstrengung hat sich gelohnt.

effort *m*
L'effort en valait la peine.

aushalten ['aushalt(ə)n] *V/t.,* hielt aus, hat ausgehalten
Was für eine Hitze heute! Das kann man ja kaum aushalten.

supporter
Quelle chaleur aujourd'hui! C'est difficilement supportable.

beabsichtigen [bə'apziçtig(ə)n] *V/t.,* beabsichtigte, hat beabsichtigt
Klaus und Bernd beabsichtigen, gemeinsam eine Wohnung zu mieten.

avoir l'intention (de)
Klaus et Bernd ont l'intention de se partager un appartement.

beachten [bə'axt(ə)n] *V/t.,* beachtete, hat beachtet
Sein Befehl wurde nicht beachtet.

suivre
On n'a pas suivi son ordre.

befassen [bəˈfas(ə)n] *V/refl., + Präp.* (mit), befaßte, hat befaßt
traiter

Mit diesem Thema befasse ich mich schon seit Jahren.
Depuis déjà des années je m'occupe de ce sujet.

Bemühung [bəˈmy:uŋ] *f, -, -en*
aide *f*

Vielen Dank für Ihre Bemühungen!
Tous nos remerciements pour votre aide!

Durchführung [ˈdurçfy:ruŋ] *f, -, kein Pl.*
exécution *f*

Die Durchführung des Plans war schwieriger als alle gedacht hatten.
L'exécution de ce plan a été plus difficile que ce qu'on avait cru.

---

durchsetzen [ˈdurçzɛts(ə)n] *V/t.,* setzte durch, hat durchgesetzt
faire adopter

Ich habe meinen Vorschlag durchsetzen können.
J'ai pu faire adopter ma proposition.

---

mühsam [ˈmy:za:m] *Adj.*
pénible

Die Arbeit war mühsam, aber sie hat sich gelohnt.
Ce travail a été pénible, mais il en a valu la peine.

---

organisieren [ɔrganiˈzi:rən] *V/t.,* organisierte, hat organisiert
organiser

Die Feier war gut organisiert worden.
La fête était bien organisée.

Planung [ˈpla:nuŋ] *f, -, -en*
projet *m*

Der Bau ist noch in der Planung. Die Arbeiten beginnen erst nächstes Jahr.
Les travaux de construction sont en projet. Les travaux ne commenceront pas avant l'année prochaine.

---

realisieren [realiˈzi:rən] *V/t.,* realisierte, hat realisiert
réaliser

Dieser Plan läßt sich nicht realisieren.
Ce plan n'est pas réalisable.

---

schaffen [ˈʃaf(ə)n] *V/t.,* schaffte, hat geschafft
arriver (à)

Es tut mir leid, aber wir haben den Termin nicht mehr geschafft.
Je regrette, nous n'avons pas pu respecter le délai.

Teilnehmer [ˈtailne:mə*] *m, -s,-*
Teilnehmerin *f, -, -nen*
participant *m*
participante *f*

Der Kurs hat 18 Teilnehmer.
Ce cours a 18 participants.

Überwindung [y:bə*'vinduŋ] *f.,
-, kein Pl.*
Es kostet mich große Überwindung, zu ihm freundlich zu sein.

gros efforts *m/pl*
Je dois faire de gros efforts pour arriver à être aimable avec lui.

unternehmen [untə*'ne:mən] *V/t.,* unternahm, hat unternommen
Was wollen wir morgen unternehmen?

entreprendre
Qu'est-ce qu'on pourrait bien faire demain?

Versuch [fɛə*'zu:x] *m, -(e)s, -e*
Laß uns noch einen Versuch machen. Vielleicht schaffen wir es doch allein.

essai *m*
Laisse-nous essayer encore une fois. Peut-être qu'on va y arriver tout seuls.

vornehmen ['fo:ə*ne:mən] *V/refl.,* nahm vor, hat vorgenommen
Sie hat sich vorgenommen, in Zukunft langsamer zu fahren.

se promettre (de)
Elle s'est promis de conduire moins vite à l'avenir.

zustande kommen (bringen) [tsu'ʃtandə kɔmən]
Bei dem Gespräch ist keine Einigung zustande gekommen.
Sie will selbst ein Regal bauen, aber ich glaube nicht, daß sie das zustande bringt.

parvenir (à); **arriver** (à)
On n'est parvenu à aucun accord lors de la discussion.
Elle veut se faire une étagère, mais je ne crois pas qu'elle y arrive.

2.4 Bewegung und Ruhe   1-2000

2.4 Activité et repos

abwesend ['apve:zənt] *Adj., keine Komp.*
Hat jemand angerufen, während ich abwesend war?

absent
Quelqu'un a appelé en mon absence?

anwesend ['anve:zənt] *Adj., keine Komp.*
Ist Frau Sommer anwesend?

présent
Madame Sommer est là?

Aufenthalt ['aufənthalt] *m*, -(e)s, -e

séjour *m*

Unser Aufenthalt in London war leider viel zu kurz.

Notre séjour à Londres a été malheureusement trop bref.

ausruhen ['ausru:(ə)n] *V/refl.*, ruhte aus, hat ausgeruht

se reposer

Ruh dich nach dieser langen Fahrt erst einmal aus!

Après ce long voyage, commence par te reposer!

beeilen [bə'ail(ə)n] *V/refl.*, beeilte, hat beeilt

se dépêcher

Bitte beeil dich! Wir haben keine Zeit.

Dépêche-toi, s'il te plaît! Nous sommes pressés.

befinden [bə'find(ə)n] *V/refl.*, befand, hat befunden

se trouver

Wo befindet sich hier im Haus die Toilette?

Où se trouvent les toilettes dans cette maison?

bleiben ['blaib(ə)n] *V/i.*, blieb, ist geblieben

rester

Bleib doch noch zum Essen!

Reste donc manger avec nous!

Bleiben Sie ruhig! Es ist nichts passiert.

Gardez votre calme! Ce n'est rien.

Dafür bleibt mir keine Zeit.

Il ne me reste plus de temps pour faire ça.

dasein ['da:zain] *V/i.*, war da, ist dagewesen

être là

Es ist niemand da.

Il n'y a personne.

Eile ['ailə] *f*, -, *kein Pl.*

hâte *f*

Ich muß jetzt gehen, ich bin in Eile.

Il faut que je m'en aille, je suis pressé.

Sie können den Brief später schicken. Das hat keine Eile.

Vous pouvez envoyer cette lettre plus tard. Ça n'est pas pressé.

eilig ['ailiç°] *Adj.*

urgent

Dieser Auftrag ist eilig.

Cette commande est urgente.

Hast du es eilig, oder können wir noch einen Kaffee trinken?

Tu es pressé ou bien on peut encore prendre un café?

fahren ['fa:rən] *V/i.*, fuhr, ist gefahren

aller *(+moyen de transport)*

Sie ist mit dem Fahrrad in die Stadt gefahren.

Elle est allée en ville à vélo.

gehen ['ge:(ə)n] *V/i.*, ging, ist gegangen — aller (à pied); marcher; s'agir (de)

Wir sind zu Fuß nach Hause gegangen. — On est rentré à pied.

Ich gehe heute Nachmittag Tennis spielen. — Cet après-midi je vais faire du tennis.

Die Klingel geht nicht. — La sonnette ne marche pas.

Das geht nicht, das ist zu kompliziert. — Ça ne va pas, c'est trop compliqué.

Es geht ihm ganz gut. — Il va très bien.

Worum geht es? — De quoi s'agit-il?

---

hinsetzen ['hinzɛts(ə)n] *V/refl.*, setzte hin, hat hingesetzt — s'asseoir

Dort ist eine Bank, dort können wir uns hinsetzen. — Voilà un banc, là-bas; on va s'y asseoir.

---

kommen ['kɔmən] *V/i.*, kam, ist gekommen — venir; arriver

Wann bist du gekommen? — Tu es arrivé quand?

Es ist Wasser im Keller. Woher kommt das? — Il y a de l'eau dans la cave. Ça vient d'où?

---

laufen ['lauf(ə)n] *V/i.*, lief, ist gelaufen — courir; aller (à pied)

Er lief so schnell er konnte. — Il a couru à toutes jambes.

Laß uns laufen! Es sind nur ein bis zwei Kilometer. — Allons-y à pied! Ça fait juste un ou deux kilomètres.

Wie läuft das Geschäft? — Comment vont les affaires?

---

liegen ['li:g(ə)n] *V/i.*, lag, hat gelegen — être (couché/allongé)

Sie liegt im Bett, weil sie krank ist. — Elle est au lit, car elle est malade.

Wo liegt die Tageszeitung? — Où est le journal?

---

rennen ['rɛnən] *V/i.*, rannte, ist gerannt — courir à toutes jambes

Warum rennst du so schnell? — Pourquoi cours-tu si vite?

Schritt [ʃrit] *m*, -(e)s, -e — pas *m*

Wir waren ein paar Schritte gegangen, da fing es an zu regnen. — On venait de faire quelques pas quand il s'est mis à pleuvoir.

---

setzen ['zɛts(ə)n] *V/t., refl.*, setzte, hat gesetzt — asseoir; s'asseoir

Bitte setz das Kind auf seinen Stuhl! — Mets donc l'enfant sur son siège!

Bitte setzen Sie sich doch! — Mais asseyez-vous donc!

sitzen [ˈzits(ə)n] *V/i.,* saß, hat gesessen
être assis
Wir saßen draußen auf der Terrasse.
On était assis dehors sur la terrasse.

springen [ˈʃprɪŋən] *V/i.,* sprang, ist gesprungen
sauter
Wir mußten über einen Bach springen.
Nous avons dû sauter par-dessus un ruisseau.

Sprung [ʃprʊŋ] *m,* -(e)s, Sprünge
saut *m*
Beim Sprung über den Zaun hat er sich verletzt.
Il s'est blessé en sautant par-dessus la clôture.

stehen [ˈʃteː(ə)n] *V/i.,* stand, hat gestanden
être (debout)
Die Leute standen vor der Tür und warteten.
Les gens étaient debout devant la porte et attendaient.
Wo stehen die Weingläser?
Où sont les verres à vin?
In der Zeitung steht, daß das Wetter besser wird.
On dit dans le journal que le temps va s'améliorer.

Sturz [ʃtʊrts] *m,* -es, Stürze
chute *f*
Beim dem Sturz hat er sich den Arm gebrochen.
Il s'est cassé le bras en tombant.

stürzen [ˈʃtyrts(ə)n] *V/i.,* stürzte, ist gestürzt
tomber
Sie ist von der Leiter gestürzt.
Elle est tombée de l'échelle.

treten [ˈtreːt(ə)n] *V/t., i.,* tritt, hat getreten
marcher (sur)
Sie hat den Hund getreten.
Elle a donné un coup de pied au chien.
Er ist mir auf den Fuß getreten.
Il m'a marché sur les pieds.

warten [ˈvart(ə)n] *V/i., + Präp.* (auf), wartete, hat gewartet
attendre
Hast du lange auf mich gewartet?
Tu m'as attendu longtemps?

2001-4000

Abwesenheit [ˈapveːz(ə)nhait] *f,* -, *kein Pl.*
absence *f*
Ich weiß davon nichts. Die Sache wurde während meiner Abwesenheit beschlossen.
Je n'en sais rien. Cette affaire a été décidée en mon absence.

anlehnen [ˈanleːnən] *V/t., refl.,* lehnte an, hat angelehnt
Lehn dich nicht an die Wand an! Sie ist schmutzig.

s'appuyer (contre)
Ne t'appuie pas contre le mur! Il n'est pas propre.

Anwesenheit [ˈanveːz(ə)nhait] *f., -, kein Pl.*
Bitte gehen Sie! Ihre Anwesenheit wird nicht gewünscht.

présence *f*
Sortez, je vous prie. Votre présence est indésirable.

---

aufstehen [ˈaufʃteː(ə)n] *V/i.,* stand auf, ist aufgestanden
Wann bist du heute aufgestanden?

se lever
Tu t'es levé à quelle heure aujourd'hui?

---

ausrutschen [ˈausrutʃ(ə)n] *V/i.,* rutschte aus, ist ausgerutscht
Vorsicht, rutschen Sie nicht aus! Der Boden ist glatt.

glisser
Faites attention à ne pas glisser! Le sol est glissant.

---

fallen [ˈfal(ə)n] *V/i.,* fiel, ist gefallen
Die Tasse ist vom Tisch gefallen.

tomber
La tasse est tombée de la table.

---

klettern [ˈklɛtə*n] *V/i.,* kletterte, ist geklettert
Er kann wie ein Affe klettern.

grimper
Il grimpe avec l'agilité d'un singe.

---

kriechen [ˈkriːç(ə)n] *V/i.,* kroch, ist gekrochen
Er kroch unter die Bank, um das Geldstück zu suchen.

être à quatre pattes
Il se mit à quatre pattes sous le banc pour chercher la pièce de monnaie.

---

nähern [ˈnɛːə*n] *V/refl.,* näherte, hat genähert
Wir nähern uns langsam dem Ziel.

s'approcher
Nous nous approchons lentement du but.

---

schleichen [ˈʃlaiç(ə)n] *V/i.,* schlich, ist geschlichen
Sie schlich leise in ihr Zimmer.

marcher, s'avancer à pas feutrés
Elle est entrée à pas feutrés dans sa chambre.

überqueren [yːbə*ˈkveːrən] *V/t.,* überquerte, hat überquert
Paß auf, wenn du die Straße überquerst!

traverser
Fais attention en traversant la rue!

umdrehen ['umdre:(ə)n] *V/t., refl.*, drehte um, hat umgedreht	**tourner**
Das Fleisch muß beim Braten öfters umgedreht werden.	Pendant la cuisson, il faut tourner la viande assez souvent.
Als sie sich umdrehte, sah sie ihn.	Elle le vit en se retournant.

verschwinden [fɛə*'ʃvind(ə)n] *V/i.*, verschwand, ist verschwunden	**disparaître**
Unsere Katze ist seit Tagen verschwunden.	Notre chat a disparu depuis des jours.

vorbeigehen [fo:ə*'baige:(ə)n] *V/i., + Präp.* (an, bei) ging vorbei, ist vorbeigegangen	**passer**
Er ist gerade an mir vorbeigegangen.	Il vient de passer à côté de moi.
Geh bitte nach der Arbeit beim Bäcker vorbei und bring Kuchen mit.	En rentrant de ton travail, passe chez le boulanger prendre des gâteaux, s'il te plaît.

weggehen ['vɛkge:(ə)n] *V/i.*, ging weg, ist weggegangen	**partir**
Sie ist schon früh weggegangen.	Elle est partie très tôt.

weitergehen ['vaitə*ge:(ə)n] *V/i.*, ging weiter, ist weitergegangen	**continuer**
Dann wurde der Weg so schlecht, daß wir nicht weitergehen konnten.	Le chemin est devenu si mauvais qu'on n'a pas pu continuer.

zurückgehen [tsu'rykge:(ə)n] *V/i.*, ging zurück, ist zurückgegangen	**rentrer**
Ich bin müde, laß uns zum Hotel zurückgehen.	Je suis fatigué, rentrons à l'hôtel.

zurückkehren [tsu'rykke:rən] *V/i.*, kehrte zurück, ist zurückgekehrt.	**revenir, être de retour**
Wann kehrt ihr von der Reise zurück?	Quand rentrez-vous de voyage?

2.5 Bewegen von Dingen und Lebewesen

1-2000

2.5 Objets et êtres animés en mouvement

bewegen [bə've:g(ə)n] *V/t., refl.,*
bewegte, hat bewegt

bouger; remuer

Mir tut der Arm weh, wenn ich ihn
bewege.

Quand je bouge mon bras, ça me
fait mal.

Die Hose ist viel zu eng. Ich kann
mich kaum bewegen.

Ce pantalon est beaucoup trop
juste. Je peux à peine me remuer.

bringen ['briŋən] *V/t.,* brachte,
hat gebracht

apporter

Bring bitte das Geschirr in die
Küche!

Apporte la vaisselle dans la cuisine s'il te plaît!

Bringst du mich morgen zum
Flughafen?

Tu m'emmènes demain à l'aéroport?

Was bringt das Fernsehen heute?

Qu'est-ce qu'il y a ce soir à la
télé?

drehen ['dre:(ə)n] *V/t.,* drehte, hat
gedreht

tourner

Wenn man den Schalter nach
rechts dreht, wird das Licht
stärker.

En tournant le commutateur vers
la droite on obtient plus de lumière.

holen ['ho:l(ə)n] *V/t.,* holte, hat ge-
holt

aller chercher

Wenn du Hunger hast, hol dir etwas aus dem Kühlschrank.

Si tu as faim, va te servir dans le
frigo.

hängen ['hɛŋən] *V/t.,* hängte, hat
gehängt

suspendre

Häng bitte die Kleider in den
Schrank!

Pends tes vêtements dans l'armoire s'il te plaît!

hängen *V/i.,* hing, hat gehangen

pendre

Gestern hing der Mantel noch an
der Garderobe.

Hier ce manteau était pendu au
vestiaire.

rollen ['rɔl(ə)n] *V/t., i.,* rollte, hat gerollt
Der Stein ist zu schwer zum Tragen, aber man kann ihn rollen.
Vorsicht, der Ball rollt auf die Straße.

rouler
On ne peut pas porter ce bloc de pierre, mais on peut le faire rouler.
Attention au ballon qui roule dans la rue.

schicken ['ʃik(ə)n] *V/t.,* schickte, hat geschickt
Ich habe dir ein Paket geschickt.

envoyer
Je t'ai envoyé un paquet.

schieben ['ʃiːb(ə)n] *V/t.,* schob, hat geschoben
Ich mußte das Fahrrad nach Hause schieben, weil ein Reifen kaputt war.

pousser
J'avais un pneu de crevé, j'ai dû pousser mon vélo.

stellen ['ʃtɛl(ə)n] *V/t.,* stellte, hat gestellt
Stell bitte noch Weingläser auf den Tisch.

mettre
Mets des verres à vin sur la table s'il te plaît.

tragen ['traːg(ə)n] *V/t.,* trug, hat getragen
Kannst du bitte die Tasche tragen?

porter
Tu peux porter ce sac, s'il te plaît?

wenden ['vɛnd(ə)n] *V/t.,* wendete, hat gewendet
Ich kann den Wagen hier nicht wenden. Die Straße ist zu eng.

faire demi-tour
Je ne peux pas faire demi-tour ici avec la voiture. La rue est trop étroite.

werfen ['vɛrf(ə)n] *V/t.,* warf, hat geworfen
Sie warf Steine ins Wasser.

jeter
Elle jette des pierres dans l'eau.

2001-4000

schleppen ['ʃlɛp(ə)n] *V/t.,* schleppte, hat geschleppt
Diesen Sack kann ich alleine schleppen.

traîner
Je ne peux pas traîner ce sac toute seule.

schütteln [ˈʃyt(ə)ln] *V/t.,* schüttelte, hat geschüttelt
„Nein", sagte er und schüttelte
den Kopf.

secouer

Il dit «non» en secouant la tête.

Transport [transˈpɔrt] *m,* -(e)s, -e
Der Transport mit der Bahn ist am
sichersten.

transport *m*
Les transports ferroviaires sont
les plus sûrs.

---

treiben [ˈtraib(ə)n] *V/t., i.,* trieb, hat
getrieben
Sie treibt die Kühe in den Stall.
Das Boot trieb ohne Besatzung
auf dem Meer.

mener; aller à la dérive

Elle mène les vaches à l'étable.
Privé de son équipage, le bateau
allait à la dérive.

2.6 Geben und Nehmen   1-2000
2.6 Donner et prendre

anbieten [ˈanbiːt(ə)n] *V/t.,* bot an,
hat angeboten
Sie hat mir einen Kaffee angeboten.

offrir

Elle m'a offert un café.

---

annehmen [ˈanneːmən] *V/t.,*
nahm an, hat angenommen
Würden Sie bitte meine Post annehmen, wenn ich nicht da bin?

accepter; prendre

Vous pourriez prendre mon courrier en mon absence?

---

behalten [bəˈhalt(ə)n] *V/t.,* be-
hielt, hat behalten
Du kannst die Zeitschrift behalten, ich habe sie schon gelesen.

garder

Tu peux garder le journal, je l'ai
déjà lu.

---

bekommen [bəˈkɔmən] *V/i.,* bekam, hat bekommen
Heute habe ich Ihren Brief bekommen.

recevoir

J'ai reçu votre lettre aujourd'hui.

---

bieten [ˈbiːt(ə)n] *V/t.,* bot, hat geboten
Er hat mir viel Geld geboten, aber
ich will das Bild nicht verkaufen.

proposer

Il m'a proposé beaucoup d'argent pour ce tableau, mais je ne
veux pas le vendre.

52

brauchen [ˈbraux(ə)n] *V/t., i.,*
brauchte, hat gebraucht
Brauchst du das Auto morgen?

avoir besoin

Tu as besoin de la voiture demain?

danken [ˈdaŋk(ə)n] *V/t.,* dankte,
hat gedankt
Ich danke Ihnen für Ihre Hilfe.

remercier

Je vous remercie de votre aide.

empfangen [ɛmˈpfaŋən] *V/t.,*
empfing, hat empfangen
Das Telegramm haben wir empfangen.

recevoir

Nous avons reçu le télégramme.

erhalten [ɛəˈhalt(ə)n] *V/t.,*
erhielt, hat erhalten
Das Geld haben wir erhalten.

toucher

Nous avons touché l'argent.

geben [ˈgeːb(ə)n] *V/t.,* gab, hat gegeben
Gib mir bitte meine Tasche!

donner

Donne-moi mon sac, s'il te plaît!

Geschenk [gəˈʃɛŋk] *n, -s,-e*
Du mußt das Geschenk noch schön einpacken!

cadeau *m*
Maintenant il faut que tu fasses un joli paquet-cadeau.

haben [ˈhaːb(ə)n] *V/i.,* hatte, hat gehabt
Sie haben eine Tochter und einen Sohn.
Hast du Angst?

avoir

Ils ont une fille et un fils.

Tu as peur?

nehmen [ˈneːmən] *V/t.,* nahm, hat genommen
Er nahm die Teller aus dem Schrank.
Ich nehme das Menü Nr. 3.
Nehmen Sie doch noch etwas Fleisch!

prendre

Il a pris les assiettes dans le buffet.
Je prends le menu n° 3.
Prenez donc encore un peu de viande!

schenken [ˈʃɛŋk(ə)n] *V/t.,*
schenkte, hat geschenkt
Was schenkst du deiner Schwester zum Geburtstag?

offrir

Qu'est-ce tu offres à ta sœur pour son anniversaire?

tauschen [ˈtauʃ(ə)n] *V/t., + Präp.*
(gegen), tauschte, hat getauscht
Ich tausche meine Kleider mit einer Freundin.

échanger

J'échange mes vêtements avec une amie.

teilen [ˈtail(ə)n] *V/t., + Präp.* (mit), teilte, hat geteilt   **partager**

Wir haben den Kuchen in 12 Stükke geteilt.   On a partagé le gâteau en 12 parts.

---

verteilen [fɛə*ˈtail(ə)n] *V/t.*   **partager, répartir**

Das Geld wurde gerecht verteilt.   On a partagé l'argent de façon équitable.

---

verzichten [fɛə*ˈtsiçt(ə)n] *V/i. +* *Präp.* (auf), verzichtete, hat verzichtet   **renoncer** (à)

Wenn wir das Auto kaufen, müssen wir auf die Reise verzichten.   Si on achète la voiture, il faut qu'on renonce à faire le voyage.

2001-4000

abgeben [ˈapgeːb(ə)n] *V/t., +* *Präp.* (an, bei, in), gab ab, hat abgegeben   **déposer, remettre** (à)

Bitte geben Sie den Brief an der Rezeption ab.   Remettez cette lettre à la réception, je vous prie.

---

abgeben *V/t., + Präp.* (von)   **donner, céder**

Kannst du mir von den Broten eines abgeben?   Tu peux me donner un de ces pains?

---

aufteilen [ˈauftail(ə)n] *V/t., + Präp.* (unter, auf), teilte auf, hat aufgeteilt   **partager**

Das Geld wurde aufgeteilt.   On a partagé l'argent.

---

benötigen [bəˈnøːtig(ə)n] *V/t.,* benötigte, hat benötigt   **avoir besoin** (de)

Der Kranke benötigt Ruhe.   Le malade a besoin de repos.

---

kriegen [ˈkriːg(ə)n] *V/i.,* kriegte, hat gekriegt   **avoir, recevoir**

Das Gehalt kriegen Sie am Monatsende.   Vous aurez votre salaire à la fin du mois.

---

reichen [ˈraiç(ə)n] *V/t., i.,* reichte, hat gereicht   **suffire; passer**

Kannst du mir bitte die Butter reichen?   Tu me passes le beurre, s'il te plaît?

Das Brot reicht nicht.   Il n'y a pas assez de pain.

übergeben [y:bə*'ge:b(ə)n] *V/t.,*
übergab, hat übergeben
Sie übergab ihm die Blumen.

remettre

Elle lui a remis les fleurs.

überlassen [y:bə*'las(ə)n] *V/t.,*
überließ, hat überlassen
Sie hat mir das Radio für 50,- DM
überlassen.

laisser

Elle m'a laissé la radio pour 50
marks.

übernehmen [y:bə*'ne:mən]
V/t., übernahm, hat übernommen
Kannst du meine Arbeit übernehmen? Ich muß heute früher
gehen.

se charger (de)

Tu peux te charger de ce que j'ai à
faire? Je dois partir plus tôt aujourd'hui.

überreichen [y:bə*'raiç(ə)n] *V/t.,*
überreichte, hat überreicht
Dem Sieger wurde ein Pokal
überreicht.

offrir

On a offert une coupe au vainqueur.

umtauschen ['umtauʃ(ə)n] *V/t.,*
tauschte um, hat umgetauscht
Kann ich die Ware umtauschen?

échanger

Je peux échanger la marchandise?

verleihen [fɛə*'lai(ə)n] *V/t., +
Präp.* (an), verlieh, hat verliehen
Schallplatten verleihe ich an nie-
manden.

prêter

Je ne prête de disques à personne.

verweigern [fɛə*'vaigə*n] *V/t.,*
verweigerte, hat verweigert
Sie verweigerte die Antwort.

refuser

Elle a refusé de répondre.

wegnehmen ['vɛkne:mən] *V/t.,*
nahm weg, hat weggenommen
Hast du meinen Kugelschreiber
weggenommen?

prendre (à)

C'est toi qui m'a pris mon stylo?

zurückgeben [tsu'rykge:b(ə)n]
V/t., gab zurück, hat zurückge-
geben
Du kannst mein Fahrrad haben,
aber du mußt es mir morgen zurückgeben.

rendre

Je te prête mon vélo, mais il faut
me le rendre demain.

2.7 Umgang mit Dingen und Lebewesen

1-2000

---

abmachen [ˈapmax(ə)n] *V/t.,*
machte ab, hat abgemacht
Bitte machen Sie das Preisschild
ab!

enlever

Enlevez l'étiquette s'il vous plaît!

ändern [ˈɛndə*n] *V/t., refl.,* änder-
te, hat geändert
Das Gesetz wurde geändert.
Meine Adresse hat sich geändert.

changer

La loi a changé.
J'ai changé d'adresse.

Änderung [ˈɛndəruŋ] *f, -, -en*
Mit der Änderung des Vertrags
war sie einverstanden.

changement *m*
Elle était d'accord avec le changement intervenu dans le contrat.

---

anwenden [ˈanvɛnd(ə)n] *V/t.,*
wendete an, hat angewendet
Weißt du, wie man dieses Mittel
anwendet?

employer

Tu sais comment on emploie ce
produit?

---

aufhalten [ˈaufhalt(ə)n] *V/t.,* hielt
auf, hat aufgehalten
Sie hielt der Kundin die Tür auf.

tenir (ouvert)

Elle a tenu la porte à la cliente.

---

aufhören [ˈaufhøːrən] *V/t.,*
+ *Präp.* (mit), hörte auf, hat aufge-
hört.
Wann hörst du mit der Arbeit auf?

finir

Tu finis de travailler à quelle
heure?

---

aufräumen [ˈaufrɔimən] *V/t.,*
räumte auf, hat aufgeräumt
Der Keller muß unbedingt aufgeräumt werden.

ranger

Il faut absolument ranger la cave.

---

benutzen [bəˈnuts(ə)n] *V/t.,* be-
nutzte, hat benutzt
Darf ich mal Ihr Telefon benutzen?

utiliser

Vous permettez que j'utilise votre
téléphone?

bereit (sein) [bəˈrait] *Adj., keine Komp.*   **disposé** (à)

Bist du bereit mitzumachen?   Tu es d'accord pour participer?

berühren [bəˈryːrən] *V/t.*, berührte, hat berührt   **toucher**

Sie dürfen das Bild ansehen, aber nicht berühren.   Vous avez le droit de regarder le tableau, mais pas de le toucher.

biegen [ˈbiːg(ə)n] *V/t.*, bog, hat gebogen   **plier**

Wenn du den Ast noch mehr biegst, bricht er ab.   Si tu continues à plier la branche, elle va se casser.

brechen [ˈbrɛç(ə)n] *V/t., i.*, brach, hat/ist gebrochen   **casser**

Er hat die Schokolade in vier Teile gebrochen.   Il a cassé le morceau de chocolat en quatre.

Das Bein ist gebrochen.   La jambe est cassée.

drücken [ˈdryk(ə)n] *V/t., i., + Präp.* (auf), drückte, hat gedrückt   **appuyer**

Die Maschine stoppt, wenn man (auf) diesen Knopf drückt.   En appuyant sur ce bouton, on arrête la machine.

dulden [ˈduld(ə)n] *V/t.*, duldete, hat geduldet   **tolérer, supporter**

Er duldet es nicht, daß jemand seinen Schreibtisch aufräumt.   Il ne supporte pas qu'on range ses affaires sur son bureau.

durcheinander [durçaiˈnandə*] *Adv.*   **en désordre**

Warum sind die ganzen Kleider durcheinander?   Pourquoi tous ces vêtements sont en désordre?

ersetzen [ɛə*ˈzɛts(ə)n] *V/t.*, ersetzte, hat ersetzt   **remplacer**

Leder ist durch kein anderes Material zu ersetzen.   Aucun autre matériau ne peut remplacer le cuir.

Die Versicherung wird den Schaden ersetzen.   Les assurances payeront les dommages.

fangen [ˈfaŋən] *V/t.*, fing, hat gefangen.   **attraper**

Sie hat gestern drei Fische gefangen.   Elle a pris trois poissons hier.

Er fing den Ball mit einer Hand.   Il a attrapé le ballon d'une main.

fassen ['fas(ə)n] *V/t., i.,* faßte, hat gefaßt

prendre; contenir

Sie faßte das Kind fest an der Hand.

Elle a pris fermement l'enfant par la main.

Der Tank faßt über 80 Liter.

Le réservoir contient plus de 80 litres.

---

festhalten ['fɛsthalt(ə)n] *V/t., i., + Präp.* (an), *refl.* hielt, hat gehalten

tenir

Bitte halten Sie Ihren Hund fest!

Tenez votre chien en laisse s'il vous plaît!

Sie hielt an ihrem Plan fest.

Elle tenait à son plan.

Bitte halten Sie sich während der Fahrt gut fest.

Tenez-vous bien pendant qu'on roule.

---

finden ['find(ə)n] *V/t.,* fand, hat gefunden

trouver

Ich kann meine Autoschlüssel nicht finden.

Je ne trouve plus mes clés de voiture.

---

führen ['fy:rən] *V/t.,* führte, hat geführt

guider; diriger

Morgen führe ich dich durch die Stadt und zeige dir alles.

Je te guiderai demain en ville et je te montrerai tout.

Seit dem Tode seiner Frau führt er die Firma allein.

Depuis la mort de sa femme il dirige tout seul la société.

Führung ['fy:ruŋ] *f, -, -en*

visite guidée *f;* **direction** *f*

Um 14.00 Uhr gibt es eine Führung durch das Schloß.

La visite guidée du château a lieu à 14 heures.

Er alleine ist für die Führung des Geschäfts verantwortlich.

Lui seul est responsable de la direction du magasin.

---

füllen ['fylən] *V/t.,* füllte, hat gefüllt.

remplir

Er füllte die Gläser mit Saft.

Il a rempli les verres de jus.

---

gebrauchen [gə'braux(ə)n] *V/t., + Präp.* (für), gebrauchte, hat gebraucht

servir

Wofür gebraucht man das Werkzeug?

Cet outil, ça sert à quoi?

Gebrauch [gə'braux] *m, -s, kein Pl.*

utilisation *f*

Vor dem Gebrauch muß die Flasche geschüttelt werden.

La bouteille doit être secouée avant utilisation.

Gewohnheit [gə'vo:nhait] *f*, -, -en | **habitude** *f*

Unsere Katze hat die Gewohn-heit, im Bücherregal zu schlafen. | Notre chat a l'habitude de dormir sur les étagères à livres.

gießen ['gi:s(ə)n] *V/t.*, goß, hat gegossen | **arroser**

Die Blumen müssen dringend gegossen werden. | Les fleurs ont sérieusement besoin d'être arrosées.

graben ['gra:b(ə)n] *V/t., i.*, grub, hat gegraben | **creuser**

Er ist im Garten und gräbt (Löcher für die neuen Bäume). | Il est dans le jardin et creuse des trous (pour planter les arbres).

halten ['halt(ə)n] *V/t.*, hielt, hat gehalten | **tenir**

Kannst du bitte kurz die Tasche halten? Ich möchte meine Jacke ausziehen. | Tu peux me tenir mon sac deux minutes? Je voudrais enlever ma veste.

heben ['he:b(ə)n] *V/t.*, hob, hat gehoben | **soulever**

Er hob das Kind auf seinen Arm. | Il souleva l'enfant pour le prendre sur son bras.

hindern ['hində*n] *V/t., + Präp.* (an), hinderte, hat gehindert | **empêcher**

Ich konnte ihn nicht hindern, den Teppich zu kaufen. | Je n'ai pas pu l'empêcher d'acheter ce tapis.

kaputt [ka'put] *Adj.*, -er, am -esten | **cassé**

Das Türschloß ist kaputt. | La serrure de la porte est cassée.

kleben ['kle:b(ə)n] *V/t., i.*, klebte, hat geklebt | **coller**

Vergiß nicht, eine Briefmarke auf die Karte zu kleben. | Pense à mettre un timbre sur la carte postale.
Die Briefmarke klebt nicht richtig. | Le timbre ne colle pas bien.

Kontrolle [kɔn'trɔlə] *f*, -, -n | **contrôle** *m*

Fahr langsamer! Hier gibt es oft Geschwindigkeitskontrollen. | Ralentis! Ici on fait souvent des contrôles de vitesse.

kratzen ['krats(ə)n] *V/t., i., refl., + Präp.* (an), kratzte, hat gekratzt | **griffer; écorcher**

Au, die Katze hat mich gekratzt. | Aïe! le chat m'a griffé.
Ich habe mich an einem alten Nagel gekratzt. | Je me suis écorché à un vieux clou.

kümmern ['kymə*n] *V/refl.,
+ Präp.* (um), kümmerte, hat ge-
kümmert
Ich kümmere mich um die Heizung, damit sie richtig funktioniert.

s'occuper (de)

Je m'occupe du chauffage pour
qu'il fonctionne correctement.

kürzen ['kyrts(ə)n] *V/t.,* kürzte, hat
gekürzt
Der Rock muß gekürzt werden

raccourcir

Il faut raccourcir cette jupe.

lassen ['las(ə)n] *V/t., i., Mod. V.,
refl.,* ließ, hat gelassen
Laß das! Ich mag das nicht.
Er wurde nicht in Ruhe gelassen.
Laß mir das Bild, dann gebe ich
dir das andere.
Ich habe die Maschine reparieren
lassen.
Die Sachen lassen sich ver-
brennen.

laisser, faire (faire)

Arrête! Je n'aime pas ça du tout.
On ne l'a pas laissé tranquille.
Laisse-moi cette photo, je vais
t'en donner une autre.
J'ai fait réparer la machine.

On peut faire brûler ces objets.

legen ['le:g(ə)n] *V/t., refl.,* legte,
hat gelegt
Ich habe die Post auf den
Schreibtisch gelegt.
Der Hund legte sich unter den
Tisch.

mettre

J'ai mis le courrier sur le bureau.

Le chien s'est mis sous la table.

leihen ['lai(ə)n] *V/t., i.,* lieh, hat geliehen
Ich habe dem Nachbarn die Bohrmaschine geliehen.
Ich habe mir eine Bohrmaschine
(aus)geliehen.

prêter

J'ai prêté la perceuse au voisin.

Je me suis fait prêter une perceuse.

leiten ['lait(ə)n] *V/t.,* leitete, hat geleitet
Frau Jensch leitet diese Abteilung.
Die Autos wurden über eine Hilfs-
brücke geleitet.

diriger

C'est Madame Jensch qui dirige
ce service.
La circulation a été détournée sur
un pont provisoire.

mahlen ['ma:l(ə)n] *V/t.,* mahlte,
hat gemahlt
Du mußt erst Kaffee mahlen.

moudre

Tu dois d'abord moudre le café.

mischen ['mɪʃ(ə)n] *V/t.*, mischte, hat gemischt
Ich mische den Saft immer mit etwas Wasser.

mélanger
Je mélange toujours le jus avec un peu d'eau.

öffnen ['œfnən] *V/t., refl.*, öffnete, hat geöffnet
Öffne bitte die Dose!
Wann öffnet die Post?
Die Tür öffnet sich automatisch.

ouvrir
Ouvre cette boîte s'il te plaît!
La poste ouvre à quelle heure?
La porte s'ouvre toute seule.

pflegen ['pfle:g(ə)n] *V/t.*, pflegte, hat gepflegt
Wer pflegt euren kranken Vater?
Den Garten pflegt meine Frau.

soigner
Qui soigne votre père?
C'est ma femme qui s'occupe du jardin.

Pflege ['pfle:gə] *f, -, kein Pl.*
Die Pflege des Gartens kostet viel Zeit.

entretien *m*
L'entretien du jardin prend beaucoup de temps.

prüfen ['pry:f(ə)n] *V/t.*, prüfte, hat geprüft
Hast du die Rechnung geprüft?

verifier
Tu as vérifié la facture?

reiben ['raib(ə)n] *V/t., refl.*, rieb, hat gerieben
Die Kartoffeln müssen gerieben werden.
Der Hund reibt sich sein Fell am Baum.

râper; se frotter
Il faut râper les pommes de terre.
Le chien se frotte contre l'arbre.

sammeln ['zam(ə)ln] *V/t.*, sammelte, hat gesammelt
Die Pilze habe ich im Wald gesammelt.
Er sammelt Briefmarken.

collectionner
J'ai cueilli ces champignons en forêt.
Il collectionne les timbre.

Sammlung ['zamluŋ] *f, -, -en*
Er besitzt eine wertvolle Bildersammlung.

collection *f*
Il a une collection de tableaux qui a beaucoup de valeur.

schaffen ['ʃaf(ə)n] *V/t.*, schaffte, hat geschafft
Heute haben wir fast alles geschafft.

réussir (à faire)
Aujourd'hui on a réussi à faire presque tout.

schlagen [ˈʃlaːg(ə)n] *V/t., i., refl.,*
schlug, hat geschlagen	**frapper; se battre**
Sie schlug die Tür zu und ging.	Elle est partie en claquant la porte.
Er schlug mit der Faust gegen die Tür.	Il frappa du poing contre la porte.
Die Kinder schlagen sich.	Les enfants se battent.

schließen [ˈʃliːs(ə)n] *V/t., i., refl.,*
schloß, hat geschlossen	**fermer**
Bitte schließen Sie die Tür!	Fermez la porte s'il vous plaît!
Die Tür schließt schlecht.	La porte ferme mal.
Die Geschäfte schließen um 18.30 Uhr.	Les magasins ferment vers 18h30.
Abends schließen sich die Blüten dieser Blume.	Les fleurs de cette plante se referment le soir.

schneiden [ˈʃnaid(ə)n] *V/t., i., refl.,*
schnitt, hat geschnitten	**couper**
Soll ich den Käse schneiden?	Dois-je couper le fromage?
Die Schere schneidet gut.	Ces ciseaux coupent bien.
Ich habe mich (mir) in den Finger geschnitten.	Je me suis coupé le doigt.

schützen [ˈʃyts(ə)n] *V/t., i., refl.,
+ Präp.* (vor, gegen)	**protéger**
Du mußt dich besser vor Erkältung schützen.	Il faut que tu te protèges mieux du froid.
Die Jacke schützt (mich) gut vor Wind.	Cette veste me protège bien du vent.

Schwierigkeit [ˈʃviːriçkait] *f, -,
-en*	**difficulté** *f*
Es gibt noch Schwierigkeiten, aber wir schaffen es trotzdem.	Il y a encore des difficultés, mais on y arrivera quand même.

stechen [ˈʃtɛç(ə)n] *V/t., i.,* stach,
hat gestochen	**piquer**
Ich bin von einer Biene gestochen worden.	Je me suis fait piquer par une abeille.
Vorsicht, die Pflanze sticht!	Attention, cette plante, ça pique!

stecken [ˈʃtɛk(ə)n] *V/t., + Präp.* (in,
an, auf) steckte, hat gesteckt	**mettre**
Den Ausweis habe ich in deine Handtasche gesteckt.	Je t'ai mis ta carte d'identité dans ton sac.

stören [ˈʃtøːrən] *V/t.,* störte, hat gestört

Sie wurde dauernd durch das Telefon gestört.

déranger

Elle a été tout le temps dérangée par des coups de téléphone.

stoßen [ˈʃtoːsən] *V/t., i., refl.,* stieß, hat gestoßen

Sie stieß ihn in den Rücken.

Ich bin mit dem Kopf gegen eine Glastür gestoßen.
Ich habe mich am Knie gestoßen.

cogner; donner un coup; bousculer

Elle lui donna un coup dans le dos.

Je me suis cogné la tête contre une porte vitrée.
Je me suis cogné le genou.

suchen [ˈzuːx(ə)n] *V/t.,* suchte, hat gesucht

Sie sucht eine neue Stelle.
Ich suche meine Brille. Hast du sie gesehen?

chercher

Elle cherche un nouvel emploi.
Je cherche mes lunettes. Tu les as vues?

Suche [ˈzuːxə] *f, -, kein Pl.*

Die Suche nach einem Hotelzimmer kostete uns zwei Stunden.

recherche *f*

Nous avons mis deux heures à trouver une chambre d'hôtel.

treffen [ˈtrɛf(ə)n] *V/t., i., rzp.,* traf, hat getroffen

Er wurde von einem Schlag ins Gesicht getroffen.

Ich treffe Uwe morgen.
Wir treffen uns jeden Tag.

toucher; rencontrer

Le coup l'a touché au visage.

Je rencontre Uwe demain.
Nous nous voyons tous les jours.

trennen [ˈtrɛnən] *V/t., refl., rzp.,* trennte, hat getrennt

Der Fluß trennt die beiden Länder.

Es ist besser, wenn wir uns trennen.
Sie haben sich vor kurzem getrennt.

séparer

Les deux pays sont séparés par ce fleuve.

Il vaut mieux que nous nous séparions.
Ils viennent de se séparer.

verändern [fɛəˈʔɛndəʔn] *V/t., refl.,*

Sie haben die ganze Wohnung verändert und neu eingeräumt.
Er hat sich stark verändert.

changer

Ils ont tout changé dans l'appartement et tout placé autrement.
Il a beaucoup changé.

Verantwortung [fɛəˈʔantvɔrtuŋ] *f, -, kein Pl.*

Sie allein(e) haben die Verantwortung für die Entscheidung.

responsabilité *f*

Ce sont eux qui portent toute la responsabilité dans cette décision.

verhindern [fɛə*'hində*n] *V/t.,* **empêcher**
verhinderte, hat verhindert
Den Streit konnte ich nicht verhin- | Je n'ai pas pu empêcher cette
dern. | grève.

---

verlieren [fɛə*'liːrən] *V/t.,* verlor, **perdre**
hat verloren
Er hat seine Kreditkarte verloren. | Il a perdu sa carte de crédit.

---

versorgen [fɛə*'zɔrg(ə)n] *V/t.,* ver- **s'occuper** (de)
sorgte, hat versorgt
Mein Mann ist im Stall und ver- | Mon mari est à l'étable, il s'oc-
sorgt die Tiere. | cupe des bêtes.

---

versprechen [fɛə*'ʃprɛç(ə)n] *V/t.,* **promettre**
versprach, hat versprochen
Mir wurde ein höherer Lohn ver- | On m'avait promis un salaire plus
sprochen. | élevé.

Versprechen [fɛə*'ʃprɛç(ə)n] *n, -s, -* **promesse** *f*
Er gab mir das Versprechen, nie- | Il m'a promis de ne rien raconter.
manden etwas zu erzählen.

---

verstecken [fɛə*'ʃtɛk(ə)n] *V/t., i.,* **cacher**
refl., + Präp. (vor, bei, in, u.a.),
versteckte, hat versteckt
Die Schokolade habe ich vor den | J'ai caché le chocolat pour que
Kindern versteckt. | les enfants ne le trouvent pas.
Die Katze hat sich auf dem Dach- | Le chat s'est caché au grenier.
boden versteckt.

---

verwenden [fɛə*'vɛnd(ə)n] *V/t.,* **utiliser**
verwendete, hat verwendet
Den Rest des Fleisches verwende | Je vais utiliser les restes de
ich für das Abendessen. | viande pour faire le dîner.

Verwendung [fɛə*'vɛnduŋ] *f, -,* **utilisation** *f*
-en
Möchtest du das alte Geschirr ha- | Tu veux cette vieille vaisselle? Je
ben? Ich habe keine Verwendung | ne sais pas quoi en faire.
mehr dafür.

---

vorbereiten ['foːə*bərait(ə)n] *V/t.,* **préparer**
refl., + Präp. (auf), bereitete vor,
hat vorbereitet
Die Arbeiten müssen gut vorbe- | Ces travaux doivent être bien pré-
reitet werden. | parés.
Er hat sich gut auf die Prüfung | Il s'est bien préparé pour l'exa-
vorbereitet. | men.

64

Vorbereitung [ˈfoːɐ*bəraituŋ] f, -, -en
Die Vorbereitung für das Fest dauerte drei Tage.

préparation f; préparatif m
Cette fête a nécessité trois jours de préparatifs.

Vorsicht [ˈfoːɐ*ziçt] f, -, kein Pl.
Vorsicht! Die Leiter steht nicht fest.

précaution f
Attention! L'échelle ne tient pas.

vorsichtig [ˈfoːɐ*ziçtiç°] Adj.
Wenn Sie vorsichtig sind, kann Ihnen nichts passieren.

prudent
Si vous êtes prudent, il ne vous arrivera rien.

warnen [ˈvarnən] V/t., warnte, hat gewarnt
Ich habe ihn vor Dieben gewarnt, aber er war trotzdem unvorsichtig.

mettre en garde
Je l'ai mis en garde contre les voleurs, mais il a quand même été imprudent.

Warnung [ˈvarnuŋ] f, -, -en
Im Radio habe ich eine Sturmwarnung gehört.

avertissement m
On a annoncé une tempête à la radio, je l'ai entendu.

wechseln [ˈvɛks(ə)ln] V/t., i., wechselte, hat gewechselt
Bei dieser Lampe muß die Glühbirne gewechselt werden.
Das Wetter wechselt ständig.
Könnten Sie mir 100,- DM wechseln?

changer
Il faut changer l'ampoule de cette lampe.
Le temps change sans arrêt.
Vous pouvez me changer un billet de 100 mark?

wickeln [ˈvik(ə)ln] V/t., refl., wickelte, hat gewickelt
Ich muß das Baby noch wickeln.
Er wickelt sich einen dicken Schal um den Hals.

changer; enrouler
Il me reste à changer le bébé.
Il s'est enroulé un gros cache-nez autour du cou.

wiegen [ˈviːg(ə)n] V/t., i., wog, hat gewogen
Hast du den Koffer gewogen?
Ich bin 1,65 m groß und wiege 55 Kilogramm.

peser
Tu as pesé la valise?
Je fais 1,65m et pèse 55 kilos.

ziehen [ˈtsiː(ə)n] V/t., i., zog, hat (ist) gezogen
Der Wagen wurde von zwei Pferden gezogen.

tirer
La charrette était tirée par deux chevaux.

zumachen ['tsu:ma:x(ə)n] *V/t., i.,*
machte zu, hat zugemacht
Mach bitte das Fenster zu!
Beeil dich, die Geschäfte machen
bald zu!

fermer

Ferme la fenêtre s'il te plaît!
Dépêche-toi, les magasins ferment bientôt!

2001-4000

---

abschalten ['apʃalt(ə)n] *V/t.,*
schaltete ab, hat abgeschaltet
Die Elektriker haben den Strom
abgeschaltet.

couper le courant

Les électriciens ont coupé le courant.

abschneiden ['apʃnaid(ə)n] *V/t.,*
+ *Präp.* (von), schnitt ab, hat ab-
geschnitten
Wenn die Jeans zu lang sind,
kannst du sie unten abschneiden.

(dé)couper

Si ce jean est trop long tu peux en
couper un bout.

anschalten ['anʃalt(ə)n] *V/t.,*
schaltete an, hat angeschaltet
Hast du den Backofen schon angeschaltet?

allumer

Tu as déjà allumé le four?

anzünden ['antsynd(ə)n] *V/t.,*
zündete an, hat angezündet
Die Leute glauben, daß er sein
Haus selbst angezündet hat.

mettre le feu

Les gens pensent qu'il a mis le feu
à sa maison.

aufbauen ['aufbau(ə)n] *V/t.,* bau-
te auf, hat aufgebaut
Das Rathaus wurde nach dem
Krieg neu aufgebaut.

(re)construire

Après la guerre on a reconstruit
l'hôtel de ville.

aufgeben ['aufge:b(ə)n] *V/t., i.,*
gab auf, hat aufgegeben
Gib bitte den Brief bei der Post
auf!
Der Läufer gab erschöpft auf.

mettre à la poste; abandonner

Mets cette lettre à la poste s'il te
plaît!
A bout de forces le coureur a
abandonné.

aufheben ['aufhe:b(ə)n] *V/t.,* hob
auf, hat aufgehoben
Die Rechnungen müssen 10 Jahre aufgehoben werden.
Er hob seinen Mantel vom Boden
auf.

conserver; ramasser

Il faut conserver les factures pendant une période de dix ans.
Il a ramassé son manteau qui traî-
nait par terre.

aufmachen [ˈaufmax(ə)n] *V/t., i.,* machte auf, hat aufgemacht | **ouvrir**
Machst du bitte die Flasche auf? | Tu peux me déboucher cette bouteille s'il te plaît?
Wann macht der Supermarkt auf? | Le supermarché ouvre à quelle heure?

---

aufstellen [ˈaufʃtɛl(ə)n] *V/t.,* stellte auf, hat aufgestellt | **mettre; placer**
Die Stühle sollen in einer Reihe aufgestellt werden. | Il faut disposer les chaises en une seule rangée.
Wir hatten das Zelt direkt am Strand aufgestellt. | Nous avions monté notre tente sur la plage.

---

auseinandernehmen [ausaiˈnandə*neːmən] *V/t.,* nahm auseinander, hat auseinandergenommen | **démonter**
Den Schrank kann man ganz auseinandernehmen. | C'est une armoire qu'on peut entièrement démonter.

---

ausschalten [ˈausʃalt(ə)n] *V/t.,* schaltete aus, hat ausgeschaltet | **éteindre**
Hast du die Heizung ausgeschaltet? | Tu as éteint le chauffage?

---

beaufsichtigen [bəˈaufziçtig(ə)n] *V/t.,* beaufsichtigte, hat beaufsichtigt | **garder**
Die Kinder werden morgens von ihrer Oma beaufsichtigt. | Le matin, c'est la grand-mère qui garde les enfants.

---

bedecken [bəˈdɛk(ə)n] *V/t.,* bedeckte, hat bedeckt | **recouvrir**
Das Tischtuch bedeckt nicht den ganzen Tisch. | La nappe ne recouvre pas toute la table.

---

befestigen [bəˈfɛstig(ə)n] *V/t.,* befestigte, hat befestigt | **fixer**
An dieser Wand läßt sich kein Regal befestigen. | Il est impossible de fixer des étagères sur ce mur.

---

beherrschen [bəhɛrʃ(ə)n] *V/t., refl.,* beherrschte, hat beherrscht | **contrôler; maîtriser**
Das Land wird von einem König beherrscht. | C'est un roi qui règne sur le pays.
Welche Fremdsprachen beherrschen Sie? | Quelles langues étrangères maîtrisez-vous?
Bitte bleib ruhig und beherrsch dich! | Du calme, voyons, contrôle-toi!

berücksichtigen
[bə'rykzɪçtɪg(ə)n] *V/t.*, berücksichtigte, hat berücksichtigt
Sie braucht noch viel Ruhe. Man muß berücksichtigen, daß sie sehr krank war.

tenir compte (de)

Elle a encore besoin de beaucoup de calme. Elle a été très malade, il faut en tenir compte.

Berührung [bə'ry:rʊŋ] *f*, -, -en
Er hat seine Hand verbrannt. Jede Berührung tut weh.

contact *m*
Il s'est brûlé la main. Tout contact est douloureux.

beschädigen [bə'ʃɛ:dɪg(ə)n] *V/t.*, beschädigte, hat beschädigt
Das Hoftor ist beschädigt worden.

endommager

Le portail de la cour a été endommagé.

beseitigen [bə'zaitɪg(ə)n] *V/t.*, beseitigte, hat beseitigt
Nach dem Picknick haben wir alle Abfälle beseitigt.

enlever

Après avoir pique-niqué on a enlevé tous les déchets.

betreuen [bə'trɔi(ə)n] *V/t.*, betreute, hat betreut
Meine Mutter betreut unser Haus, wenn wir längere Zeit nicht da sind.

prendre soin (de)

C'est ma mère qui prend soin de la maison quand nous ne sommes pas là pendant longtemps.

bewähren [bə'vɛ:rən] *V/refl.*, bewährte, hat bewährt
Unsere Waschmaschine hat sich bewährt, sie ist schon 12 Jahre alt und läuft noch gut.

faire ses preuves

Notre machine à laver a déjà 12 ans, elle marche toujours très bien, elle a fait ses preuves.

bilden ['bɪld(ə)n] *V/t.*, *refl.*, bildete, hat gebildet
Die Kinder bildeten einen Kreis.
Auf dem Wasser bildete sich verdächtiger Schaum.

former

Les enfants formèrent un cercle.
Une sorte d'écume peu engageante se formait sur l'eau.

blasen ['blaz(ə)n] *V/t.*, *i.*, blies, hat geblasen
Die Maschine bläst frische Luft in den Tunnel.
Der Wind bläst mir ins Gesicht.

souffler

La machine ventile le tunnel.

Le vent me souffle sur le visage.

einbeziehen ['ainbətsi:(ə)n] *V/t.,*
+ *Präp.* (in), bezog ein, hat einbezogen
Das Problem läßt sich nur gemeinsam lösen, deshalb müssen
alle in die Diskussion einbezogen
werden.

associer (à)

On ne peut résoudre ce problème
qu'en commun, c'est pourquoi
tout le monde doit être associé à
la discussion.

einschalten ['ainʃalt(ə)n] *V/t.,*
schaltete ein, hat eingeschaltet
Wer hat das Radio eingeschaltet?

allumer; mettre (en marche)

Qui a mis la radio?

entfernen [ɛnt'fɛrnən] *V/t.,* ent-
fernte, hat entfernt
Diese Flecken lassen sich nicht
entfernen.

enlever

On ne peut pas enlever ces
taches.

enthalten [ɛnt'halt(ə)n] *V/t.,* ent-
hielt, hat enthalten
Wieviel Stück enthält die Pak-
kung?

contenir

Ce paquet contient combien de
pièces?

erhöhen [ɛə*'hø:(ə)n] *V/t.,* erhöh-
te, hat erhöht
Die Postgebühren wurden erhöht.

augmenter

Les tarifs postaux ont été aug-
mentés.

Erhöhung [ɛə*'hø:uŋ] *f,* -, -en
Die Erhöhung der Benzinpreise
wurde zurückgenommen.

augmentation *f*
On a renoncé à augmenter le prix
de l'essence.

ermöglichen [ɛə*'mø:kliç(ə)n]
V/t., ermöglichte, hat ermöglicht
Der neue Motor ermöglicht eine
höhere Geschwindigkeit.

rendre possible; permettre

Une augmentation de la vitesse
est rendue possible grâce au
nouveau moteur.

erreichen [ɛə*'raiç(ə)n] *V/t.,* er-
reichte, hat erreicht
Das oberste Fach kann ich mit der
Hand nicht erreichen.
Sie können mich unter dieser
Nummer erreichen.
Hast du erreicht, was du wolltest?

Beeil dich, sonst erreichst du den
Bus nicht mehr!

arriver (à); **joindre**

Le rayon du haut n'est pas à ma
portée.
Vous pouvez me joindre à ce
numéro.
Tu es arrivé à faire ce que tu voulais?
Dépêche-toi, sinon tu vas rater le
bus!

erwischen [ɛə*'viʃ(ə)n] *V/t.,* erwischte, hat erwischt | **attraper; avoir**
Der Dieb wurde erwischt. | Le voleur s'est fait attraper.
Hast du den Zug noch erwischt? | Tu as eu ton train de justesse?
Ich habe noch einen Pullover erwischt. Sonst waren fast alle verkauft. | J'ai quand même réussi à avoir un pull. Il n'en restait pour ainsi dire plus.

falten ['falt(ə)n] *V/t.,* faltete, hat gefaltet | **plier**
Er faltete die Zeitung und steckte sie in seine Tasche. | Il plia le journal et le mit dans sa poche.

festmachen ['fɛstmax(ə)n] *V/t.,* machte fest, hat festgemacht | **attacher**
Die Bretter kann man so nicht festmachen. | On ne peut pas attacher les planches de cette façon.

fördern ['fœrdə*n] *V/t.,* förderte, hat gefördert | **promouvoir; encourager**
Durch mehr Werbung soll der Verkauf gefördert werden. | Davantage de publicité doit être faite pour la promotion des ventes.

Förderung ['fœrdəruŋ] *f, -, kein Pl.* | **encouragement** *m;* **soutien** *m*
Es gibt an unserer Schule jetzt Kurse zur Förderung der schlechteren Schüler. | Il y a maintenant dans notre école des cours de soutien pour les élèves faibles.

Gestaltung [gə'ʃtaltuŋ] *f, -, -en* | **agencement** *m*
Die Gestaltung des Gartens ist wirklich schön. | L'agencement du jardin est vraiment réussi.

heimlich ['haimliç] *Adj.* | **en cachette**
Die Schüler rauchen heimlich auf den Toiletten. | Les élèves fument en cachette dans les toilettes.

hinzufügen [hin'tsu:fy:g(ə)n] *V/t.,* fügte hinzu, hat hinzugefügt | **ajouter**
Die Soße schmeckt gut, vielleicht solltest du noch etwas Sahne hinzufügen. | La sauce est bonne, tu pourrais peut-être ajouter encore un peu de crème.

klopfen ['klɔpf(ə)n] *V/i.,* klopfte, hat geklopft | **frapper**
Hörst du? Jemand klopft an die Tür. | Tu entends? On frappe à la porte.

läuten ['lɔit(ə)n] *V/i.*, läutete, hat geläutet | **sonner**
Es läutet. Machst du bitte die Tür auf? | On sonne. Tu vas ouvrir s'il te plaît?

lösen ['lø:z(ə)n] *V/t.*, löste, hat gelöst | **défaire**
Der Knoten ist zu fest, ich kann ihn nicht lösen. | Ce nœud est trop serré, je n'arrive pas à le défaire.

nachahmen ['na:xa:mən] *V/t.*, | **imiter**
Klaus kann man gut malen. Auf einigen Bildern ahmt er van Gogh nach. | Klaus est doué en peinture. Il a imité Van Gogh, dans certains de ses tableaux.

nachgeben ['na:xge:b(ə)n] *V/i.*, gab nach, hat nachgegeben | **céder**
Sie verteidigte ihre Rechte und gab nicht nach. | Elle a défendu ses droits et elle n'a pas cédé.

nähen ['nɛ:(ə)n] *V/t.*, nähte, hat genäht | **coudre**
Sie näht alle ihre Kleider selbst. | Elle fait tous ses vêtements elle-même.

regeln ['re:g(ə)ln] *V/t.*, regelte, hat geregelt | **régler**
Diese Sache muß schnell geregelt werden. | Il faut régler cette affaire rapidement.

reißen ['rais(ə)n] *V/t., i., + Präp.* (an, um, weg, u.a.), riß, hat (ist) gerissen | **arracher; casser**
Der Sturm riß das Zelt um. | La tempête a arraché la tente.
Der Dieb hat ihr die Tasche weggerissen. | Le voleur lui a arraché son sac.
Achtung, das Seil reißt! | Attention, la corde casse!

rühren ['ry:rən] *V/t.*, rührte, hat gerührt | **mélanger** *(en remuant)*
Vorsicht, die Farbe muß vor dem Gebrauch gut gerührt werden! | Attention, la peinture doit être bien mélangée avant l'usage!

sägen ['zɛ:g(ə)n] *V/t.*, sägte, hat gesägt | **scier**
Er hat das Holz mit der Hand gesägt, nicht mit der Maschine. | Il a scié le bois à la main, pas à la machine.

schimpfen [ˈʃimpf(ə)n] *V/i., + Präp.* (auf, über), schimpfte, hat geschimpft — **râler**
Der Gast schimpfte über den schlechten Service im Restaurant. — Le client s'est fâché au restaurant à cause du mauvais service.

senken [ˈzɛŋk(ə)n] *V/t.,* senkte, hat gesenkt — **descendre**
Der Kran senkte das Boot ins Wasser. — La grue a descendu le bateau dans l'eau.

steigern [ˈʃtaigə*n] *V/t.,* steigerte, hat gesteigert — **augmenter**
Der Zug steigerte seine Geschwindigkeit immer mehr. — Le train accélérait de plus en plus.

Störung [ˈʃtøːruŋ] *f, -, -en* — **dérangement** *m*
Entschuldigen Sie bitte die Störung. — Excusez-moi de vous déranger.
Wegen einer Störung konnte er kein Fernsehbild empfangen. — La télé n'avait plus d'image à cause d'un problème technique.

streichen [ˈʃtraiç(ə)n] *V/t.,* strich, hat gestrichen — **(re)peindre**
Die Fenster müssen gestrichen werden. — Il faut repeindre les fenêtres.

stützen [ˈʃtyts(ə)n] *V/t., refl., + Präp.* (auf), stützte, hat gestützt — **soutenir; s'appuyer**
Die Äste des Apfelbaumes müssen gestützt werden. — Il faut soutenir les branches du pommier.
Er stützt sich auf einen Stock. — Il s'appuie sur une canne.

Trennung [ˈtrɛnuŋ] *f, -, -en* — **séparation** *f*
Die Trennung von seiner Familie machte ihn sehr traurig. — Sa séparation d'avec sa famille l'a beaucoup attristé.

trocknen [ˈtrɔknən] *V/t., i.,* trocknete, hat getrocknet — **sécher**
Du mußt noch deine Haare trocknen. — Il faut encore que tu sèches les cheveux.
Die Farbe trocknet schnell. — La peinture sèche vite.

überprüfen [yːbə*ˈpryːf(ə)n] *V/t.,* überprüfte, hat überprüft — **vérifier**
Das kann nicht stimmen. Bitte überprüfen Sie die Rechnung noch einmal! — Ça n'est pas possible. Vérifiez la note encore une fois, s'il vous plaît.

Überprüfung [y:bə*'pry:fuŋ] *f, -, -en*

vérification *f*

Bei der Überprüfung der Rechnung wurden einige Fehler festgestellt.

En vérifiant la note on a constaté quelques erreurs.

überraschen [y:bə*'raʃ(ə)n] *V/t.,* überraschte, hat überrascht

surprendre

Wir waren überrascht, daß wir nicht kontrolliert wurden.

Nous avons été surpris de ne pas être contrôlés.

Ich überraschte meine Tochter, als sie heimlich eine Zigarette rauchte.

J'ai surpris ma fille en train de fumer en cachette.

Überraschung [y:bə*'raʃuŋ] *f, -, -en*

surprise *f*

Ich habe eine große Überraschung für dich.

J'ai une grande surprise pour toi.

übersehen [y:bə*'ze:(ə)n] *V/t.,* übersah, hat übersehen

ne pas voir; oublier

Du hast übersehen, daß die Ampel rot war.

Tu n'as pas vu que c'était le feu rouge.

umgehen [um'ge:(ə)n] *V/t.,* umging, hat umgangen

contourner; avoir l'habitude (de)

Diese Vorschrift kann man nicht ohne weiteres umgehen.

On ne peut pas contourner cette réglementation comme cela.

umgehen ['umge:(ə)n] *V/i., + Präp.* (mit), ging um, ist umgegangen

contourner; avoir l'habitude (de)

Sie kann sehr gut mit Pferden umgehen.

Elle a l'habitude des chevaux.

umrühren ['umry:rən] *V/t.,* rührte um, hat umgerührt

remuer

Die Suppe muß ständig umgerührt werden.

Il faut remuer cette soupe sans arrêt.

unterbrechen [untə*'brɛç(ə)n] *V/t.,* unterbrach, hat (ist) unterbrochen)

interrompre

Plötzlich war das Telefongespräch unterbrochen.

La communication téléphonique a été tout à coup interrompue.

unterlassen [untə*'las(ə)n] *V/t.,*
unterließ, hat unterlassen
Unterlassen Sie die laute Musik, sonst werde ich mich beschweren!

s'abstenir (de)

Baissez cette musique, sinon je vais me plaindre.

---

unterstützen [untə*'ʃtyts(ə)n] *V/t.,* unterstützte, hat unterstützt
Gerd muß seine Eltern unterstützen, weil sie zuwenig Rente bekommen.

aider; verser une pension

Gerd doit verser une pension à ses parents, car ils ont une très petite retraite.

Unterstützung [untə*'ʃtytsuŋ] *f,* -, -en
Er bat um Unterstützung für seinen Plan.

aide *f*

Il a demandé de l'aide pour son projet.

---

unvorsichtig ['unfo:ə*ziçtiç°] *Adj.*
Er ist ein unvorsichtiger Fahrer, er fährt so wild.

imprudent

Il roule comme un fou, c'est un conducteur imprudent.

---

verbergen [fɛə*'bɛrg(ə)n] *V/t., refl.,* verbarg, hat verborgen
Verbirgst du ein Geheimnis vor mir?

Die Tiere verbargen sich bis zum Abend im Wald.

cacher

Tu me caches un secret?

Les animaux se cachaient jusqu'à la tombée du jour dans la forêt.

---

verbessern [fɛə*'bɛsə*n] *V/t., refl.,* verbesserte, hat verbessert
Die Fehler habe ich alle verbessert.

Die Qualität der Produkte hat sich im letzten Jahr verbessert.

améliorer; corriger

J'ai corrigé toutes les fautes.

On a amélioré la qualité des produits au cours des dernières années.

---

verbinden [fɛə*'bind(ə)n] *V/t.,* verband, hat verbunden
Der Kanal verbindet zwei Flüsse.
Dieser Plan ist mit sehr viel Arbeit verbunden.

relier

Le canal relie deux fleuves.
Ce projet implique beaucoup de travail.

---

verbrennen [fɛə*'brɛnən] *V/t.,* verbrannte, hat verbrannt
Nach einem Streit hat sie alle Briefe von ihm verbrannt.

brûler

Elle a brûlé toutes ses lettres à la suite d'une dispute.

vergießen [fɛə*'giːs(ə)n] *V/t.*, vergoß, hat vergossen
○ Woher kommt der Fleck auf dem Tisch?
□ Monika hat Kaffee vergossen.

renverser
○ D'où vient cette tache sur la table?
□ Monika a renversé du café.

vermitteln [fɛə*'mit(ə)ln] *V/t.*, vermittelte, hat vermittelt
Sie hat ihm eine Stelle vermittelt.

procurer
Elle lui a procuré un emploi.

vernachlässigen [fɛə*'naːxlɛsig(ə)n] *V/t.*, vernachlässigte, hat vernachlässigt
Ich finde, daß du deinen Hund vernachlässigst.

négliger
Je trouve que tu ne t'occupes pas assez de ton chien.

versäumen [fɛə*'zɔimən] *V/t.*, versäumte, hat versäumt
Diese Chance hast du leider versäumt.

laisser passer
Tu as malheureusement laissé passer cette chance.

verstärken [fɛə*'ʃtɛrk(ə)n] *V/t.*, *refl.*, verstärkte, hat verstärkt
Die Wand muß verstärkt werden, sonst stürzt das Haus ein.
Die Fußballmannschaft verstärkte sich mit einem neuen Spieler.

renforcer
Il faut renforcer ce mur, sinon la maison va s'écrouler.
Un nouveau joueur est venu renforcer l'équipe de foot.

verwandeln [fɛə*'vand(ə)ln] *V/t.*, *refl.*, verwandelte, hat verwandelt
Das alte Haus wurde fast in einen Neubau verwandelt.

Seit ihrer Krankheit hat sie sich vollkommen verwandelt.

transformer
On a presque transformé cette vieille maison en une construction moderne.
Depuis sa maladie, elle est complètement transformée.

verwirklichen [fɛə*'virkliç(ə)n] *V/t.*, verwirklichte, hat verwirklicht
Er hat gute Ideen, aber er kann sie nicht verwirklichen.

réaliser
Il a de bonnes idées, mais il ne sait pas les réaliser.

Verwirklichung [fɛə'virkliçuŋ] *f,* -, -en
Die Reise war für ihn die Verwirklichung eines Traums.

réalisation *f*
Ce voyage a été pour lui la réalisation d'un rêve.

verwöhnen [fɛə'vøːnən] *V/t.*, verwöhnte, hat verwöhnt
Sie verwöhnt ihre Katze.

gâter
Elle gâte son chat.

wagen ['va:g(ə)n] *V/t., refl.,* wagte, hat gewagt
Er wagt nicht, ihr zu widersprechen.

Sie wagt sich nicht, nachts allein durch den Park zu gehen.

oser

Il n'ose pas la contredire.

Elle n'ose pas traverser le parc toute seule la nuit.

wehren ['ve:rən] *V/refl., + Präp.* (gegen), wehrte, hat gewehrt
Er wehrte sich gegen die Vorwürfe.

se défendre

Il s'est défendu contre ce qu'on lui reprochait.

zerbrechen [tsɛə*'brɛç(ə)n] *V/t., i.,* zerbrach, hat (ist) zerbrochen
○ Wer hat das Glas zerbrochen?
□ Niemand, es ist in der Spülmaschine von selbst zerbrochen.

casser

○ Qui a cassé ce verre?
□ Personne, il s'est cassé dans le lave-vaisselle.

zerreißen [tsɛə*'rais(ə)n] *V/t.,* zerriß, hat zerrissen
Die unscharfen Fotos kannst du zerreißen und wegwerfen.

déchirer

Tu peux déchirer ces photos floues et les jeter.

zudecken ['tsu:dɛk(ə)n] *V/t.,* deckte zu, hat zugedeckt
Er deckte das schlafende Kind zu.

couvrir

Il a couvert l'enfant qui dormait.

zulassen ['tsu:las(ə)n] *V/t.,* ließ zu, hat zugelassen
Ausnahmen werden nicht zugelassen!

tolérer

On ne tolère pas d'exceptions!

zusammenlegen [tsu'zamən-le:g(ə)n] *V/t.,* legte zusammen, hat zusammengelegt
Leg den Pullover zusammen und dann in den Schrank!

plier

Plie ton pull et mets-le dans l'armoire!

2.8 Lernen und Wissen

2.8 Apprendre et savoir (cf. a Ecole et formation 8.4)

---

aufschreiben ['aufʃraib(ə)n] *V/t.,*
schrieb auf, hat aufgeschrieben
Das muß ich (mir) aufschreiben,
damit ich es nicht vergesse.

noter

Il faut que je le note pour ne pas
l'oublier.

---

bedeuten [bə'dɔit(ə)n] *V/i.,* be-
deutete, hat bedeutet
Was bedeutet dieses Wort?

signifier

Que signifie ce mot?

Bedeutung [bə'dɔituŋ] *f, -, -en*
Dieses Wort hat mehrere Bedeu-
tungen.

signification *f*
Ce mot a plusieurs significations.

Begabung [bə'ga:buŋ] *f, -, -en*
Sie malt gerne, aber ich finde, sie
hat keine besondere Begabung
dafür.

talent *m*
Elle aime peindre, mais je trouve
qu'elle n'est pas particulièrement
douée.

Begriff [bə'grif] *m, -(e)s, -e*
Mein Arzt verwendet oft medizinische Begriffe, die ich nicht verstehe.

terme *m*
Mon médecin emploie souvent
des termes médicaux que je ne
comprends pas.

Beispiel ['baiʃpi:l] *n, -s,-e*
Er erklärte das Problem anhand
eines Beispiels.

exemple *m*
Il a expliqué le problème à l'aide
d'exemples.

Bibliothek [biblio'te:k] *f, -, -en*
Das Buch habe ich in der Bibliothek ausgeliehen.

bibliothèque *f*
J'ai emprunté ce livre à la bibliothèque.

Bildung ['bilduŋ] *f, -, kein Pl.*
Er ist nicht dumm, aber ihm fehlt
eine allgemeine Bildung.

culture *f;* **formation** *f*
Il n'est pas bête, mais il manque
de culture générale.

Buch [bu:x] *n, -(e)s, Bücher*
Ich lese gerade ein interessantes
Buch.

livre *m*
Je suis en train de lire un livre
intéressant.

Buchstabe ['bu:xʃta:bə] *m, -n, -n*
Das Wort hat neun Buchstaben.

lettre *f*
Ce mot a neuf lettres.

Fach [fax] *n,* -(e)s, Fächer
Sie weiß noch nicht, welches
Fach sie studieren möchte.

matière *f*
Elle ne sait pas encore quelle matière choisir pour ses études.

Forschung ['fɔrʃuŋ] *f,* -, -en
Die medizinische Forschung hat
noch kein Mittel gegen Krebs gefunden.

recherche *f*
La recherche médicale n'a pas
encore trouvé de remède contre
le cancer.

Fortschritt ['fɔrtʃrit] *m,* -(e)s, -e
Sie macht beim Lernen gute Fort-
schritte.

progrès *m*
Elle a fait beaucoup de progrès.

fähig ['fɛːiç°] *Adj.*
Mit 80 Jahren ist er noch fähig,
Gartenarbeit zu machen.

capable de
A 80 ans, il est encore capable de
faire du jardinage.

Fähigkeit ['fɛːiçkait] *f,* -, -en
Sie hat angeblich die Fähigkeit,
die Zukunft vorauszusagen.

faculté *f*
Elle a, paraît-il, la faculté de pré-
dire l'avenir.

Germanistik [gɛrma'nistik] *f,* -,
kein Pl.
In Japan und Korea hat die Germanistik eine lange Tradition.

**études germaniques/
allemandes** *f/pl*
Les études allemandes ont une
longue tradition au Japon et en
Corée.

Geschichte [gə'ʃiçtə] *f,* -, *kein Pl.*
Er studierte Deutsch und Ge-
schichte.

histoire *f*
Il fait des études d'histoire et d'allemand.

geschichtlich [gə'ʃiçtliç] *Adj.*
Unser geschichtliches Wissen
über die Steinzeit ist sehr gering.

historique
Nos connaissances historiques
sur l'âge de la pierre sont minimes.

Korrektur [kɔrɛk'tuːəʳ] *f,* -, -en
Bei der Korrektur des Briefes habe ich keine Fehler entdeckt.

correction *f*
En corrigeant cette lettre je n'ai
pas trouvé de faute.

korrigieren [kɔri'giːrən] *V/t.,*
korrigierte, hat korrigiert
Bitte korrigieren Sie den Brief,
und bringen Sie ihn dann zur
Post.

corriger

Corrigez cette lettre s'il vous plaît
et postez-la.

lehren ['leːrən] *V/t.,* lehrte, hat ge-
lehrt
Sie lehrt Physik an der Universität.

enseigner

Elle enseigne la physique à l'université.

Lehrer [ˈleːrə*] *m*, -s, -
Lehrerin [ˈleːrərin] *f*, -, nen
Er ist ein sehr guter Lehrer.
Die Schüler mögen ihn.

professeur *m/f*

C'est un bon professeur.
Il est très aimé de ses élèves.

---

lernen [ˈlɛrnən] *V/t.*, lernte, hat gelernt
Sie hat in der Schule Spanisch gelernt.

apprendre

Elle a appris l'espagnol au lycée.

---

lesen [ˈleːz(ə)n] *V/t.*, las, hat gelesen
Er liest gerade Zeitung.

lire

Il est en train de lire le journal.

Methode [meˈtoːdə] *f*, -, -n
Es gibt verschiedene Methoden, eine Sprache zu lernen.

méthode *f*

Il y a plusieurs méthodes pour apprendre une langue.

Naturwissenschaft
[naˈtuːə*vis(ə)nʃaft] *f*, -, -en
Mein Bruder interessiert sich für Naturwissenschaft.

sciences naturelles *(ou* **physiques)** *f/pl*
Mon frère s'intéresse aux sciences naturelles.

Probe [ˈproːbə] *f*, -, -n
Nach der Probezeit wurde er fest angestellt.

période d'essai *f*
Il a été engagé après la période d'essai.

---

rechnen [ˈrɛçnən] *V/t., i.*, rechnete, hat gerechnet
Diese Aufgabe kann ich nicht im Kopf rechnen.
Sie kann schnell rechnen.

calculer, compter

Je ne peux pas faire cette opération de tête.
Elle sait compter rapidement.

Rechnung [ˈrɛçnuŋ] *f*, -, en
Komplizierte Rechnungen mache ich mit dem Taschenrechner.

opération *f*
Je fais les opérations compliquées avec une calculette.

---

schwer [ʃveːə*] *Adj.*
Deutsch gilt als schwere Sprache.

difficile
On dit que l'allemand est une langue difficile.

---

schwierig [ˈʃviːriç°] *Adj.*
Die meisten Prüfungsfragen waren nicht schwierig.

difficile
La plupart des épreuves d'examen n'étaient pas difficiles.

Seite [ˈzaitə] *f*, -, -n
Das Buch hat 251 Seiten.

page *f*
Ce livre a 251 pages.

Theorie [teoˈriː] *f*, -, -n
Über die Entstehung der Erde gibt es verschiedene Theorien.

théorie *f*
Il y a plusieurs théories sur la formation de la Terre.

wissen ['vis(ə)n] *V/i., + Präp.* (von, über), wußte, hat gewußt
Ich weiß nicht, wo er wohnt.

savoir

Je ne sais pas où il habite.

Wissen ['vis(ə)n] *n, -s, kein Pl.*
Sie hat auf diesem Gebiet ein großes Wissen.

savoir *m;* **connaissances** *f/pl*
Elle a un savoir très étendu dans
ce domaine.

Wissenschaft ['vis(ə)nʃaft] *f, -,
-en*
Philosophie ist die älteste Wissenschaft.

science *f*

La philosophie est la plus ancienne des sciences.

Wissenschaftler ['vis(ə)nʃaftlə*]
m, -s, -, **Wissenschaftlerin**
['vis(ə)nʃaftlərin] *f, -, -nen*
An unserem Institut arbeiten
sechs Wissenschaftler und
-innen.

scientifique *m/f;* **chercheur** *m/f*

Il y a six scientifiques qui s'occu-
pent de recherche dans notre institut.

---

wissenschaftlich ['vis(ə)nʃaftliç]
Adj.
Über die Ursachen von Krebs gibt
es viele wissenschaftliche Unter-
suchungen.

scientifique

Il existe de nombreuses études
scientifique sur les causes de
cancer.

Zeichen ['tsaiç(ə)n] *n, -s, -*
'$' ist das Zeichen für Dollar.

signe *m*

'$' est le signe du dollar.

Zeile ['tsailə] *f, -, -n*
Das Gedicht hat sieben Zeilen.

ligne *f*

Ce poème a sept lignes.

Überlegung [y:bə*'le:guŋ] *f, -,
-en*
Er hat ohne Überlegung gehandelt.

réflexion *f*

Il a agi sans réfléchir.

2001-4000

Band [bant] *m, -(e)s, Bände*
Dieses Lexikon besteht aus fünf
Bänden.

volume *m*

Ce dictionnaire est en cinq vo-
lumes.

---

besichtigen [bə'ziçtig(ə)n] *V/t.,*
besichtigte, hat besichtigt
Das Museum kann man nur vormittags besichtigen.

visiter

On ne peut visiter le musée que le
matin.

Biologie [biolo'gi:] *f, -, kein Pl.*
Sie studiert im 3. Semester Biologie.

biologie *f*
Elle est en deuxième année d'études de biologie.

Blatt [blat] *n, -(e)s, die Blätter*
Kannst du mir bitte ein Blatt Papier geben?

feuille *f*
Tu peux me donner une feuille de papier s'il te plaît?

Block [blɔk] *m, -s, die Blöcke*
Bringe mir bitte einen Block Papier aus dem Schreibwarengeschäft mit.

bloc *m*
Tu peux me ramener un bloc de papier de la papeterie s'il te plaît.

Buchhandlung ['bu:xhandluŋ] *f, -, -en*
In dieser Buchhandlung kann man auch Zeitschriften kaufen.

librairie *f*
On peut aussi acheter des journaux dans cette librairie.

Bücherei [by:çə'rai] *f, -, -en*
Das Buch habe ich in der Stadtbücherei ausgeliehen.

bibliothèque (municipale) *f*
J'ai emprunté ce livre à la bibliothèque municipale.

Chemie [çe:'mi:] *f, -, kein Pl.*
In der Schule war Chemie mein Lieblingsfach.

chimie *f*
Au lycée, la chimie était ma matière préférée.

chemisch ['çe:miʃ] *Adj.*
H_2O ist die chemische Formel für Wasser.

chimique
H_2O est la formule chimique de l'eau.

entdecken [ɛnt'dɛk(ə)n] *V/t.,* entdeckte, hat entdeckt
1492 hat Kolumbus Amerika entdeckt.

découvrir

En 1492 Christophe Colomb a dévouvert l'Amérique.

Entdeckung [ɛnt'dɛkuŋ] *f, -, -en*
Das 15. Jahrhundert war das Zeitalter der großen Entdeckungsreisen.

découverte *f*
Le XVème siècle a été le siècle des grandes découvertes.

Erdkunde ['e:ə*tkundə] *f, -, kein Pl.*
Er ist Lehrer für Deutsch und Erdkunde.

géographie *f*

Il enseigne l'allemand et la géographie.

Erforschung [ɛə*'fɔrʃuŋ] *f, -, -en*
Bei der Erforschung der Höhle wurden Zeichnungen aus der Steinzeit entdeckt.

exploration *f*

En explorant cette caverne on a découvert des dessins datant de l'âge de la pierre.

Fachmann ['faxman] *m, -(e)s,*
Fachmänner, meist: **Fachleute**
Diese Arbeit muß von einem
Fachmann gemacht werden.

spécialiste *m*

Ce travail doit être exécuté par un
spécialiste.

Formel ['fɔrm(ə)l] *f, -, -n*
Die chemische Formel für Wasser
ist H_2O.

formule *f*
H_2O est la formule chimique de
l'eau.

Forscher ['fɔrʃə*] *m, -s, -*
Forscherin ['fɔrʃərin] *f, -, -nen*
Die beiden Forscher bekamen für
ihre Arbeiten einen Preis.

chercheur *m*

Ces deux chercheurs ont reçu un
prix pour leurs travaux.

fortschrittlich ['fɔrtʃritliç] *Adj.*
Die Kinder an dieser Schule werden sehr fortschrittlich erzogen.

progressiste
Les enfants reçoivent une éducation très progressiste dans cette
école.

Geographie [geogra'fi:] *f, -, kein
Pl.*
Geographie ist ein interessantes
Fach.

géographie *f*

La géographie est une matière intéressante.

historisch [his'to:riʃ] *Adj.*
Bei den Bauarbeiten wurden hi-
storische Gräber entdeckt.

historique
Lors de travaux de terrassement
on a découvert des tombes historiques.

imstande sein [im'ʃtandə], war
imstande, ist imstande gewesen
Die Forscher waren imstande, alle
chemischen Elemente genau zu
bestimmen.

être en état de

Les chercheurs étaient en état de
reconnaître chaque élément.

konkret [kɔn'kre:t] *Adj., -er, am
-esten*
Sie hat noch keine konkreten Vorschläge gemacht.

concret

Elle n'a pas encore fait de proposition concrète.

Konzentration
[kɔntsɛntra'tsjo:n] *f, -, kein Pl.*
Der Text ist schwierig. Das Lesen
erfordert hohe Konzentration.

concentration *f*

Ce texte est difficile. Sa lecture
exige beaucoup de concentration.

Sich **konzentrieren** [kɔntsɛnˈtriːrən]
V/t., refl., konzentrierte, hat konzentriert
Stör mich nicht! Ich muß mich konzentrieren.

se concentrer

Ne me dérange pas! Je dois me concentrer.

Notiz [noˈtiːts] *f, -, -en*
Ich habe mir während des Gesprächs einige Notizen gemacht.

note *f*
Au cours de l'entretien j'ai pris quelques notes.

Philosophie [filozoˈfiː] *f, -, kein Pl.*
Herr Dr. Kranz ist kein Arzt, er ist Doktor der Philosophie.

philosophie *f*
Le docteur Kranz n'est pas médecin, il est docteur en philosophie.

Physik [fyˈzik] *f, -, kein Pl.*
Mein Bruder studiert Physik und Mathematik.

physique *f*
Mon frère fait des études de physique et de mathématiques.

Praxis [ˈpraksis] *f, -, kein Pl.*
Sie hat in ihrem Beruf noch wenig Praxis.

expérience professionnelle *f*
Elle n'a pas encore beaucoup d'expérience dans son métier.

Symbol [zymˈboːl] *n, -s, -e*
Das x ist das Symbol für Multiplikation in der Mathematik.

symbole *m*
x est en mathématiques le symbole pour la multiplication.

Tabelle [taˈbɛlə] *f, -, -en*
Die genauen Daten finden Sie in der Tabelle.

tableau *m*
Vous trouverez les données exactes dans ce tableau.

These [ˈteːzə] *f, -, -n*
Die Thesen von Prof. Fuchs wurden ausführlich diskutiert.

thèse *f*
Les thèses du Professeur Fuchs ont été longuement discutées.

Überblick [ˈyːbɐˈblik] *m, -s, kein Pl.*
Das Buch beginnt mit einem allgemeinen Überblick über die Geschichte des 19. Jahrhunderts.

aperçu *m*
Il y a un aperçu de l'histoire du XIXème siècle au début de ce livre.

übersetzen [yːbɐˈzɛts(ə)n] *V/t.,* übersetzte, hat übersetzt
○ Ich kann leider kein Englisch.

traduire

○ Je ne sais malheureusement pas l'anglais.

□ Könnten Sie mir den Brief übersetzen?

□ Vous pourriez me traduire cette lettre?

Übersetzung [y:bə*'zɛtsuŋ] *f*, -, -en

Für das Buch gibt es leider noch keine deutsche Übersetzung.

traduction *f*

Ce livre n'a pas encore été traduit en allemand, c'est dommage.

---

unbekannt ['unbəkant] *Adj.*, -er, am -esten

Sein Vorname ist Horst, sein Nachname ist mir unbekannt.

inconnu

Son prénom, c'est Horst, je ne connais pas son nom de famille.

---

untersuchen [untə*'zu:x(ə)n] *V/t.*, untersuchte, hat untersucht

Die Ursache des Unglücks wurde nicht sorgfältig untersucht.

faire une enquête; rechercher

On n'a pas fait une enquête sérieuse sur les causes de la catastrophe.

Untersuchung [untə*'zu:xuŋ] *f*, -, -en

Das Ergebnis der Untersuchung war negativ.

enquête *f*; **examen** *m*

Les résultats de l'examen ont été négatifs.

Verfasser [fɛə*'fasə*] *m*, -s, -
Verfasserin [fɛə*'fasərin] *f*, -, -nen

Ich kenne nur den Titel des Buches, den Namen der Verfasserin habe ich vergessen.

auteur *m/f*

Je connais seulement le titre du livre, j'ai oublié le nom de l'auteur.

Verständnis [fɛə*'ʃtɛntnis] *n*, -ses, *kein Pl.*

Er zeigte viel Verständnis für meine schwierige Situation.

compréhension *f*

Il s'est montré très compréhensif pour ma situation difficile.

---

vorlesen ['fo:ə*le:z(ə)n] *V/t.*, las vor, hat vorgelesen

Ich lese den Kindern jeden Abend eine Geschichte vor.

lire à haute voix

Je raconte tous les soirs une histoire aux enfants.

3.1 Allgemeines   1-2000

3.1 Généralités

Antwort [ˈantvɔrt] f, -, -en
Auf diese Frage weiß ich keine
Antwort.

réponse f
Je ne sais pas répondre à cette
question.

---

antworten [ˈantvɔrt(ə)n] V/i.,
+ Präp. (auf), antwortete, hat ge-
antwortet
Ich werde Ihnen schriftlich antworten.

répondre

Je vous répondrai par écrit.

---

laut [laut] Adj., -er, am -esten
Jens hat eine sehr laute Stimme.

fort
Jens a une voix très forte.

---

leise [ˈlaizə] Adj.
Er spricht so leise, daß wir ihn
kaum verstehen können.

bas
Il parle si bas qu'on a de la peine à
le comprendre.

---

ruhig [ˈruːiçº] Adj.
Obwohl sie sehr ärgerlich war,
blieb sie ruhig.

calme
Elle était très fâchée, pourtant elle
garda son calme.

---

schweigen [ˈʃvaig(ə)n] V/i.,
schwieg, hat geschwiegen
Der Angeklagte schwieg, als der
Richter ihn fragte.

se taire; ne pas répondre (à)

L'accusé ne répondit pas à la
question posée par le juge.

Sprache [ˈʃpraːxə] f, -, -n
Sie spricht drei verschiedene
Sprachen.

langue f
Elle parle trois langues différentes.

---

still [ʃtil] Adj.
Warum bist du heute so still?

silencieux
Tu es bien silencieux aujourd'hui,
pourquoi?

Wort [vɔrt] n, -es, -e (Wörter)
Dieser Satz hat fünf Wörter.
Sie kann komplizierte Dinge mit
einfachen Worten erklären.

mot m
Il y a cinq mots dans cette phrase.
Elle sait expliquer des choses
compliquées avec des mots simples.

wörtlich ['vœrtliç] *Adj.*
Diesen Text habe ich wörtlich übersetzt.

mot à mot
J'ai traduit ce texte mot à mot.

zuhören ['tsu:hø:rən] *V/i.*, hörte zu, hat zugehört
Was hat sie gesagt? Ich habe nicht zugehört.

écouter

Qu'est-ce qu'elle a dit? Je n'ai pas écouté.

2001-4000

Anfrage ['anfra:gə] *f*, -, -n
Auf meine Anfrage bei der Botschaft habe ich noch keine Antwort bekommen.

demande *f*
Je n'ai pas encore de réponse de l'ambassade à ma demande.

anhören ['anhø:rən] *V/i., refl.*, hörte an, hat angehört
Er hört sich ein Konzert im Radio an.

écouter

Il écoute un concert à la radio.

Aussprache ['ausʃpra:xə] *f*, -, *kein Pl.*
Die französische Aussprache ist für Deutsche sehr schwer.

prononciation *f*

Pour un Allemand la prononciation française est très difficile.

aussprechen ['ausʃprɛç(ə)n] *V/t.*, sprach aus, hat ausgesprochen
Wie wird Ihr Name ausgesprochen?

prononcer

Comment on prononce votre nom?

buchstabieren [bu:xʃta'bi:rən] *V/t.*, buchstabierte, hat buchstabiert
Wie schreibt man das? Bitte buchstabieren Sie!

épeler

Ça s'écrit comment? Vous pouvez épeler s'il vous plaît.

Kommentar [kɔmɛn'ta:*] *m*, -s, -e
Der Kommentar in der Zeitung entspricht meiner Meinung.

commentaire *m*
Le commentaire du journal correspond à mon opinion.

Laut [laut] *m*, -es, -e
Es war völlig still. Man hörte keinen Laut.

son *m*
Tout était parfaitement calme. On n'entendait pas un bruit.

still

schweigsam [ˈʃvaikzaːm] *Adj.*
Er war den ganzen Abend sehr schweigsam.

silencieux
Il est resté très silencieux toute la soirée.

Verständigung [fɛəˈʃtɛndiguŋ] *f, -, kein Pl.*
Die Verständigung am Telefon war sehr schlecht.

compréhension *f*
Il était difficile de se faire comprendre au téléphone.

verständlich [fɛəˈʃtɛntlɪç] *Adj.*
Ihre Aussprache ist schwer verständlich.

intelligible
Sa prononciation est à peine intelligible.

Witz [vɪts] *m, -es, -e*
Mein Kollege erzählt gerne Witze.

blague *f;* **plaisanterie** *f*
Mon collègue adore raconter des blagues.

3.2 Sprechen

3.2 Parler

Ausdruck [ˈausdruk] *m, -s, Ausdrücke*
Dieser Ausdruck ist sehr passend.

expression *f*
Cette expression est très pertinente.

Aussage [ˈausaːgə] *f, -, -en*
Vor Gericht machten die Zeugen verschiedene Aussagen.

déposition *f*
Les témoins ont fait des dépositions différentes au procès.

bemerken [bəˈmɛrk(ə)n] *V/t., bemerkte, hat bemerkt*
„Dieses Bild gefällt mir gut", bemerkte sie.

remarquer
«Ce tableau me plaît beaucoup», remarqua-t-elle.

Bemerkung [bəˈmɛrkuŋ] *f, -, -en*
Deine Bemerkung hat sie beleidigt.

remarque *f*
Ta remarque l'a froissée.

erzählen [ɛəˈtsɛːl(ə)n] *V/t., erzählte, hat erzählt*
Was hat sie dir über Frank erzählt?

raconter
Qu'est-ce qu'elle t'a raconté sur Frank?

erledung

Gespräch [gə'ʃprɛ:ç(n,)-s, -e
Ich hatte heute ein langes Gespräch mit unserem Chef.

entretien m
Aujourd'hui j'ai eu un long entretien avec notre patron.

mitteilen ['mittail(ə)n] V/t., teilte mit, hat mitgeteilt
Den Angestellten wurde mitgeteilt, daß die Firma verkauft wird.

informer

On a informé les employés de la vente prochaine de leur société.

Mitteilung ['mittailuŋ] f, -, -en
Wir bekamen die Mitteilung, daß Irene schwer verletzt ist.

information f
On nous a informé qu'Irène était grièvement blessée.

Muttersprache ['mutə*ʃpra:xə] f, -, -en
Ihre Muttersprache ist Deutsch, aber sie ist Italienerin.

langue maternelle f

Sa langue maternelle est l'allemand, mais elle est italienne.

reden ['re:d(ə)n] V/i., + Präp. (über, von, mit), redete, hat geredet
Über diese Sache kann man mit ihr nicht reden.

parler

On ne peut pas lui parler de cette histoire.

rufen ['ru:f(ə)n] V/t., i., + Präp. (nach, zu), rief, hat gerufen
Wir müssen einen Arzt rufen.
Sie rief laut nach ihrem Hund.

appeler; crier

Il faut appeler un médecin.
Elle appela son chien en criant.

sagen ['za:g(ə)n] V/t., sagte, hat gesagt
Er sagt niemandem, wie alt er ist.

dire

Il ne dit son âge à personne.

Satz [zats] m, -es, Sätze
Das Buch ist in einfachen und kurzen Sätzen geschrieben.

phrase f
Ce livre est écrit avec des phrases simples et courtes.

sprechen ['ʃprɛç(ə)n] V/t., i., + Präp. (von, über), sprach, hat gesprochen
Sie spricht drei Fremdsprachen.

Er spricht sehr undeutlich.

parler

Elle parle trois langues étrangères.
Il articule mal.

Stimme ['ʃtimə] f, -, -n
Am Telefon klingt deine Stimme ganz anders.

voix f
Ta voix est complètement changée au téléphone.

wiederholen [vi:də*'ho:l(ə)n] *V/
t.*, wiederholte, hat wiederholt
Bitte wiederholen Sie den letzten
Satz!

répéter

Vous pouvez répéter la dernière
phrase s.v.p.!

2001-4000

Äußerung ['ɔisəruŋ] *f, -, -en*
Diese unvorsichtige Äußerung hat
ihm geschadet.

déclaration *f*
Sa déclaration imprudente s'est
retournée contre lui.

ankündigen ['ankyndig(ə)n] *V/t.,*
kündigte an, hat angekündigt
Herr Schröder hat für morgen seinen Besuch angekündigt.

annoncer

Monsieur Schröder a annoncé sa
visite pour demain.

Anmerkung ['anmɛrkuŋ] *f, -, -en*
Zu dem Vertrag habe ich noch
einige Anmerkungen.

remarque *f*
J'ai encore quelques remarques à
faire sur ce contrat.

ausdrücken ['ausdryk(ə)n] *V/t.,
refl.,* drückte aus, hat ausge-
drückt
Das ist ein Mißverständnis. Ich
habe mich wohl nicht richtig aus-
gedrückt.

exprimer

C'est un malentendu. Je me suis
certainement mal exprimé.

bekanntgeben
[bə'kantge:b(ə)n] *V/t.,* gab bekannt, hat bekanntgegeben
Das Wahlergebnis wird morgen
bekanntgegeben.

publier

Les résultats des élections seront
publiés demain.

benachrichtigen
[bə'na:xriçtig(ə)n] *V/t.,* benach-
richtigte, hat benachrichtigt
Herr Weber hatte einen Unfall.
Bitte benachrichtigen Sie seine
Frau.

prévenir

Monsieur Weber a eu un accident. Prévenez sa femme s'il vous
plaît.

besprechen [bə'ʃprɛç(ə)n] *V/t.,*
besprach, hat besprochen
Das müssen Sie mit Frau Bartels
besprechen.

discuter

Vous devez en discuter avec Madame Bartels.

Besprechung [bə'ʃprɛçuŋ] *f, -,*
-en
Bitte rufen Sie später an. Frau
Seel ist in einer Besprechung.

discussion *f;* **réunion** *f*

Rappelez-la plus tard s'il vous
plaît. Madame Seel est en réunion.

---

betonen [bə'to:nən] *V/t.,* betonte,
hat betont
Das Wort wird auf der ersten Silbe
betont.

accentuer

Il faut accentuer la première syllabe de ce mot.

---

erwähnen [ɛə*'vɛ:nən] *V/t.,* erwähnte, hat erwähnt
Er hat ihren Namen nicht erwähnt.

mentionner

Il n'a pas mentionné son nom.

---

flüstern ['flʏstə*n] *V/t., i.,* flüsterte, hat geflüstert
Sie flüsterte leise seinen Namen.
In der Bibliothek darf man nur flüstern.

chuchoter; parler à voix basse

Elle a chuchoté son nom tout bas.
En bibliothèque il faut parler seulement à voix basse.

---

hinzufügen [hin'tsu:fy:g(ə)n] *V/t.,*
fügte hinzu, hat hinzugefügt
Frau Wirtz hat alles Notwendige
gesagt. Es gibt nichts hinzuzufügen.

ajouter

Madame Wirtz a déjà tout dit. Il
n'y a rien à ajouter.

---

murmeln ['mʊrm(ə)ln] *V/t.,* murmelte, hat gemurmelt
Er murmelte einige Worte, die ich
nicht verstanden habe.

marmotter

Elle marmotta quelques mots que
je ne compris pas.

---

mündlich ['mʏntliç] *Adj., keine*
Komp.
Die mündliche Prüfung findet in
Raum 124 statt.

oral

L'oral a lieu dans la salle 124.

---

schildern ['ʃildə*n] *V/t.*
Der Zeuge konnte den Unfall genau schildern.

décrire
Le témoin a su décrire très précisément l'accident.

Schilderung ['ʃildəruŋ] *f, -, -en*
Bitte geben Sie eine genaue
Schilderung des Vorfalls.

description *f*
Je vous prie de me faire une description détaillée de l'incident.

Schrei [ʃrai] *m*, -(e)s, -e
Ich hörte Schreie und Hilferufe.

cri *m*
J'ai entendu des cris et des appels au secours.

schreien [ˈʃrai(ə)n] *V/t., i.*, schrie, hat geschrien
Als er Susi sah, schrie er laut ihren Namen.
Er schrie vor Schmerz.

crier; pousser des cris

A la vue de Susi, l'appela en criant.
Il poussa un cri de douleur.

Unterredung [untə*ˈreːduŋ] *f*, -, -en
Mit dem neuen Kunden hatte ich eine lange Unterredung.

entretien *m*
J'ai eu un long entretien avec le nouveau client.

vereinbaren [fɛə*ˈainbaːrən] *V/t.*, vereinbarte, hat vereinbart
Wir haben für Freitag, 16.00 Uhr, einen Termin vereinbart.

convenir (de)
Nous avons pris rendez-vous vendredi à 16 heures.

Vereinbarung [fɛə*ˈainbaːruŋ] *f*, -, -en
Zwischen Österreich und der Bundesrepublik gibt es neue Vereinbarungen über den Grenzverkehr.

convention *f*
Il existe de nouvelles conventions relatives au trafic frontalier entre l'Autriche et la R.F.A.

Wiederholung [viːdə*ˈhoːluŋ] *f*, -, -en
Eine Wiederholung der Sendung gibt es morgen vormittag.

répétition *f*
Cette émission sera retransmise demain matin.

3.3 Schreiben und Lesen   1-2000

3.3 Lire et écrire

schreiben [ˈʃraib(ə)n] *V/t., i.*, schrieb, hat geschrieben
Ich will heute abend einen Brief schreiben.
Über dieses Thema wird z. Zt. viel in den Zeitungen geschrieben.

écrire

Je vais lui écrire une lettre ce soir.

Actuellement on lit beaucoup d'articles sur ce sujet dans les journaux.

Schrift [ʃrift] *f, -, -en*
Er kennt alle Schriften dieser Autorin.
Deine (Hand-)schrift kann ich nicht lesen.

écriture *f;* écrit *m*
Il a lu tous les écrits de cet auteur.

Je ne peux pas déchiffrer ton écriture.

Zettel ['tsɛt(ə)l] *m, -s, -*
Ich habe dir auf einen Zettel geschrieben, was du einkaufen sollst.

bout de papier *m;* **note** *f*
Je t'ai écrit sur un bout de papier tout ce que tu dois acheter.

2001-4000

Bleistift ['blaiʃtift] *m, -(e)s-, -e*
Kannst du mir einen Bleistift oder einen Kugelschreiber geben?

crayon *m*
Tu peux me passer un crayon ou un stylo-bille?

lauten ['laut(ə)n] *V/i.,* lautete, hat gelautet
Wie lautet ihre Adresse?

être

Son adresse, c'est quoi?

Rechtschreibung ['rɛçtʃraibuŋ] *f, -, kein Pl.*
Er hat Schwierigkeiten mit der Rechtschreibung.

orthographe *f*
Il a une mauvaise orthographe.

schriftlich ['ʃriftliç] *Adj., keine Komp.*
Diesen Vertrag müssen Sie schriftlich kündigen.

écrit
Ce contrat doit être résilié par écrit.

unlesbar ['unle:sba:*] *Adj.*
Der letzte Teil des Briefes ist unlesbar.

illisible
La fin de cette lettre est illisible.

3.4 Auskunft

1-2000

3.4 S'informer

Auskunft ['auskunft] *f, -,* Auskünfte
Ich kann Ihnen leider keine genaue Auskunft geben.

information *f*
Je regrette de ne pouvoir vous donner d'informations plus précises.

berichten [bə'rɪçt(ə)n] *V/t., i., + Präp.* (von, über), berichtete, hat berichtet
Er hat mir alle Einzelheiten des Gesprächs berichtet.
Sie hat mir von ihrem Urlaub berichtet.

rapporter; raconter

Il m'a rapporté tous les détails de l'entretien.
Elle m'a raconté ses vacances.

beschreiben [bə'ʃraib(ə)n] *V/t.,* beschrieb, hat beschrieben
Können Sie mir bitte den Weg zum Bahnhof beschreiben?

décrire

Vous pouvez m'indiquer le chemin pour aller à la gare s.v.p.?

Beschreibung [bə'ʃraibuŋ] *f, -, -en*
Die Zeugin konnte eine genaue Beschreibung des Täters geben.

description *f*

Le témoin a pu donner une description exacte du malfaiteur.

erklären [ɛə*'klɛːrən] *V/t.,* erklärte, hat erklärt
Der Lehrer hat mir die Bedeutung des Wortes erklärt.

expliquer

Le professeur m'a expliqué le sens de ce mot.

Erklärung [ɛə*'klɛːruŋ] *f, -, -en*
Für den Flugzeugabsturz gibt es bis jetzt keine Erklärung.

explication *f*
Il n'y a toujours pas d'explication à cet accident d'avion.

Information [informa'tsjoːn] *f, -,-en*
Diese Information ist streng geheim!

information *f*
Cette information est confidentielle!

informieren [infor'miːrən] *V/t., refl.,* informierte, hat informiert
Bitte informieren Sie mich über die Ergebnisse des Gesprächs.
Auf der Messe habe ich mich über neue Computer informiert.

informer

J'aimerais que vous m'informiez des résultats de l'entretien.
A l'exposition, je me suis informé sur les nouveaux ordinateurs.

los (sein) [loːs zain], war los, ist los gewesen
Abends ist im Stadtzentrum nicht viel los.

se passer

Le soir c'est plutôt mort dans le centre-ville.

melden ['mɛld(ə)n] *V/t., refl.,* meldete, hat gemeldet
Das müssen wir dem Chef melden.
Nach der Ankunft melde ich mich sofort.

signaler; faire signe

Il faut signaler cela à notre patron.

Je vous ferai signe dès mon arrivée.

Nachricht [ˈnaˈxrɪçt] *f, -, -en*
Aus dem Unglücksgebiet gibt es
keine neuen Nachrichten.

nouvelle *f*
Aucune autre nouvelle n'est par-
venue du lieu de la catastrophe.

Neuigkeit [ˈnɔiiçkait] *f, -, -en*
Ich habe zwei Stunden mit Bernd
telefoniert. Er wußte viele Neuig-
keiten.

(fait) nouveau *m*
J'ai passé deux heures au téléphone avec Bernd. Il savait beaucoup de nouvelles.

Rat [raːt] *m, -(e)s,* **Ratschläge**
Jochen hat mir gute Ratschläge
für den Autokauf gegeben.

conseil *m*
Jochen m'a donnée de bons
conseils pour m'acheter une voiture.

raten [ˈraːt(ə)n] *V/t.,* riet, hat geraten
Ich rate Ihnen, das Angebot anzu-
nehmen.

conseiller

Je vous conseille d'accepter
cette offre.

zeigen [ˈtsaig(ə)n] *V/t.,* zeigte, hat
gezeigt
Maria hat mir ihre neue Wohnung
gezeigt.
Können Sie mir zeigen, wie die
Maschine funktioniert?

montrer

Maria m'a montré son nouvel appartement.
Vous pouvez me montrer le fonc-
tionnement de cette machine?

2001-4000

beantworten [bəˈantvɔrt(ə)n]
V/t., beantwortete, hat beantwortet
Die Prüfung war sehr schwer. Viele Fragen konnte ich nicht beantworten.

répondre

L'examen était très difficile. Il y a
beaucoup de questions aux-
quelles je n'ai pas su répondre.

beraten [bəˈraːt(ə)n] *V/t., i.,*
+ Präp. (über), beriet, hat beraten
Der Verkäufer hat mich gut be-
raten.
Über die neuen Vorschläge haben
wir lange beraten.

conseiller; délibérer

Le vendeur m'a bien conseillé.

Nous avons longtemps délibéré
sur les nouvelles propositions.

Bescheid (+ geben, bekommen, sagen, wissen, u.a.) [bəˈʃait] *m*, -(e)s, -e
Über unsere Entscheidung geben wir Ihnen bald Bescheid.

réponse *f*

Nous vous donnerons bientôt une réponse concernant notre décision.

---

erkundigen [ɛəˈkundig(ə)n] *V/refl.*, erkundigte, hat erkundigt
Werner hat sich erkundigt, wie es dir geht.

se renseigner

Werner m'a demandé de tes nouvelles.

Tip [tip] *m*, -s, -s
Er hat mir einen guten Tip gegeben.

tuyau *m*
Il m'a donné un bon tuyau.

---

unterrichten [untəˈriçt(ə)n] *V/t., refl.*, + *Präp.* (über), unterrichtete, hat unterrichtet
Wir sind über die neuen Vorschriften unterrichtet worden.
Ich muß mich über den Sachverhalt noch unterrichten.

informer

On nous a informés du nouveau réglement.
Je dois m'informer des faits.

---

verraten [fɛəˈraːt(ə)n] *V/t.*, verriet, hat verraten
Meine Kollegin hat mir verraten, daß sie kündigen will.

confier

Ma collègue m'a confié qu'elle avait l'intention de démissionner.

3.5 Meinungsäußerung $\quad$ 1-2000

3.5 Exprimer son point de vue

allerdings [ˈaləˈdiŋs] *Adv.*
Ich komme morgen vorbei, allerdings habe ich wenig Zeit.

pourtant
Je vais passer demain, pourtant je dispose de peu de temps.

andererseits [ˈandərəˈzaits] *Adv.*
Einerseits ist die Wohnung sehr schön, andererseits finde ich sie sehr laut.

d'autre part
D'un côté c'est un bel appartement, d'une autre côté je le trouve très bruyant.

Ansicht ['anziçt] *f, -, -en*
Ich kann ihn nicht leiden, er hat komische Ansichten.

idée *f*
Je ne peux pas le sentir, il a de drôles d'idées.

---

begründen [bə'grynd(ə)n] *V/t.,* begründete, hat begründet
Der Minister hat seinen Rücktritt mit Krankheit begründet.

justifier

Le ministre a justifié sa démission en invoquant son état de santé.

Begründung [bə'grynduŋ] *f, -, -en*
Für ihre Verspätung gab sie keine Begründung.

justification *f;* **raison** *f*

Elle n'a pas justifié son retard.

---

beurteilen [bə'urtail(ə)n] *V/t.,* beurteilte, hat beurteilt
Den Wert dieses Bildes kann nur ein Fachmann beurteilen.

juger (de)

Seul un expert peut juger de la valeur de ce tableau.

Diskussion [disku'sjo:n] *f, -, -en*
Über die neuen Steuergesetze gab es lange Diskussionen.

discussion *f*
Il y a eu de longues discussions à propos des nouvelles dispositions fiscales.

---

einerseits ['ainə*zaits] *Adv.*
Einerseits sind die Nachbarn sehr nett, andererseits möchte ich lieber ganz einsam wohnen.

d'une part; d'un côté
D'un côté les voisins sont gentils, d'autre côté j'aimerais bien habiter dans un endroit isolé.

---

empfehlen [ɛm'pfe:l(ə)n] *V/t.,* empfahl, hat empfohlen
Können Sie mir einen guten Arzt empfehlen?

recommander

Vous pouvez me recommander un bon médecin?

---

feststellen ['fɛstʃtɛl(ə)n] *V/t., i.,* stellte fest, hat festgestellt
Erst als es regnete, stellte ich fest, daß ich meinen Schirm vergessen hatte.
Ich möchte feststellen, daß ich von Anfang an gegen den Plan war.

constater

C'est quand il a commencé à pleuvoir que j'ai constaté que j'avais oublié mon parapluie.
Je me permets de constater que j'ai été d'emblée contre ce projet.

---

meinen ['mainən] *V/t., i.,* meinte, hat gemeint
Nicht das linke, sondern das rechte Auto meine ich.
Ich meine, daß unsere Regierung endlich zurücktreten sollte.

vouloir dire; être d'avis

Je veux dire la voiture de droite, pas celle de gauche.
Je suis d'avis que le gouvernement devrait enfin démissionner.

-s. Urteil
Einstellung

Meinung ['mainuŋ] *f,* -, -en
In dieser Sache habe ich eine andere Meinung als du.

opinion *f*
J'ai une tout autre opinion que toi dans cette affaire.

Standpunkt ['ʃtantpuŋkt] *m,* -(e)s, -e
Ich stehe auf dem Standpunkt, daß Neuwahlen die beste Lösung für die Regierungskrise sind.

point de vue *m*
Je suis d'avis que la meilleure solution pour résoudre la crise gouvernementale serait de nouvelles élections.

überreden [y:bə*'re:d(ə)n] *V/t.,* überredete, hat überredet
Wir haben sie überredet, am Wochenende mitzufahren.

persuader
Nous l'avons persuadée de partir avec nous ce week-end.

überzeugen [y:bə*'tsɔig(ə)n] *V/t., refl.,* überzeugte, hat überzeugt
Ihre Argumente haben mich nicht überzeugt.
Ich habe mich überzeugt, daß Vera die Wahrheit sagt.

convaincre

Vos arguments ne m'ont pas convaincu.
Je me suis assuré que Vera disait la vérité.

wesentlich ['ve:z(ə)ntliç] *Adj.*
Das neue Programm der Regierung führte zu keiner wesentlichen Verbesserung der wirtschaftlichen Lage.

sensible
Le nouveau programme du gouvernement n'a pas apporté d'amélioration sensible de la situation économique.

2001-4000

Argument [argu'mɛnt] *n,* -(e)s, -e
Es gibt viele Argumente gegen die neuen Sozialgesetze.

argument *m*
Il y a beaucoup d'arguments contre la nouvelle législation sociale.

Auffassung ['auffasuŋ] *f,* -, -en
Sogar in der Regierung gibt es verschiedene Auffassungen über das neue Programm.

avis *m*
Il y a des avis partagés au sein du gouvernement à propos du nouveau programme.

bezeichnen [bə'tsaiçnən] *V/t.,* bezeichnete, hat bezeichnet
Die Regierungspolitik kann man als unsozial bezeichnen.

qualifier (de)

On peut qualifier la politique du gouvernement de peu sociale.

diskutieren [disku'ti:rən] *V/t., + Präp.* (über), diskutierte, hat diskutiert

discuter

Wir haben Ihren Vorschlag ausführlich diskutiert.

On a discuté à fond votre proposition.

Einstellung ['ainʃtɛluŋ] *f*, -, -en

opinion *f*

Ihre politische Einstellung kenne ich nicht.

Je ne connais pas ses opinions politiques.

gewissermaßen [gəvisə*'ma:s(ə)n] *Adv.*

dans une certaine mesure

Er ist gewissermaßen der heimliche Chef der Partei.

Dans une certaine mesure c'est lui le chef occulte du parti.

ohnehin [o:nə'hin] *Adv.*

de toute façon

Wir können uns in Hamburg treffen, ich bin nächste Woche ohnehin dort.

Nous pourrions nous voir à Hambourg, de toute façon j'y serai la semaine prochaine.

sachlich ['zaxliç] *Adj.*

objectif

Die Diskussion war sehr sachlich.

La discussion était très objective.

selbstverständlich ['zɛlpstfɛɐ*'ʃtɛntliç] *Adv.*

naturellement

Selbstverständlich fahre ich dich nach Hause. Das ist doch klar.

Naturellement, je te ramène chez toi. C'est évident.

sowieso [zovi'zo:] *Adv.*

de toute manière

Ich nehme deinen Brief mit. Ich muß sowieso zur Post.

J'emporte ta lettre. De toute manière, je dois aller à la poste.

sozusagen [zo:tsu'za:g(ə)n] *Adv.*

pour ainsi dire

Sie ist sozusagen die Mutter unseres Vereins, sie kümmert sich um alles.

Elle est pour ainsi dire l'âme de notre associaition, elle s'occupe de tout.

Stellungnahme ['ʃtɛluŋna:mə] *f*, -, -en

prise de position *f*

Zu den Vorwürfen der Opposition gibt es immer noch keine Stellungnahme der Regierung.

Le gouvernement n'a toujours pas pris position sur les reproches formulés par l'opposition.

Überzeugung [y:bə*'tsɔiguŋ] *f*, -, -en

conviction *f*

„Ich bin der festen Überzeugung, daß wir auf dem richtigen Weg sind", sagte der Regierungschef.

«Je suis fermement convaincu que nous sommes sur la bonne voie» a déclaré le chef de gouvernement.

unerwartet [ˈunɛə*vartət] *Adj.*
Der Rücktritt des Ministers kam unerwartet.

inattendu
La démission du ministre a été inattendue.

ungewöhnlich [ˈungəvøːnliç] *Adj.*
Die Lösung des Problems ist ungewöhnlich, aber erfolgreich.

inhabituel
La solution de ce problème est inhabituelle, mais couronnée de succès.

Urteil [ˈurtail] *n,* -s, -e
Das Urteil in der Presse über die neuen Steuergesetze war sehr negativ.

opinion *f*
L'opinion de la presse sur les nouvelles dispositions fiscales était très négative.

verurteilen [fɛə*ˈurtail(ə)n] *V/t.,* verurteilte, hat verurteilt
Alle Parteien haben das Attentat verurteilt.

condamner
Tous les partis ont condamné l'attentat.

3.6 Zustimmung und Ablehnung | 1-2000

3.6 Accepter et refuser

ablehnen [ˈapleːnən] *V/t.,* lehnte ab, hat abgelehnt
Ihre Einladung zum Essen muß ich leider ablehnen.

refuser
Je regrette de ne pouvoir accepter votre invitation à dîner/déjeuner.

Die Lohnforderungen der Gewerkschaft wurden von den Arbeitgebern abgelehnt.

Les revendications salariales des syndicats ont été refusées par le patronat.

Ablehnung [ˈapleːnuŋ] *f,* -, -en
Die Gründe für die Ablehnung meines Antrags verstehe ich nicht.

refus *m*
Je ne comprends pas les raisons du refus de ma requête.

Bedenken [bəˈdɛŋk(ə)n] *n,* -s, -
Ich habe Bedenken, ob Frau Bess für diesen Posten geeignet ist.

doutes *m/pl*
J'ai des doutes sur les aptitudes de Madame Bess à assumer ce poste.

Beschwerde [bəˈʃveːə*də] *f,* -, -n
Gegen den Bau der neuen Straße
gibt es viele Beschwerden.

plainte *f*
Il y a de nombreuses plaintes
contre la construction de cette
nouvelle route.

---

beschweren [bəˈʃveːrən] *V/refl.,*
beschwerte, hat beschwert
Ich habe mich bei meinem Woh-
nungsnachbarn wegen seiner
lauten Musik beschwert.

se plaindre

Je me suis plaint auprès de mon
voisin de palier à cause de la musique trop forte.

---

dennoch [ˈdɛnɔx] *Adv.*
Er ist kein Fachmann, dennoch
hat er versucht, die Heizung
selbst zu reparieren.

pourtant
Ce n'est pas un spécialiste, pourtant il a essayé de réparer lui-
même le chauffage.

---

doch [dɔx] *Adv.*

Sie ist stark erkältet und doch
geht sie zur Arbeit.
○ Bist du nicht eingeladen?
□ Doch!

quand même; *(réponse à une
question négative:* **si)**
Elle est très grippée, mais elle va
quand même travailler.
○ Tu n'es pas invité?
□ Si!

---

egal [eˈgaːl] *Adv.*
Mir ist egal, was du anziehst.

égal
Mets ce que tu veux, ça m'est
égal.

---

einig sein [ˈainɪçˀ] *Adv.*
Wir streiten selten, meistens sind
wir uns einig.

être d'accord
Nous ne nous disputons pas souvent, en général nous sommes
d'accord.

---

einverstanden
[ˈainfɛəˀʃtand(ə)n] *Adv.*
Ich bin mit deinem Vorschlag einverstanden.

d'accord

J'approuve ton projet.

---

falsch [falʃ] *Adj., keine Komp.*
Wir sind falsch gefahren, wir hätten links abbiegen müssen.

Sie hat mir eine falsche Adresse
gegeben.

faux
Nous nous sommes trompés de
route, nous aurions dû tourner à
gauche.
Elle m'a donné une fausse
adresse.

---

gegen [ˈgeːg(ə)n] *Präp.*
Ich bin gegen die neuen Arbeitszeiten.

contre
Je suis contre les nouveaux horaires de travail.

ja [ja:] *Adv.*
- ○ Bleibst du zu Hause?
- □ Ja.

oui
- ○ Tu restes à la maison?
- □ Oui.

---

lieber ['li:bə*] *Adv.*
Willst du mitgehen oder lieber noch bleiben?

plutôt
Tu veux venir avec nous ou tu préfères rester encore un peu?

---

meinetwegen ['mainət've:g(ə)n] *Adv.*
- ○ Kann ich morgen dein Auto haben?
- □ Meinetwegen!

je veux bien; bon, d'accord
- ○ Tu me prêtes ta voiture demain?
- □ Bon, d'accord!

---

nein [nain] *Adv.*
- ○ Sind Sie morgen im Büro?
- □ Nein, leider nicht.

non
- ○ Vous serez au bureau demain?
- □ Non, je regrette.

---

nicht [niçt] *Adv.*
Frau Behrens kenne ich nicht.
Ich lache nicht über dich, sondern über den Hund dort.

ne... pas
Je ne connais pas Mme Behrens.
Je ne me moque pas de toi, mais du chien là-bas.

---

richtig ['riçtiç°] *Adj.*
Die Antwort ist richtig.

exacte
La réponse est exacte.

Sinn [zin] *m,* -(e)s, *kein Pl.*
Es hat keinen Sinn, bei diesem Regen weiterzuarbeiten.
Den Sinn des Textes verstehe ich nicht.

sens *m*
Ça n'a aucun sens de continuer à travailler sous cette pluie.
Je ne comprends pas le sens de ce texte.

---

unbedingt ['unbədiŋt] *Adj.*
Ein Visum ist eine unbedingte Voraussetzung für eine Reise nach China.
Ich muß unbedingt noch Brot für das Wochenende kaufen.

absolu
Un visa est indispensable pour aller en Chine.

Il faut absolument que j'achète du pain pour le week-end.

Wahl [va:l] *f,* -, -en
Das muß ich tun, ich habe keine andere Wahl.

choix *m*
Je suis obligé de faire ça, je n'ai pas le choix.

---

wählen ['vε:l(ə)n] *V/t., i.,* wählte, hat gewählt
Wir haben das richtige Restaurant gewählt. Das Essen war gut.
Ich kann zwischen drei Angeboten wählen.

choisir

Nous avons bien choisi le restaurant. C'était bon.
J'ai le choix entre trois propositions.

widersprechen [vidə*'ʃprɛç(ə)n]
V/t., widersprach, hat widerspro-
chen
Das ist falsch, da muß ich widersprechen.

contredire

C'est faux, permettez-moi de
vous contredire.

---

zugeben ['tsu:ge:b(ə)n] *V/t.,* gab
zu, hat zugegeben
Ute hat zugegeben, einen Fehler
gemacht zu haben.

admettre

Ute a admis qu'elle avait fait une
erreur.

Zustimmung ['tsu:ʃtimuŋ] *f, -,
kein Pl.*
In der Geschäftsleitung fand sein
Plan sofort Zustimmung.

adhésion *f*

Son projet a de suite reçu
l'adhésion de la direction.

2001-4000

---

anerkennen ['anɛə*kɛnən] *V/t.,*
erkannte an, hat anerkannt
Man muß anerkennen, daß sie ihre Arbeit sehr gut macht.

reconnaître

Il faut reconnaître qu'elle fait un
excellent travail.

---

ausnahmsweise
['ausna:msvaizə] *Adv.*
Wir haben heute ausnahmsweise
früher Feierabend.

exceptionnellement

Aujourd'hui nous avons exceptionnellement fini de travailler
plus tôt.

---

bedenken [bə'dəŋk(ə)n] *V/t.,* be-
dachte, hat bedacht
Ich habe nicht bedacht, daß es
schon so spät ist. Ich muß unbedingt gehen.

réfléchir

Je n'ai pas réfléchi à l'heure tar-
dive. Je dois vraiment rentrer.

---

bestreiten [bə'ʃtrait(ə)n] *V/t.,* be-
stritt, hat bestritten
Sie bestreitet, daß sie die
Schreibmaschine kaputt gemacht hat.

se défendre (de)

Elle se défend d'avoir cassé la
machine à écrire.

Einigung ['ainiguŋ] *f, -, kein Pl.*
Über diesen Punkt gibt es noch
keine Einigung.

accord *m*
Il n'y a pas encore d'accord sur ce
point.

erwidern [ɛə*'vi:də*n] *V/i.,* erwiderte, hat erwidert
Auf meine Frage hat sie nichts erwidert.

répondre

Elle n'a rien répondu à ma question.

gleichgültig ['glaiçgyltiç°] *Adj.*
○ Willst du Kaffee oder Tee?
□ Das ist mir gleichgültig.

indifférent
○ Tu prends du café ou du thé?
□ Ça m'est égal.

keinesfalls ['kainəs'fals] *Adv.*
Wir sind keinesfalls vor 17.00 Uhr fertig.

en aucun cas
Nous n'aurons en aucun cas terminé avant 17 heures.

Klage ['kla:gə] *f, -, -en*
○ Gefällt Ihnen das Hotel?
□ Ja, wir haben keine Klagen.

plainte *f*
○ L'hôtel vous convient?
□ Oui, rien à dire.

klar [kla:*] *Adj.*
Diese Frage verlangt eine klare Entscheidung.
○ Machst du mit?
□ Ja klar.

net; clair
Cette question exige une réponse nette.
○ Tu en es?
□ Bien sûr!

Kompromiß [kɔmpro'mis] *m,* Kompromisses, Kompromisse
Er ist nicht bereit, einen Kompromiß zu machen.

compromis *m*

Il n'est pas disposé à faire un compromis.

Protest [pro'tɛst] *m, -es, -e*
Gegen das neue Gesetz gab es heftige Proteste.

protestation *f*
Il y a eu de nombreuses protestations contre cette nouvelle loi.

protestieren [protɛs'ti:rən] *V/t.,* protestierte, hat protestiert
Die Studenten protestieren gegen die Verkürzung der Studienzeit.

protester

Les étudiants protestent contre la réduction de la durée des études.

Übereinkunft [y:bə*'ainkunft] *f,* -, Übereinkünfte
Im Büro gibt es eine Übereinkunft, nicht zu rauchen.

convention *f*

Nous avons convenu au bureau de ne pas fumer.

übereinstimmen [y:bə*'ainʃtimən] *V/i.,* stimmte überein, hat übereingestimmt
Wir stimmen in unseren politischen Ansichten überein.

concorder

Nos opinions politiques concordent.

Übereinstimmung [y:bə*'ain-ʃtimuŋ] *f*, -, -en
Trotz langer Verhandlungen wurde keine Übereinstimmung erreicht.

accord *m*
On n'a pas réussi à obtenir un accord, malgré la longueur des négociations.

---

unrecht ['unrɛçt] *Adj., keine Komp.*
Sie will nicht zugeben, daß sie unrecht hat.

avoir tort
Elle ne veut pas admettre qu'elle a tort.

Vorwurf ['fo:ə*vurf] *m*, -(e)s, Vorwürfe
Er hat mir Vorwürfe gemacht, weil ich zu spät gekommen bin.

reproche *m*
Il m'a fait des reproches parce que j'étais en retard.

3.7 Gewißheit und Zweifel   1-2000

3.7 Doute et certitude

angeblich ['ange:pliç] *Adj., keine Komp.*
Sie ist angeblich krank.

soi-disant
Elle est soi-disant malade.

Annahme ['anna:mə] *f*, -, -n
Sicher bin ich nicht, das ist nur eine Annahme.

supposition *f*
Je n'en suis pas sûr, c'est seulement une supposition.

annehmen ['anne:mən] *V/t.,* nahm an, hat angenommen
Ich nehme an, daß es gleich regnet.

supposer
Je suppose qu'il va pleuvoir d'un moment à l'autre.

anscheinend ['anʃainənt] *Adv.*
Frank meldet sich nicht am Telefon. Er ist anscheinend nicht zu Hause.

apparemment
Frank ne répond pas au téléphone. Apparemment il n'est pas chez lui.

behaupten [bə'haupt(ə)n] *V/t.,* behauptete, hat behauptet
Er behauptet, daß er davon nichts gewußt hat.

prétendre
Il prétend qu'il n'en savait rien.

104

bestimmt [bəˈʃtimt] *Adv.*	**sans faute**
Ich werde bestimmt anrufen.	Je téléphonerai sans faute.
bestätigen [bəˈʃtɛːtig(ə)n] *V/t.,* bestätigte, hat bestätigt	**confirmer**
Die Zeugin hat seine Aussage bestätigt.	Le témoin a confirmé sa déclaration.
deutlich [ˈdɔitliç] *Adj.*	**distinct**
Man kann ihn gut verstehen. Er spricht sehr deutlich.	On le comprend très bien. Il parle très distinctement.
eindeutig [ˈaindɔitiç°] *Adj.*	**sans équivoque**
Ihre Antwort war eindeutig ‚nein'.	Elle a répondu «non» sans équivoque.
Eindruck [ˈaindruk] *m,* -s, Eindrücke	**impression** *f*
Ich habe den Eindruck, daß dir das Essen nicht schmeckt.	J'ai l'impression que tu n'apprécies pas beaucoup ce que tu manges.
entscheiden [ɛntˈʃaid(ə)n] *V/t., refl.,* entschied, hat entschieden	**décider**
Ich kann selbst entscheiden, wann ich mit der Arbeit beginne.	Je peux décider moi-même quand commencer le travail.
Sie kann sich nicht entscheiden, welchen Pullover sie kaufen möchte.	Elle voudrait s'acheter un pull, mais elle n'arrive pas à se décider.
Entscheidung [ɛntˈʃaiduŋ] *f,* -, -en	**décision** *f*
Die Entscheidung war richtig, den Vertrag zu kündigen.	C'était une bonne décision de résilier ce contrat.
eventuell [evɛntuˈɛl] *Adj., keine Komp.*	**éventuel**
Susanne bringt eventuell ihre Schwester mit.	Suzanne amènera éventuellement sa sœur.
Frage [ˈfraːgə] *f,* -, -n	**question** *f*
Er hat die Frage richtig beantwortet.	Il a répondu correctement à la question.

fragen ['fraːg(ə)n] *V/t., i., refl.,*
fragte, hat gefragt
Er hat mich gefragt, ob ich ihn
nach Hause bringen kann.
Der Kunde hat nach dem Liefer-
termin gefragt.
Ich frage mich, wie wir das schaffen sollen.

demander

Il m'a demandé si je pouvais le
ramener chez lui.
Le client s'est informé de la date
de livraison.
Je me demande comment nous
allons y arriver.

---

gelten ['gɛlt(ə)n] *V/t.,* galt, hat ge-
golten
Der Paß gilt fünf Jahre.
Sie gilt als zuverlässig.

être valable, valide; *(+ für)* **passer
pour**
Le passeport est valide cinq ans.
Elle passe pour être fiable.

---

gewiß [gə'vis] *Adj.*
Er hat eine gewisse Ähnlichkeit
mit seinem Vater.
Der Tod ist jedem Menschen
gewiß.
Er ist gewiß noch nicht fertig, er
braucht immer viel Zeit.

certain

Il a une certaine ressemblance
avec son père.
La mort est une certitude pour
tous les hommes.
Il n'est certainement pas prêt, il lui
faut toujours beaucoup de temps.

---

glauben ['glaub(ə)n] *V/t., i.,*
glaubte, hat geglaubt
Ich glaube, ihr Nachname ist
Weber.
Er glaubt an eine bessere Zu-
kunft.

croire

Je crois qu'elle s'appelle Weber.

Il croit en un avenir meilleur.

---

hoffentlich ['hɔf(ə)ntliç] *Adv.*
Hoffentlich wird er bald gesund.

espérons que …
Espérons qu'il sera vite guéri.

---

irren ['irən], *V/refl.,* irrte, hat geirrt
Sie irren sich, in Mühldorf gibt es
keinen Bahnhof.

se tromper
Vous vous trompez, il n'y a pas de
gare à Mühldorf.

Irrtum ['irtuːm] *(m,)* -s, Irrtümer
○ Sie haben mir den falschen
  Zimmerschlüssel gegeben.
□ Verzeihung, das war ein Irrtum.

erreur *f*
○ Vous m'avez donné la mau-
  vaise clé pour ma chambre.
□ Excusez-moi, c'est une erreur.

---

klappen ['klap(ə)n] *V/i.,* klappte,
hat geklappt
Es gab keine Schwierigkeiten, alles hat geklappt.

bien marcher

Il n'y a eu aucune difficulté, tout a
bien marché.

können ['kœnən] *Mod.V./i.,* konn-te, hat gekonnt
Sei nicht traurig, das Wetter kann morgen schon besser sein.

pouvoir
Ne sois pas triste, le temps peut s'améliorer demain.

leugnen ['lɔignən] *V/t.,* leugnete, hat geleugnet
Der Angeklagte leugnete seine Schuld.

nier
L'accusé a nié être coupable.

möglich ['møːkliç] *Adj., keine Komp.*
Es ist möglich, daß er gelogen hat.
○ Ich möchte Frau Simon spre-chen.
□ Das ist leider nicht möglich, sie ist heute verreist.

possible
Il est possible qu'il ait menti.
○ Je voudrais parler à Mme Simon.
□ Je regrette, ce n'est pas possi-ble, elle est partie en voyage aujourd'hui.

möglicherweise [møːkliçə*'vaizə] *Adv.*
Möglicherweise komme ich heute später nach Hause.

peut-être
Je rentrerai peut-être plus tard aujourd'hui.

Möglichkeit ['møːkliçkait] *f,* -, -en
Ich sehe keine Möglichkeit, ihm zu helfen.

possibilité *f*
Je ne vois aucune possibilité de l'aider.

müssen ['mys(ə)n] *Mod.V.,* muß-te, hat gemußt
Ingrid und Sven sind ständig zu-sammen, sie müssen verliebt sein.

devoir
Ingrid et Sven sont toujours en-semble, ils doivent être amou-reux.

scheinbar ['ʃainbaː*] *Adj., keine Komp.*
Sie hat mich gegrüßt. Scheinbar kennt sie mich.

apparent
Elle m'a dit bonjour, apparem-ment elle me connaît.

scheinen ['ʃainən] (+ zu + *Inf.*), schien, *kein Perf.*
Es scheint keine andere Lösung für dieses Problem zu geben.

sembler
Il me semble n'y avoir aucune au-tre solution à ce problème.

sicher ['ziçɐ*] *Adj.*
Ich bin sicher, daß ich die Prüfung bestehe.
Sie ist immer noch nicht da, sicher hat sie den Termin vergessen.

sûr
Je suis sûr de réussir à l'examen.

Elle n'est pas encore là, elle a sûrement oublié le rendez-vous.

Sicherheit ['ziçɐ*hait] *f, -, -en*
Du kannst ihn so spät nicht mehr anrufen, mit Sicherheit schläft er schon.

sûreté *f*
Tu ne peux pas lui téléphoner si tard, il dort sûrement déjà.

Tatsache ['ta:tzaxə] *f, -, -n*
Das sind Tatsachen, die man nicht leugnen kann.

fait *m*
Ce sont des faits qu'on ne peut pas nier.

tatsächlich ['ta:tzɛxliç] *Adv.*
Willst du bei diesem Wetter tatsächlich spazierengehen?
Ich wollte es erst nicht glauben, aber sie haben tatsächlich sieben Töchter.

vraiment
Tu veux vraiment aller te promener par ce temps?
Tout d'abord je ne pouvais pas le croire, mais ils ont vraiment sept filles.

vermuten [fɛɐ*'mu:t(ə)n] *V/t.,*
vermutete, hat vermutet
Die Polizei vermutet, daß der Mann ermordet wurde.

présumer
La police présume que cet homme a été assassiné.

vielleicht [filaiçt] *Adv.*
Fragen Sie Herrn Busch. Vielleicht weiß er Bescheid.

peut-être
Demandez à M. Busch, il est peut-être au courant.

voraussichtlich [fo'rauziçtliç] *Adj., keine Komp.*
Voraussichtlich wird es heute nacht sehr kalt werden.

probable
Il fera probablement très froid cette nuit.

wahrscheinlich [va:*'ʃainliç] *Adj.*
Es geht mir nicht gut. Wahrscheinlich bekomme ich eine Erkältung.

vraisemblable
Je ne me sens pas très bien.
Je couve vraisemblablement une grippe.

wohl [vo:l] *Adv.*
Frau Pelz fährt ein teures Auto. Sie verdient wohl gut.

sans doute
Mme Pelz a une voiture coûteuse. Elle gagne sans doute beaucoup d'argent.

zögern [ˈtsøːgə*n] V/i.,
Er zögerte einen Moment, bevor
er antwortete.

hésiter
Il a hésité un moment avant de
répondre.

Zweifel [ˈtsvaif(ə)l] m, -s, -
Es besteht kein Zweifel, daß er an
dem Unfall schuld war.

doute m
Il était responsable de l'accident,
cela ne fait aucun doute.

2001-4000

Ahnung [ˈaːnuŋ] f, -, -en
Ich hatte keine Ahnung, daß Kurt
verheiratet ist.

idée f
Je n'avais aucune idée que Kurt
était marié.

ausschließen [ˈausʃliːs(ə)n] V/t.,
schloß aus, hat ausgeschlossen
Man kann nicht ausschließen,
daß er bei der Operation stirbt.

exclure

Il n'est pas exclu qu'il meure pendant l'opération.

Behauptung [bəˈhauptuŋ] f, -,
-en
Kannst du deine Behauptung beweisen?

affirmation f

Tu peux prouver ton affirmation?

Beweis [bəˈvais] m, -es, -e
Vermutlich war er der Täter, aber
es gibt keine Beweise.

preuve f
C'est probablement lui le coupable, mais il n'y a aucune preuve.

beweisen [bəˈvaiz(ə)n] V/t., bewies, hat bewiesen
Können Sie beweisen, daß Sie am
3. August den ganzen Tag zu
Hause waren?

prouver

Pouvez-vous prouver que vous
étiez chez vous pendant toute la
journée du 3 août?

bezweifeln [bəˈtsvaif(ə)ln] V/t.,
bezweifelte, hat bezweifelt
Ich bezweifle, daß er für die Arbeit
kräftig genug ist.

douter

Je doute qu'il soit assez costaud
pour ce travail.

entschließen [ɛntˈʃliːs(ə)n] V/refl.,
entschloß, hat entschlossen
Ich habe mich entschlossen, mit
dem Rauchen aufzuhören.

décider

J'ai décidé d'arrêter de fumer.

erraten [ɛə*ˈraːt(ə)n] V/t., erriet,
hat erraten
Er hat die Lösung des Tests nicht
gewußt, aber erraten.

deviner

Il n'a pas trouvé la solution du
test, il l'a devinée.

geheim [gəˈhaim] *Adj.*
Die Papiere sind an einem geheimen Ort versteckt.

secret
Les documents sont déposés dans un endroit secret.

Geheimnis [gəˈhaimnis] *n*, -ses, -se
Sie hat Staatsgeheimnisse an eine Zeitung verraten.

secret *m*

Elle a révélé des secrets d'État à un journal.

klären [ˈklɛːrən] *V/t.*, klärte, hat geklärt
Ich glaube, diese Fragen lassen sich schnell klären.

élucider

Je crois que ces questions peuvent être rapidement élucidées.

offenbar [ˈɔf(ə)nbaːʳ] *Adv.*
Unter seiner alten Telefonnummer kann man ihn nicht erreichen. Er ist offenbar umgezogen.

apparemment
Impossible de le joindre sous son ancien numéro de téléphone. Apparemment il a déménagé.

offensichtlich [ˈɔf(ə)nziçtliç] *Adj.*
Rainer hat schlechte Laune, er hat sich offensichtlich über etwas geärgert.

manifeste
Rainer est de mauvaise humeur, quelque chose l'a manifestement contrarié.

raten [ˈraːt(ə)n] *V/t.*, riet, hat geraten
Sie hat die richtige Lösung geraten.

deviner

Elle a deviné la solution.

sicherlich [ˈziçərliç] *Adv.*
○ Warum ruft Rüdiger nicht an?

□ Das hat er sicherlich vergessen.

sûrement
○ Pourquoi est-ce que Rüdiger n'appelle pas?
□ Il a sûrement oublié.

sogenannt [ˈzoːgənant] *Adj.*, keine Komp.
Seine sogenannte Cousine ist in Wahrheit seine Freundin.

soi-disant

Sa soi-disant cousine est en réalité sa petite amie.

wirklich [ˈvirkliç] *Adj.*, keine Komp.
Ein wirklicher Freund hätte dir in dieser Situation geholfen.
Hast du wirklich geglaubt, daß sie dir alles erzählt hat?

vrai; véritable

Un véritable ami t'aurait aidé dans cette situation.
Tu as vraiment cru qu'elle t'avait tout raconté?

Wirklichkeit ['virklɪçkait] *f, -, kein Pl.*

réalité *f*

Seine Freunde nennen ihn Teddy, in Wirklichkeit heißt er Theodor.

Ses amis l'appellent Teddy, il s'appelle Theodor en réalité.

Wunder ['vundə*] *n, -s, -*

miracle *m*

Du bist viel zu dünn angezogen, kein Wunder, daß du frierst.

Tu es habillé beaucoup trop légèrement, ce n'est pas étonnant que tu aies froid.

Es wäre ein Wunder, wenn er pünktlich nach Hause käme.

Ce serait étonnant qu'il rentre à la maison à l'heure.

zweifellos ['tsvaif(ə)llo:s] *Adj.*

sans aucun doute

Wien ist zweifellos eine interessante Stadt.

Vienne est sans aucun doute une ville intéressante.

zweifeln ['tsvaif(ə)ln] *V/i., + Präp.* (an)

douter

Ich zweifle daran, daß sich das Auto noch reparieren läßt.

Je doute que la voiture puisse être réparée.

3.8 Positive Wertung und Neutralität

1–2000

3.8 Connotation positive et neutre

bewundern [bə'vundə*n] *V/t.,* bewunderte, hat bewundert

admirer

Er wird von seinen Mitschülern bewundert, weil er ein guter Sportler ist.

Ses camarades l'admirent beaucoup car il est bon en sport.

echt [ɛçt] *Adj.*

vrai; authentique

Er hat sich wie ein echter Freund verhalten.

Son attitude a été celle d'un vrai ami.

Der Schmuck ist echt.

Ce bijou est authentique.

einfach ['ainfax] *Adj.*

simple

Die Erklärung ist sehr einfach.

L'explication est toute simple.

Die Wohnung ist einfach möbliert.

L'appartement est meublé avec simplicité.

Das Haus ist einfach toll.

La maison est tout simplement super.

für [fy:ə*] *Präp.*
Die Mehrheit ist für das neue Gesetz.

pour
La majorité est pour cette nouvelle loi.

---

gefallen [gə'fal(ə)n] *V/i.,* gefiel, hat gefallen
Der Film hat mir gut gefallen.

plaire

Ce film m'a bien plu.

---

günstig ['gynstiç°] *Adj.*
Ich mußte nicht viel bezahlen, die Schreibmaschine war eine günstige Gelegenheit.

avantageux
Je n'ai pas payé très cher, cette machine à écrire était une occasion avantageuse.

---

gut [gu:t] *Adj.,* besser, am besten
Er ist ein guter Handwerker.
Es geht mir gut.
Ich bekomme ein gutes Gehalt.

bon; bien
C'est un bon artisan.
Je vais bien.
J'ai un bon salaire.

---

halten ['halt(ə)n] *V/t., + Präp.* (für), hielt, hat gehalten
Ich halte sie für sehr intelligent.

considérer

Je la considère comme très intelligente.

---

herrlich ['hɛrliç] *Adj.*
Wir hatten im Urlaub herrliches Wetter.

magnifique
Nous avons eu un temps magnifique en vacances.

---

immerhin [imə*'hin] *Adv.*
Er ist ein schlechter Fahrer, aber immerhin fährt er langsam.

du moins
Il conduit mal, mais du moins lentement.

---

interessant [int(ə)rɛ'sant] *Adj.,* -er, am -esten
Er hat mir eine interessante Geschichte erzählt.

intéressant

Il m'a raconté une histoire intéressante.

Lob [lo:p] *n,* -(e)s, *kein Pl.*
Dieses Lob hat sie wirklich verdient.

compliment *m*
Elle a vraiment mérité ce compliment.

---

loben ['lo:b(ə)n] *V/t.,* lobte, hat gelobt
Für seine erfolgreiche Arbeit wurde er von der Chefin gelobt.

faire des compliments

Sa patronne lui a fait des compliments pour son excellent travail.

---

lohnen ['lo:nən] *V/refl.,* lohnte, hat gelohnt
Das Geschäft hat sich gelohnt.

valoir la peine

Cette affaire a valu la peine.

---

lustig ['lustiç°] *Adj.*
Der Film war sehr lustig.

drôle
Le film était très drôle.

mögen ['mø:g(ə)n] *Mod.V., V/t., i.,* mochte, hat gemocht
Ich mag heute nicht fernsehen.

Blumen mag ich sehr.
Ich möchte gern ein Kotelett essen.

(bien) aimer; avoir envie (de)
Je n'ai pas envie de regarder la télé aujourd'hui.
J'aime beaucoup les fleurs.
J'aimerais bien manger une côtelette.

normal [nɔr'ma:l] *Adj.*
Sie fuhr mit normaler Geschwindigkeit.

normal
Elle roulait à une vitesse normale.

nötig ['nø:tiç°] *Adj.*
○ Soll ich dich zum Flughafen bringen?
□ Nein danke, das ist nicht nötig.

nécessaire
○ Tu veux que je t'emmène à l'aéroport?
□ Non merci, ce n'est pas nécessaire.

notwendig ['no:tvɛndiç°] *Adj.*
Die Reparatur war sehr teuer, aber leider notwendig.

indispensable
Cette réparation a été très chère, mais malheureusement indispensable.

nutzen (nützen) ['nuts(ə)n] [('nytsən)] *V/t., i.,* nutzte, hat genutzt
Sie hat ihre Chancen genutzt.
Sein gutes Zeugnis hat ihm bei der Stellensuche viel genutzt.

tirer parti (de); **servir**

Elle a tiré parti de ses chances.
Son bon certificat lui a beaucoup servi pour trouver un emploi.

nützlich ['nytsliç] *Adj.*
Dieses Werkzeug ist sehr nützlich.

utile
Cet outil est très utile.

nutzlos ['nutslo:s] *Adj.* -er, am -esten
Er kauft viele nutzlose Dinge.

inutile

Il achète beaucoup de choses inutiles.

passend ['pas(ə)nt] *Adj.*
Seine Kleidung war für die Feier nicht passend.

approprié
Sa tenue n'était pas appropriée pour cette cérémonie.

positiv ['po:zitif] *Adj.*
Die Testergebnisse waren sehr positiv.

positif
Les résultats du test étaient très positifs.

prima ['pri:ma] *Adj., indekl.*
Das Essen schmeckte prima.

super
Le repas était super.

recht [rɛçt] *Adj.* (+ bekommen, haben, sein, geben)

Das ist mir recht.
In diesem Fall hat sie recht.

avoir/donner raison *(+ bekommen/haben/geben)*; **arranger** *(+ sein)*
C'a me va.
Dans ce cas elle a raison.

---

richtig ['riçtiçº] *Adj.*
Das ist die richtige Wohnung für uns.
Haben Sie bisher alles richtig verstanden?

bon; bien
C'est l'appartement qu'il nous faut.
Vous avez bien tout compris jusque là?

---

stehen ['ʃte:(ə)n] *V/i.,* stand, hat gestanden
Das Hemd steht dir gut.

aller bien (à)

Cette chemise te va bien.

---

spannend ['ʃpanənt] *Adj.*
Der Roman ist recht spannend.

passionant
Ce roman est vraiment passionnant.

---

sympathisch [zym'pa:tiʃ] *Adj.*
Die meisten Leute finden ihn sympathisch.

sympathique
La plupart des gens le trouvent sympathique.

Vorteil ['fo:ə*tail] *m,* -s, -e
Nutzen Sie die Vorteile unserer Sonderangebote.

avantage *m*
Profitez des avantages de nos offres spéciales.

---

vorziehen ['fo:ə*tsi:(ə)n] *V/t.,* zog vor, hat vorgezogen
Dieser Wein ist nicht schlecht, aber ich ziehe einen süßeren vor.

préférer

Ce vin n'est pas mauvais, mais je préfère un vin plus doux.

---

wahr [va:*] *Adj.*
Ist es wahr, daß du keinen Fernsehapparat hast?
Was ist der wahre Grund für deine Abreise?

vrai
C'est vrai que tu n'as pas de télé?

Quel est le vrai motif de ton départ?

Wahrheit ['va:*hait] *f,* -, -en
Sie hat nicht die Wahrheit gesagt.

vérité *f*
Elle n'a pas dit la vérité.

---

wichtig ['viçtiçº] *Adj.*
Der Termin ist sehr wichtig.

important
C'est un rendez-vous très important.

Widerspruch ['vi:də*ʃprux] *m,* -s, Widersprüche
Gegen die Entscheidung gab es keinen Widerspruch.

opposition *f*

Il n'y a eu aucune opposition à cette décision.

wundern ['vundə*n] *V/refl.,* wunderte, hat gewundert
Ich wundere mich (es wundert mich), daß sie es geschafft hat.

s'étonner
Je m'étonne (ça m'étonne) qu'elle y soit arrivée.

2001-4000

ausgezeichnet ['ausgə'tsaiçnət] *Adj.*
Die Ausstellung war ausgezeichnet.

remarquable
L'exposition était remarquable.

außergewöhnlich ['ausə*'gəvø:nlıç] *Adj.*
Er ist außergewöhnlich groß.

exceptionnel
Il est d'une taille exceptionnelle.

befriedigend [bə'fri:dig(ə)nt] *Adj.*
Für das Problem gibt es keine befriedigende Lösung.

satisfaisant
Il n'y a pas de solution satisfaisante à ce problème.

begeistern [bə'gaistə*n] *V/t., refl.,* begeisterte, hat begeistert
Die Vorstellung begeisterte das Publikum.
Ich kann mich für Sport nicht begeistern.

enthousiasmer
La représentation a enthousiasmé le public.
Je ne m'enthousiasme pas pour le sport.

bevorzugen [bə'fo:ə*tsu:g(ə)n] *V/t.,* bevorzugte, hat bevorzugt
Sie bevorzugt starke Zigaretten.

préférer
Elle préfère les cigarettes fortes.

eignen ['aignən] *V/refl.,* eignete, hat geeignet
Diese Schuhe eignen sich nicht zum Tanzen.

convenir, être fait (pour)
Ces chaussures ne sont pas faites pour danser.

erstaunlich [ɛə*'[taunlıç] *Adj.*
Seine Eltern sind erstaunlich jung.

étonnant
Ses parents sont étonnament jeunes.

erstklassig ['ɛ:rstklasiç°] *Adj.*
Diese sportliche Leistung war erstklassig.

de premier ordre
Cette prestation sportive était de premier ordre.

geeignet [gəˈaignət] *Adj.*
Für diese harte Arbeit ist er nicht geeignet.

capable
Il n'est pas capable de faire ce travail pénible.

---

gewohnt [gəˈvoːnt] *Adj.*
Ich bin gewohnt, früh aufzustehen.

habitué
Je suis habitué à me lever tôt.

---

hervorragend [hɛəˈfoːəˈraːg(ə)nt] *Adj.*
Zum Essen gab es einen hervorragenden Wein.

excellent
Un vin excellent accompagnait le repas.

---

ideal [ideˈaːl] *Adj.*
Das Wetter war ideal zum Schilaufen.

idéal
Le temps était idéal pour faire du ski.

---

jedenfalls [ˈjeːd(ə)nfals] *Adv.*
Ich glaube, Heiner ist wieder gesund, jedenfalls sieht er gut aus.

en tout cas
Je crois que Heiner est rétabli, en tout cas il a bonne mine.

---

komisch [ˈkoːmiʃ] *Adj.*
Ich mag ihn nicht. Er ist ein komischer Mensch.
Wir haben sehr gelacht. Die Situation war sehr komisch.

drôle
Je ne l'aime pas. C'est un drôle de type.
Nous avons bien ri. La situation était très drôle.

---

korrekt [kɔˈrɛkt] *Adj.*, -er, am -esten
Die Kontrolle an der Grenze war genau, aber korrekt.

correct
Le contrôle à la douane a été minutieux, mais correct.

---

neutral [nɔiˈtraːl] *Adj.*
Viele Zuschauer fanden, daß der Schiedsrichter nicht neutral war.

neutre
Beaucoup de spectateurs ont trouvé que l'arbitre n'était pas neutre.

---

objektiv [ɔpjɛkˈtiːf] *Adj.*
Die Prüfer waren objektiv.

objectif
Les examinateurs ont été objectifs.

---

perfekt [pɛrˈfɛkt] *Adj.*, -er, am -esten
Die Veranstaltung war perfekt organisiert.

parfait
L'organisation de la représentation était parfaite.

---

praktisch [ˈpraktiʃ] *Adj.*
Die neue Küchenmaschine ist sehr praktisch.

pratique
Ce nouveau robot ménager est très pratique.

sinnvoll ['zinfɔl] *Adj.*
Es ist sinnvoll, noch etwas zu
warten.

raisonnable
Il est raisonnable d'attendre encore un peu.

stimmen ['ʃtimən] *V/i.*, stimmte,
hat gestimmt
Das Datum auf der Quittung
stimmt nicht.

être exact

La date du reçu n'est pas exacte.

vertraut [fɛə*'traut] *Adj.*, -er, am
-esten
Sie ist mit der Bedienung der Maschine vertraut.

familiarisé

Elle connaît bien le fonctionne-
ment de cet appareil.

Vorbild ['fo:ə*'bilt] *n*, -(e)s, -er
Sein erfolgreicher Bruder war immer sein Vorbild.

exemple *m*
Il a toujours pris exemple sur son
frère qui a réussi.

wunderbar ['vundə*ba:*] *Adj.*
Der Sänger hat eine wunderbare
Stimme.

merveilleux
Le chanteur a une voix merveil-
leuse.

3.9 Negative Wertung

1-2000

3.9 Connotation négative

kompliziert [kɔmpli:'tsi:ə*t]
Adj., -er, am -esten
Diese grammatische Regel ist
kompliziert.

compliqué

Cette règle de grammaire est
compliquée.

Kritik [kri'ti:k] *f*, -, -en
Diese Kritik hat er nicht verdient.

critique *f*
Il n'a pas mérité cette critique.

kritisch ['kri:tiʃ] *Adj.*
Der Reporter stellte kritische
Fragen.

critique
Le reporter a posé des questions
critiques.

Mangel ['maŋ(ə)l] *m*, -s, Mängel
Das Kleid war billiger, weil es einige kleine Mängel hatte.

défaut *m*
Cette robe était moins chère car
elle avait quelques petits défauts.

merkwürdig ['mɛrkvyrdiç°] *Adj.*
Ich finde es merkwürdig, wie sie
sich benimmt.

étrange
Je trouve son comportement
étrange.

Nachteil ['na:xtail] *m, -s, -e*
Durch sein Alter hat er Nachteile
bei der Stellensuche.

inconvénient *m*
Pour la recherche d'un emploi il
est désavantagé par son âge.

Problem [pro'ble:m] *n, -s, -e*
Er hat persönliche Probleme.

problème *m*
Il a des problèmes personnels.

schade ['ʃa:də] *Adv.*
Es ist schade, daß du keine Zeit
hast.

dommage
C'est dommage que tu n'aies pas
le temps.

schlecht [ʃlɛçt] *Adj.*, -er, am
-esten
Sie ist eine schlechte Schülerin.

mauvais

C'est une mauvaise élève.

schlimm [ʃlim] *Adj.*
Er hat eine schlimme Krankheit.

grave
Il a une maladie grave.

unmöglich [un'mø:kliç] *Adj.*
Wenn sie Alkohol getrunken hat,
hat sie ein unmögliches Benehmen.
Die Idee ist gut, aber unmöglich
zu verwirklichen.

impossible
Quand elle a bu, elle se conduit de
manière impossible.

L'idée est bonne, mais impossible à réaliser.

Unsinn ['unzin] *m, -s, kein Pl.*
Red doch nicht so einen Unsinn!

bêtises *f/pl*
Ne raconte donc pas de telles
bêtises!

vergeblich [fɛə*'ge:pliç] *Adj.*
Ich habe vergeblich versucht, ihn
anzurufen.

en vain
J'ai essayé en vain de lui téléphoner.

2001–4000

furchtbar ['furçtba:*] *Adj.*
Ich finde den Mantel furchtbar
häßlich.
○ Meine Schwester ist letzte Wo-
che tödlich verunglückt.
□ Das ist ja furchtbar.

affreux
Je trouve ce manteau affreuse-
ment laid.
○ Ma sœur est morte la semaine
dernière dans un accident.
□ C'est affreux.

gering [gə'riŋ] *Adj.*
Meine Englischkenntnisse sind gering.

minime
Mes connaissances en anglais sont minimes.

langweilig ['laŋvailiç°] *Adj.*
Der Film war langweilig.

ennuyeux
Ce film était ennuyeux.

mangeln ['maŋ(ə)ln] *V/i.*, mangelte, hat gemangelt
Für diese Aufgabe mangelt es ihm an Erfahrung.

manquer
Il manque d'expérience pour ce travail.

peinlich ['painliç] *Adj.*
Es war ihr peinlich, nach der Toilette zu fragen.

gênant
Ça la gênait de devoir demander où étaient les toilettes.

schrecklich ['ʃrɛkliç] *Adj.*
Ich habe einen schrecklichen Durst.
In Mittelamerika gab es ein schreckliches Unwetter.

terrible
J'ai une soif terrible.
Il y a eu une tempête terrible en Amérique centrale.

seltsam ['zɛltza:m] *Adj.*
Sie hat seltsame Freunde.

étrange
Elle a des amis étranges.

unnütz ['unnyts] *Adj.*, -er, am -esten
Mach dir doch keine unnützen Sorgen.

inutile
Ne te fais donc pas inutilement de souçi.

vergebens [fɛə*'ge:b(ə)ns] *Adv.*
Sie haben sich viel Mühe gegeben, aber es war alles vergebens.

pour rien
Ils se sont donné beaucoup de mal pour rien.

3.10 Wunsch, Bitte, Auftrag | 1-2000

3.10 Souhait, demande, ordre

auffordern ['auffordə*n] *V/t.*, forderte auf, hat aufgefordert
Sie forderte uns auf, im Wartezimmer Platz zu nehmen.

inviter
Elle nous a invité à prendre place dans la salle d'attente.

befehlen [bəˈfeːl(ə)n] *V/t.,* befahl, hat befohlen
Ich lasse mir von dir nichts befehlen.

donner des ordres; commander
Je n'ai pas d'ordres à recevoir de ta part.

Bitte [ˈbitə] *f, -, -en*
Ich habe eine Bitte. Könnten Sie das Fenster schließen?

demande *f;* **service** *m;* **faveur** *f*
Si cela ne vous dérange pas, pourriez-vous fermer la fenêtre?

---

bitten [ˈbit(ə)n] *V/t., i., + Präp.* (um)
Wir müssen jemanden um Hilfe bitten.
Meine Damen und Herren, ich bitte um Ruhe.

demander
Nous sommes obligés de demander à quelqu'un de nous aider.
Mesdames, Messieurs, je vous demande le silence.

---

dürfen [ˈdyrf(ə)n] *Mod. V/i.,* durfte, hat gedurft
Darf ich bitte Ihr Telefon benutzen?

pouvoir
Je peux utiliser votre téléphone, s'il vous plaît?

---

erlauben [ɛəˈlaub(ə)n] *V/t.,* erlaubte, hat erlaubt
Der Arzt hat mir erlaubt, wieder zu arbeiten.

autoriser
Le médecin m'a autorisé à recommencer à travailler.

Erlaubnis [ɛəˈlaupnis] *f, -, kein Pl.*
Dafür brauchen Sie die Erlaubnis des Chefs.

autorisation *f*
Vous avez besoin pour cela de l'autorisation du patron.

---

fordern [ˈfɔrdə*n] *V/t.,* forderte, hat gefordert
Der Preis, den sie fordert, ist zu hoch.

exiger
Le prix qu'elle exige est trop élevé.

Forderung [ˈfɔrdəruŋ] *f, -, -en*
Die Forderungen der Opposition wurden im Parlament abgelehnt.

exigence *f*
Les exigences de l'opposition ont été refusées au Parlement.

---

möglichst [ˈmøːkliçst] *Adv.*
Bitte schreiben Sie die Briefe möglichst schnell!

le plus... possible
Ecrivez ces lettres le plus vite possible s.v.p.

---

müssen [ˈmys(ə)n] *Mod. V/i.,* mußte, hat gemußt
Diese Woche muß ich Samstag arbeiten.
Du mußt nicht so viel rauchen.
Man müßte mehr Zeit haben.

falloir
Cette semaine, il faut que je travaille samedi.
Il faut que tu fumes moins.
Il faudrait avoir davantage de temps.

sollen ['zɔl(ə)n] *Mod. V./i.,* sollte, hat gesollt — **devoir**

Du sollst den Tisch decken, hat sie gesagt. — Tu dois mettre la table, a-t-elle dit.

Hör auf! Das sollst du nicht machen. — Arrête! Tu ne dois pas faire ça.

verlangen [fɛə*'laŋ(ə)n] *V/t.,* verlangte, hat verlangt — **demander; exiger**

fordern

Ich verlange, daß der Schaden von Ihnen bezahlt wird. — Je vous demande de payer les dégâts.

Diese Arbeit verlangt viel Geduld. — Ce travail exige beaucoup de patience.

Vorschlag ['fo:ə*ʃla:k] *m,* -(e)s, Vorschläge — **proposition** *f*

Er hat einen interessanten Vorschlag gemacht. — Il a fait une proposition intéressante.

vorschlagen ['fo:ə*ʃla:g(ə)n] *V/t.,* schlug vor, hat vorgeschlagen — **proposer**

Ich schlage vor, daß wir uns in meinem Büro treffen. — Je propose que nous nous rencontrions dans mon bureau.

weigern ['vaigə*n] *V/refl.,* weigerte, hat geweigert — **refuser**

ablehnen

Er weigerte sich, dem Polizisten seinen Führerschein zu zeigen. — Il a refusé de montrer son permis de conduire à l'agent de police.

wollen ['vɔl(ə)n] *Mod. V., V/t., i.,* wollte, hat gewollt — **vouloir**

Ich will gerne mit ihm sprechen, wenn du das wünschst. — Je veux bien lui en parler si tu le désires.

Wunsch [vunʃ] *m,* -es, Wünsche — **souhait** *m*

Diesen Wunsch kann ich Ihnen leider nicht erfüllen. — Je regrette de ne pas pouvoir réaliser votre souhait.

wünschen ['vynʃ(ə)n] *V/t., refl.,* wünschte, hat gewünscht — **souhaiter**

Ich wünsche dir viel Glück! — Je te souhaite bonne chance!

2001-4000

anordnen [ˈanɔrdnən] *V/t.,* ordnete an, hat angeordnet
Wegen der schlechten Luft wurde in Hamburg ein Fahrverbot für Autos angeordnet.

décréter

En raison de la pollution atmosphérique, l'interdiction de circuler en voiture a été décrétée à Hambourg.

Anregung [ˈanreːgʊŋ] *f,* -, -en
Haben Sie eine Idee? Wir sind für jede Anregung dankbar.

suggestion *f*
Avez-vous une idée? Nous vous savons gré de toute suggestion.

beauftragen [bəˈauftraːg(ə)n] *V/t.,* beauftragte, hat beauftragt
○ Willst du die Garage selber bauen?
□ Nein, ich habe eine Firma beauftragt.

charger (de)

○ Tu veux construire toi-même ton garage?
□ Non, j'ai chargé une entreprise de la construction.

bestimmen [bəˈʃtimən] *V/t.,* bestimmte, hat bestimmt
Das bestimmt der Chef alleine.

décider

C'est le patron qui seul en décide.

drängen [ˈdrɛŋən] *V/t., i.,* drängte, hat gedrängt
Er drängte mich, noch zu bleiben.
Die Kinder drängten, einen Spaziergang zu machen.

insister

Il a insisté pour que je reste.
Les enfants insistaient pour aller se promener.

erfüllen [ɛəˈfyl(ə)n] *V/t.,* erfüllte, hat erfüllt
Leider kann ich Ihre Bitte nicht erfüllen.

accorder

Je regrette de ne pouvoir vous accorder ce que vous demandez.

freiwillig [ˈfraivilɪç] *Adj.*
Unsere Kinder gehen nie freiwillig ins Bett.

de plein gré; de gaieté de cœur
Nos enfants ne vont jamais se coucher de leur plein gré.

gehorchen [gəˈhɔrç(ə)n] *V/i.,* gehorchte, hat gehorcht
Der Hund ist lieb, aber er gehorcht nicht.

obéir

Le chien est gentil, mais il n'obéit pas.

gestatten [gəˈʃtat(ə)n] *V/t.,* gestattete, hat gestattet
Gestatten Sie, daß ich rauche?

permettre

Vous permettez que je fume?

veranlassen [fɛə*'anlas(ə)n] *V/t.,*
veranlaßte, hat veranlaßt
Ich habe veranlaßt, daß die Türen
neu gestrichen werden.

faire (faire)

J'ai fait repeindre les portes.

verbieten [fɛə*'bi:t(ə)n] *V/t.,* verbot, hat verboten
Dieser Film ist für Jugendliche unter 18 verboten worden.

interdire

Ce film est interdit aux moins de
dix-huit ans.

verpflichten [fɛə*'pfliçt(ə)n] *V/t.,*
refl., verpflichtete, hat verpflichtet
Sein Beruf als Arzt verpflichtet
ihn, jedem Verletzten zu helfen.
Ich habe mich verpflichtet, darüber zu schweigen.

obliger; s'engager (à)

Son métier de médecin l'oblige à
venir en aide à tout blessé.
Je me suis engagé à garder le
silence là-dessus.

3.11 Höflichkeitsformeln, Ausrufe, Floskeln

1-2000

3.11 Formules de politesse

auf Wiedersehen
[auf 'vi:də*se:(ə)n]
Auf Wiedersehen bis morgen,
Frau Schröder!

au revoir

Au revoir, à demain Madame
Schröder!

bitte ['bitə] *Adv.*
○ Danke sehr!
□ Bitte!
○ Darf ich Ihnen helfen?
□ Ja bitte!

merci; je vous en prie
○ Merci beaucoup!
□ Je vous en prie!
○ Je peux vous aider?
□ Oui, merci.

Dank [daŋk] *m,* -(e)s, *kein Pl.*
Vielen Dank für Ihren Brief.

remerciement *m*
Merci beaucoup de votre lettre.

danken ['daŋk(ə)n] *V., i., + Präp.*
(für), dankte, hat gedankt
Ich danke Ihnen für Ihre Hilfe.

remercier

Je vous remercie de votre aide.

Frau [frau] *f,* -, -en
Guten Tag, Frau Volkers! Wie
geht es Ihnen?

Madame
Bonjour, Madame Volkers! Comment allez-vous?

Fräulein [ˈfrɔilain] *n*, -s, -
Guten Abend, Fräulein Welz!

Mademoiselle
Bonsoir, Mademoiselle Welz!

geehrt [ɡəˈeːə*t]
Sehr geehrte Frau Weber, …
(Anrede in einem Brief)

cher
Chère Madame Weber…
(formule épistolaire)

Glückwunsch [ˈɡlykvunʃ] *m*,
-(e)s, Glückwünsche
Herzlichen Glückwunsch zum
Geburtstag!

vœu *m*

Bon anniversaire!

gratulieren [ɡratuˈliːr(ə)n] *V., i.,*
gratulierte, hat gratuliert
Wir gratulieren dir zur bestande-
nen Prüfung!

féliciter

Toutes nos félicitations pour ta
réussite à l'examen!

guten Abend [ˈɡuːt(ə)n ˈaːb(ə)nt]
Guten Abend, Herr Pelz!

bonsoir
Bonsoir, Monsieur Pelz!

guten Morgen
[ˈɡuːt(ə)n ˈmɔə*ɡ(ə)n]
Guten Morgen!

bonjour

Bonjour!

guten Tag [ˈɡuːt(ə)n ˈtaːk]
Guten Tag, Herbert!

bonjour
Bonjour, Herbert!

Herr [hɛə*] *m*, -n, -en
Guten Morgen, Herr Albers! Wie
gehts?

Monsieur
Bonjour, Monsieur Albers! Comment ça va?

ich wünsche Ihnen …
[iç ˈvynʃe iːnən]
Ich wünsche Ihnen viel Erfolg bei
den Verhandlungen!

je vous souhaite…

Je vous souhaite de réussir dans
vos négociations!

willkommen [vilˈkɔmən] *Adj.*
Willkommen in unserem Haus!

bienvenue
Bienvenue chez nous!

2001-4000

Achtung [ˈaxtuŋ] *f*, -, *kein Pl.*
Achtung Stufe! Paß auf!

attention *f*
Attention à la marche! Fais attention!

Grüß Gott [ɡryːsˈɡɔt] *(süddt.)*
Grüß Gott, Frau Berner!

bonjour
Bonjour, Madame Berner!

herzlich ['hɛrtsliç] *Adj.*
Herzlichen Dank für das schöne Geschenk!

cordial
Merci beaucoup pour le beau cadeau.

Wie geht es Ihnen? / Wie geht's?
[viːˈɡeːtɛsˈiːnən/viːˈɡeːts]
○ Wie geht es Ihnen, Frau Simmer?
□ Danke, gut!

comment allez-vous?

○ Comment allez-vous Madame Simmer?
□ Bien, merci!

leid tun ['lait tuːn]
Es tut mir leid, daß ich zu spät komme.

être désolé
Je suis désolé d'arriver en retard.

Verzeihung [fɛə*ˈtsaiuŋ] *f, -, kein Pl.*
Verzeihung! Können Sie mir sagen, wie spät es ist?

pardon *m*

Pardon, quelle heure est-il, s'il vous plaît?

4.1 Identifizierung 1-2000

4.1 Identification

---

erwachsen [εɐ*'vaks(ə)n] *Adj.*
Er hat zwei erwachsene Kinder.

grand; adulte
Il a deux grands enfants.

Erwachsene [εɐ*'vaks(ə)nə] *m/f,*
-n, -n
Der Eintritt kostet für Erwachsene
4,– DM, für Kinder die Hälfte.

adulte *m*

L'entrée coûte 4 marks pour les
adultes, la moitié pour les enfants.

Familienname [fa'mi:ljənna:mə]
m, -ns, -n
Ihr Familienname ist Wenzel.

nom de famille *m*

Son nom de famille, c'est Wenzel.

Frau [frau] *f,* -, -en
In unserer Abteilung arbeiten vier
Männer und drei Frauen.

femme *f*
Quatre hommes et trois femmes
travaillent dans notre service.

---

heißen ['hais(ə)n] *V/i.,* hieß, hat
geheißen
Ich heiße Petra, und wie heißt du?

s'appeler

Je m'appelle Petra et toi, comment tu t'apelles?

Jugendliche ['ju:g(ə)ntliçə] *m/f,*
-n, -n
Die Arbeitslosigkeit bei Jugendli-
chen ist recht hoch.

jeune *m/f;* **adolescent** *m,* -e *f*

Le chomâge est élevé chez les
jeunes.

Junge ['juŋə] *m,* -n, -n
Vera hat letzte Woche ihr Kind
bekommen, es ist ein Junge.

garçon *m*
Vera a eu son bébé la semaine
dernière, c'est un garçon.

Kind [kint] *n,* -es, -er
Wir haben zwei Kinder.

enfant *m*
Nous avons deux enfants.

Mann [man] *m,* -(e)s, Männer
Den Beruf ‚Automechaniker' lernen heute nicht nur Männer, sondern auch einige Frauen.

homme *m*
De nos jours il n'y a pas que des
hommes qui apprennent le métier
de mécanicien mais aussi quelques femmes.

126

Mensch [mɛnʃ] *m*, -en, -en
Auf der Erde leben ca. 5 Milliarden
Menschen.

homme *m*, **être humain** *m*
Il y a environ 5 milliards d'hommes sur la terre.

menschlich ['mɛnʃliç] *Adj.*
Fehler zu machen, ist menschlich.

humain
L'erreur est humaine.

Mädchen ['mɛːtçən] *n*, -s, -
In unserer Klasse gibt es nur Mädchen, keine Jungen.

fille *f*
Il y a seulement des filles dans
notre classe, pas de garçons.

Name ['naːmə] *m*, -ns, -n
Kennst du seinen Namen?

nom *m*
Tu sais son nom?

nennen ['nɛnən] *V/t.*, nannte, hat
genannt
Sie heißt Ursula, aber genannt
wird sie Uschi.

appeler

Elle s'appelle Ursula, mais on
l'appelle Uschi.

Paß [pas] *m*, -sses, Pässe
An der Grenze muß man seinen
Paß zeigen.

passeport *m*
Il faut présenter son passeport à
la frontière.

persönlich [pɛrˈzøːnliç] *Adj.*
Wir haben mehrere Male miteinander telefoniert, aber wir kennen
uns nicht persönlich.

personnel
Nous nous sommes souvent parlé au téléphone, mais nous ne
nous connaissons pas person-
nellement.

Vorname ['foːəˈnaːmə] *m*, -ns, -n
Sie hat drei Vornamen.

prénom *m*
Elle a trois prénoms.

Zuname ['tsuːnaːmə] *m*, -ns, -n
Wie ist Ihr Zuname?

nom de famille *m*
Quel est votre nom de famille?

2001-4000

Baby ['beːbi] *n*, -s, -s
Als Baby war er ziemlich dick.

bébé *m*
Quand il était bébé il était plutôt
gros.

Dame ['daːmə] *f*, -, -n
Sehr geehrte Damen und Herren,
ich bitte um Ihre Aufmerksamkeit.

dame *f*
Mesdames et Messieurs, je vous
demande un moment d'attention.

Generation [genəraˈtsjoːn] *f*, -, -en
Der Betrieb ist seit fünf Generatio-
nen im Besitz derselben Familie.

génération *f*
Cette entreprise est depuis cinq
générations entre les mains de la
même famille.

Geschlecht [gə'ʃlɛçt] *n, -(e)s, -er*
Bei der Berufswahl gibt es auch heute noch große Unterschiede zwischen den Geschlechtern.

sexe *m*
Il existe de nos jours encore de grandes différences entre les sexes à propos du choix de la profession.

Herr [hɛə*] *m, -n, -en*
Kennen Sie den Herrn in dem hellen Anzug?

monsieur *m*
Vous connaissez le monsieur en costume clair?

Lebenslauf ['le:b(ə)nslauf] *m, -(e)s, Lebensläufe*
Für die Bewerbung muß der Lebenslauf handschriftlich geschrieben werden.

curriculum vitae *m,* **C.V.** *m*
Le C.V. doit être écrit à la main pour une candidature.

männlich ['mɛnliç] *Adj.*
Er hat eine sehr männliche Stimme.

masculin
Il a une voix très masculine.

Person [pɛr'zo:n] *f, -, -en*
Wie viele Personen kommen zu deiner Geburtstagsfeier?

personne *f*
Combien de personnes viendront à ta fête d'anniversaire?

Rasse ['rasə] *f, -, -n*
In den USA gibt es starke Rassenmischungen.

race *f*
Aux Etats-Unis il y a un très fort mélange de races.

Titel ['ti:t(ə)l] *m, -s, -*
Frau Prof. Dr. Scholz möchte mit ihrem Titel angesprochen werden.

titre *m*
Madame Scholz tient à son titre de docteur et de professeur universitaire, quand on s'adresse à elle.

weiblich ['vaipliç] *Adj.*
Sie hat eine weibliche Figur.

féminin
Elle a une silhouette féminine.

4.2 Familie und Verwandtschaft | 1-2000

4.2 Famille et parents

Angehörige ['angəhø:rigə] *m/f, -n, -n*
Der Verstorbene hatte keine Angehörigen.

parent *m/f*
Le défunt n'avait pas de parents.

Bruder ['bruːdə*] *m, -s,* Brüder
Mein Bruder lebt in Kanada.

frère *m*
Mon frère vit au Canada.

Ehe ['eːə] *f, -, -n*
In der Bundesrepublik wird zur
Zeit jede dritte Ehe geschieden.

mariage *m;* **couple** *m*
En R.F.A. un couple sur trois divorce actuellement.

Ehefrau ['eːəfrau] *f, -, -en*
Seine Ehefrau ist in Italien geboren.

femme (mariée) *f*
Sa femme est née en Italie.

Ehemann ['eːəman] *m, -(e)s,* Ehe-
männer
Ich habe meinen Ehemann schon
als Kind gekannt.

mari *m*
Je connais mon mari depuis son
enfance.

Ehepaar ['eːəpaː*] *n, -(e)s, -e*
Wir sind mit einem dänischen
Ehepaar befreundet.

couple (marié) *m*
Nous sommes amis avec un couple danois.

Eltern ['ɛltə*n] *nur Pl.*
Er wohnt mit 30 Jahren immer
noch bei seinen Eltern.

parents *m/pl*
A 30 ans il habite toujours chez
ses parents.

Familie [faˈmiːljə] *f, -, -n*
Sie hat eine große Familie.

famille *f*
Elle a une grande famille.

Geschwister [gəˈʃvistə*] *nur Pl.*
Ich habe keine Geschwister.

frères et sœurs *m/pl.*
Je n'ai pas de frères et sœurs.

heiraten ['hairaːt(ə)n] *V/t.,* heira-
tete, hat geheiratet
Er hat seine Jugendfreundin geheiratet.

se marier

Il s'est marié avec son amie d'enfance.

Kuß [kus] *m,* Kusses, Küsse
Sie gab ihm zum Abschied einen
Kuß.

baiser *m*
Quand il est parti, elle lui a donné
un baiser.

küssen ['kys(ə)n] *V/t.,* küßte, hat
geküßt
Das Kind mag nicht gerne geküßt
werden.

embrasser

Cet enfant n'aime pas qu'on l'em-
brasse.

Mutter ['mutə*] *f, -,* Mütter
Sie telefoniert täglich mit ihrer
Mutter.

mère *f*
Elle téléphone tous les jours à sa
mère.

Onkel ['ɔŋk(ə)l] *m, , -s, -*
Ich habe meinen Onkel lange
nicht gesehen.

oncle *m*
Je n'ai pas vu mon oncle depuis
longtemps.

Paar [paːˀ] *n, -(e)s, -e*
Auf der Feier waren fast nur Paare.

couple *m*
Il n'y avait presque que des couples à la fête.

Schwester [ˈʃvɛstə*] *f, -, -n*
Sie sieht ihrer Schwester sehr ähnlich.

sœur *f*
Elle ressemble beaucoup à sa sœur.

Sohn [zoːn] *m, -(e)s, Söhne*
Sie möchte, daß ihr Sohn Ingenieur wird.

fils *m*
Elle voudrait que son fils soit ingénieur.

Tante [ˈtantə] *f, -, -n*
Meine Tante ist noch sehr jung.

tante *f*
Ma tante est encore très jeune.

Tochter [ˈtɔxtə*] *f, -, Töchter*
Ihre Tochter geht noch zur Schule.

fille *f*
Sa fille va encore à l'école.

Vater [ˈfaːtə*] *m, -s, Väter*
Er ist mit 60 Jahren noch einmal Vater geworden.

père *m*
A 60 ans, il a été père une nouvelle fois.

verwandt [fɛə*ˈvant] *Adj., keine Komp.*
Wir sind miteinander verwandt.

apparenté

Nous sommes parents.

Verwandte [fɛə*ˈvantə] *m/f, -n, -n*
Bei der Familienfeier haben sich viele Verwandte getroffen.

parent *m/f*

De nombreux parents se sont retrouvés à la fête de famille.

2001-4000

Braut [braut] *f, -, Bräute*
Seine Braut ist älter als er.

mariée *f*
La mariée est plus âgée que le marié.

Bräutigam [ˈbrɔitigam] *m, -s, -e*
Der Bräutigam war bei der Hochzeit sehr nervös.

marié *m*
Lors de la cérémonie du mariage le marié était très nerveux.

Enkel [ˈɛŋk(ə)l] *m, -s, -*
Enkelin [ˈɛŋkəlin] *f, -, -nen*
Der Großvater geht mit seinem Enkel oft in den Zoo.

petit-fils *m;* **petite-fille** *f*

Le grand-père va souvent au zoo avec son petit-fils.

erziehen [ɛə*'tsi:(ə)n] *V/t.*, erzog,
hat erzogen
Sie erziehen ihr Kind sehr frei.

élever

Ils élèvent leur enfant de façon
très libérale.

Erziehung [ɛə*'tsi:uŋ] *f, -, kein Pl.*
Sie hat viele Bücher über Kinder-
erziehung gelesen.

éducation *f*
Elle a lu de nombreux ouvrages
sur l'éducation des enfants.

Großeltern ['gro:sɛltə*n] *nur Pl.*
Unsere Tochter verbrachte die
Ferien bei ihren Großeltern.

grands-parents *m/pl*
Notre fille a passé ses vacances
chez ses grands-parents.

Großmutter ['gro:smutə*] *f, -,*
Großmütter
Meine Großmutter ist vor fünf
Jahren gestorben.

grand-mère *f*

Ma grand-mère est morte il y a
cinq ans.

Großvater ['gro:sfa:tə*] *m, -s,*
Großväter
Ihr Großvater ist 73 Jahre alt.

grand-père *m*

Son grand-père a 73 ans.

Hochzeit ['hɔxtsait] *f, -, -en*
Unsere Hochzeit haben wir in einem Restaurant gefeiert.

mariage *m*
Nous avons fêté notre mariage
dans un restaurant.

Kusine ['kuzi:nə] *f, -, -n*
Meine Kusine habe ich seit Jahren nicht gesehen.

cousine *f*
Je n'ai pas vu ma cousine depuis
des années.

ledig ['le:diç°] *Adj., keine Komp.*
Petra ist immer noch ledig.

célibataire
Petra est toujours célibataire.

Neffe ['nɛfə] *m, -n, -n*
Mein Neffe und ich verstehen uns
gut.

neveu *m*
Mon neveu et moi, nous nous entendons bien.

Nichte ['niçtə] *f, -, -n*
Meine Nichte lebt in Mailand.

nièce *f*
Ma nièce vit à Milan.

scheiden ['ʃaid(ə)n] *V/refl., rzp.,*
schied, hat geschieden
Wir werden uns scheiden lassen.

divorcer

Nous allons divorcer.

Schwager ['ʃva:gə*] *m, -s,*
Schwäger
Schwägerin ['ʃvɛ:gərin] *f, -, -nen*
Mit meinem Schwager bin ich zu-
sammen zur Schule gegangen.

beau-frère *m;* **belle-sœur** *f*

Je suis allé à l'école avec mon
beau-frère.

Schwiegereltern [ˈʃviːgə*ɛltə*n]
nur Pl.
Meine Schwiegereltern finde ich
nicht sehr sympathisch.

beaux-parents *m/pl*

Je ne trouve pas mes beaux-parents très sympathiques.

Trauung [ˈtrauʊŋ] *f*, -, -en
Die Trauung ist am nächsten
Freitag.

(cérémonie du) mariage *m*
Le mariage a lieu vendredi prochain.

---

verloben [fɛə*ˈloːb(ə)n] *V/refl.*,
verlobte, hat verlobt
Brigitte und Uwe haben sich letzte Woche verlobt.

se fiancer

Brigitte et Uwe se sont fiancés la
semaine dernière.

Vetter [ˈfɛtə*] *m*, -s, -n
Ich bin mit meinem Vetter zusammen aufgewachsen.

cousin *m*
Mon cousin et moi avons grandi
ensemble.

Witwe [ˈvitvə] *f*, -, -n
Sie ist schon seit vielen Jahren
Witwe.

veuve *f*
Elle est veuve depuis déjà de
nombreuses années.

4.3 Soziale Bindungen | 1–2000

4.3 Relations sociales

Bekannte [bəˈkantə] *m/f*, -n, -n
Frau Renken ist eine alte Bekannte von mir.

connaissance *f; ami m*, -e *f*
Madame Renken est une de mes
vieilles amies.

---

fremd [frɛmt] *Adj.*
Ich bin von einer fremden Person
gefragt worden, ob in unserem
Haus ein Herr Zech wohnt.

inconnu
Un inconnu m'a demandé si un
certain M. Zech habitait dans notre immeuble.

Fremde [ˈfrɛmdə] *m/f*, -n, -n
Unser Hund bellt sofort, wenn ein
Fremder auf unser Grundstück
kommt.

personne étrangère *f*
Notre chien se met à aboyer dès
qu'un étranger pénètre sur notre
terrain.

Freund [frɔint] *m*, -es, -e
Freundin [ˈfrɔindin] *f*, -, -nen
Elmar spielt draußen mit seinen
Freunden.

ami *m*, -e *f*

Elmar joue dehors avec ses amis.

Freundschaft [ˈfrɔintʃaft] *f,* -, -en
Du mußt dich nicht bedanken.
Das habe ich aus Freundschaft
getan.

amitié *f*
Ne me remercie pas. Je l'ai fait
par amitié.

Gesellschaft [gəˈzɛlʃaft] *f,* -, -en
In der Gesellschaft unseres Lan-
des gibt es eine sehr kleine und
reiche Oberschicht.
Ich fühle mich in seiner Gesell-
schaft nicht wohl.
Ich bin Mitglied der „Deutsch-
Arabischen Gesellschaft".

société *f;* **compagnie** *f;* **club** *m*
Dans notre pays, la classe sociale
supérieure est très riche et
réduite!
Je ne me sens pas à l'aise en sa
compagnie.
Je suis membre de la «Société
germano-arabe».

Partner [ˈpartnə*] *m,* -s, -
Partnerin [ˈpartnərin] *f,* -, -nen
Frau Janßen ist meine Geschäfts-
partnerin.
Sie ist ohne ihren Partner zur Feier
gekommen.

associé *m,* -e *f;* **partenaire** *m/f*

Mme Jansen est mon associée.

Elle est venue à la fête sans son
partenaire.

Pflicht [pfliçt] *f,* -, -en
Es ist meine Pflicht, Ihnen zu
helfen.

devoir *m*
Cest mon devoir de vous aider.

privat [priˈvaːt] *Adj.* -er, am -esten
Privat ist er ein anderer Mensch
als im Betrieb.

privé
Il est tout à fait différent dans le
privé et dans son milieu professionnel.

2001–4000

abhängen [ˈaphɛŋən] *V/i.,* +
Präp. (von), hing ab, hat abgehangen
Es hängt von Peter ab, wann wir
unseren Onkel besuchen werden.

dépendre

Notre visite a notre oncle dépend
de Peter.

abhängig [ˈaphɛŋiçᵒ] *Adj.*
Sie ist finanziell von ihren Eltern
abhängig.

dépendant
Elle est dépendante materielle-
ment de ses parents.

angehören [ˈangəhøːr(ə)n] *V/i.,*
gehörte an, hat angehört
Sie gehören beide demselben
Sportverein an.

faire partie

Ils font tous les deux partie du
même club sportif.

Feind [faint] *m*, -es, -e
Feindin ['faindin] *f*, -, -nen
   Die meisten Leute mögen ihn
   nicht, aber wirkliche Feinde hat er
   sicher nicht.

ennemi *m*, -e *f*
   La plupart des gens ne l'appré-
   cient pas, mais il n'a sans doute
   pas de vrais ennemis.

freundschaftlich ['frɔintʃaftliç]
Adj.
   Zwischen Frankreich und der
   Bundesrepublik gibt es eine
   freundschaftliche Beziehung.

amical
   Il y a des relations amicales entre
   la France et la R.F.A.

gesellschaftlich [gə'zɛlʃaftliç]
Adj., keine Komp.
   Die Arbeitslosigkeit ist ein wichti-
   ges gesellschaftliches Problem.

social
   Le chômage est un important
   problème social.

Kamerad [kamə'ra:t] *m*, -en, -en
Kameradin [kamə'ra:din] *f*, -,
-nen
   Georg und ich sind Schulkame-
   raden.

camarade *m/f*

   Georg et moi sommes des camarades de classe.

4.4 Berufe   1-2000

4.4 Professions

Angestellte ['angəʃtɛltə] *m/f*, -n,
-n
   Sie arbeitet als Büroangestellte
   bei Helmers & Co..

employé *m*, -e *f*

   Elle travaille comme employée de
   bureau chez Helmers & Co.

Arbeiter ['arbaita*] *m*, -s, -
Arbeiterin ['arbaitərin] *f*, -, -nen
   Die Arbeiter werden morgens mit
   einem Kleinbus zur Baustelle gebracht.

ouvrier *m*, -ière *f*

   Le matin un minibus transporte
   les ouvriers au chantier.

Bäcker ['bɛkə*] *m*, -s, -
Bäckerin ['bɛkərin] *f*, -, -nen
   Der Bäcker in der Holzstraße
   backt die besten Brötchen.

boulanger *m*, -ère *f*

   C'est le boulanger de la Holzstraße qui fait les meilleurs petits
   pains.

Bauer ['baυə*] *m*, -n, -n
Bäuerin ['bɔɪərin] *f*, -, -nen
Frische Milch kaufe ich direkt beim Bauern.

paysan *m*, **-ne** *f*
J'achète le lait frais directement chez le paysan.

Beamte [bə'amtə] *m*, -n, -n
Beamtin [bə'amtin] *f*, -, -nen
Er arbeitet als Schalterbeamter bei der Post.

employé *m*, **-e** *f* **d'un service public, fonctionnaire** *m/f*
Il travaille au guichet de la poste.

Beruf [bə'ru:f] *m*, -(e)s, -e
Er hat keinen Beruf gelernt.

métier *m*; **profession** *f*
Il n'a pas appris de métier.

beruflich [bə'ru:fliç] *Adj., keine Komp.*
Sie ist beruflich sehr erfolgreich.

professionnel
Elle a bien réussi sur le plan professionnel.

berufstätig [bə'ru:fstɛ:tiç°] *Adj., keine Komp.*
Die Eltern von Sven sind beide berufstätig.

qui exerce une profession
Les parents de Sven travaillent tous les deux.

Hausfrau ['hausfrau] *f*, -, -en
Meine Mutter war immer Hausfrau.

femme au foyer *f*
Ma mère a toujours été femme au foyer.

Ingenieur [inʒen'jø:ə*] *m*, -s, -e
Ingenieurin [inʒen'jø:rin] *f*, -, -nen
Sie studiert an einer Fachhochschule, um Ingenieurin zu werden.

ingénieur *m*
Elle fait des études d'ingénieur dans un Institut universitaire de technologie.

Meister ['maistə*] *m*, -s, -
Meisterin ['maistərin] *f*, -, -nen
Unser Sohn ist Automechaniker. Nächstes Jahr will er seine Meisterprüfung machen.

maître-artisan *m*
Notre fils est mécanicien. L'année prochaine il va passer son examen de maître-artisan.

Politiker [po'li:tikə*] *m*, -s, -
Politikerin [po'li:tikərin] *f*, -, -nen
Sie ist seit zehn Jahren Politikerin.

homme *m*, **personnalité** *f* **politique**
C'est une personnalité politique depuis dix ans.

Sekretär [zekre'tɛ:ə*] *m*, -s, -e
Sekretärin [zekre'tɛ:rin] *f*, -, nen
Sie sucht eine interessante Stelle als Sekretärin.

secrétaire *m/f*
Elle cherche un poste de secrétaire intéressant.

Techniker [ˈtɛçnikə*] *m*, -s, -
Technikerin *f*, -, -nen
Besprechen Sie dieses Problem
bitte mit unserem Techniker. Er
kennt die Maschine genau.

technicien *m*, **-ne** *f*

Parlez donc de ce problème à
notre technicien. Il connaît bien la
machine.

Verkäufer [fɛə*ˈkɔifə*] *m*, -s, -
Verkäuferin *f*, -, -nen
Der Verkäufer war freundlich und
hat mich gut bedient.

vendeur *m*, **-euse** *f*

Le vendeur a été très aimable et
m'a bien servi.

2001-4000

Architekt [arçiˈtɛkt] *m*, -en, -en
Architektin [arçiˈtɛktin] *f*, -, -nen
Wir haben unser Haus von einem
Architekten planen lassen.

architecte *m/f*

C'est un architecte qui a fait les
plans de notre maison.

Assistent [asisˈtɛnt] *m*, -en, -en
Assistentin [asisˈtɛntin] *f*, -, -nen
Unser Chef hat seit Januar einen
neuen Assistenten.

assistant *m*, **-e** *f*

Notre patron a un nouvel assistant depuis janvier.

Dolmetscher [ˈdɔlmɛtʃə*] *m*, -, -s, -
Dolmetscherin [ˈdɔlmɛtʃərin] *f*, -,
-nen
Sie ist Dolmetscherin für Spanisch.

interprète *m/f*

Elle est interprète d'espagnol.

Fleischer [ˈflaiʃə*] *m*, -s, -
Fleischerin [ˈflaiʃərin] *f*, -, -nen
Der Fleischer in der Gaststraße
macht ausgezeichnete Wurst.

boucher *m*, **-ère** *f*; **charcutier** *m*,
-ère *f*
Le boucher de la Gaststraße fait
de délicieuses saucisses.

Friseur [friˈzøːə*] *m*, -s, -e
Friseuse [friˈzøːzə] *f*, -, -n
Ich lasse meine Haare immer bei
demselben Friseur schneiden.

coiffeur *m*, **-euse** *f*

Je vais toujours chez le même
coiffeur me faire couper les cheveux.

Geschäftsmann [gəˈʃɛftsman]
m, -(e)s, Geschäftsmänner, **Geschäftsfrau** [gəˈʃɛftsfrau] *f*, -, -nen
Auch ihre Freunde wundern sich,
aber Sabine ist eine erfolgreiche
Geschäftsfrau geworden.

homme d'affaires *m*, **femme
d'affaires** *f*

Sabine est devenue une excellente femme d'affaires, ce qui
étonne aussi ses amis.

Handwerker [ˈhantvɛrkə*] *m*, -s, - **Handwerkerin** *f*, -, -nen
Die Heizung funktioniert nicht richtig. Wir müssen unbedingt einen Handwerker rufen.

artisan *m*, **ouvrier de métier** *m*
Le chauffage ne marche pas très bien. Il faut absolument qu'on fasse venir un ouvrier de métier.

Journalist [ʒurnaˈlist] *m*, -en, -en **Journalistin** [ʒurnaˈlistin] *f*, -, -nen
Er ist freier Journalist und arbeitet für verschiedene Zeitungen.

journaliste *m/f*

Il est journaliste indépendant et travaille pour plusieurs journaux.

Manager [ˈmɛnɛdʒə*] *m*, -s, - **Managerin** *f*, -, -nen
Er ist Manager in einer Metallwarenfabrik.

dirigeant d'entreprise *m*

Il est dirigeant d'une usine d'articles métalliques.

Mechaniker [meˈçaːnikə*] *m*, -s, -, **Mechanikerin** *f*, -, -nen
Unsere Firma sucht einen Elektromechaniker.

mécanicien *m*, **-ne** *f*

Notre entreprise recherche un électromécanicien.

Metzger [ˈmɛtsgə*] *m*, -s, - **Metzgerin** [ˈmɛtsgərin] *f*, -, -nen
Der Metzger im Supermarkt verkauft gutes Fleisch.

boucher *m*, **-ère** *f*; **charcutier** *m*, **-ère** *f*
Le rayon boucherie du supermarché a de la bonne viande.

Rentner [ˈrɛntnə*] *m*, -s, - **Rentnerin** [ˈrɛntnərin] *f*, -, -nen
Wegen einer Berufskrankheit ist er schon mit 54 Jahren Rentner geworden.

retraité *m*, **-e** *f*

Il a déjà pris sa retraite à 54 ans à cause d'une maladie professionnelle.

Schneider [ˈʃnaidə*] *m*, -s, - **Schneiderin** [ˈʃnaidərin] *f*, -, -nen
○ Wo hast du diesen Anzug gekauft?
□ Er ist nicht gekauft. Ich habe ihn von einem Schneider machen lassen.

tailleur *m*; **couturière** *f*

○ Où as-tu acheté ce costume?

□ Je ne l'ai pas acheté en confection, je l'ai fait faire par un tailleur.

Unternehmer [untə*ˈneːmə*] *m*, -s, -, **Unternehmerin** [untə*ˈneːmərin] *f*, -, -nen
Sie ist Unternehmerin. Ihr gehört die Maschinenfabrik Cordes.

chef d'entreprise *m*, **entrepreneur** *m*

Elle est chef d'entreprise. Les ateliers de construction mécanique Cordes lui appartiennent.

Vertreter [fɛə*'tre:tə*] *m*, -s, -
Vertreterin *f*, -, -nen
Als Handelsvertreter ist er sehr
viel mit dem Auto unterwegs.

représentant *m*, -e *f*
Il fait beaucoup de voiture en tant
que représentant.

Wirt [virt] *m*, -(e)s, -e
Wirtin ['virtin] *f*, -, -nen
Die Wirtin der neuen Gaststätte
ist sehr freundlich.

patron *m*, **-ne** *f* **de café, restaura-
teur** *m*
La patronne du nouveau restaurant est très aimable.

4.5 Soziale Position

1-2000

4.5 Position sociale

Ansehen ['anze:(ə)n] *n*, -s, *kein
Pl.*
Der Bürgermeister genießt bei
fast allen Bürgern der Stadt ein
hohes Ansehen.

considération *f*
Le maire jouit d'une grande
considération auprès de la majorité de ses administrés.

arm [arm] *Adj.*, ärmer, am ärmsten
Er ist nicht arm geworden, aber er
hat durch seine letzten Geschäfte
viel Geld verloren.

pauvre
Il n'est pas devenu pauvre, mais il
a perdu récemment beaucoup
d'argent en faisant de mauvaises
affaires.

reich [raiç] *Adj.*
Reich kann man in meinem Beruf
nicht werden, aber ich verdiene
recht gut.

riche
On ne peut pas s'enricher dans
mon métier, mais je gagne bien
ma vie.

2001-4000

Abstieg ['apʃti:k] *m*, -s, -e
Der wirtschaftliche Abstieg der
Firma begann eigentlich schon
vor fünf Jahren.

déclin *m*
L'entreprise a commencé à décli-
ner il y a cinq ans.

Aufstieg ['aufʃtiːk] *m, -s, -e*
Ihr steiler beruflicher Aufstieg
wurde von vielen bewundert.

promotion sociale *f;* **carrière** *f*
La rapidité de sa promotion professionnelle lui a valu beaucoup
d'admiration.

Autorität [autoːriˈtɛːt] *f, -, -en*
In seinem Fach ist er eine Autorität, die alle anerkennen.

autorité *f,* **capacité** *f*
Dans son domaine, il fait autorité.

Ehre ['eːrə] *f, -, kein Pl.*
Es hat seine Ehre verletzt, daß er
auf der Abschlußfeier keine Rede
halten durfte.

honneur *f*
Ne pas pouvoir faire de discours
lors de la fête de clôture l'a blessé
dans son honneur.

Elend ['eːlɛnt] *n, -s, kein Pl.*
Soziales Elend ist oft die Folge
von langer Arbeitslosigkeit.

misère *f*
La misère sociale est souvent la
conséquence d'un chômage de
longue durée.

individuell [individuˈɛl] *Adj.*
Jeder Antrag wird individuell geprüft.

individuel
Toutes les demandes sont exami-
nées cas par cas.

Rang [raŋ] *m, -es, Ränge*
Er ist beim Militär und hat dort
einen recht hohen Rang.

rang *m*
Il est militaire de carrière et occupe un rang élevé.

Status ['ʃtaːtus] *m, -, kein Pl.*
Er verdient gut, aber als Vertreter
ist sein sozialer Status nicht sehr
hoch.

position sociale *f*
Il gagne bien sa vie, mais en tant
que représentant il n'a pas une
position sociale très élevée.

4.6 Positives und neutrales Sozialverhalten

1-2000

4.6 Comportement social positif et neutre

abmachen ['apmax(ə)n] *V/t.,*
machte ab, hat abgemacht
Wir haben abgemacht, uns morgen wieder zu treffen.

convenir (de)

Nous avons convenu de nous
trouver à nouveau demain.

bedanken [bə'daŋk(ə)n] *V/refl.*,
bedankte, hat bedankt
Ich bedanke mich für Ihr Angebot.

remercier

Je vous remercie de votre proposition.

---

begegnen [bə'ge:gn(ə)n] *V/i.*, be-
gegnete, ist begegnet
Ich bin ihr im Flur begegnet.

rencontrer

Je l'ai rencontrée dans le couloir.

---

begrüßen [bə'gry:s(ə)n] *V/t.*, begrüßte, hat begrüßt
Sie begrüßte alle ihre Gäste persönlich.

dire bonjour; accueillir

Elle a accueilli en personne tous
ses invités.

---

behandeln [bə'hand(ə)ln] *V/t.*,
behandelte, hat behandelt
Warum behandelst du den Post-
boten so besonders freundlich?

traiter

Pourquoi es-tu si aimable avec le
facteur?

---

benehmen [bə'ne:mən] *V/refl.*,
benahm, hat benommen
Obwohl der Kunde sehr freundlich war, benahm sich der Verkäufer sehr unhöflich.

se conduire

Le vendeur s'est conduit de façon
très impolie, bien que le client ait
été très aimable.

---

beruhigen [bə'ru:ig(ə)n] *V/t., refl.*,
beruhigte, hat beruhigt
Der Vater versucht das weinende
Kind zu beruhigen.
Nach dem Schreck hat sie sich
sehr schnell beruhigt.

calmer

Le père essaie de calmer l'enfant
en pleurs.
Après cette frayeur elle s'est cal-
mée très vite.

Einfluß ['ainflus] *m*, Einflusses,
Einflüsse
Sie hat großen Einfluß auf die Ent-
scheidung.

influence *f*

Elle a beaucoup d'influence sur la
décision.

---

entschuldigen [ɛnt'ʃuldig(ə)n]
V/t., refl., entschuldigte, hat ent-
schuldigt
Entschuldigen Sie, daß ich Ihnen
erst jetzt schreibe.
Sie hat sich für ihren Irrtum ent-
schuldigt.

excuser

Excusez-moi de vous écrire si tar-
divement.
Elle s'est excusée pour son erreur.

Entschuldigung [ɛnt'ʃuldiguŋ]
f, -, -en
Für dein Verhalten gibt es keine
Entschuldigung.

excuse *f*

Ta conduite est sans excuse.

erwarten [ɛə*'vart(ə)n] *V/t.*, erwartete, hat erwartet | **attendre**
Ich erwarte seit Wochen eine Antwort auf mein Schreiben. | Voilà des semaines que j'attends une réponse à ma lettre.

freundlich ['frɔintliç] *Adj.* | **aimable**
Sei freundlich zu Horst, auch wenn du ihn nicht magst. | Sois aimable avec Horst, même si tu ne l'aimes pas.

Gruß [gru:s] *m*, -es, Grüße | **salut** *m; **amitiés** f/pl*
Bestell Klaus herzliche Grüße von mir! | Transmets mes amitiés à Klaus!

grüßen ['gry:s(ə)n] *V/t.*, grüßte, hat gegrüßt | **saluer**
Grüße deinen Bruder von mir! | Bien des choses à ton frère de ma part!

helfen ['hɛlf(ə)n] *V/t.*, half, hat geholfen | **aider**
Ich helfe dir beim Aufräumen. | Je vais t'aider à ranger.

Hilfe ['hilfə] *f*, -, *kein Pl.* | **aide** *f*
Sie hat es ohne fremde Hilfe geschafft. | Elle y est arrivé toute seule.
Brauchst du Hilfe? | Tu as besoin d'aide?

höflich [høːfliç] *Adj.* | **poli**
In diesem Geschäft wird man sehr höflich bedient. | On est servi très poliment dans ce magasin.

Rücksicht ['rykziçt] *f*, -, -en | **égards** *m/pl*
Die Autofahrer sollten mehr Rücksicht auf die Fußgänger nehmen. | Les automobilistes devraient avoir plus d'égards envers les piétons.

treu [trɔi] *Adj.*, -er, am -esten | **fidèle**
Sie ist eine sehr treue Freundin. | C'est une amie très fidèle.

verhalten [fɛə*'halt(ə)n] *V/refl.*, verhielt, hat verhalten | **se comporter**
Alle waren aufgeregt, nur Ruth verhielt sich sehr ruhig. | Tout le monde était énervé, seule Ruth est restée très calme.

Verhalten *n*, -s, *kein Pl.* | **comportement** *m*
Fast alle Kollegen finden sein Verhalten merkwürdig. | Presque tous ses collègues trouvent son comportement bizarre.

vertrauen [fɛə*'trau(ə)n] *V/i., + Präp.* (auf), vertraute, hat vertraut
Er ist zwar etwas komisch, aber man kann ihm vertrauen.

faire confiance
Il est un peu bizarre, mais on peut lui faire confiance.

Vertrauen *n, -s, kein Pl.*
Sie hat leider kein Vertrauen zu mir.

confiance *f*
Dommage qu'elle ne me fasse pas confiance.

2001–4000

achten ['axt(ə)n] *V/t., i., + Präp.* (auf)
Alle achten ihn wegen seiner langen Berufserfahrung.
Bitte achten Sie genau auf die Spielregeln.

estimer; respecter
Il est très estimé de tous à cause de sa longue expérience.
Respectez vraiment les règles du jeu, s'il vous plaît.

---

beeindrucken [bə'aindruk(ə)n] *V/t.,* beeindruckte, hat beeindruckt
Ihre klugen Antworten haben mich beeindruckt.

impressionner

Ses réponses intelligentes m'ont impressionné.

---

beeinflussen [bə'ainflus(ə)n] *V/t.,* beeinflußte, hat beeinflußt
Seine Eltern haben ihn bei der Berufswahl stark beeinflußt.

influencer

Ses parents l'ont beaucoup influencé dans le choix de sa profession.

---

begleiten [bə'glait(ə)n] *V/t.,* begleitete, hat begleitet
Ich gehe noch etwas spazieren. Willst du mich nicht begleiten?

accompagner

Je vais prendre l'air. Tu a envie de m'accompagner?

---

beschützen [bə'ʃyts(ə)n] *V/t.,* beschützte, hat beschützt
Die Polizei mußte den Politiker vor den Demonstranten beschützen.

protéger

La police a dû protéger cet homme politique des manifestants.

Brauch [braux] *m, -(e)s, Bräuche*
Die Hochzeit wurde nach altem Brauch gefeiert.

coutume *f*
On a fêté les noces selon l'ancienne coutume.

ertragen [εə'tra:g(ə)n] *V/t.,* ertrug, hat ertragen
Ihr dummes Gerede ist schwer zu ertragen.

supporter

C'est difficile de supporter ses bêtises qu'elle dit.

gefallen lassen [gə'fal(ə)n] *V/refl.,* ließ gefallen, hat gefallen lassen
Warum läßt du dir gefallen, daß er immer nur Schlechtes über dich erzählt?

se laisser faire

Il n'arrête pas de dire du mal de toi, pourquoi le laisses-tu faire?

Gelächter [gə'lεçtə*] *n,* -s, *kein Pl.*
Die Versprechungen des Politikers beantworteten die Zuhörer mit Gelächter.

risée *f*

Les promesses de l'homme politique furent accueillies par la risée du public.

passiv ['pasif] *Adj.*
Seit vielen Jahren ist er nur noch passives Mitglied im Sportverein.

passif

Depuis des années, il n'est plus que membre passif d'un club sportif.

Respekt [re'spεkt] *m,* -(e)s, *kein Pl.*
Die Kinder haben wenig Respekt vor ihrem neuen Lehrer.

respect *m*

Les enfants manquent de respect envers leur nouveau professeur.

respektieren [respεk'ti:r(ə)n] *V/t.,* respektieren, hat respektiert
Ich finde deine Entscheidung nicht richtig, aber ich respektiere sie.

respecter

Je n'approuve pas ta décision mais je la respecte.

Scherz [ʃεə*ts] *m,* -es, -e
Sei doch nicht beleidigt! Das war doch nur ein Scherz.

plaisanterie *f*
Ne te fâche pas! C'était une plaisanterie!

vertragen [fεə'tra:g(ə)n] *V/t., refl.,* vertrug, hat vertragen
Er kann keine Kritik vertragen.
Mit seiner Schwester verträgt er sich sehr gut.

supporter; s'entendre

Il ne supporte aucune critique.
Il s'entend très bien avec ma sœur.

verzeihen [fεə'tsai(ə)n] *V/t.,* verzieh, hat verziehen
Verzeihen Sie bitte die Störung!

pardonner, excuser

Excusez-moi de vous déranger!

4.7 Negatives Sozialverhalten | 1-2000

4.7 Comportement social négatif

ärgern ['ɛrgə*n] *V/t., refl., + Präp.* (über), ärgerte, hat geärgert
Es macht ihr Spaß, ihren kleinen Bruder zu ärgern.
Es hat keinen Zweck, sich über das schlechte Wetter zu ärgern.

agacer; énerver
Ça l'amuse beaucoup d'agacer son petit frère.
Ce n'est pas la peine de s'énerver à cause du mauvais temps.

drohen ['dro:(ə)n] *V/i.,* drohte, hat gedroht
Der Chef drohte, ihm zu kündigen.

menacer
Son patron l'a menacé de le renvoyer.

enttäuschen [ɛnt'tɔiʃ(ə)n] *V/t.,* enttäuschte, hat enttäuscht
Sein Verhalten hat mich sehr enttäuscht.

décevoir
Son comportement m'a beaucoup déçu.

erschrecken [ɛə*'ʃrɛk(ə)n] *V/t.,* erschreckte, hat erschreckt
Man kann ihn leicht erschrecken.

faire peur
On peut facilement lui faire peur.

erschrecken *V/i.,* erschrak, ist erschrocken
Ich bin sehr erschrocken, wie krank er aussah.

prendre peur
Il avait si mauvaise mine que j'ai eu peur.

Lüge ['ly:gə] *f, -, -n*
Das ist eine Lüge. Ich weiß, daß das nicht wahr ist.

mensonge *m*
C'est un mensonge. Je sais que ce n'est pas la vérité.

lügen ['ly:g(ə)n] *V/i.,* log, hat gelogen
Du bist doch gar nicht krank. Warum lügst du?

mentir
Mais tu n'es pas du tout malade. Pourquoi mens-tu?

Mißtrauen ['mistrau(ə)n] *n,* -s, *kein Pl.*
Das Mißtrauen gegen die Regierung wächst ständig.

défiance *f*
La défiance envers le gouvernement s'accroît sans cesse.

Streit [ʃtrait] *m, -(e)s, kein Pl.*
Was ist die Ursache eures Streites?

dispute *f*
Quel est le motif de votre dispute?

streiten [ˈʃtrait(ə)n] *V/refl.*, stritt, hat gestritten
Ich habe keine Lust, mich mit dir zu streiten.

se disputer

Je n'ai pas envie de me disputer avec toi.

2001–4000

aggressiv [agrɛˈsiːf] *Adj.*
Warum bist du so aggressiv? Habe ich dir etwas getan?

agressif
Pourquoi es-tu si agressif? Qu'est-ce que je t'ai fait?

Auseinandersetzung [ausaiˈnandəˈzɛtsuŋ] *f, -, -en*
Über das neue Strafrecht gab es starke Auseinandersetzungen zwischen den politischen Parteien.

querelle *f;* **affrontement** *m*

Les partis politiques se sont affrontés sur de nombreuses querelles à propos de la nouvelle législation pénale.

beleidigen [bəˈlaidig(ə)n] *V/t.*, beleidigte, hat beleidigt
Warum bist du so komisch zu mir? Habe ich dich beleidigt?

insulter; froisser

Tu es bien bizarre avec moi, pourquoi? Est-ce que je t'ai froissé?

Beleidigung [bəˈlaidiguŋ] *f, -, -en*
Diese Bemerkung ist eine Beleidigung.

insulte *f*
Cette remarque est une insulte.

fluchen [ˈfluːx(ə)n] *V/i., + Präp.* (über, auf), fluchte, hat geflucht
Sie fluchte über ihr Auto, das nicht starten wollte.

pester

Elle pestait contre sa voiture qui n'arrivait pas à démarrer.

Trick [trik] *m, -s, -s*
Paß auf, er kennt viele Tricks.

ficelle *f*
Sois prudent, il connaît les ficelles.

unfreundlich [ˈunfrɔintliç] *Adj.*
Obwohl ich immer höflich war, ist sie unfreundlich zu mir.

désagréable
Elle est désagréable avec moi, pourtant j'ai toujours été poli.

unhöflich ['unhø:fliç] *Adj.*
Der Kellner war sehr unhöflich.

impoli
Le garçon s'est montré très impoli.

verlassen [fɛə*'las(ə)n] *V/t., refl., + Präp.* (auf), verließ, hat verlassen
Sie verließ den Raum, ohne sich zu verabschieden.
Auf Karin kann man sich verlassen, wenn sie etwas versprochen hat.

quitter; compter (sur)

Elle a quitté la pièce sans prendre congé.
Quand Karin a promis quelque chose, on peut compter sur elle.

Vorurteil ['fo:ə*uə*tail] *n, -s, -e*
Auch in unserem Betrieb gibt es gegen Frauen mit Männerberufen immer noch Vorurteile.

préjugé *m*
Dans notre entreprise aussi il y a encore des préjugés à l'égard des femmes qui exercent un métier d'homme.

4.8 Kontakte und Veranstaltungen | 1-2000
4.8 Contacts et manifestations

abholen ['apho:l(ə)n] *V/t.,* holte ab, hat abgeholt
Könntest du mich bitte vom Busbahnhof abholen?

aller, venir chercher
Tu pourrais venir me chercher à la gare routière?

besuchen [bə'zu:x(ə)n] *V/t.,* besuchte, hat besucht
Ihr habt uns lange nicht besucht. Wann kommt ihr mal?

aller, venir voir
Ça fait longtemps que vous n'êtes pas venus nous voir. Quand allez-vous venir?

Besuch [bə'zu:x] *m, -(e)s, -e*
Nächste Woche haben wir Besuch.

visite *f*
On a de la visite la semaine prochaine.

einladen ['ainla:d(ə)n] *V/t.,* lud ein, hat eingeladen
Wir sind zur Hochzeitsfeier von Gerd und Carola eingeladen.

inviter

Nous sommes invités au mariage de Gerd et de Carola.

feiern ['faiə*n] *V/t.*, feierte, hat ge-feiert
Der 60. Geburtstag meiner Mutter wurde kräftig gefeiert.

fêter
On a fait une grande fête pour les 60 ans de ma mère.

Fest [fɛst] *n, -(e)s, -e*
Unser Sportverein veranstaltet jedes Jahr ein großes Sommerfest.

fête *f*
Notre club sportif organise tous les ans une grande fête d'été.

Gast [gast] *m, -es, Gäste*
Weil wir sehr viel Besuch haben, haben wir ein Gästezimmer eingerichtet.

invité *m*
Comme nous avons souvent des visites, nous avons installé une chambre pour les invités.

Leute ['lɔitə] *nur Pl.*
Viele Leute blieben stehen und hörten den Straßenmusikern zu.

gens *m/pl*
Beaucoup de gens se sont arrêtés pour écouter jouer les musiciens de rue.

Mitglied ['mitgli:t] *n, -(e)s, -er*
Der Jahresbeitrag für jedes Vereinsmitglied beträgt 50,– DM.

membre *m*
La cotisation annuelle de membre de l'association est de 50 DM.

Nachbar ['naxba:*] *m, -n, -n*
Nachbarin ['naxba:rin] *f, -, -nen*
Unsere Nachbarn haben ihr Haus verkauft.

voisin *m*, **-e** *f*
Nos voisins ont vendu leur maison.

Party ['pa:*ti] *f, -, -s*
Dieses Jahr findet meine Geburtstagsparty im Garten statt.

(surprise-)partie *f;* **fête** *f*
Cette année, ma fête d'anniversaire a lieu dans le jardin.

treffen ['trɛf(ə)n] *V/i., rzp.*, traf, hat getroffen
Ich habe ihn zufällig auf der Post getroffen.
Wo wollen wir uns treffen?

rencontrer; retrouver
Je l'ai rencontré par hasard à la poste.
Où voulons-nous nous retrouver?

unterhalten [untɐ*'halt(ə)n] *V/t., refl.*, unterhielt, hat unterhalten
Der Künstler konnte sein Publikum gut unterhalten.
Worüber habt ihr euch unterhalten?

divertir; s'entretenir
L'artiste a bien diverti son public.

De quoi vous êtes-vous entretenu?

Verein [fɛə*'ain] *m*, -s, -e
Bist du Mitglied in einem Sport-verein?

association *f*, **club** *m*
Tu es membre d'un club sportif?

2001-4000

---

empfangen [ɛm'pfaŋən] *V/t.*,
empfing, hat empfangen
Sie hat alle ihre Gäste persönlich empfangen.

accueillir

Elle a accueilli en personne tous ses invités.

Gastgeber ['gastge:bə*] *m*, -s, -
Gastgeberin *f*, -, -nen
Er ist ein guter Gastgeber.

hôte *m*, **-esse** *f*

Il reçoit très bien.

kennenlernen ['kɛnənlɛrnən]
V/i., rzp., lernte kennen, hat ken-nengelernt
Wo hast du ihn kennengelernt?
Wir haben uns beim Tanzen ken-nengelernt.

faire la connaissance de

Où as-tu fait sa connaissance?
Nous nous sommes connus dans un bal.

Klub [klup] *m*, -s, -s
Sie ist Mitglied in einem Schach-klub.

club *m*
Elle est membre d'un club d'é-checs.

Kontakt [kɔn'takt] *m*, -(e)s, -e
Wir haben schon seit Jahren kei-nen Kontakt mehr miteinander.

contact *m*
Cela fait des années que nous n'avons plus de contact.

stattfinden ['ʃtatfind(ə)n] *V/i.*,
fand statt, hat stattgefunden
Die Veranstaltung findet nur bei gutem Wetter statt.

avoir lieu

La représentation n'aura lieu que s'il fait beau.

Treffen ['trɛf(ə)n] *n*, -s, -
Der Geburtstag meiner Urgroß-mutter ist immer ein großes Fami-lientreffen.

rencontre *f*, **réunion** *f*
Il y a toujours une grande réunion familiale pour l'anniversaire de mon arrière-grand-mère.

Verabredung [fɛə*'apre:duŋ] *f*, -,
-en
○ Wollen wir morgen zusammen essen gehen?
□ Tut mir leid, ich habe schon eine Verabredung.

rendez-vous *m*

○ Si nous allions dîner ensemble demain?
□ Désolé, j'ai déjà un rendez-vous.

verabschieden [fɛə*'apʃi:d(ə)n] *V/t., refl.,* verabschiedete, hat verabschiedet | **prendre congé, dire au revoir**
Er verabschiedete seinen Besuch an der Haustür. | Il a pris congé de ses invités sur le seuil de la porte.
Er verließ den Raum, ohne sich zu verabschieden. | Il quitta la pièce sans dire au revoir.

veranstalten [fɛə*'anʃtalt(ə)n] *V/t.,* veranstaltete, hat veranstaltet | **organiser**
Sie will zu ihrem 30. Geburtstag ein großes Fest veranstalten. | Pour ses 30 ans elle veut organiser une grande fête.

Veranstaltung [fɛə*'anʃtaltuŋ] *f,* -, -en | **manifestation** *f*
Die Veranstaltung findet im Lessing-Saal statt und beginnt um 20.00 Uhr. | Cette manifestation se déroulera dans la salle Lessing et débutera à 20 heures.

Versammlung [fɛə*'zamluŋ] *f,* -, -en | **assemblée** *f,* **séance** *f*
Der alte Vorsitzende wurde auf der Versammlung wiedergewählt. | L'ancien président a été réélu au cours de la séance.

vorbeikommen [fo:ə*'baikɔmən] *V/i.,* kam vorbei, ist vorbeigekommen | **passer** (chez)
Ich will mir ein Buch von dir ausleihen. Kann ich heute abend kurz bei dir vorbeikommen? | J'aimerais t'emprunter un livre. Je peux passer chez toi ce soir?

vorstellen ['fo:ə*ʃtɛl(ə)n] *V/t., refl.,* stellte vor, hat vorgestellt | **présenter**
Vera hat uns ihren Mann vorgestellt. | Vera nous a présenté son mari.
Darf ich mich vorstellen? Mein Name ist Urban. | Permettez-moi de me présenter, je m'appelle Urban.

4.9 Schicksal und Zufall

1-2000

4.9 Destin et hasard

---

brennen ['brɛnən] *V/i.*, brannte, hat gebrannt
Nach dem Unfall brannte das ganze Auto.

brûler

Après l'accident la voiture a entièrement brûlé.

Chance ['ʃã:sə] *f, -, -n*
Trotz vieler Torchancen hat unsere Mannschaft das Spiel verloren.

chance *f*
Notre équipe a perdu le match malgré toutes les chances de marquer un but.

Ereignis [ɛə*'aignis] *n, -ses, -se*
Der Besuch des Präsidenten ist für die Stadt ein großes Ereignis.

événement *m*
La visite du président est un grand événement pour la ville.

---

erleben [ɛə*'le:b(ə)n] *V/t., i.*, erlebte, hat erlebt
Die Geburt seines ersten Sohnes hat er nicht mehr erlebt.

assister (à)

Il n'était plus là pour assister à la naissance de son premier fils.

Feuer ['fɔiə*] *n, -s, -*
Im Wald ist Feuermachen verboten.

feu *m*
Il est interdit de faire du feu en forêt.

Gefahr [gə'fa:*] *f, -, -en*
Noch ist das Hochwasser keine Gefahr für die Stadt, aber es steigt ständig.

danger *m*
Les inondations ne constituent pas encore un danger pour la ville, mais l'eau continue à monter.

---

gefährlich [gə'fɛ:ə*liç] *Adj.*
Paß auf, da vorne ist eine gefährliche Kurve.

dangereux
Fais attention, le virage là-bas est dangereux.

Gelegenheit [gə'le:g(ə)nhait] *f, -, -en*
Ich hatte noch keine Gelegenheit, mit ihm zu sprechen.

occasion *f*

Je n'ai pas encore eu l'occasion de lui parler.

---

geschehen [gə'ʃe:(ə)n] *V/i.*, geschah, ist geschehen
Der Überfall geschah um 12.00 Uhr.

se produire

Le hold-up s'est produit vers 12 heures.

Not [noːt] *f, -, kein Pl.*
Er behauptet, daß er aus Not gestohlen habe.

dénuement *m,* **besoin** *m*
Il prétend avoir volé parce qu'il était dans le besoin.

Opfer ['ɔpfə*] *n, -s, -*
Der Flugzeugabsturz forderte 142 Todesopfer.

victime *f;* **mort** *m*
L'accident d'avion a fait 142 morts.

passieren [pa'siːrən] *V/i.,* passierte, ist passiert
Fahr bitte vorsichtiger, sonst passiert noch ein Unfall.

arriver

Sois plus prudent en conduisant, s'il te plaît, sinon on va avoir un accident.

Pech [pɛç] *n, -s, kein Pl.*
Es ist nicht ihre Schuld, sie hat nur Pech gehabt.

malchance *f*
Ce n'est pas sa faute, elle n'a vraiment pas eu de chance.

retten ['rɛt(ə)n] *V/t., refl.,* rettete, hat gerettet
Das Kind konnte aus dem Wasser gerettet werden.
Alle Personen konnten sich aus dem brennenden Bus retten.

sauver

On a réussi à sauver l'enfant qui se noyait.
Tous les passagers du bus en flammes ont réussi à avoir la vie sauve.

Schaden ['ʃaːd(ə)n] *m, -s,* Schäden
Durch den Sturm gab es am Dach einige Schäden.

dommage *m*

Le toit a été endommagé par l'orage.

Situation [zitua'tsjoːn] *f, -, -en*
Die wirtschaftliche Situation im Lande ist zur Zeit gut.

situation *f*
Actuellement la situation économique du pays est satisfaisante.

Unglück ['unglyk] *n, -s, -e*
Bei dem Zugunglück gab es viele Verletzte, aber keine Toten.

catastrophe *f*
Il n'y a pas eu de morts mais beaucoup de blessés lors de la catastrophe ferroviaire.

Zufall ['tsuːfal] *m, -s,* Zufälle
Durch Zufall habe ich meinen Schlüssel wiedergefunden.

hasard *m*
J'ai retrouvé ma clé par hasard.

zufällig ['tsuːfɛliç°] *Adj., keine Komp.*
Meine Freundin ist zufällig am gleichen Tag wie ich geboren.

par hasard

Mon amie est née par hasard le même jour que moi.

2001-4000

Ausweg [ˈausveːk] *m, -s, -e*
Er sah keinen anderen Ausweg als den Selbstmord.

issue *f*
Il n'a vu d'autre issue que le suicide.

Brand [brant] *m, -es, Brände*
Die Fabrik wurde durch einen Brand zerstört.

incendie *m*
L'usine a été détruite par un incendie.

ereignen [ɛəˈʔaignən] *V/refl.,* ereignete, hat ereignet
Der Unfall ereignete sich bei Nebel.

avoir lieu

L'accident a eu lieu alors qu'il y avait du brouillard.

Explosion [ɛksploˈzjoːn] *f, -en*
Bei der Explosion wurde niemand getötet.

explosion *f*
L'explosion n'a pas fait de victime.

Flamme [ˈflamə] *f, -, -n*
Die Flammen des Waldbrands waren z. T. über 10 Meter hoch.

flamme *f*
Les flammes de l'incendie de forêt ont parfois dépassé 10 m. de haut.

Gewinner [gəˈvinə*] *m, -s, -*
Gewinnerin [gəˈvinərin] *f, -, -nen*
Die Namen der Gewinner wurden in der Zeitung veröffentlicht.

gagnant *m, -e f*

Les noms des gagnants ont été publiés dans la presse.

glücklicherweise
[ˈglykliçə*vaizə] *Adv.*
Glücklicherweise wurde sie nur leicht verletzt.

heureusement

Heureusement elle n'a été que légèrement blessé.

Lage [ˈlaːgə] *f, -, -n*
Was würdest du in meiner Lage tun?

situation *f;* **place** *f*
Qu'est-ce que tu ferais à ma place?

Notfall [ˈnoːtfal] *m, -(e)s, Notfälle*
Im Notfall können Sie mich unter dieser Nummer erreichen.

urgence *f*
En cas d'urgence vous pouvez me joindre sous ce numéro.

Rettung [ˈrɛtuŋ] *f, -, -en*
Die Rettung kam für die vermißten Seeleute in letzter Sekunde.

sauvetage *f*
Les marins portés disparus ont pu être sauvés au dernier moment.

Risiko ['ri:ziko] *n,* -s, Risiken
Dieses Geschäft ist nicht ohne wirtschaftliches Risiko.

risque *m*
Cette affaire n'est pas sans risque d'ordre économique.

riskieren [ris'ki:rən] *V/t.,* riskierte, hat riskiert
Wenn du nichts riskierst, kannst du auch nichts gewinnen.

risquer
Si tu ne risques rien, tu ne gagneras rien.

scheitern ['ʃaitə*n] *V/i.,* scheiterte, ist gescheitert
Nach vielen vergeblichen Versuchen mußte er zugeben, daß sein Plan gescheitert ist.

échouer
Après de nombreuses tentatives infructueuses il a dû reconnaître que son plan avait échoué.

zusammenbrechen [tsu'zamənbrɛç(ə)n] *V/i.,* brach zusammen, ist zusammengebrochen
Der Läufer war so erschöpft, daß er nach dem Lauf zusammenbrach.

s'effondrer
Le coureur était tellement épuisé qu'il s'est effondré après la course.

5.1 Haus und Wohnung   1-2000

5.1 Logement

---

abschließen ['apʃli:s(ə)n] *V/t.,*
schloß ab, hat abgeschlossen
Die Haustür wird jeden Abend um
22.00 Uhr abgeschlossen.

fermer à clé

La porte cochère est fermée à clé
tous les soirs à 22 heures.

Ausgang ['ausgaŋ] *m,* -s, Ausgänge
Der Saal hat drei Ausgänge.

sortie *f*

Cette salle a trois sorties.

Boden ['bo:d(ə)n] *m,* -s, Böden
Die Koffer stehen oben auf dem
Boden (Dachboden).
Die Tasse ist mir auf den Boden
(Fußboden) gefallen.

grenier *m;* **sol** *m*
Les valises sont au grenier.

J'ai fait tomber la tasse par terre.

Dach [dax] *n,* -(e)s, Dächer
Das Dach muß repariert werden,
es ist nicht dicht.

toit *m;* **toiture,** *f*
Il faut réparer la toiture, elle n'est
plus étanche.

Eingang ['aingaŋ] *m,* -s, Ein-
gänge
Das Haus hat nur einen Eingang.

entrée *f*

La maison a une seule entrée.

Erdgeschoß ['e:ə*tgəʃɔs] *n,* Erd-
geschosses, Erdgeschosse
Im Erdgeschoß des Hauses ist
eine Wohnung zu vermieten.

rez-de-chaussée *m*

Il y a un appartement à louer au
rez-de-chaussée.

Fenster ['fɛnstə*] *n,* -s, -
Stell die Pflanzen näher ans Fenster, sie brauchen mehr Licht!

fenêtre *f*
Place les plantes plus près de la
fenêtre, elles ont besoin de plus
de lumière!

Fußboden ['fu:sbo:d(ə)n] *m,* , -s,
Fußböden
In allen Räumen liegen Teppiche
auf den Fußböden.

sol *m;* **plancher** *m*

Des tapis recouvrent le sol dans
toutes les pièces.

Garage [ga'ra:ʒə] *f,* -, -n
Das Auto steht in der Garage.

garage m
La voiture est au garage.

Garten ['gart(ə)n] *m,* -s, Gärten
Zum Haus gehört ein großer Garten.

jardin m
La maison a un grand jardin.

Haus [haus] *n,* -es, Häuser
In dieser Gegend dürfen keine neuen Häuser gebaut werden.

maison f
On ne peut pas construire de nouvelles maisons dans cette zone.

Heizung ['haitsuŋ] *f,* -, -en
Es ist so kalt hier. Funktioniert die Heizung nicht?

chauffage m
Il fait froid ici. Le chauffage ne marche pas?

Keller ['kɛlə*] *m,* -s, -
Unser Keller ist leider sehr feucht.

cave f
Notre cave est malheureusement très humide.

klingeln ['kliŋ(ə)ln] *V/i.,* klingelte, hat geklingelt
Hast du nicht gehört? Es hat geklingelt.

sonner

Tu n'as pas entendu? On a sonné.

Küche ['kyçə] *f,* -, -n
Er ist in der Küche und wäscht ab.

cuisine f
Il est dans la cuisine, il fait la vaisselle.

Mauer ['mauə*] *f,* -, -n
Die beiden Grundstücke sind durch eine Mauer getrennt.

mur m
Les deux terrains sont séparés par un mur.

Miete ['mi:tə] *f,* -, -n
Unsere Wohnung kostet 720,– DM Miete pro Monat.

loyer m
Nous payons 720 marks de loyer pour notre appartement.

mieten ['mi:t(ə)n] *V/t.,* mietete, hat gemietet
Im Urlaub haben wir uns ein Ferienhaus gemietet.

louer

En vacances nous avions loué une maison.

Mieter ['mi:tə*] *m,* -s, -
Mieterin ['mi:tərin] *f,* -, -nen
Alle Mieter müssen abwechselnd den Hausflur reinigen.

locataire m/f

Tous les locataires sont tenus de nettoyer les escaliers à tour de rôle.

Raum [raum] *m, -(e)s, Räume*
Wie viele Räume hat die Wohnung?

pièce *f*
Combien de pièces a l'appartement?

Steckdose ['ʃtɛkdo:zə] *f, -, -n*
Gibt es im Bad keine Steckdose? Ich habe einen elektrischen Rasierapparat.

prise (de courant) *f*
Il n'y a pas de prise dans la salle de bain? J'ai un rasoir électrique.

Stecker ['ʃtɛkə*] *m, -s, -*
Der Stecker an der Waschmaschine ist kaputt.

fiche (de prise de courant) *f*
La fiche du lave-linge est cassée.

Stock [ʃtɔk] *m, -(e)s, kein Pl.*
Wir wohnen im dritten Stock.

étage *m*
Nous habitons au troisième étage.

Stockwerk ['ʃtɔkvɛrk] *n, -(e)s, -e*
Das Haus hat 34 Stockwerke.

étage *m*
La maison a 34 étages.

Toilette [toa'lɛtə] *f, -, -n*
Die Toilette ist besetzt.

toilettes *f/pl*
Les toilettes sont occupées.

Treppe ['trɛpə] *f, -, -n*
Unsere Kellertreppe ist sehr steil.

escalier *m*
L'escalier de la cave est très raide.

Tür [ty:ə*] *f, -, -en*
Bitte mach die Tür zu! Es wird kalt.

porte *f*
Ferme la porte, s'il te plaît! Il fait froid.

Wand [vant] *f, -,* Wände
Die Wände im Wohnzimmer sind weiß gestrichen.

mur *m*
Les murs de la salle à manger sont peints en blanc.

WC [ve:'tse:] *-(s), -(s)*
Das WC ist links neben dem Eingang.

W.-C. *m/pl*
Les W.-C. se trouvent à gauche de l'entrée.

wohnen ['vo:nən] *V/i.,* wohnte, hat gewohnt
In diesem Haus wohnen meine Eltern seit über 20 Jahren.

habiter

Mes parents habitent dans cette maison depuis plus de 20 ans.

Wohnung ['vo:nuŋ] *f, -, -en*
Er hat eine Wohnung in der Innenstadt.

appartement *m*
Il a un appartement en ville.

Zimmer ['tsimə*] *n, -s, -*
Heike ist im Zimmer nebenan.

pièce *f*
Heike est dans la pièce à côté.

156

Aufzug [ˈaʊftsuːk] *m*, -(e)s, Auf-
züge
Wir müssen die Treppe benutzen.
Der Aufzug ist kaputt.

ascenseur *m*

Il faut prendre les escaliers. L'ascenseur est en panne.

Balkon [balˈkɔŋ] *m*, -s, -e
Die Wohnung hat leider keinen
Balkon.

balcon *m*

L'appartement n'a malheureusement pas de balcon.

bauen [ˈbaʊ(ə)n] *V/t.*, baute, hat
gebaut
Das Haus ist 1952 gebaut worden.

construire

La maison a été construite en
1952.

Decke [ˈdɛkə] *f*, -, -n
Der Raum war völlig leer, nur eine
Lampe hing an der Decke.

plafond *m*

La pièce était complètement vide,
seule une lampe pendait au plafond.

Durchgang [ˈdʊrçɡaŋ] *m*, -s,
Durchgänge
Hier können wir nicht weiterge-
hen. Der Durchgang ist versperrt.

passage *m*

Nous ne pouvons plus avancer.
Le passage est barré.

einziehen [ˈaɪntsiː(ə)n] *V/i.*, zog
ein, ist eingezogen
Das Haus ist fast fertig. Nächste
Woche können wir einziehen.

emménager

La maison est presque terminée.
Nous pouvons emménager la semaine prochaine.

Etage [eˈtaːʒə] *f*, -, -n
In der vierten Etage ist eine Wohnung frei.

étage *m*

Il y a un appartement de libre au
quatrième étage.

Eßzimmer [ˈɛstsɪmə*] *n*, -s, -
Ein Eßzimmer brauchen wir nicht,
die Küche ist groß genug.

salle à manger *f*

Nous n'avons pas besoin d'une
salle à manger, la cuisine est assez grande.

Fassade [faˈsaːdə] *f*, -, -n
Die Fassade des Hauses sieht
nicht mehr schön aus, sie muß
gestrichen werden.

façade *f*

La façade de la maison n'est plus
en bon état, il faut la ravaler.

Haushalt ['haushalt] *m,* -s, -e
Zu unserem Haushalt gehören fünf Personen.

ménage *m (sens économique)*
Nous sommes cinq personnes à la maison.

heizen ['haits(ə)n] *V/t.,* heizte, hat geheizt
Unser Haus wird mit Gas geheizt.

chauffer

Notre maison est chauffée au gaz.

Hof [hoːf] *m,* -(e)s, Höfe
Das Auto kannst du im Hof parken.

cour *f*
Tu peux garer la voiture dans la cour.

Lift [lift] *m,* -(e)s, -e
Der Lift ist abends ab 10.00 Uhr außer Betrieb.

ascenseur *m*
L'ascenseur ne fonctionne plus le soir après 10 heures.

möbliert [mø'bliːə*t] *Adj., keine Komp.*
Das Zimmer ist komplett möbliert.

meublé

La pièce est entièrement meublée.

Neubau ['nɔibau] *m,* -s, Neubauten
Obwohl das Haus ein Neubau ist, sind die Wände in den Wohnungen feucht.

construction neuve *f*

Les murs sont humides dans les appartements pourtant c'est une construction neuve.

Saal [zaːl] *m,* -(e)s, Säle
Die Veranstaltung findet im kleinen Saal statt.

salle *f*
La manifestation se déroule dans la petite salle.

Scheibe ['ʃaibə] *f,* -, -n
Die Scheibe des Küchenfensters muß erneuert werden.

carreau *m*
Il faut remplacer le carreau de la fenêtre de la cuisine.

Schlafzimmer ['ʃlaːftsimə*] *n,* -s, -
Das Schlafzimmer ist so klein, daß wir keinen Kleiderschrank aufstellen können.

chambre *f*

La chambre est si petite qu'il n'y a pas la place pour mettre une armoire.

Tor [toːə*] *n,* -(e)s, -e
Bitte schließen Sie das Hoftor!

portail *m*
Fermez le portail de la cour s'il vous plaît!

Untermieter ['untə*miːtə*] *m,* -s, -, **Untermieterin** *f,* -, -nen
Unsere Tochter wohnt als Untermieterin bei einer älteren Dame.

sous-locataire *m/f*

Notre fille est sous-locataire chez une vieille dame.

vermieten [fɛə*'miːt(ə)n] *V/t.*, vermietete, hat vermietet
Alle Wohnungen in diesem Haus sind vermietet.

louer

Tous les appartements de cette maison sont loués.

Vermieter [fɛə*'miːtə*] *m*, -s, -,
Vermieterin *f*, -, -nen
Unsere Vermieterin verlangt ab nächsten Monat 5 % mehr Miete.

propriétaire *m/f*

Notre propriétaire a augmenté le loyer de 5% à partir du mois prochain.

Wohnzimmer ['voːntsimə*] *n*, -s, -
Euer Wohnzimmer ist sehr gemütlich.

séjour *m*

Votre séjour est très agréable.

5.2 Einrichtung

1-2000

5.2 Mobilier

Bank [bank] *f*, -, Bänke
Die Bank, auf der du sitzt, ist über 80 Jahre alt.

banc *m*

Le banc sur lequel tu es assis a plus de 80 ans.

Bett [bɛt] *n*, -es, -en
Dieser Ferienort ist sehr beliebt. In der (Hoch-)Saison ist oft kein Bett mehr frei.

lit *m*

Ce lieu de villégiature est très apprécié. Pendant la saison tout est souvent loué.

Decke ['dɛkə] *f*, -, -n
Heute nacht brauchen wir zwei Decken. Es soll sehr kalt werden.

couverture *f*

Cette nuit, nous aurons besoin de deux couvertures. Il paraît qu'il va faire très froid.

einrichten ['ainriçt(ə)n] *V/t.*, richtete ein, hat eingerichtet
Ihr Haus wurde von einer Innenarchitektin eingerichtet.

meubler; aménager

C'est une architecte d'intérieur qui a aménagé sa maison.

Einrichtung ['ainriçtuŋ] *f*, -, -n
Die Einrichtung des Wohnzimmers scheint sehr teuer zu sein.

mobilier *m;* **meubles** *m/pl*
Les meubles du séjour semblent être très chers.

Fach [fax] *n, -(e)s, Fächer*
Der Küchenschrank ist sehr praktisch. Er hat viele Fächer.

rayon *m;* case *f;* tiroir *m*
Le buffet de la cuisine est très pratique. Il a beaucoup de cases.

Kühlschrank ['ky:lʃraŋk] *m, -(e)s, Kühlschränke*
Stell die Milch bitte in den Kühlschrank!

frigidaire *m*

Mets le lait au frigidaire, s'il te plaît.

Lampe ['lampə] *f, -, -n*
Es brennt noch Licht im Wohnzimmer. Mach bitte die Lampe aus!

lampe *f*
Il y a encore de la lumière dans le séjour. Eteins la lampe s'il te plaît!

Möbel ['mø:b(ə)l] *n, -s, -*
Seine Möbel sind sehr wertvoll.

meuble *m*
Ses meubles ont beaucoup de valeur.

Ofen ['o:f(ə)n] *m, -s, Öfen*
Machst du das Feuer im Ofen an?

poêle *m*
Tu allumes le poêle?

Schrank [ʃraŋk] *m, -(e)s, Schränke*
Im Schlafzimmer fehlt mir noch ein kleiner Schrank für Wäsche.

armoire *f*

Il me manque encore une petite armoire pour le linge dans la chambre.

Sessel ['zɛs(ə)l] *m, -s, -*
Deine Sessel finde ich sehr bequem.

fauteuil *m*
Je trouve tes fauteuils très confortables.

Sitz [zits] *m, -es, -e*
Die Sitze in diesem Kino sind sehr hart.

siège *m*
Les sièges du cinéma sont très durs.

Sofa ['zo:fa] *n, -s, -s*
Sie machte auf dem Sofa einen kleinen Mittagsschlaf.

canapé *m*
Elle a fait une petite sieste sur le canapé.

Stuhl [ʃtu:l] *m, -(e)s, Stühle*
Wenn ich Gäste habe, reichen die Stühle oft nicht.

chaise *f*
Quand j'ai des invités, je manque parfois de chaises.

Teppich ['tɛpiç] *m, -s, -e*
Den Teppich finde ich zu bunt.

tapis *m*
Je trouve ce tapis trop bariolé.

Tisch [tiʃ] *m, -es, -e*
An diesem Tisch können höchstens sechs Personen sitzen.

table *f*
Six personnes maximum peuvent s'asseoir à cette table.

160

2001-4000

Badewanne ['ba:dəvanə] *f, -, -n*
In unserem Bad haben wir nur
eine Dusche, keine Badewanne.

baignoire *f*
Nous avons seulement une
douche, pas de baignoire, dans la
salle de bain.

bequem [bə'kve:m] *Adj.*
Dieser Sessel sieht nicht nur
schön aus, er ist auch bequem.

confortable
Ce siège n'est pas que beau, il est
aussi confortable.

Couch [kautʃ] *f, -, -es*
Du kannst gerne bei uns übernachten und auf der Couch
schlafen.

canapé-lit *m*
Tu peux rester coucher chez
nous, tu dormiras sur le canapé-
lit.

Garderobe [gard(ə)'ro:bə] *f, -, -n*
Häng deinen Mantel bitte an die
Garderobe!

portemanteau *m*
Pends ton manteau au portemanteau, s'il te plaît!

Kissen ['kis(ə)n] *n, -s, -*
Beim Schlafen brauche ich mindestens zwei Kopfkissen.

coussin *m; oreiller* *m*
Pour dormir j'ai besoin d'au
moins deux oreillers.

Kleiderschrank ['klaidə*ʃraŋk]
m, -(e)s, Kleiderschränke
Der Kleiderschrank ist für den
kleinen Raum eigentlich zu groß.

armoire *f*

En fait, cette armoire est trop
grande pour cette petite pièce.

Liege ['li:gə] *f, -, -n*
Wenn sie abends noch arbeiten
muß, schläft sie auf einer Liege in
ihrem Büro.

chaise longue *f*
Quand elle doit travailler le soir au
bureau, elle dort sur un lit pliant.

Regal [re'ga:l] *n, -s, -e*
Das Buch steht ganz oben im
Regal.

étagère *f*
Ce livre est tout en haut de l'étagère.

Schreibtisch ['ʃraiptiʃ] *m, -(e)s, -e*
Das Briefpapier liegt in der obersten Schublade des Schreib-
tischs.

bureau *m*
Le papier à lettres se trouve dans
le tiroir du haut du bureau.

Schublade ['ʃu:pla:də] *f, -, -n*
Im Schrank ist kein Platz.
Alle Schubladen sind voll.

tiroir *m*
Il ne reste plus de place dans
l'armoire. Tous les tiroirs sont
pleins.

Tischtuch ['tiʃtu:x] *n*, -(e)s, Tisch-
tücher
Auf dem Tischtuch ist ein großer
Kaffeefleck.

nappe *f*

Il y a une grosse tache de café sur
la nappe.

Vorhang ['fo:ɐ*haŋ] *m*, -(e)s, Vorhänge
Die Farbe der Vorhänge paßt
nicht zu den Möbeln.

rideau *m*

La couleur des rideaux ne va pas
avec celle des meubles.

5.3 Gebrauchsgegenstände

1-2000

5.3 Objets du quotidien

Ding [dıŋ] *n*, -(e)s, -e
○ Hast du alles eingekauft?
□ Nein, es fehlen noch ein paar
   Dinge.

chose *f*
○ Tu as tout acheté?
□ Non, il manque encore plu-
   sieurs choses.

gebraucht [gə'brauxt] *Adj., keine
Komp.*
Die Waschmaschine haben wir
gebraucht gekauft.

d'occasion

Nous avons acheté une machine
à laver d'occasion.

Gegenstand ['ge:g(ə)nʃtant] *m*,
-(e)s, Gegenstände
Beim Umzug sind einige Gegenstände kaputtgegangen.

objet *m*

Au cours du déménagement plusieurs objets se sont cassés.

Gerät [gə'rɛ:t] *n*, -(e)s, -e
Dieses Küchengerät ist sehr praktisch.

ustensile *m*
Cet ustensile de cuisine est très
pratique.

Geschirr [gə'ʃir] *n*, -s, *kein Pl.*
Hilfst du mir, das Geschirr zu
spülen?

vaisselle *f*
Tu peux m'aider à faire la vaisselle?

Griff [grif] *m*, -(e)s, -e
Vorsicht, der Griff der Pfanne ist
heiß!

poignée *f;* **manche** *m;* **queue** *f*
Attention, la queue de la poêle est
brûlante!

Kette ['kɛtə] *f*, -, -n
Das Tor ist mit einer Kette ver-
schlossen.

chaîne *f*
Le portail est fermé avec une
chaîne.

162

der Kasten

Kiste ['kɪstə] *f, -, -n*
Die Werkzeuge liegen alle in dieser Kiste.

caisse *f*
Les outils sont tous dans cette caisse.

Klingel ['klɪŋ(ə)l] *f, -, -n*
Du mußt klopfen, unsere Klingel funktioniert nicht.

sonnette *f*
Tu frappes car notre sonnette ne marche pas.

Messer ['mɛsə*] *n, -s, -*
Mit diesem alten Messer kann man nicht mehr richtig schneiden.

couteau *m*
On n'arrive plus à couper avec ce vieux couteau.

Nadel ['na:d(ə)l] *f, -, -n*
Beim Nähen habe ich mir mit einer Nadel in den Finger gestochen.

aiguille *f*
Je me suis piqué le doigt avec une aiguille, en cousant.

Pfanne ['pfanə] *f, -, -n*
Nimm die dunkle Pfanne, die ist besser zum Braten!

poêle *f*
Prends la poêle foncée, elle est mieux pour faire revenir quelque chose!

Sache ['zaxə] *f, -, -n*
Deine Sachen habe ich in dein Zimmer gebracht.

affaires *f/pl;* **objet personnel** *m*
J'ai mis tes affaires dans ta chambre.

Schachtel ['ʃaxt(ə)l] *f, -, -n*
Bring mir bitte eine Schachtel Zigaretten mit.

boîte *f*
Ramène-moi un paquet de cigarettes s'il te plaît.

Schere ['ʃe:rə] *f, -, -n*
Nimm diese Schere! Sie schneidet gut.

ciseaux *m/pl*
Prends ces ciseaux, ils coupent bien.

Schirm ['ʃɪrm] *m, -(e)s, -e*
Es wird bestimmt nicht regnen. Wir müssen keinen Schirm mitnehmen.

parapluie *m*
Il ne va pas pleuvoir. Ce n'est pas la peine de prendre un parapluie.

Schlüssel ['ʃlʏs(ə)l] *m, -s, -*
Der Schlüssel steckt im Schloß.

clé *f*
La clé est sur la porte.

Schraube ['ʃraubə] *f, -, -n*
Ich konnte das Rad nicht wechseln. Die Schrauben waren zu fest.

vis *f*
Je ne suis pas arrivé à changer la roue. Les vis étaient trop serrées.

Schüssel ['ʃʏs(ə)l] *f, -, -n*
Nimm die große Schüssel für den Salat.

saladier *m*
Prends le grand saladier pour faire cette salade.

Spiegel ['ʃpi:g(ə)l] *m*, -s, -
So ein Pech, ich habe den Spiegel zerbrochen.

miroir *m*
Pas de chance, j'ai cassé le miroir.

Streichholz ['ʃtraiçhɔlts] *n*, -es, Streichhölzer
Meine Streichhölzer sind naß geworden. Hast du ein Feuerzeug?

allumette *f*
Mes allumettes sont mouillées. Tu as un briquet?

Tasche ['taʃə] *f*, -, -n
Paß auf, die Tasche ist sehr schwer.

sac *m*
Attention, ce sac est très lourd.

Taschentuch ['taʃ(ə)ntu:x] *n*, -(e)s, Taschentücher
Kannst du mir ein Papiertaschentuch geben?

mouchoir *m*
Tu as un mouchoir en papier pour moi?

Tasse ['tasə] *f*, -, -n
Möchtest du eine Tasse Kaffee trinken?

tasse *f*
Tu veux une tasse de café?

Teller ['tɛlə] *m*, -s, -
Möchtest du noch einen Teller Suppe?

assiette *f*
Tu veux reprendre de la soupe?

Topf [tɔpf] *m*, -es, Töpfe
Wir haben den Topf ganz leer gegessen.

marmite *f*
Nous avons fini de manger tout ce qu'il y avait dans la marmite.

Werkzeug ['vɛrktsɔik] *n*, -s, -e
Ohne Spezialwerkzeuge läßt sich die Maschine nicht reparieren.

outil *m*
On ne peut pas réparer cette machine sans outils spéciaux.

Wäsche ['vɛʃə] *f*, -, *kein Pl.*
Die Wäsche muß noch gewaschen werden.

linge *m*
Il faut encore laver le linge.

2001-4000

Besen ['be:z(ə)n] *m*, -s, -
Der Besen ist zu hart, damit kann man nicht gut fegen.

balai *m*
Ce balai est trop dur, on n'arrive pas à bien balayer.

Brieftasche ['bri:ftaʃə] *f*, -, -n
Weißt du, wo mein Führerschein ist? In der Brieftasche ist er nicht.

portefeuille *m*
Tu as vu mon permis de conduire? Il n'est pas dans mon portefeuille.

Eimer ['aimə*] *m*, -s, -
Holst du mir bitte einen Eimer
frisches Wasser?

seau *m*
Tu peux aller me chercher un
seau d'eau fraîche?

Faden ['fa:d(ə)n] *m*, -s, Fäden
Kannst du mir eine Nadel und ei-
nen Faden geben? An meinem
Hemd ist ein Knopf lose.

fil *m*
Tu peux me passer une aiguille et
du fil, j'ai un bouton qui se découd
à ma chemise.

Feuerzeug ['fɔiə*tsɔik] *n*, -s, -e
Dieses Feuerzeug kann man nicht
füllen.

briquet *m*
On ne peut pas recharger ce briquet.

Glühbirne ['gly:birnə] *f*, -, -n
In der Küchenlampe ist die Glühbirne kaputt.

ampoule *f*
L'ampoule de la lampe de la cuisine est grillée.

Grill [gril] *m*, -s, -s
Auf dem Grill gebratenes Fleisch
schmeckt besser.

barbecue *m*
La viande cuite au grill est meilleure.

Haken ['ha:k(ə)n] *m*, -s, -
Du kannst deine Jacke dort an
den Haken hängen.

crochet *m*
Tu peux pendre ta veste à ce crochet.

Hammer ['hamə*] *m*, -s, Hämmer
Dieser Hammer ist zu leicht.
Damit kann man diesen dicken
Nagel nicht in die Wand schlagen.

marteau *m*
Ce marteau est trop léger. Impossible de planter ce gros clou dans
le mur avec.

Kalender [ka'lɛndə*] *m*, -s, -
○ Welches Datum haben wir
heute?
□ Das weiß ich auch nicht. Schau
doch mal in deinen Kalender!

calendrier *m*
○ Quel jour sommes-nous au-
jourd'hui?
□ Je ne sais pas.
Regarde donc le calendrier!

Kanne ['kanə] *f*, -, -n
Ist noch Kaffee in der Kanne?

cafetière *f*
Il reste du café dans la cafetière?

Kasten ['kast(ə)n] *m*, -s, Kästen
Das ganze Werkzeug ist in dem
braunen Holzkasten.

caisse *f*
Tous les outils sont dans la caisse
en bois marron.

Kerze ['kɛrtsə] *f*, -, -n
Ich liebe es, abends bei Kerzen-
licht zu essen.

bougie *f*
J'aime dîner aux chandelles.

Kessel ['kɛs(ə)l] *m*, -s, -
Nimm den Kessel vom Herd! Das
Wasser kocht.

bouilloire *f*
Enlève la bouilloire du feu! L'eau
bout.

Korb [kɔrp] *m*, -(e)s, Körbe
Ein Korb ist zum Einkaufen praktischer als eine Tasche.

panier *m*
C'est plus pratique de prendre un panier qu'un sac pour faire les courses.

Leiter ['laitə*] *f*, -, -n
Um die Gardinen aufzuhängen, brauche ich die längere Leiter.

échelle *f*
Pour pendre les rideaux j'ai besoin de la grande échelle.

Nagel ['na:g(ə)l] *m*, -s, Nägel
Dieser Nagel ist zu schwach, um das Bild daran aufzuhängen.

clou *m*
Ce clou n'est pas assez solide pour y suspendre le tableau.

Papierkorb [pa'pi:ə*kɔrp] *m*, -(e)s, Papierkörbe
Die alten Zeitungen kannst du in den Papierkorb werfen.

corbeille à papier *f*

Tu peux jeter les vieux journaux dans la corbeille à papier.

Sack [zak] *m*, -(e)s, Säcke
Pack die alten Kleider in einen Sack, und bringe sie auf den Dachboden!

sac *m*
Mets les vieux vêtements dans un sac et porte-les au grenier!

Schlauch [ʃlaux] *m*, -(e)s, Schläuche
Der Wasserschlauch ist zu kurz.

tuyau *m*

Le tuyau d'arrosage est trop court.

Spaten ['ʃpa:t(ə)n] *m*, -s, -
Mit diesem Spaten kann man nicht gut graben. Er ist zu stumpf.

pelle *f*
On n'arrive pas à bien creuser avec cette pelle. Elle est trop usée.

Spielzeug ['ʃpi:ltsɔik] *n*, -s, -e
Unsere Tochter mag technisches Spielzeug sehr gerne.

jouet *m*
Notre fille aime beaucoup les jouets techniques.

Untertasse ['untə*tasə] *f*, -, -n
Die Untertassen und die Tassen passen nicht zusammen.

soucoupe *f*
Les soucoupes et les tasses ne vont pas ensemble.

Waage ['va:gə] *f*, -, -n
Diese Waage wiegt sehr genau.

balance *f*
Cette balance est très précise.

Waschlappen ['vaʃlap(ə)n] *m*, -s, -
Ich wasche mich lieber mit einem Waschlappen als mit einem Schwamm.

gant de toilette *m*

Je préfère me laver avec un gant qu'avec une éponge.

Wasserhahn ['vasə*ha:n] *m,*
-(e)s, Wasserhähne
Der Wasserhahn im Bad läßt sich
nicht mehr aufdrehen.

robinet *m (d'eau)*

Le robinet de la salle de bain ne
s'ouvre plus.

Wecker ['vɛkə*] *m,* -s, -
Ohne Wecker könnte ich morgens nicht pünktlich aufstehen.

réveil *m*
Sans réveil, je ne pourrais pas me
lever à l'heure le matin.

5.4 Kleidung und Schmuck   1-2000

5.4 Vêtements et bijoux

anziehen ['antsi:(ə)n] *V/t., refl.,*
zog an, hat angezogen
Unser Sohn kann sich jetzt selbst
anziehen.

mettre; s'habiller

Notre fils est maintenant capable
de s'habiller tout seul.

ausziehen ['austsi:(ə)n] *V/t., refl.,*
zog aus, hat ausgezogen
Zieh bitte die nassen Schuhe aus!

enlever; se déshabiller

Enlève tes chaussures trempées,
s'il te plaît!

Band [bant] *n,* -(e)s, Bänder
Bei der Arbeit binde ich mir meine
Haare mit einem Band zu-
sammen.

bandeau *m;* **ruban** *m*
J'attache mes cheveux avec un
ruban pour travailler.

Bluse ['blu:zə] *f,* -, -n
Diese Bluse paßt nicht zu deinem
Rock.

chemisier *m*
Ce chemisier ne va pas avec ta
jupe.

Gürtel ['gyrt(ə)l] *m,* -s, -
Ohne Gürtel kann ich die Hose
nicht tragen.

ceinture *f,*
Je ne peux pas mettre ce pantalon sans ceinture.

Hemd [hɛmt] *n,* -es, -en
Das Hemd ist am Hals zu eng.

chemise *f,*
Cette chemise serre au cou.

Hose ['ho:zə] *f,* -, -n
Die Hose muß kürzer gemacht
werden.

pantalon *m*
Il faudra raccourcir ce pantalon.

Hut [hu:t] *m*, -(e)s, Hüte
Mit Hut siehst du komisch aus.

chapeau *m*
Tu as une drôle de tête avec un chapeau.

Jacke ['jakə] *f*, -, -n
Für den Winter ist diese Jacke nicht warm genug.

veste *f*
Cette veste n'est pas assez chaude pour l'hiver.

Kleid [klait] *n*, -(e)s, -er
Das Kleid paßt ausgezeichnet.

robe *f*
Cette robe te va très bien.

Kleidung ['klaiduŋ] *f*, -, *kein Pl.*
Seine Kleidung ist unmodern.

vêtements *m/pl*
Il ne s'habille pas à la mode.

Knopf [knɔpf] *m*, -(e)s, Knöpfe
An der Bluse fehlt ein Knopf.

bouton *m*
Il manque un bouton au chemisier.

Leder ['le:də*] *n*, -s, *kein Pl.*
Die Jacke ist aus Leder.

cuir *m*
Cette veste est en cuir.

Mantel ['mant(ə)l] *m*, -s, Mäntel
Warum trägst du nur schwarze Mäntel?

manteau *m*
Tu ne mets que des manteaux noirs, pourquoi?

Mode ['mo:də] *f*, -, -n
Die Mode wechselt heute schneller als früher.

mode *f*
La mode change plus vite de nos jours qu'autrefois.

Mütze ['mytsə] *f*, -, -n
Setz eine Mütze auf! Es ist kalt draußen.

casquette *f*; bonnet *m*
Mets ton bonnet! Il fait froid dehors.

nackt [nakt] *Adj.*, -er, am -esten
Ich mag gerne nackt im Meer schwimmen.

nu
J'aime bien nager tout nu dans la mer.

passen ['pas(ə)n] *V/i.*, paßte, hat gepaßt
Die Hose paßt mir nicht.

aller (à)

Ce pantalon ne me va pas.

Pullover [pu'lo:və*] *m*, -s, -
Dieser Pullover ist aus reiner Wolle.

pull *m*
Ce pull est en pure laine.

Ring [riŋ] *m*, -(e)s, -e
Vera trägt an vier Fingern Ringe.

bague *f*
Vera porte des bagues à quatre doigts.

Rock [rɔk] *m*, -(e)s, Röcke
Dieses Jahr sind kurze Röcke modern.

jupe *f*
Cette année les jupes courtes sont à la mode.

Schmuck [ʃmuk] *m, -(e)s, kein Pl.*
Sie hat einen guten Geschmack bei der Wahl ihres Schmuckes.

bijoux *m/pl*
Pour choisir ses bijoux elle a beaucoup de goût.

Schuh [ʃuː] *m, -s, -e*
In der Wohnung trage ich keine Schuhe, nur Hausschuhe.

chaussure *f*
Je ne porte que des pantoufles dans l'appartement.

Socke ['zɔkə] *f, -, -n*
Diese Schuhe kann ich nur mit dicken Socken tragen.

chaussette *f*
Je ne peux mettre ces chaussures qu'avec d'épaisses chaussettes.

Stoff [ʃtɔf] *m, -(e)s, -e*
Ich mag helle Stoffe am liebsten.

tissu *m;* **étoffe** *f*
Ce sont les tissus clairs que je préfère.

Strumpf [ʃtrumpf] *m, -(e)s, Strümpfe*
Die Farbe der Strümpfe paßt nicht zu deinem Anzug.

bas *m*

La couleur de tes bas ne va pas avec ton tailleur.

Tuch [tuːx] *n, -(e)s, Tücher*
Weil er leicht Halsschmerzen bekommt, trägt er immer ein Halstuch.

foulard *m;* **fichu** *m*
Comme il a facilement des maux de gorge, il porte toujours un foulard.

Uhr [uːɐ*] *f, -, -en*
○ Weißt du, wie spät es ist?
☐ Nein, ich habe auch keine Uhr.

montre *f*
○ Tu as l'heure?
☐ Non, je n'ai pas de montre.

2001-4000

Absatz ['apzats] *m, -es, Absätze*
Die Absätze der Schuhe sind kaputt.

talon *m*
Les talons des chaussures sont cassés.

anprobieren ['anprobiːrən] *V/t.,*
probierte an, hat anprobiert
Sie können das Kleid natürlich anprobieren.

essayer

Vous pouvez essayer cette robe, bien sûr.

Anzug ['antsuːk] *m, -s, Anzüge*
Er trägt gerne dunkle Anzüge.

costume *m*
Il aime bien porter des costumes sombres.

Armbanduhr [ˈarmbantuːɐ̯*] *f, -, -en*
Armbanduhren mag ich nicht, ich habe eine Taschenuhr.

montre-bracelet *f*
Je n'aime pas les montres-bracelets, j'ai une montre de poche.

Ärmel [ˈɛrm(ə)l] *m, -s, -*
Im Ärmel deiner Jacke ist ein Loch.

manche *f*
La manche de ta veste a un trou.

Diamant [diaˈmant] *m, -en, -en*
An ihrer Halskette hängt ein kleiner Diamant.

diamant *m*
Un petit diamant est suspendu à son collier.

Handschuh [ˈhantʃuː] *m, -(e)s, -e*
Trotz der Kälte trägt sie nie Handschuhe.

gant *m*
Elle ne porte jamais de gants malgré le froid.

Handtasche [ˈhanttaʃə] *f, -, -en*
Das Geld ist in deiner Handtasche.

sac à main *m*
L'argent est dans ton sac à main.

Jackett [ʒaˈkɛt] *n, -s, -s*
Das Jackett des Anzugs kannst du noch tragen, aber die Hose sieht wirklich nicht mehr schön aus.

veston *m;* **veste** *f*
Le veston de ton costume est encore mettable, mais le pantalon ne ressemble vraiment plus à rien.

Kette [ˈkɛtə] *f, -, -n*
Deine Halskette finde ich schön.

collier *m*
Je trouve que ton collier est très beau.

kleiden [ˈklaid(ə)n] *V/t., refl.,* kleidete, hat gekleidet
Sie kleidet ihre Kinder wie Erwachsene. Sie selbst kleidet sich immer sehr bunt.

habiller
Elle habille ses enfants comme des adultes. Elle, elle s'habille toujours de façon très bariolée.

Kleiderbügel [ˈklaidɐ̯byːg(ə)l] *m, -s, -*
Häng bitte deinen Mantel auf den Kleiderbügel!

cintre *m*
Mets ton manteau sur un cintre s'il te plaît!

kostbar [ˈkɔstbaː*] *Adj.*
Sie trägt kostbaren Schmuck.

précieux
Elle porte des bijoux précieux.

Kragen [ˈkraːg(ə)n] *m, -s, -*
Das Hemd kannst du nicht mehr anziehen. Der Kragen ist dreckig.

col *m*
Tu ne peux plus mettre cette chemise. Le col est sale.

Krawatte [kra'vatə] *f, -, -n*
Warum trägst du immer so unmoderne Krawatten?

cravate *f*
Pourquoi est-ce que tu portes des cravates aussi ringardes?

Perle ['pɛrlə] *f, -, -n*
Ich habe keinen Schmuck, nur eine Perlenkette.

perle *f*
Je n'ai pas de bijoux, juste un collier de perles.

Regenmantel ['re:g(ə)nmant(əl)l] *m, -s, Regenmäntel*
Trotz des Regenmantels bin ich ziemlich naß geworden.

imperméable *m*
Je me suis bien mouillée, malgré mon imperméable.

Reißverschluß ['raisfɛə*ʃlus] *m, Reißverschlusses, -verschlüsse*
Der Reißverschluß läßt sich nicht aufmachen.

fermeture-éclair *f*
Impossible d'ouvrir cette fermeture-éclair.

Stiefel ['ʃti:f(ə)l] *m, -s, -*
Zieh die Winterstiefel an. Es ist kalt.

botte *f*
Mets donc tes grosses bottes. Il fait froid.

umziehen ['umtsi:(ə)n] *V/refl.,* zog um, hat umgezogen
Nach der Arbeit ziehe ich mich immer sofort um.

se changer
Je me change toujours en rentrant du travail.

Uniform [uni'fɔrm] *f, -, -en*
Unsere Tochter geht in eine Privatschule, in der die Kinder Schuluniformen tragen.

uniforme *m*
Notre fille est dans une école privée où les enfants portent un uniforme.

Unterwäsche ['untə*vɛʃə] *f, -, kein Pl.*
Für diese kurze Reise nehme ich nicht viel mit. Nur etwas Unterwäsche, eine Hose und ein Hemd.

sous-vêtements *m/pl*
Je n'emmène presque rien pour ce petit voyage, juste quelques sous-vêtements, un pantalon et une chemise.

5.5 Mahlzeiten, Restaurant | 1-2000

backen ['bak(ə)n] *V/t.,* backte, hat gebacken
Er kann gute Kuchen backen.

faire (cuire)

Il sait faire de bon gâteaux.

---

bedienen [bə'di:nən] *V/t., refl.,* bediente, hat bedient
Bitte bedienen Sie sich selbst!
In diesem Restaurant wird man schnell und freundlich bedient.

servir

Servez-vous, je vous prie!
Dans ce restaurant, on est servi rapidement et avec gentillesse.

Bedienung [bə'di:nuŋ] *f, -, -en,*

Sie arbeitet als Bedienung in einem Restaurant.
Bedienung bitte! Ich warte schon 20 Minuten.

serveuse *f; (comme appelatif)* **garçon** *m;* **mademoiselle** *f*
Elle est serveuse dans un restaurant.
Garçon, s'il vous plaît! J'attends depuis 20 minutes déjà.

---

bestellen [bə'ʃtɛl(ə)n] *V/t.,* bestellte, hat bestellt
Zum Nachtisch habe ich mir ein Eis bestellt.

commander

J'ai commandé une glace pour le dessert.

---

braten ['bra:t(ə)n] *V/t.,* briet, hat gebraten
Du hast das Fleisch zu lange gebraten. Es ist ganz trocken.

faire rôtir, cuire

Tu as fait cuire la viande trop longtemps. Elle est desséchée.

Café [ka'fe:] *n, -s, -s*
○ Wo wollen wir uns treffen?

□ Am besten im „Cafe Bauer".

café *m*
○ Nous nous donnons rendez-vous où?
□ Le mieux, c'est au «Café Bauer».

Dose ['do:zə] *f, -, -n*
Das Gemüse schmeckt gut, obwohl es aus der Dose ist.

(boîte de) conserve *f*
Ce légume est bon, pourtant c'est de la conserve.

---

essen ['ɛs(ə)n] *V/t., i.,* aß, hat gegessen
Unsere Kinder essen gerne Nudeln mit Soße.
Was wollen wir zu Mittag essen?

manger

Nos enfants aiment bien manger des pâtes en sauce.
Qu'est-ce qu'on mange à midi?

172

Essen [ˈɛs(ə)n] *n, -s, -*
Ute hat mich heute abend zum Essen eingeladen.
Das Essen war sehr gut.

repas *m*
Ute m'a invité à dîner ce soir.
Le repas é'tait très bon.

frühstücken [ˈfryːʃtyk(ə)n] *V/i.,*
frühstückte, hat gefrühstückt
Ich frühstücke immer im Büro.

prendre le petit déjeuner
Je prends toujours mon petit déjeuner au bureau.

Gabel [ˈgaːb(ə)l] *f, -, -n*
Unser Kind kann schon mit Messer und Gabel essen.

fourchette *f*
Notre enfant sait déjà manger avec un couteau et une fourchette.

Hunger [ˈhuŋə*] *m, -s, kein Pl.*
Ich habe großen Hunger.

faim *f*
J'ai très faim.

hungrig [ˈhuŋriç°] *Adj.*
Ich bin nicht sehr hungrig.

affamé
Je n'ai pas très faim.

Kellner [ˈkɛlnə*] *m, -s, -*
Kellnerin [ˈkɛlnərin] *f, -, -nen*
Die Rechnung stimmt nicht. Der Kellner hat sicher falsch gerechnet.

garçon *m;* **serveur** *m;* **serveuse** *f*
Il y a une erreur dans l'addition.
Le garçon a dû se tromper.

Koch [kox] *m, -(e)s, Köche*
Köchin [ˈkœçin] *f, -, -nen*
In diesem Restaurant arbeitet ein ausgezeichneter Koch.

cuisinier *m;* **-ière** *f*
Il y a un cuisinier hors rang qui travaille dans ce restaurant.

Löffel [ˈlœf(ə)l] *m, -s, -*
Die Suppe ist gut. Probier doch mal einen Löffel voll!

cuillère *f*
La soupe est bonne. Prends-en donc une cuillerée.

Mahlzeit [ˈmaːltsait] *f, -, -en*
In diesem Restaurant gibt es warme Mahlzeiten nur bis 21.00 Uhr.

repas *m*
Ce restaurant sert des repas chauds jusqu'à 21 heures seulement.

Portion [pɔrˈtsjoːn] *f, -, -en*
Das kann ich nicht alles essen.
Die Portion ist viel zu groß.

portion *f*
Je n'arrive pas à finir.
Cette portion est énorme.

probieren [proˈbiːrən] *V/t.,* probierte, hat probiert
Probier doch mal die Milch!
Ich glaube, sie ist sauer.

goûter
Goûte voir le lait!
Je crois qu'il a tourné.

Restaurant [rɛsto'rãː] *n*, -s, -s
Er geht zum Essen oft ins Restaurant.

restaurant *m*
Il va souvent manger au restaurant.

satt [zat] *Adj.*, -er, am -esten
Ich kann nicht mehr essen. Ich bin satt.

rassasié
Je ne peux pas finir. Je n'ai plus faim.

schmecken ['ʃmɛk(ə)n] *V/i.*, + *Präp.* (nach), schmeckte, hat geschmeckt
Die Suppe schmeckt mir gut.

avoir un goût (de)…; **être**

Le potage est bon.

Speisekarte ['ʃpaizəkartə] *f*, -, -n
Bitte bringen Sie mir die Speisekarte! Ich möchte etwas essen.

carte *f*; **menu** *m*
Apportez-moi la carte s'il vous plaît! Je voudrais manger quelque chose.

Trinkgeld ['triŋkɡɛlt] *n*, -(e)s, -er
Ich habe dem Kellner ein gutes Trinkgeld gegeben. Er war sehr freundlich.

pourboire *m*
J'ai laissé un bon pourboire au garçon. Il était très gentil.

2001-4000

Abendessen ['aːbəntɛs(ə)n] *n*, -s, -
Bleib doch noch! Ich habe ein Abendessen für uns vorbereitet.

dîner *m*

Reste donc encore un peu! J'ai fait à dîner pour nous tous.

Appetit [apə'tiːt] *m*, -(e)s, *kein Pl.*
Ich habe großen Appetit auf ein Stück Kuchen.

appétit *m*
J'ai très envie de manger un gâteau.

Deckel ['dɛk(ə)l] *m*, -s, -
Das Wasser kocht schneller, wenn du den Deckel auf den Topf tust.

couvercle *m*
L'eau bout plus vite si tu mets un couvercle sur la casserole.

Frühstück ['fryːʃtyk] *n*, -s, *kein Pl.*
Möchtest du ein Ei zum Frühstück?

petit déjeuner *m*
Tu veux un œuf pour ton petit déjeuner?

Gasthaus ['ɡasthaus] *n*, -es, Gasthäuser
Im Nachbarort ist ein kleines Gasthaus, in dem man essen und übernachten kann.

(hôtel-) restaurant *m*; **auberge** *f*

Il y a une petite auberge dans la localité voisine, où l'on peut manger et coucher.

Gericht [gə'riçt] *n, -(e)s, -e*
In der Kantine kann man mittags zwischen drei Gerichten wählen.

plat *m*
A midi, on peut choisir entre trois plats à la cantine.

Imbiß ['imbis] *m,* Imbisses, Imbisse
Ich habe Hunger. Laß uns schnell einen kleinen Imbiß nehmen.

snack *m;* **collation** *f*
J'ai faim. Si nous prenions rapidement quelque chose.

Konservendose
[kɔn'zɛrv(ə)ndo:zə] *f, -, -n*
Wo liegt der Öffner für Konservendosen?

boîte de conserve *f*
Où est passé l'ouvre-boîte pour les boîtes conserve?

Mittagessen ['mita:kɛs(ə)n] *n, -s, -*
Zum Mittagessen komme ich nach Hause.

déjeuner *m*
Je rentrerai à la maison après le déjeuner.

Ober ['o:bə*] *m, -s, -*
Herr Ober, bringen Sie mir bitte noch ein Bier!

garçon *m*
Garçon, encore une bière s.v.p.!

zubereiten ['tsu:bərait(ə)n] *V/t.,* bereitete zu, hat zubereitet
Dieses Essen ist schwer zuzubereiten.

préparer
Cette recette est difficile à préparer.

Zubereitung ['tsu:bəraituŋ] *f, -, -en*
Das ist ein schnelles Gericht. Die Zubereitung dauert nur 20 Minuten.

préparation *f*
C'est un plat rapide. La préparation prend seulement 20 minutes.

5.6 Lebensmittel und Speisen | 1-2000

5.6 Produits alimentaires et nourriture

bitter ['bitə*] *Adj.*
Der Obstsalat schmeckt etwas bitter. Am besten tust du etwas Zucker dazu.

amer
La salade de fruits a un petit goût amer. Le mieux, c'est que tu rajoutes un peu de sucre.

Braten ['bra:t(ə)n] *m*, -s, -
Der Braten ist noch nicht gar.

rôti *m*
Le rôti n'est pas encore cuit.

Brot [bro:t] *n*, -(e)s, -e
Bring bitte frisches Brot vom Bäcker mit!

pain *m*
Ramène du pain frais de chez le boulanger!

Butter ['butə*] *f*, -, *kein Pl.*
Ohne Butter schmeckt das Brot nicht.

beurre *m*
Le pain sans beurre, ça n'a pas de goût.

Ei [ai] *n*, -s, -er
Eier esse ich am liebsten hart gekocht.

œuf *m*
C'est les œufs durs que je préfère.

Eis [ais] *n*, -es, *kein Pl.*
Schokoladeneis mag ich nicht.

glace *f*
Je n'aime pas la glace au chocolat.

Fleisch [flaiʃ] *n*, -(e)s, *kein Pl.*
Ist das Fleisch zart?

viande *f*
Est-ce que la viande est tendre?

frisch [friʃ] *Adj.*, -er, am -esten
Im Winter gibt es hier wenig frisches Gemüse zu kaufen.

frais
Ici il n'y a pas beaucoup de légumes frais en hiver.

Gemüse [gə'my:zə] *n*, -s, *kein Pl.*
Wir haben eigenes Gemüse im Garten.

légume *m*
Nous faisons pousser nos légumes dans notre jardin.

Gewürz [gə'vyrts] *n*, -es, -e
Pfeffer und die anderen Gewürze sind in der oberen Schublade.

épice *m*
Le poivre et les autres épices se trouvent dans le tiroir du haut.

haltbar ['haltba:*] *Adj.*
Die Wurst muß heute gegessen werden. Sie ist nicht mehr lange haltbar.

qui se conserve (bien)
Il faut finir la saucisse aujourd'hui. Elle ne va plus se conserver très longtemps.

Huhn [hu:n] *n*, -(e)s, Hühner
Zum Mittagessen gab es Huhn mit Reis.

poulet *m;* **poule** *f*
A midi il y avait de la poule au riz.

Käse ['kɛ:zə] *m*, -s, *kein Pl.*
Möchtest du Wurst oder Käse aufs Brot?

fromage *m*
Tu veux de la charcuterie ou du fromage sur ta tartine?

kochen ['kox(ə)n] *V/t., i.*, kochte, hat gekocht
○ Ich habe keine Lust zu kochen.

□ Laß uns essen gehen!
Kocht das Wasser schon?

faire la cuisine; faire cuire; bouillir
○ Je n'ai pas envie de faire la cuisine.

□ Allons au restaurant!
L'eau bout déjà?

Kotelett [kot(ə)'lɛt] *n, -s, -s*
Möchten Sie das Kotelett mit Reis
oder Kartoffeln?

côtelette *f*
Vous voulez votre côtelette avec
du riz ou avec des pommes de
terre?

Kuchen ['ku:x(ə)n] *m, -s, -*
Nachmittags esse ich gerne ein
Stück Kuchen.

gâteau *m*
J'aime bien manger un gâteau
l'après-midi.

Lebensmittel ['le:b(ə)nsmit(ə)l]
n, -s, -
Im Supermarkt sind viele Lebensmittel billiger.

produit alimentaire *m*

Beaucoup de produits alimentaires sont moins chers au supermarché.

Margarine [marga'ri:nə] *f, -, kein
Pl.*
Ißt du lieber Margarine oder
Butter?

margarine *f*

Tu préfères la margarine ou le
beurre?

Marmelade [marmə'la:də] *f, -, -n*
Morgens esse ich nur ein halbes
Brötchen mit Marmelade, sonst
nichts.

confiture *f*
Le matin je prends la moitié d'un
petit pain avec de la confiture,
rien d'autre.

Mehl [me:l] *n, -(e)s, kein Pl.*
Ich kann keinen Kuchen backen.
Es ist kein Mehl mehr da.

farine *f*
Je ne peux pas faire de gâteau.
Je n'ai plus de farine.

Pfeffer ['pfɛfə*] *m, -s, kein Pl.*
Dieser Pfeffer ist besonders
scharf.

poivre *m*
Ce poivre est particulièrement
fort.

Reis [rais] *m, -es, kein Pl.*
Koch den Reis bitte nicht zu lange! Er wird sonst zu weich.

riz *m*
Ne fais pas cuire le riz trop longtemps! Sinon il s'écrase.

Rezept [re'tsɛpt] *n, -(e)s, -e*
Sie kann auch ohne Rezepte gut
kochen.

recette *f*
Elle sait très bien faire la cuisine
sans recettes.

Rindfleisch ['rintflaiʃ] *n, -(e)s, kein
Pl.*
Für dieses Gericht braucht man
1 kg Rindfleisch.

(viande de) bœuf *m*

Pour cette recette il faut 1 kilo de
bœuf.

roh [ro:] *Adj., -er, am -esten*
Das Steak schmeckt am besten,
wenn es innen noch etwas roh ist.

cru, pas cuit
Le steak est meilleur quand il est
encore un peu rouge à l'intérieur.

Sahne ['za:nə] *f, -, kein Pl.*
Möchtest du Sahne auf den Kuchen?

crème (Chantilly) *f*
Tu veux un peu de crème Chantilly sur ton gâteau?

Salz [zalts] *n, -es, kein Pl.*
An der Suppe fehlt Salz.

sel *m*
La soupe n'est pas assez salée.

---

sauer ['zauə*] *Adj., sau(e)rer, am -sten*
Die Milch kann man nicht mehr trinken. Sie ist sauer.
Ich esse gerne saure Äpfel.

acide; tourné

Le lait n'est plus bon, il a tourné.

J'aime bien les pommes acides.

---

scharf [ʃarf] *Adj., schärfer, am schärfsten*
Sei vorsichtig, die Soße ist ziemlich scharf.

piquant; fort

Fais attention, la sauce est plutôt forte.

Schnitzel ['ʃnits(ə)l] *n, -s, -*
Wenn du das Schnitzel jetzt nicht magst, kannst du es ja später kalt essen.

escalope *f*
Si tu n'as pas envie de ton escalope maintenant, tu peux la manger plus tard froide.

Schweinefleisch ['ʃvainəflaiʃ] *n, -(e)s, kein Pl.*
Das Schweinefleisch, das du gekauft hast, ist ziemlich fett.

(viande *f* **de) porc** *m*

La viande de porc que tu as achetée est un peu grasse.

Soße ['zo:sə] *f, -, -n*
Ich esse Kartoffeln am liebsten mit Soße.

sauce *f*
Je préfère les pommes de terre en sauce.

Suppe ['zupə] *f, -, -n*
Paß auf, die Suppe ist sehr heiß!

soupe *f*
Attention, la soupe est très chaude!

---

süß [zy:s] *Adj., -er, am -esten*
Ich trinke gerne süßen Kaffee.

sucré; doux
J'aime le café bien sucré.

Süßigkeit ['zy:siçkait] *f, -, -en*
Das Kind ißt zu viele Süßigkeiten.

sucreries *f/pl*
Cet enfant mange trop de sucreries.

Wurst [vurst] *f, -, Würste*
Diese Wurst kann man braten oder kochen.

saucisse *f;* **saucisson** *m*
On peut faire griller cette saucisse ou la cuire à l'eau.

Zucker ['tsukə*] *m, -s, kein Pl.*
○ Wie möchtest du deinen Tee?
□ Mit Milch und Zucker.

sucre *m*
○ Tu prends ton thé comment?
□ Avec du lait et du sucre.

Brötchen ['brø:tçən] *n, -s, -*
Der Bäcker bringt uns jeden Morgen frische Brötchen.

petit pain *m*
Le boulanger nous apporte tous les jours des petits pains frais.

Fett [fɛt] *n, -(e)s, kein Pl.*
Zuviel Fett schadet der Gesundheit.

graisse *f;* **gras** *m*
Trop de graisse est mauvais à la santé.

fett [fɛt] *Adj., -er, am -esten*
Die Wurst mag ich nicht. Sie ist mir zu fett.

gras
Je n'aime pas cette saucisse. Je la trouve trop grasse.

gar [ga:*] *Adj. indekl.*
Wir können gleich essen. Die Kartoffeln sind in fünf Minuten gar.

cuit
On peut manger tout de suite. Les pommes de terre seront cuites dans cinq minutes.

grillen ['gril(ə)n] *V/t.,* grillte, hat gegrillt
Möchten Sie den Fisch gegrillt oder gebraten?

griller

Vous voulez le poisson grillé ou cuit à la poêle?

Honig ['ho:niç] *m, -s, kein Pl.*
Abends trinkt er immer ein Glas Milch mit Honig.

miel *m*
Le soir il prend toujours un lait chaud au miel.

Kalbfleisch ['kalpflaiʃ] *n, -(e)s, kein Pl.*
Ich esse gerne Kalbfleisch, weil es nicht so fett ist.

(viande *f* **de) veau** *m*

J'aime bien le veau, car ce n'est pas gras.

Konfitüre [kɔnfi'ty:rə] *f, -, -n*
Die Erdbeerkonfitüre habe ich selbst gemacht.

confiture *f*
C'est moi qui ai fait cette confiture de fraises.

mager ['ma:gə*] *Adj.*
Fleisch, das zu mager ist, schmeckt meistens nicht.

maigre
Les viandes maigres n'ont en général pas beaucoup de goût.

Scheibe ['ʃaibə] *f, -, -n*
Kannst du mir bitte noch eine Scheibe Wurst abschneiden?

tranche *f*
Tu peux encore me couper une tranche de charcuterie s'il te plaît?

Schinken ['ʃiŋk(ə)n] *m, -s, -*
Ich möchte 200 g rohen Schinken.

jambon *m*
Je voudrais 200 g de jambon cru.

Schnitte [ˈʃnitə] *f, -, -n*
Für das 2. Frühstück im Büro nehme ich zwei Schnitten Brot mit.

tartine *f*
Pour mon deuxième petit déjeuner au bureau j'emmène deux tartines.

Schokolade [ʃokoˈlaːdə] *f, -, -*
Ich möchte noch ein Stück Schokolade.

chocolat *m*
Je voudrais encore un bout de chocolat.

Speck [ʃpɛk] *m, -(e)s, kein Pl.*
Gebratene Kartoffeln schmecken mit Speck am besten.

lard *m*
Les pommes de terre sautées sont meilleures avec du lard.

Steak [steːk] *n, -s, -s*
Ich esse Steak am liebsten, wenn es noch etwas roh ist.

steak *m*, **bifteck** *m*
Je préfère les steaks encore un peu rouges à l'intérieur.

Würstchen [ˈvyrstçən] *n, -s,-*
Ich mache uns schnell ein paar heiße Würstchen als Imbiß.

saucisse *f*
Comme snack je vais nous faire des saucisses chaudes.

zäh [tsɛː] *Adj. -er, am -esten*
Der Braten ist zäh und trocken.

dur
Le rôti est dur et desséché.

zart [tsaːˀt] *Adj., -er, am -esten*
Du mußt das Gemüse nicht lange kochen, es ist sehr zart.

tendre
Ne fais pas cuire ce légume longtemps, il est très tendre.

Zwiebel [ˈtsviːb(ə)l] *f, -, -n*
Zwiebeln esse ich nur gekocht oder gebraten.

oignon *m*
Je ne mange les oignons que cuits à l'eau ou sautés.

5.7 Obst und Gemüse 1-2000
5.7 Fruits et légumes

Apfel [ˈapf(ə)l] *m, -s, Äpfel*
Aus den Äpfeln in unserem Garten machen wir Apfelsaft.

pomme *f*
Avec les pommes de notre jardin on fait du jus.

Apfelsine [apf(ə)lˈziːne] *f, -, -n*
Diese Apfelsinen kommen aus Marokko.

orange *f*
Ces oranges viennent du Maroc.

Birne ['bɪrnə] *f, -, -n*
Zum Nachtisch gibt es gekochte
Birnen.

poire *f*
Il y a des poires cuites comme
dessert.

Kartoffel [kar'tɔf(ə)l] *f, -, -n*
Hilfst du mir, die Kartoffeln zu
schälen?

pomme de terre *f*
Tu m'aides à éplucher les
pommes de terre?

Kirsche ['kɪrʃə] *f, -, -n*
Alle Kirschen in unserem Garten
haben die Vögel gefressen.

cerise *f*
Les oiseaux ont mangé toutes les
cerises de notre jardin.

Nuß [nus] *f, -, Nüsse*
Ich habe einen Nußkuchen gebacken.

noix *f*
J'ai fait un gâteau aux noix.

Obst [oːpst] *n, -es, kein Pl.*
Es gibt z. Z. wenig frisches Obst
zu kaufen.

fruits *m/pl*
En ce moment il n'y a pas beaucoup de fruits frais.

Orange [oˈrãːʒə] *f, -, -n*
Morgens trinke ich gerne ein Glas
Orangensaft.

orange *f*
J'aime bien boire un jus d'orange
le matin.

Salat [zaˈlaːt] *m, -(e)s, -e*
○ Wie machst du die Salatsoße?

salade *f*
○ Comment fais-tu la sauce de la
salade?

□ Mit Sahne und Zitronensaft.

□ Avec de la crème et du jus de
citron.

2001-4000

Banane [baˈnaːne] *f, -, -n*
Die Bananen sind jetzt sehr billig.

banane *f*
Les bananes sont très bon
marché en ce moment.

Bohne ['boːnə] *f, -, -n*
Heute gibt es Bohnensuppe zum
Mittagessen.

haricot *m*
Aujourd'hui, il y a une soupe de
haricots pour le déjeuner.

Erbse ['ɛə*psə] *f, -, -n*
Als Gemüse koche ich Erbsen
und Karotten.

petit pois *m*
Comme légumes je fais des petits
pois et des carottes.

Erdbeere ['ɛːə*tbeːrə] *f, -, -n*
Wenn die Erdbeeren billig sind,
mache ich Erdbeermarmelade.

fraise *f*
Quand les fraises sont bon
marché, je fais de la confiture de
fraises.

Karotte [kaˈrɔtə] *f, -, -n*
Weil der Sommer sehr feucht war, sind die Karotten nicht besonders groß geworden.

carotte *f*
Comme il a fait très humide cet été, les carottes ne sont pas très grosses.

Kohl [koːl] *m, -(e)s, kein Pl.*
In unserer Gegend ißt man viel Kohl.

chou *m*
Dans la région on mange beaucoup de chou.

Kopfsalat [ˈkɔpfzalaːt] *m, -(e)s, -*
Der Kopfsalat muß gut gewaschen werden.

laitue *f*
Il faut bien laver la laitue.

Möhre [ˈmøːrə] *f, -, -n*
Schneidest du bitte die Möhren in Scheiben!

carotte *f*
Coupe les carottes en rondelles, s'il te plaît.

reif [raif] *Adj.*
Ich habe die Birnen probiert. Sie sind noch nicht reif.

mûr
J'ai goûté les poires. Elles ne sont pas encore mûres.

Zitrone [tsiˈtroːnə] *f, -, -n*
Tee trinke ich mit Zitrone und Zucker.

citron *m*
Je prends le thé avec du sucre et du citron.

5.8 Trinken und Rauchen

1-2000

5.8 Boire et fumer

Alkohol [ˈalkohoːl] *m, -s, kein Pl.*
Ich darf keinen Alkohol trinken. Ich muß noch Auto fahren.

alcool *m*
Je ne peux pas boire d'alcool. Je dois conduire.

Bier [biːɐ*] *n, -s, -e*
Im Kühlschrank ist noch Bier.

bière *f*
Il y a encore de la bière dans le frigidaire.

Durst [durst] *m, -es, kein Pl.*
○ Möchtest du etwas trinken?
□ Nein danke, ich habe keinen Durst.

soif *f*
○ Tu veux boire quelque chose?
□ Non merci, je n'ai pas soif.

Flasche [ˈflaʃə] *f, -, -n*
Wir haben nur noch eine Flasche Wein.

bouteille *f*
Il nous reste seulement une bouteille de vin.

Getränk [gə'trɛŋk] *n, -(e)s, -e*
Hast du für die Feier auch alko-
holfreie Getränke gekauft?

boisson *f*
Tu as aussi acheté des boissons
non alcooliques pour la fête?

Glas [gla:s] *n, -es, Gläser*
Möchtest du noch ein Glas Wein?

verre *m*
Tu reprends un verre de vin?

Kaffee ['kafe] *m, -s kein Pl.*
Wenn ich abends Kaffee trinke,
kann ich nicht schlafen.

café *m*
Quand je bois du café le soir, je ne
peux pas dormir.

Milch [milç] *f, -, kein Pl.*
Die Kinder trinken morgens Milch
zum Frühstück.

lait *m*
Les enfants prennent du lait le
matin au petit déjeuner.

rauchen ['raux(ə)n] *V/t., rauchte,
hat geraucht*
Sie raucht 30 Zigaretten am Tag.

fumer

Elle fume 30 cigarettes par jour.

Saft [zaft] *m, -(e)s, Säfte*
Ich habe frischen Orangensaft.

Möchtest du ein Glas?

jus *m*
Je viens de presser un jus
d'orange.
Tu en veux un verre?

Tabak ['ta:bak] *m, -s, -e*
Welche Tabakmarke rauchst du?

tabac *m*
Quelle est ta marque de tabac?

Tee [te:] *m, -s, kein Pl.*
Wir trinken mehr Tee als Kaffee.

thé *m*
Nous buvons plus de thé que de
café.

trinken ['triŋk(ə)n] *V/t., trank, hat
getrunken*
Was möchten Sie trinken?

boire

Qu'est-ce que vous prenez?

Wein [vain] *m, -(e)s, -e*
Der Wein schmeckt gut, aber er
ist zu warm.

vin *m*
Ce vin est bon, mais il est trop
chaud.

Zigarette [tsiga'rɛtə] *f, -, -n*
Er hat aufgehört, Zigaretten zu
rauchen.

cigarette *f*
Il a arrêté de fumer des cigarettes.

Zigarre [tsi'garə] *f, -, -n*
Manchmal rauche ich auch Zi-
garren.

cigare *m*
Parfois je fume aussi des cigares.

2001-4000

alkoholfrei [alko'ho:lfrai] *Adj.,
keine Komp.*
  ○ Möchtest du auch ein Bier?
  □ Nein, lieber ein alkoholfreies
  Getränk.

non alcoolique

  ○ Tu prends une bière?
  □ Non merci, plutôt une boisson
  non alcoolique.

Bar [ba:*] *f, -, -s*
Die Bar hat bis 4.00 Uhr morgens
geöffnet.

bar *m*
Le bar est ouvert jusqu'à 4 heures
du matin.

betrunken [bə'truŋk(ə)n] *Adj.*
Wenn er betrunken ist, wird er
aggressiv.

soûl
Quand il est soûl, il est agressif.

durstig ['durstiç°] *Adj.*
Hast du etwas zu trinken für
mich? Ich bin sehr durstig.

qui a soif
Tu peux me donner à boire? J'ai
très soif.

Kakao [ka'ka:o] *m, -s, kein Pl.*
Bernd trinkt gerne warmen Kakao
mit Sahne.

chocolat *m (boisson)*
Bernd aime bien prendre un chocolat chaud avec de la Chantilly.

Korken ['kɔrk(ə)n] *m, -s, -*
Ich kann die Flasche nicht öffnen,
weil der Korken so fest sitzt.

bouchon *m*
Je n'arrive pas à déboucher cette
bouteille, le bouchon est trop dur.

Mineralwasser [minə'ra:lvasə*]
n, -s, kein Pl.
Zum Essen trinke ich meistens
Mineralwasser.

eau minérale *f*

En mangeant je bois d'habitude
de l'eau minérale.

Pfeife ['pfaifə] *f, -, -n*
Seit wann rauchst du Pfeife?

pipe *f*
Depuis quand fumes-tu la pipe?

Raucher ['rauxə*] *m, -s, -*
Raucherin ['rauxərin] *f, -, -nen*
Sie ist eine starke Raucherin.

fumeur *m,* **-euse** *f*

Elle fume beaucoup.

5.9 Arzt und Krankenhaus | 1-2000

5.9 Médecin et hôpital (cf. a Santé et maladies 1.7)

Apotheke [apo'te:kə] *f,* -, -n
Weißt du, welche Apotheke z. Z. Nachtdienst hat?

pharmacie *f*
Tu sais quelle est la pharmacie de garde?

Arzt [artst] *m,* -es, Ärzte
Ärztin ['ɛrtstin] *f,* -, -nen
Die Ärztin meinte, daß ich mich ins Bett legen sollte.

médecin *m*

La doctoresse m'a dit que je devrais rester couché.

Doktor ['dɔktɔr] **s,** -en
Doktorin [dɔk'to:rin] *f,* -, -nen
Der Doktor muß sofort kommen.

docteur *m*

Le docteur doit venir de suite.

Gift [gift] *n,* -(e)s, -e
In unserem Garten verwenden wir keine Pflanzengifte.

poison *m;* **substance toxique** *f*
Nous n'employons pas de pesticides dans le jardin.

---

heilen ['hail(ə)n] *V/t., i.,* heilte, hat/ist geheilt
Durch ein neues Medikament kann die Krankheit geheilt werden.
Die Verletzung ist schnell geheilt.

guérir; soigner

Cette maladie peut être soignée grâce à un nouveau médicament.

La blessure a guéri rapidement.

Klinik ['kli:nik] *f,* -, -en
Er liegt in einer Universitätsklinik.

clinique *f;* **centre hospitalier** *m*
Il est dans un centre hospitalier universitaire (C.H.U.).

Kranke ['kraŋkə] *m/f,* -n, -n
Der Kranken geht es wieder besser.

malade *m*
Le malade va un peu mieux.

Krankenhaus ['kraŋk(ə)nhaus] *n,* -es, Krankenhäuser
Nächste Woche darf sie das Krankenhaus verlassen.

hôpital *m*

Elle pourra sortir de l'hôpital la semaine prochaine.

Krankenpfleger ['kraŋk(ə)n-pflegə*] *m* -s, -, **Krankenschwester** [-ʃvɛstə*] *f,* -, -n
Auf der Unfallstation fehlen Krankenschwestern.

infirmier *m,* **infirmière** *f*

Il n'y a pas assez d'infirmières dans le service des accidentés.

Medikament [medika'mɛnt] *n*,
-(e)s, -e
Nimmst du Medikamente gegen
die Erkältung?

médicament *m*

Tu prends des médicaments
contre ce coup de froid?

Patient [pa'tsjɛnt] *m*, -en, -en
Patientin [pa'tsjɛntin] *f*, -,
Der neue Augenarzt hat sehr viele
Patienten.

malade *m/f*; **patient** *m*, **client** *m*

Le nouvel oculiste a beaucoup de
clients.

Pflaster ['pflastə*] *n*, -s, -
Hast du ein Pflaster? Meine Wunde fängt wieder an zu bluten.

pansement *m*
Tu as un pansement? La coupure
recommence à saigner.

Salbe ['zalbə] *f*, -, -n
Die Salbe, die du mir empfohlen
hast, ist wirklich gut.

pommade *f*
La pommade que tu m'as recom-
mandée est vraiment bonne.

Tablette [ta'blɛtə] *f*, -, -n
Ich kann ohne Schlaftabletten
nicht einschlafen.

comprimé *m*
Je ne peux pas m'endormir sans
somnifères.

Wartezimmer ['vartətsimə*] *n*,
-s, -
Bitte setzen Sie sich kurz ins Wartezimmer!

salle d'attente *f*

Asseyez-vous un instant dans la
salle d'attente, s'il vous plaît.

Zahnarzt ['tsa:nartst] *m*, -es,
-ärzte, **Zahnärztin** ['tsa:nɛrtstin]
f, -, -nen
Der Zahnarzt meinte, daß er zwei
Zähne ziehen muß.

dentiste *m/f*

Le dentiste m'a dit qu'il devait
m'arracher deux dents.

2001-4000

Behandlung [bə'handluŋ] *f*, -,
-en
Trotz der langen Behandlung habe ich immer noch Rücken-
schmerzen.

traitement *m*

J'ai toujours mal au dos malgré
mon long traitement.

Chirurg [çi'rurk] *m*, -s, -en
Chirurgin [çi'rurgin] *f*, -, -nen
Dr. Christ ist ein bekannter Herz-
chirurg.

chirurgien *m*; **-ne** *f*

Le docteur Christ est un chirurgien réputé pour les opérations
du cœur.

Facharzt ['faxartst] *m, -es, Fach-*
ärzte

In unserer Stadt fehlt ein Facharzt
für Hals, Nasen und Ohren.

spécialiste *m*

Il n'y a pas d'oto-rhino dans notre
ville.

Krankenkasse ['kraŋk(ə)nkasə]
f, -, -n

Die Krankenkasse bezahlt die
ganze Behandlung.

caisse d'assurances-maladie *f*

La caisse d'assurances-maladie
rembourse tout le traitement.

Krankenwagen
['kraŋk(ə)nvaːg(ə)n] *m, -s, -*

Der Krankenwagen war sehr
schnell an der Unfallstelle.

ambulance *f*

L'ambulance est arrivée très vite
sur les lieux de l'accident.

Kur [kuːə*] *f, -, -en*
Wohin fährst du zur Kur?

cure *f*
Où vas-tu faire ta cure?

Medizin [medi'tsiːn] *f, -, kein Pl.*
Die Medizin, die der Arzt verschrieben hat, hat geholfen.
Die moderne Medizin wird heute
von vielen als ‚Apparatemedizin'
kritisiert.

médicaments *m/pl;* **médecine** *f*
Les médicaments que le médecin
m'avait prescrits ont fait de l'effet.
De nombreuses critiques quali-
fient la médecine contemporaine
de «médecine technique».

Mittel ['mit(ə)l] *n, -s, -*
Gegen Schnupfen gibt es heute
einige Mittel.

remède *m*
Il existe aujourd'hui quelques re-
mèdes contre le rhume.

Operation [opəra'tsjoːn] *f, -, -en*
Nach der Operation ging es der
Patientin nicht gut.

opération *f*
La malade n'allait pas bien après
son opération.

operieren [opə'riːrən] *V/t.,* ope-
rierte, hat operiert

Der Schwerverletzte mußte sofort
operiert werden.

opérer

On a dû opérer d'urgence le
blessé grave.

Rauschgift ['rauʃgift] *n, -(e)s, -e*
Gegen diese starken Schmerzen
hilft nur noch Rauschgift.

drogue *f*
Seule la drogue vient à bout de la
violence de ces douleurs.

Sprechstunde ['ʃprɛçʃtundə] *f,
-, -n*

Morgens hat Dr. Behrens von
8.00–12.00 Uhr Sprechstunde.

(heure de) consultation *f*

Le docteur Behrens reçoit en
consultation le matin de 8 heures
à midi.

Spritze ['ʃpritsə] *f,* -, -n
Im Krankenhaus bekam ich täglich eine Spritze.

piqûre *f*
A l'hôpital on m'a fait une piqûre tous les jours.

Thermometer [tɛrmo'meːtə*] *n,* -s, -
Ich möchte Fieber messen. Weißt du, wo das Thermometer ist?

thermomètre *m*
Je voudrais prendre ma température. Tu sais où est le thermomètre?

verschreiben [fɛə*'ʃraib(ə)n] *V/t.,* verschrieb, hat verschrieben
Was für ein Mittel hat dir der Arzt verschrieben?

prescrire
Qu'est-ce que le médecin t'a prescrit comme remède?

6.1 Allgemeines

1-2000

6.1 Généralités

Angebot ['angəbo:t] *n, -s, -e*
Das Angebot der Firma Jung ist am günstigsten.

offre *f*
C'est l'offre de la firme Jung qui est la plus avantageuse.

Auftrag ['auftra:k] *m, -s, Aufträge*
Die Firma mit dem günstigsten Angebot bekommt den Auftrag.

commande *f*
C'est la firme qui fait l'offre la plus avantageuse qui décroche la commande.

ausrechnen ['ausrɛçnən] *V/i.,*
rechnete aus, hat ausgerechnet
Können Sie mir ausrechnen, wieviel Quadratmeter Holz ich brauche?

calculer

Vous pouvez me calculer de combien de mètres carrés de bois j'ai besoin?

Betrieb [bə'tri:p] *m, -(e)s, -e*
Unser Betrieb ist wirtschaftlich sehr gesund.

entreprise *f*
Notre entreprise est très saine.

Buchführung ['bu:xfy:ruŋ] *f, -,* -en
Wir haben einige Fehler in der Buchführung entdeckt.

comptabilité *f*

Nous avons constaté quelques erreurs de comptabilité.

Fabrik [fa'bri:k] *f, -, -en*
In unserer Fabrik wird die Produktion von Computern gesteuert.

usine *f*
La production est assistée par ordinateur dans notre usine.

Firma ['firma] *f, -, Firmen*
Die Firma Hertz & Sohn gibt es schon seit über 100 Jahren.

firme *f*
La firme Hertz & Fils existe depuis plus de 100 ans.

Industrie [indus'tri:] *f, -, -n*
Die Industrie klagt über die hohen Lohnkosten.

industrie *f*
L'industrie se plaint du poids des charges salariales.

Konkurrenz [kɔnku'rɛnts] *f, -, kein Pl.*
Trotz starker Konkurrenz hat unsere Firma den Auftrag bekommen.

concurrence *f*

C'est notre firme qui a décroché la commande malgré la forte concurrence.

Kosten ['kɔst(ə)n] *nur Pl.*
Wegen gestiegener Kosten müssen die Preise erhöht werden.

frais *m/pl*
L'augmentation des frais nous oblige à augmenter les prix.

Lager ['la:gə*] *n, -s, -*
Das eine Ersatzteil haben wir auf Lager, das andere bestellen wir.

stock *m*
Nous avons cette pièce de rechange en stock, nous devons commander l'autre.

liefern ['li:fə*n] *V/t.,* lieferte, hat geliefert
Wir liefern schnell und pünktlich.

livrer

Nous livrons rapidement et dans les délais.

Produkt [pro'dukt] *n, -s, -e*
Unsere Produkte sind zur Zeit konkurrenzlos.

produit *m*
Actuellement nos produits sont hors pair.

Produktion [produk'tsjo:n] *f, -, kein Pl.*
Wegen der vielen Aufträge mußte die Produktion erhöht werden.

production *f*

Il faudrait accélérer la production à cause du flot de commandes.

Rechnung ['rɛçnuŋ] *f, -,* en
Diese Rechnung muß bis zum 3. 11. bezahlt werden.

facture *f*
Il faut régler cette facture le 3.11 dernier délai.

senken ['zɛŋk(ə)n] *V/t.,* senkte, hat gesenkt
Die Preise für die alten Modelle wurden gesenkt.

baisser

On a baissé les prix des anciens modèles.

steigern ['ʃtaigə*n] *V/t.,* steigerte, hat gesteigert
Die Firma konnte ihren Umsatz um 10 % steigern.

augmenter

L'entreprise a vu son chiffre d'affaires augmenter de 10 %.

Steuer ['ʃtɔiə*] *f, -, -n*
Zu diesem Betrag kommt noch die Umsatzsteuer dazu.

impôt *m;* **taxe** *f*
La TVA vient encore s'ajouter à cette somme.

Umsatz ['umzats] *m, -es, Um-sätze*
Der Umsatz ist um 20 % gestiegen.

chiffre d'affaires *m*

Le chiffre d'affaires a augmenté de 20%.

Unkosten ['unkɔst(ə)n] *nur Pl.*
Trotz der Unkosten hat sich das Geschäft gelohnt.

frais *m/pl*
Cette affaire était rentable malgré les frais.

Unternehmen [untə*'ne:mən] *n,*
-s, -
Die Unternehmen der Chemiein-
dustrie haben gegen die neuen
Wasserschutzgesetze protestiert.

entreprise *f*
Les entreprises du secteur chimique ont protesté contre la nouvelle législation de protection des
eaux.

Versicherung [fɛə*'ziçəruŋ] *f, -,*
-en
Eine Krankenversicherung ist in
Deutschland für alle Studenten
Pflicht.

assurance *f*
L'assurance-maladie est obliga-
toire en R.F.A. pour tous les étudiants.

Werbung ['vɛrbuŋ] *f, -, kein Pl.*
Für das neue Produkt wird in
Presse und Fernsehen Werbung
gemacht.

publicité *f;* **pub** *f*
On va faire de la publicité pour le
nouveau produit dans la presse et
à la télévision.

Wirtschaft ['virtʃaft] *f, -, kein Pl.*
Die Regierung hofft auf eine gute
Wirtschaftsentwicklung.

économie *f*
Le gouvernement espère qu'il y
aura une heureuse évolution économique.

$$2001\text{-}4000$$

Abmachung ['apmaxuŋ] *f, -,* -en
Trotz unserer Abmachung will Ihre Firma die Waren nicht mehr
umtauschen. Warum?

accord *m*
Votre maison se refuse à échanger les marchandises en dépit de
notre accord. Pourquoi?

Bedarf [bə'darf] *m,* -(e)s, *kein Pl.*
Der Bedarf an Kleinwagen nimmt
ab.

besoins *m/pl;* **demande** *f*
La demande en petites cylindrées
est en baisse.

Bilanz [bi'lants] *f, -,* -en
Nach den Verlusten im letzten
Jahr ist die Bilanz der Firma jetzt
wieder positiv.

bilan *m*
Après les pertes de l'an dernier le
bilan de l'entreprise est à nouveau positif.

Einnahme ['ainna:mə] *f, -,* -n
Die Einnahmen sind in den letzten
Wochen gesunken.

recette *f;* **rentrée** *f*
Au cours des dernière semaines
les rentrées sont en baisse.

Ersatzteil [ɛə*'zatstail] *n,* -(e)s, -e
Die Werkstatt hat ein großes Er-
satzteillager.

pièce de rechange *f*
L'atelier a un stock important de
pièces de rechange.

Export [ɛks'pɔrt] *m,* (e)s, -e
Die Firma lebt vor allem von Exportaufträgen.

exportation *f*
Cette firme vit surtout de commandes à l'exportation.

exportieren [ɛkspɔr'tiːrən] *V/t.,*
exportierte, hat exportiert
Diese Maschine wird nach Frankreich exportiert.

exporter

Cette machine est exportée en France.

Garantie [garan'tiː] *f,* -, n
Das Radio ist gebraucht. Eine Garantie kann ich Ihnen dafür nicht geben.

garantie *f*
C'est une radio d'occasion.
Je ne peux pas vous donner de garantie.

geschäftlich [gə'ʃɛftliç] *Adj., keine Komp.*
Herr Benz ist geschäftlich verreist.

pour d'affaires

Monsieur Benz est en déplacement pour d'affaires.

Geschäftsführer [gə'ʃɛftsfyːrə*]
m, -s, **Geschäftsführerin** *f,* -,
-nen
Ich möchte bitte den Geschäftsführer sprechen.

gérant *m*

Je voudrais parler au gérant, s'il vous plaît.

Geschäftsleitung
[gə'ʃɛftslaitun] *f,* -, -en
Die Büros der Geschäftsleitung sind im 3. Stock.

direction commerciale *f*

Les bureaux de la direction commerciale se trouvent au 3e étage.

herstellen ['heːə*ʃtɛl(ə)n] *V/t.,*
stellte her, hat hergestellt
Die Firma stellt seit über 60 Jahren Büromaschinen her.

fabriquer

Depuis plus de 60 ans la maison fabrique des machines de bureau.

Hersteller ['heːə*ʃtɛlə*] *m,* -s, -
Wir haben Computer verschiedener Hersteller im Programm.

fabricant *m*
Nous avons au programme des ordinateurs de fabrication différente.

Herstellung ['heːə*ʃtɛlun] *f,* -,
kein Pl.
Die Gefahren bei der Herstellung chemischer Produkte wurden früher wenig beachtet.

fabrication *f*

Avant, on ne tenait pas suffisamment compte des dangers liés à la fabrication de produits chimiques.

Import [im'pɔrt] *m*, -(e)s, -e
Die Preise der Importwaren sind gesunken.

importation *f*
Les prix des marchandises importées ont fortement baissé.

importieren [impɔr'tiːrən] *V/t.*, importierte, hat importiert
Die Bundesrepublik hat dieses Jahr mehr Öl importiert als letztes Jahr.

importer

Cette année la R.F.A. a importé davantage de pétrole que l'an dernier.

Investition [invɛsti'tsjoːn] *f*, -, -en
Durch die hohen Investitionen für wirtschaftlichere Maschinen ist die Firma konkurrenzfähiger geworden.

investissement *m*
Cette entreprise est devenue compétitive en investissant beaucoup dans des machines plus rentables.

Krise ['kriːzə] *f*, -, -n
Die wirtschaftliche Krise in der Textilindustrie hat viele Leute arbeitslos gemacht.

crise *f*
La crise économique de l'industrie textile a causé la perte de nombreux emplois.

Kundendienst ['kund(ə)ndiːnst] *m*, -es, -e
Unsere Waschmaschine war kaputt. Der Kundendienst kam sofort und hat die Maschine repariert.

service après-vente *m*

Notre machine à laver ne marchait plus. Le service après-vente est venu immédiatement et l'a réparée.

Lieferung ['liːfəruŋ] *f*, -, -en
Die bestellten Ersatzteile kommen mit der nächsten Lieferung.

livraison *f*
Les pièces détachées commandées seront dans la prochaine livraison.

Markt [markt] *m*, -(e)s, Märkte
Auf dem Markt für Werkzeugmaschinen gibt es z. Z. einen harten Preiskampf.

marché *m*
On assiste actuellement sur le marché des machines-outils à une lutte serrée à propos des prix.

Muster ['mustə*] *n*, -s, -
Der Vertreter zeigte dem Händler Muster des Teppichprogramms seiner Firma.

échantillon *m*
Le représentant a montré au commerçant des échantillons de la collection de tapis.

Nachfrage ['naːxfraːgə] *f*, -, *kein Pl.*
Die Nachfrage nach Elektro-Kleingeräten ist stark gesunken.

demande *f*

La demande de petits appareils électro-ménagers est nettement en baisse.

ökonomisch [ø:ko'no:miʃ] *Adj.*
Es wäre ökonomischer gewesen, die alten Maschinen nicht zu reparieren, sondern neue zu kaufen.

économique
Acheter des machines neuves aurait été plus économique que de faire réparer les vieilles.

produzieren [produ'tsi:rən] *V/t.,* produzierte, hat produziert
Ersatzteile für diese alten Geräte werden nicht mehr produziert.

fabriquer

On ne produit plus de pièces de rechange pour ces vieux appareils.

Profit [pro'fi:t] *m,* -(e)s, -e
Bei dem letzten Geschäft haben wir keinen Profit gemacht.

profit *m,* **bénéfice** *m*
La dernière affaire que nous avons faite ne nous a pas rapporté de bénéfice.

Prospekt [pro'spɛkt] *m,* -(e)s, -e
Könnten Sie mir einen Prospekt für dieses Gerät geben.

prospectus *m*
Vous pourriez me donner un prospectus sur cet appareil.

ruinieren [rui'ni:rən] *V/t.,* ruinierte, hat ruiniert
Die Firma wurde vor allem durch falsche Entscheidungen der Manager ruiniert.

ruiner

La société a été ruinée surtout à cause de la mauvaise gestion de ses dirigeants.

selbständig ['zɛlpʃtɛndiçº] *Adj.*
Früher war er angestellt, jetzt ist er selbständig und hat ein eigenes Geschäft.

indépendant; non salarié
Avant il était employé, maintenant il est à son compte et a un petit magasin.

Statistik [ʃta'tistik] *f,* -, -en
Die Zahlen der Verkaufsstatistik sind wichtig für die Investitionsplanung.

statistiques *f/pl*
Les chiffres des statistiques de vente sont importants pour la planification des investissements.

Steigerung ['ʃtaigəruŋ] *f,* -, -en
Ohne neue Mitarbeiter ist eine Steigerung der Produktion nicht möglich.

augmentation *f*
Il est impossible d'augmenter la production sans engager du personnel.

verbrauchen [fɛə*'braux(ə)n] *V/t.,* verbrauchte, hat verbraucht
Die neuen Maschinen verbrauchen weniger Strom als die alten.

consommer

Les nouvelles machines consomment moins de courant que les anciennes.

Verbraucher [fɛə*'brauxə*] *m*, -s, -,
Verbraucherin -, -nen
Die Verbraucher sind heute kritischer als früher.

consommateur *m*, -trice *f*

De nos jours les consommateurs se montrent plus critiques qu'autrefois.

---

versichern [fɛə*'ziçə*n] *V/t.*, versicherte, hat versichert
Das Haus ist gegen Feuer und Sturm versichert.

assurer

La maison est assurée contre l'incendie et les dégâts d'orage.

Versorgung [fɛə*'zɔrguŋ] *f*, -, *kein Pl.*
Bei einigen Herstellern gibt es Versorgungsprobleme mit Ersatzteilen.

approvisionnement *m*

Avec certains fabricants il y a parfois des problèmes d'approvisionnement en pièces de rechange.

---

wirtschaftlich ['virtʃaftliç] *Adj.*
Die wirtschaftliche Situation der Metallindustrie ist besser geworden.

économique
La situation économique s'est améliorée dans la métallurgie.

6.2 Geschäfte und Einkauf | 1-2000

6.2 Magasins et achats

---

aussuchen ['auszu:x(ə)n] *V/t.*,
suchte aus, hat ausgesucht
Diesen Pullover gab es in fünf verschiedenen Farben. Ich habe mir einen roten ausgesucht.

choisir

Ce pull existait en cinq couleurs différentes. Je l'ai choisi en rouge.

Bäckerei [bɛkə'rai] *f*, -, -en
○ Wo hast du den Kuchen gekauft?
□ In der Bäckerei neben der Kirche.

boulangerie *f*
○ Où as-tu acheté le gâteau?

□ A la boulangerie à côté de l'église.

billig ['biliç°] *Adj.*
Auf dem Markt ist das Gemüse billiger.

bon marché, pas cher
Les légumes ne sont pas chers au marché.

einkaufen ['ainkauf(ə)n] *V/t., i.,*
kaufte ein, hat eingekauft
Für das Wochenende müssen wir
noch ein paar Lebensmittel einkaufen.
Die Geschäfte sind zu. Du kannst
nicht mehr einkaufen.

**acheter, faire les courses/provi-
sions**
Il faut que nous fassions encore
des provisions pour le week-end.

Les magasins sont fermés. Tu ne
peux plus aller faire les courses.

Geschäft [gə'ʃɛft] *n, -(e)s, -e*
Wir müssen uns beeilen. Die Geschäfte schließen bald.
Peter will mein altes Auto kaufen,
aber ich mache nicht gerne Geschäfte mit Freunden.

magasin *m*
Il faut qu'on se dépêche. Les magasins ferment bientôt.
Peter veut acheter ma vieille voiture, mais je n'aime pas faire des
affaires avec les amis.

Handel ['hand(ə)l] *m, -s, kein Pl.*
Der japanische und der deutsche
Wirtschaftsminister besprachen
Probleme des Handels zwischen
ihren beiden Ländern.

commerce *m*
Le ministre japonais de l'Econo-
mie et son homonyme allemand
ont discuté des problèmes commerciaux existant entre les deux
pays.

handeln ['hand(ə)ln] *V/i.,* handel-
te, hat gehandelt
○ Was macht dein Bruder beruflich?
□ Er handelt mit Südfrüchten.

Über den Preis müssen wir noch
handeln.

faire le commerce (de), **négocier**

○ Ton frère, qu'est-ce qu'il fait
dans la vie?
□ Il fait le commerce de fruits
exotiques.
Pour le prix, il faut encore que
nous le négocions.

Händler ['hɛndlə*] *m, -s, -*
Händlerin ['hɛndlərin] *f, -, -nen*
Den Wein kaufe ich immer bei
dem gleichen Händler.

négociant *m;* **marchand** *m, -e f*
J'achète toujours mon vin chez le
même marchand.

Kasse ['kasə] *f, -, -n*
Bitte bezahlen Sie die Sachen an
der Kasse Nr. 5!

caisse *f*
Payez vos achats à la caisse n° 5,
s'il vous plaît.

Kauf [kauf] *m, -s, Käufe*
Gestern haben wir den Kaufver-
trag für die Wohnung unterschrieben.

achat *m*
On a signé hier le contrat de vente
de l'appartement.

kaufen ['kauf(ə)n] *V/t.,* kaufte, hat gekauft
Diese Kette habe ich im Urlaub gekauft.

acheter
J'ai acheté cette chaîne en vacances.

Kaufhaus ['kaufhaus] *n,* -es, Kaufhäuser
Das neue Kaufhaus ist sehr groß. Man kann dort praktisch alles kaufen.

grand magasin *m*
Le grand magasin qui vient d'ouvrir est immense. On y trouve pratiquement de tout.

Kiosk ['kiːɔsk] *m,* -s, -e
Zeitungen gibt es dort am Kiosk.

kiosque *m*
On peut acheter des journaux au kiosque.

kosten ['kɔst(ə)n] *V/i.,* kostete, hat gekostet
Die Eier kosten 23 Pfennig pro Stück.

coûter, faire
Les œufs coûtent 23 pfennigs la pièce.

Kunde ['kundə] *m,* -n, -n
Kundin ['kundin] *f,* -, -nen
Ich bin schon seit vielen Jahren Kundin in diesem Geschäft.

client *m,* -e *f*
Il y a des années que je suis cliente dans ce magasin.

Laden ['laːd(ə)n] *m,* -s, Läden
Die Läden im Hauptbahnhof sind auch sonntags geöffnet.

magasin *m*
Les magasins de la gare sont ouverts aussi le dimanche.

Marke ['markə] *f,* -, -n
○ Möchtest du eine Zigarette?
□ Nein danke, das ist nicht meine Marke.

marque *f*
○ Tu veux une cigarette?
□ Non merci, ce n'est pas ma marque habituelle.

Metzgerei [mɛtsgəˈrai] *f,* -, -en
In dieser Metzgerei bekommt man gutes Fleisch.

boucherie *f,* **charcuterie** *f*
Cette boucherie a de la viande excellente.

Preis [prais] *m,* -es, -e
Ich habe den Tisch für den halben Preis bekommen, weil er ein paar Fehler hat.

prix *m*
J'ai eu la table à moitié prix, car elle a quelques défauts.

Quittung ['kvitʊŋ] *f,* -, -en
Eine Quittung bekommen Sie an der Hauptkasse.

reçu *m*
On vous fera un reçu à la caisse principale.

Supermarkt ['zu:pə*markt] *m,*
-(e)s, Supermärkte
Das Warenangebot des Supermarktes ist gut.

supermarché *m*

Le supermarché offre une bonne
gamme de produits.

teuer ['tɔiə*] *Adj.,* teurer, am teu-
ersten
Sie hat sich einen teuren Fotoapparat gekauft.

cher

Elle s'est acheté un appareil-photo cher.

Verkauf [fɛə*'kauf] *m,* -(e)s, Ver-
käufe
Der Verkauf von Alkohol an Jugendliche ist verboten.

vente *f*

Il est interdit de vendre de l'alcool
aux mineurs.

verkaufen [fɛə*'kauf(ə)n] *V/t.,*
verkaufte, hat verkauft
Meine alten Möbel habe ich verkauft oder verschenkt.

vendre

J'ai vendu ou donné mes vieux
meubles.

Vorrat ['fo:ə*ra:t] *m,* -(e)s, Vorräte
Ich habe noch einen großen Vor-
rat an Nägeln. Du mußt keine neu-
en kaufen.

réserve *f;* **stock** *m*
J'ai encore une grosse réserve de
clous. Tu n'as pas besoin d'en
acheter d'autres.

Ware ['va:rə] *f,* -, -n
Diese Ware kommt aus dem Aus-
land.

marchandise *f*
Cette marchandise vient de
l'étranger.

zahlen ['tsa:l(ə)n] *V/t., i.,* zahlte,
hat gezahlt
Kann ich mit Scheck zahlen?
Die Steuern müssen monatlich
gezahlt werden.

payer

Je peux vous faire un chèque?
Il faut payer tous les mois les im-
pôts.

2000-4000

Artikel [ar'ti:k(ə)l] *m,* -s, -
Dieser Artikel ist heute im Sonderangebot.

article *m*
Cet article est en promotion aujourd'hui.

Auswahl ['ausva:l] *f,* -, *kein Pl.*
Das Textilgeschäft Schneider hat
eine große Auswahl an Röcken
und Blusen.

choix *m*
Chez Schneider, le magasin de
confection, on trouve un grand
choix de jupes et de chemisiers.

198

Drogerie [drogə'ri:] *f, -, -n*
Bring mir aus der Drogerie bitte
eine Tube Zahnpasta mit!

droguerie *f*
Rapporte-moi un tube de dentifrice de la droguerie, s'il te plaît!

Einkauf ['ainkauf] *m, -(e)s, Einkäufe*
Ich muß noch ein paar Einkäufe
machen.

achat *m*, **course** *f*
Je dois encore faire quelques
courses.

Inhaber ['inha:bə*] *m, -s, -*
Inhaberin ['inha:bərin] *f, -, -nen*
Der Inhaber des Gemüsege-
schäfts ist immer sehr freundlich.

propriétaire *m/f,*
patron *m,* **-ne** *f*
Le propriétaire de l'épicerie est
toujours très aimable.

kostenlos ['kɔst(ə)nlo:s] *Adj., keine Komp.*
Wenn Sie bei uns 12 Flaschen
Wein kaufen, bekommen Sie eine
kostenlos.

gratis
Pour tout achat de 12 bouteilles,
la treizième est gratis.

Käufer ['kɔifə*] *m, -s, -*
Käuferin ['kɔifərin] *f, -, -nen*
Gerd sucht einen Käufer für sein
altes Auto.

acheteur *m,* **-euse** *f*
Gerd cherche un acheteur pour
sa vieille voiture.

Markt [markt] *m, -(e)s, Märkte*
In unserer Stadt ist jeden Mittwoch Markt.

marché *m*
Tous les mercredis, c'est le
marché dans notre ville.

Reinigung ['rainiguŋ] *f, -, -en*
Diesen Pullover darf man nicht
waschen, ich muß ihn zur Reinigung bringen.

pressing *m,* **nettoyage à sec** *m*
Il ne faut pas laver ce pull, je dois
le faire nettoyer à sec.

Reklame [re'kla:mə] *f, -, -n*
Ich kenne das Produkt aus der
Reklame im Fernsehen.

publicité *f*
Je connais ce produit par la publicité télévisée.

Schaufenster ['ʃaufɛnstə*] *n, -s, -*
Die Mäntel waren schnell ausverkauft. Die Verkäuferin hat mir den
letzten aus dem Schaufenster ge-
holt.

vitrine *f*
On a très vite vendu ces manteaux. La vendeuse est allée me
chercher le dernier qui était en
vitrine.

Schlange ['ʃlaŋə] *f, -, -n*
An der Kasse steht eine lange
Schlange.

queue *f*
Il y a la queue à la caisse.

Service ['zø:ə*vis] *m, -s, kein Pl.*
Der Service in dieser Autowerkstatt ist ausgezeichnet.

service *m*
Ce garagiste a un excellent service.

Sonderangebot
['zɔndə*angəbo:t] *n, -s, -e*
Die Wurst ist heute im Sonderangebot. 100 g kosten jetzt 1,20 DM statt 1,80 DM.

offre spéciale *f,* **promotion** *f*

Cette charcuterie est en promotion aujourd'hui. 100 g coûtent 1,20 DM au lieu de 1,80 DM.

Zahlung ['tsa:luŋ] *f, -, -en*
Wir liefern nur bei Barzahlung.

paiement *m*
Toute livraison n'est effectuée que contre paiement comptant.

6.3 Geld und Besitz | 1-2000

6.3 Argent et possession

ausgeben ['ausge:b(ə)n] *V/t.,*
gab aus, hat ausgegeben
Wir geben jede Woche ca. 200,-DM für Lebensmittel aus.

dépenser

Nous dépensons environ 200 DM pour la nourriture chaque semaine.

Bank [baŋk] *f, -, -en*
Ich muß noch Geld von der Bank holen.

banque *f*
Je dois passer prendre de l'argent à la banque.

bar [ba:*] *Adj., keine Komp.*
Wollen Sie bar oder mit Scheck bezahlen?

comptant
Vous voulez payez comptant ou par chèque?

Besitz [bə'zits] *m, -es, kein Pl.*
In der Wirtschaftskrise hat er seinen Besitz verloren.

biens *m/pl;* **fortune** *f*
Il a perdu tous ses biens lors de la crise économique.

Besitzer [bə'zitsə*] *m, -s, -*
Besitzerin [bə'zitsərin] *f, -, -nen*
Unser Vermieter hat sein Haus verkauft, aber wir kennen den neuen Besitzer noch nicht.

propriétaire *m/f*

La personne qui nous a loué sa maison l'a vendue, mais nous ne connaissons pas encore le nouveau propriétaire.

Inhaber

besitzen [bəˈzits(ə)n] *V/i.*, besaß, hat besessen
Sie besitzt ein eigenes Flugzeug.

posséder, avoir
Elle a son propre avion.

bezahlen [bəˈtsaːl(ə)n] *V/t.*, bezahlte, hat bezahlt
Die Rechnung muß bis zum 13. 6. bezahlt werden.

payer, régler
Cette facture doit être réglée le 13.6. au plus tard.

Darleh(e)n [ˈdaːˌleː(ə)n] *n*, -s, -
Die Zinsen für Bankdarlehen sind zur Zeit sehr günstig.

prêt *m*
Le taux d'intérêt des prêts bancaires est intéressant en ce moment.

Eigentum [ˈaig(ə)ntuːm] *n*, -s, *kein Pl.*
Ich habe das Haus nicht gemietet. Es ist mein Eigentum.

propriété *f*
Je n'ai pas loué cette maison. Elle m'appartient.

Franken [ˈfraŋk(ə)n] *m*, -s, -
Ich möchte 500,- DM in Schweizer Franken wechseln.

franc *m*
Je voudrais changer 500 mark en francs suisses.

Geld [gɛlt] *n*, -(e)s, *kein Pl.*
Wieviel Geld verdienst du im Monat?

argent *m*
Tu gagnes combien par mois?

haben [ˈhaːb(ə)n] *V/i.*, hatte, hat gehabt
Wir haben ein Ferienhaus an der Nordseeküste.

avoir, posséder
Nous avons une maison de vacances au bord de la mer du Nord.

Konto [ˈkɔnto] *n*, -s, Konten
Bitte zahlen Sie den Rechnungsbetrag auf eines unserer Konten!

compte *m*
Veuillez régler le montant de la facture par versement à l'un de nos comptes.

Kredit [kreˈdiːt] *m*, -s, -e
Die Kreditzinsen sind bei allen Banken verschieden.

crédit *m*
Selon les banques les taux d'intérêt pour les crédits varient.

Mark [mark] *f*, -, *kein Pl.*
Eine Fahrt mit der U-Bahn kostet 2,- Mark.

mark *m*
Un trajet en métro coûte deux mark.

Münze [ˈmyntsə] *f*, -, -n
Mein Bruder sammelt ausländische Münzen.

pièce (de monnaie) *f*
Mon frère collectionne les pièces étrangères.

Pfennig ['pfɛniç] *m*, -s, -e
Das macht zusammen 26 Mark und 62 Pfennig.

pfennig *m*
En tout, ça fait 26 mark et 62 pfennig.

---

preiswert ['praisve:ə*t] *Adj.*, -er, am -esten
Orangen sind z. Z. preiswert.

pas cher, avantageux
En ce moment les oranges ne sont pas chères.

---

reich [raiç] *Adj.*
Durch kluge Exportgeschäfte ist er reich geworden.

riche
Il s'est enrichi en faisant d'habiles exportations.

Scheck [ʃɛk] *m*, -s, -s
Kann ich mit Scheck bezahlen?

chèque *m*
Je peux vous régler par chèque ?

Schilling ['ʃiliŋ] *m*, -s, -e
Für das Hotelzimmer in Wien haben wir 600 Schilling pro Nacht bezahlt.

schilling *m*
Nous avons payé 600 schilling la nuit d'hôtel à Vienne.

Schulden ['ʃuld(ə)n] *nur Pl.*
Sie hat Schulden gemacht, um sich die neuen Möbel kaufen zu können.

dette *f*
Elle s'est endettée pour pouvoir s'acheter son nouveau mobilier.

---

schulden *V/i.*, schuldete, hat geschuldet
Du schuldest mir noch 20,- Mark.

devoir
Tu me dois encore 20 mark.

---

sparen ['ʃpa:rən] *V/t., i.*, sparte, hat gespart
Mit der neuen Maschine spart man Geld und Zeit.
Sie spart für den Urlaub.

économiser, faire des économies
On économise de l'argent et du temps avec la nouvelle machine.
Elle fait des économies pour les vacances.

---

umsonst [um'zɔnst] *Adv.*
Die Reparatur während der Garantiezeit ist umsonst.
Ich bin umsonst gegangen. Die Bank hatte schon geschlossen.

pour rien; gratuit
Les réparations sont gratuites pendant la période de garantie.
Je me suis déplacée pour rien. La banque était déjà fermée.

---

verdienen [fɛə*'di:nən] *V/t.*, verdiente, hat verdient
Bei der neuen Firma verdient sie mehr.
Bei diesem Geschäft haben wir viel Geld verdient.

gagner
Elle gagne plus dans la nouvelle boîte.
On a gagné beaucoup d'argent avec cette affaire.

Verlust [fɛə*'lust] *m,* -es, -e
Am Anfang machte die Firma Verluste, jetzt arbeitet sie mit Gewinn.

perte *f*
Au début, la société a perdu de l'argent, maintenant elle fait des bénéfices.

Währung ['vɛ:ruŋ] *f,* -, -en
In Österreich kann man in den meisten Hotels auch mit deutscher Währung bezahlen.

monnaie *f;* **devise** *f*
On peut payer en monnaie allemande dans la plupart des hôtels autrichiens.

Wert [ve:ə*t] *m,* -s, -e
Gold hat in letzter Zeit viel an Wert verloren.

valeur *f*
L'or a beaucoup perdu de valeur ces derniers temps.

wert *Adj., keine Komp.*
Wieviel ist dieser Ring wert?

qui a une valeur de…
Cette bague vaut combien?

wertvoll ['ve:ə*tfɔl] *Adj.*
Das Haus ist mit wertvollen Möbeln eingerichtet.

précieux
Cette maison possède un mobilier de valeur.

Zins [tsins] *m,* -es, -en
Die Kreditzinsen sind in den letzten Monaten gestiegen.

intérêt *m*
Au cours de ces derniers mois, il y a eu une augmentation du taux des intérêts du crédit.

2001-4000

abheben ['aphe:b(ə)n] *V/t.,* hob ab, hat abgehoben
Ich möchte 800,- Mark von meinem Konto abheben.

retirer
Je voudrais retirer 800 mark de mon compte.

Ausgabe ['ausga:bə] *f,* -, -n
Ich finde, deine Ausgaben für Kleidung und Schuhe sind zu hoch.

dépense *f*
Je trouve que tu dépenses trop d'argent pour tes vêtements et tes chaussures.

Bargeld ['ba:*gɛlt] *n,* -(e)s, *kein Pl.*
Ich habe nicht genug Bargeld. Kann ich mit Kreditkarte bezahlen?

argent liquide *m*
Je n'ai pas assez d'argent liquide. Je peux payer avec une carte de crédit?

bargeldlos ['ba:*gɛltlo:s] *Adj., keine Komp.*
Wir bezahlen alle Rechnungen bargeldlos.

par virement / mandat
Nous réglons toutes nos factures par virement.

Bezahlung [bə'tsa:luŋ] *f, -, -*
Für die Bezahlung haben Sie vier Wochen Zeit.

réglement *m;* **paiement** *m*
Vous avez quatre semaines pour effectuer le réglement.

Börse ['bœrzə] *f, -, -n*
Die Entwicklung der Börsenkurse war in letzter Zeit positiv.

bourse *f*
L'évolution de la cotation boursière est positive ces derniers temps.

Einkommen ['ainkɔmən] *n, -s, -*
Wie hoch ist dein Jahreseinkommen?

revenu *m*
A combien se monte ton revenu annuel?

einzahlen ['ainza:l(ə)n] *V/t.,* zahlte ein, hat eingezahlt
Ich möchte 2000,- Mark auf das Konto 32456-876 einzahlen.

payer, virer

Je voudrais virer la somme de 2000 mark sur le compte n° 32456-876.

finanziell [finan'tsjɛl] *Adj., keine Komp.*
Die finanzielle Situation der Firma ist besser geworden.

financier; pécuniaire

Les finances de cette entreprise se sont assainies.

finanzieren [finan'tsi:rən] *V/t.*
Das Haus ist über ein Bankdarlehen finanziert worden.

financer
Un prêt bancaire a servi à financer la maison.

Geldbeutel ['gɛltbɔit(ə)l] *m, -s, -*
Ich habe 20,- Mark aus deinem Geldbeutel genommen.

porte-monnaie *m*
J'ai pris 20 mark dans ton porte-monnaie.

Gewinn [gə'vin] *m, -s, -e*
Sie hat bei dem Verkauf ihres Hotels einen guten Gewinn gemacht.

gain *m;* **profit** *m*
Elle a gagné beaucoup d'argent en vendant son hôtel.

Groschen ['grɔʃ(ə)n] *m, -s, -*
Könnten Sie einen Schilling in Groschen wechseln?

groschen *m*
Vous pouvez me changer un shilling en groschens?

Kleingeld ['klaingɛlt] *n, -(e)s, kein Pl.*
Ich kann leider nicht wechseln. Ich habe kein Kleingeld.

monnaie *f*

Je ne peux pas changer, je regrette. Je n'ai pas de monnaie.

Rappen ['rap(ə)n] *m, -s, -*
Können Sie mir einen Franken in Rappen wechseln?

rappen *m*
Vous pouvez me changer un franc suisse en rappens?

Rente ['rɛntə] *f, -, -n*
Meine Eltern bekommen beide eine gute Rente.

retraite *f*
Mes parents ont tous deux une bonne retraite.

Scheckkarte ['ʃɛkkartə] *f, -, -n*
Ohne Scheckkarte dürfen wir Ihren Scheck nicht annehmen.

carte de chèques *f*
Sans carte de chèques nous n'acceptons pas votre chèque.

Schein [ʃain] *m, -(e)s, -e*
Dieser Tankautomat nimmt auch Zehnmarkscheine an.

billet (de banque) *m*
Ce distributeur d'essence marche aussi avec des billets de dix marks.

Überweisung [y:bə*'vaizuŋ] *f, -, -en*
Bitte bezahlen Sie bargeldlos durch Überweisung!

mandat *m*

Veuillez effectuer le réglement par mandat.

überweisen [y:bə*'vaiz(ə)n] *V/t.,* überwies, hat überwiesen
Der Betrag ist letzte Woche überwiesen worden.

faire un mandat; virer

La somme a été virée la semaine dernière.

Verdienst [fɛə*'di:nst] *m, -(e)s, -e*
Ich spare regelmäßig einen Teil meines Verdienstes.

gain *m (résultant d'un travail)*
Je mets régulièrement de côté une partie de mes gains.

Vermögen [fɛə*'mø:g(ə)n] *n, -s, -*
Das Vermögen des Betriebs reicht als Sicherheit für den Bankkredit nicht·aus.

patrimoine *m;* capital *m*
Le capital de l'entreprise ne suffit pas comme garantie pour le crédit bancaire.

verschwenden [fɛə*'ʃvɛnd(ə)n] *V/t.,* verschwendete, hat verschwendet
Bei der Produktion wird zu viel Material verschwendet.

gaspiller

On gaspille trop de matériel, en cours de production.

Wechselgeld ['vɛks(ə)lgɛlt] *n, -(e)s, kein Pl.*
Es ist kein Wechselgeld in der Kasse.

monnaie *f*

Il n'y a pas de monnaie dans la caisse.

6.4 Arbeitswelt

1-2000

6.4 Monde du travail

Angelegenheit [ˈangəleːg(ə)n-
hait] *f, -, -en*
Um diese Angelegenheit kümmert sich Frau Rabe.

affaire *f*

C'est Mme Rabe qui s'occupe de
cette affaire.

---

arbeitslos [ˈarbaitsloːs] *Adj., keine Komp.*
Sie war nur drei Monate arbeitslos.

au chômage

Elle a été juste trois mois au chômage.

Aufgabe [ˈaufgaːbə] *f, -, -n*
Herr Weiß hat neue Aufgaben in
einer anderen Abteilung übernommen.

tâche *f*
On a confié de nouvelles tâches à
M. Weiß dans un autre service.

Bedingung [bəˈdiŋuŋ] *f, -, -en*
Die Arbeitsbedingungen in unserer Firma sind gut.
Ich habe die Bedingung gestellt,
daß ich ein eigenes Büro bekomme.

condition *f*
Les conditions de travail, dans
notre entreprise, sont bonnes.
J'ai posé comme condition d'a-
voir un bureau pour moi tout seul.

---

beschäftigen [bəˈʃɛftig(ə)n] *V/t.,*
beschäftigte, hat beschäftigt
Unsere Firma beschäftigt 130 Angestellte und Arbeiter.

employer

Notre entreprise emploie 130 employés et ouvriers.

---

bewerben [bəˈvɛrb(ə)n] *V/refl.,*
bewarb, hat beworben
Ich habe mich bei zwei Firmen
beworben.

poser sa candidature

J'ai posé ma candidature auprès
de deux firmes.

Bewerbung [bəˈvɛrbuŋ] *f, -, -en*
Auf meine Bewerbung habe ich
noch keine Antwort.

candidature *f*
Je n'ai pas encore reçu de réponse à ma candidature.

Büro [byˈroː] *n, -s, -s*
Sonja arbeitet in einem Versiche-
rungsbüro.

bureau *m*
Sonja travaille chez un agent
d'assurances.

Chef [ʃɛf] *m*, -s, -s
Chefin [ˈʃɛfin] *f*, -, -nen
Mit unserem Chef kann man gut zusammenarbeiten.

patron *m*
Avec notre patron on peut travailler.

Dienst [diːnst] *m*, -es, -e
Nächste Woche habe ich Nachtdienst im Krankenhaus.

service *m*; garde *f*
Je suis de garde à l'hôpital la semaine prochaine.

einstellen [ˈainʃtɛl(ə)n] *V/t.*, stellte ein, hat eingestellt
Wir schaffen die Arbeit nicht.

embaucher
Nous n'arrivons plus à faire le travail.

Es müssen unbedingt ein paar neue Leute eingestellt werden.

Il faudrait absolument embaucher quelques personnes en plus.

Erfolg [ɛəˈfɔlk] *m*, -(e)s, -e
Mit den neuen Produkten hat die Firma großen Erfolg.

succès *m*
Les nouveaux produits de la maison ont beaucoup de succès.

erfolgreich [ɛəˈfɔlkraiç] *Adj.*
Sie ist eine erfolgreiche Geschäftsfrau.

qui réussit
C 'est une femme d'affaires qui a réussi.

erledigen [ɛəˈleːdig(ə)n] *V/t.*, erledigte, hat erledigt
Diese Sache muß unbedingt bis morgen erledigt werden.

régler
Il faut vraiment régler cette affaire avant demain.

Gehalt [gəˈhalt] *n*, -(e)s, Gehälter
Die Gehälter werden ab nächsten Monat um 2,7 % erhöht.

salaire *m*
Il y aura une augmentation de salaire de 2,7% à partir du mois prochain.

Karriere [karˈjɛːrə] *f*, -, -n
Von seinen Kollegen wird er bewundert, weil er sehr schnell Karriere gemacht hat.

carrière *f*
Il est très admiré de ses collègues car il a fait très vite carrière.

Kopie [koˈpiː] *f*, -, -n
Bitte machen Sie drei Kopien von dem Brief. Das Original behalte ich.

copie *f*; photocopie *f*
Faites trois copies de cette lettre, je vous prie. Je garde l'original.

kündigen [ˈkyndig(ə)n] *V/t.*, kündigte, hat gekündigt
Ich habe meine Stelle zum 1. Mai gekündigt.

démissionner; donner sa démission
J'ai donné ma démission pour le 1er mai.

Landwirtschaft ['lantvirtʃaft] *f, -, kein Pl.*
Früher hat er in der Landwirtschaft gearbeitet. Jetzt hat er eine Stelle in der Industrie.

agriculture *f*
Avant il était dans l'agriculture, maintenant il a un emploi dans l'industrie.

Leistung ['laistuŋ] *f, -, en*
Ihre berufliche Leistung wird von allen Kollegen anerkannt.

performance *f*
Ses collègues reconnaissent ses performances professionnelles.

Leitung ['laituŋ] *f, -, kein Pl.*
Die Geschäftsleitung hat die Arbeitszeiten geändert.

direction *f*
La direction a modifié les horaires de travail.

Lohn [loːn] *m, -(e)s, Löhne*
Wie hoch ist dein Stundenlohn?

salaire *m*
A combien se monte ton salaire horaire?

Personal [pɛrzoˈnaːl] *n, -s, kein Pl.*
Die Firma ‚Schmidt & Koch' hat sehr gutes Personal.

personnel *m*
La maison «Schmidt & Koch» a un excellent personnel.

Qualität [kvaliˈtɛːt] *f, -, -en*
Mit der Qualität der neuen Möbel bin ich zufrieden.

qualité *f*
Je suis satisfait de la qualité des nouveaux meubles.

Stelle ['ʃtɛlə] *f, -, -n*
In unserer Firma ist eine Stelle als Fahrer frei.

emploi *m;* **place** *f*
Il y a une place de chauffeur de libre dans notre firme.

Stellung ['ʃtɛluŋ] *f, -, -en*
Meine Frau hat eine gute Stellung als Verkäuferin in einem Kaufhaus.

poste *m;* **emploi** *m*
Ma femme a un bon emploi de vendeuse dans un grand magasin.

---

tippen ['tip(ə)n] *V/t., tippte, hat getippt*
Haben Sie den Brief an Herrn Behrens schon getippt?

taper à la machine

Avez-vous déjà tapé la lettre pour Monsieur Behrens?

Urlaub ['uːəˈlaup] *m, -s, kein Pl.*
Ich mache gerne im Winter Urlaub.

vacances *f/pl;* **congés payés** *m/pl*
J'aime bien prendre mes vacances en hiver.

---

verantwortlich [fɛɐˈʔantvɔrtliç] *Adj.*
Herr Ahrens ist für die Qualitätskontrolle verantwortlich.

responsable

C'est Monsieur Ahrens qui est responsable du contrôle de la qualité.

Vertrag [fɛə*'traːk] *m*, -(e)s, Verträge
Heute habe ich den Arbeitsvertrag mit meiner neuen Firma unterschrieben.

contrat *m*
J'ai signé aujourd'hui mon contrat de travail avec ma nouvelle société.

vertreten [fɛə*'treːt(ə)n] *V/t.*, vertrat, hat vertreten
Während des Urlaubs vertritt er die Abteilungsleiterin.

remplacer
Il remplace le chef de service quand elle est en vacances.

Werk [vɛrk] *n*, -(e)s, -e
Die Firma hat ein Werk in Unna und eins in Hagen.

usine *f*
L'entreprise a une usine à Unna et une autre à Hagen.

Werkstatt ['vɛrkʃtat] *f*, -, Werkstätten
Die Maschine muß in der Werkstatt repariert werden.

atelier *m*
Il faut faire réparer cette machine à l'atelier.

2001-4000

Abteilung [apˈtailuŋ] *f*, -, -en
In unserer Abteilung ist das Betriebsklima sehr gut.

service *m*
L'ambiance est très bonne dans notre service.

Aktie ['aktsjə] *f*, -, -n
Die Banken raten, jetzt Aktien zu kaufen.

action *f*
Les banques conseillent d'acheter maintenant des actions.

Anforderung ['anfɔrdəruŋ] *f*, -, -en
Die Anforderungen, die unsere Chefin stellt, sind hoch.

exigence *f*
Notre patronne exige beaucoup de ses employés.

anstellen ['anʃtɛl(ə)n] *V/t.*, stellte an, hat angestellt
Sie ist nach der Probezeit fest angestellt worden.

engager
Après la période d'essai elle a été engagée.

Arbeitgeber ['arbaitˈgeːbə*] *m*, -s, -, **Arbeitgeberin** *f*, -, -nen
Die Gewerkschaft und die Arbeitgeber verhandeln seit zwei Wochen über einen neuen Tarifvertrag.

patron *m*, **-ne** *f*
Les syndicats et le patronat négocient depuis deux semaines la nouvelle convention collective.

Arbeitnehmer ['arbait'ne:mə*] *m*, -s, -, **Arbeitnehmerin** *f*, -, -nen
Die Arbeitnehmer haben für den neuen Tarifvertrag gestimmt.

salarié *m*

Les salariés ont adopté la nouvelle convention collective.

Arbeitslosigkeit ['arbaitslo:ziçkait] *f*, -, *kein Pl*.
Die Arbeitslosigkeit ist im letzten Jahr um 2,7 % gestiegen.

chômage *m*

L'année dernière le chômage a augmenté de 2,7%.

Arbeitsplatz ['arbaitsplats] *m*, -es, Arbeitsplätze
In der Schiffsindustrie gibt es immer weniger Arbeitsplätze.

emploi *m*

Il y a de moins en moins d'emplois dans la construction navale.

Arbeitszeit ['arbaitstsait] *f*, -, -en
Die Arbeitszeit in unserem Betrieb ist von 7.30 Uhr bis 17.00 Uhr.

heures de travail *f/pl*

Dans notre entreprise, on travaille de 7h30 à 17h.

Belastung [bə'lastuŋ] *f*, -, -en
Nachtdienst ist eine große Belastung für die Arbeiter.

pénibilité *f*

Le travail de nuit est très pénible pour les ouvriers.

Belegschaft [bə'le:kʃaft] *f*, -, -en
Die Belegschaft ist mit den neuen Urlaubsterminen einverstanden.

personnel *m*

Le personnel est d'accord avec le changement des dates de vacances.

Beratung [bə'ra:tuŋ] *f*, -, -en
Bernd weiß noch nicht, welchen Beruf er lernen möchte. Er hat sich deshalb bei der Berufsberatung des Arbeitsamtes informiert.

orientation *f (professionnelle)*

Bernd ne sait pas encore quel métier choisir. C'est pourquoi il s'est renseigné auprès du service orientation professionnelle de l'ANPE.

Beschäftigte [bə'ʃɛftigtə] *m/f*, -n, -n
Fast alle Beschäftigten haben am Betriebsausflug teilgenommen.

membre du personnel *m*

Presque tous les membres du personnel ont pris part à l'excursion annuelle de l'entreprise.

Daten ['da:t(ə)n] *nur Pl*.
Sie arbeitet am Computer und gibt Daten ein.

données *f/pl*

Elle travaille sur ordinateur et rentre les données.

Diktat [dik'ta:t] *n*, -s, -e
Die Chefin spricht ihre Diktate auf Cassette.

dictée *f*

La patronne dicte sur cassette.

Direktor [di'rɛktɔr] *m*, -s, -en
Direktorin [dirɛk'to:rin] *f*, -, -nen
Die Firma wird von zwei Direktoren geleitet.

directeur *m;* **-trice** *f*

Deux directeurs sont à la tête de l'entreprise.

entlassen [ɛnt'las(ə)n] *V/t.,* entließ, hat entlassen
Warum der Kollege Scholz entlassen wurde, weiß niemand.

licencier

Personne ne sait pourquoi notre collègue Scholz a été licencié.

Feierabend ['faiə*a:b(ə)nt] *m*, -s, -e
Freitags haben wir schon um 13.00 Uhr Feierabend.

fin de la journée de travail *f*

Le vendredi on s'arrête de travailler tôt, à 13 heures.

Gewerkschaft [gə'vɛrkʃaft] *f*, -, -en
Die Gewerkschaften kämpfen seit Jahren für eine Arbeitszeitverkürzung.

syndicat *m*

Les syndicats essayent depuis des années d'obtenir une réduction du temps de travail.

Handwerk ['hantvɛrk] *n*, -s, *kein Pl.*
Automechaniker ist seit Jahren der beliebteste Handwerksberuf bei Jungen.

artisanat *m;* **métier** *m*

Le métier de mécanicien est le plus coté auprès des jeunes, depuis des années.

Kollege [kɔ'le:gə] *m*, -n, -n
Kollegin [kɔ'le:gin] *f*, -, -nen
In unserer Abteilung sagen alle Kollegen ,du' zueinander.

collègue *m/f*

Dans notre service tous les collègues se tutoient.

Konferenz [kɔnfə'rɛnts] *f*, -, -en
Auf der Vertreterkonferenz wurde der neue Verkaufsleiter vorgestellt.

conférence *f;* **réunion** *f*
Le nouveau chef des ventes a été présenté au cours de la réunion des représentants.

Kongreß [kɔn'grɛs] *m*, Kongresses, Kongresse
Dr. Matz habe ich auf einem Medizinerkongreß in Düsseldorf kennengelernt.

congrès *m*

J'ai fait la connaissance du docteur Matz lors d'un congrès de médecins à Düsseldorf.

Leiter ['laitə*] *m*, -s, -
Leiterin ['laitərin] *f*, -, -nen
Vor sechs Jahren hat sie als Verkäuferin bei uns angefangen, jetzt ist sie schon Leiterin des Supermarktes.

chef *m/f*

Elle a débuté chez nous il y a six ans comme vendeuse, maintenant elle dirige le supermarché.

Mitarbeiter ['mitarbaitə*] *m*, -s, -
Mitarbeiterin *f*, -, -nen
Alle Mitarbeiter sind zu einer Betriebsversammlung eingeladen worden.

membre du personnel *m;* **collaborateur** *m*, **-trice** *f*
Tous les membres du personnel ont été invités à une assemblée générale de l'entreprise.

Mitbestimmung ['mitbəʃtimuŋ] *f*, -, *kein Pl.*
Die Mitbestimmung der Arbeitnehmer in den Betrieben ist keine wichtige politische Streitfrage mehr.

participation de gestion à l'entreprise *f*
La participation à la gestion de l'entreprise ne fait plus l'objet de débats politiques importants.

Mißerfolg ['misɛə*fɔlk] *m*, -(e)s, -e
Für die jüngsten wirtschaftlichen Mißerfolge wird vor allem der Verkaufschef verantwortlich gemacht.

échec *m*

La responsabilité des récents échecs économiques est imputée au chef des ventes.

Notizbuch [no'ti:tsbu:x] *n*, -(e)s, Notizbücher
Mein Notizbuch ist mein ‚zweites Gedächtnis'.

agenda *m*

Mon agenda me sert d'aide-mémoire.

Praktikant [prakti'kant] *m*, -en, -en
Praktikantin *f*, -, -nen
In den Semesterferien arbeitet sie als Praktikantin in einer Textilfabrik.

stagiaire *m/f*

Elle travaille comme stagiaire dans une usine de textile pendant les vacances universitaires de semestre.

Projekt [pro'jɛkt] *n*, -(e)s, -e
Unsere Gruppe arbeitet an einem geheimen Projekt.

projet *m*
Notre groupe travaille à un projet secret.

Schreibmaschine ['ʃraipmaʃi:nə] *f*, -, -n
Wie schnell kannst du Schreibmaschine schreiben?

machine à écrire *f*

A quelle vitesse est-ce que tu tapes à la machine?

Sitzung ['zitsuŋ] *f*, -, -en
Auf der letzten Sitzung der Geschäftsleitung wurde eine neue Arbeitszeitregelung besprochen.

réunion *f*
On a parlé d'une nouvelle réglementation des heures de travail au cours d'une réunion de la direction.

Streik [ʃtraik] *m*, -s, -s
Die Mehrheit der Beschäftigten stimmte für den Streik.

grève *f*
La majorité des employés a décidé de faire grève.

streiken [ˈʃtraik(ə)n] *V/i.*, streikte, hat gestreikt
Die Kollegen streiken für kürzere Arbeitszeiten.

faire grève

Nos collègues font grève pour obtenir une réduction du temps de travail.

Tarif [taˈriːf] *m*, -s, -e
Die Gewerkschaften verhandeln mit den Arbeitgebern über neue Gehaltstarife.

convention collective *f*
Les syndicats négocient une nouvelle convention collective avec le patronat.

Termin [tɛrˈmiːn] *m*, -s, -e
Montag ist der letzte Termin.
Bis dahin muß die Ware beim Kunden sein.

date (limite) *f*
Lundi, c'est la date limite.
La marchandise doit être arrivée chez le client jusque là.

Unterschrift [ˈʊntə*ʃrift] *f*, -, -en
Der Vertrag ist ohne die Unterschrift von Frau Brand nicht gültig.

signature *f*
Ce contrat n'est pas valable sans la signature de Mme Brand.

verpachten [fɛə*ˈpaxt(ə)n] *V/t.*, verpachtete, hat verpachtet
Er hat sein Geschäft verpachtet.

mettre en gérance

Il a mis son magasin en gérance.

Vertreter [fɛə*ˈtreːtə*] *m*, -s, -
Vertreterin *f*, -, -nen
Der Chef ist nicht da. Sie können aber mit seinem Vertreter sprechen.

suppléant *m*, **-e** *f*; **adjoint** *m*

Le patron n'est pas là, mais vous pouvez voir son suppléant.

Vorgänger [ˈfoːə*gɛŋə*] *m*, -s, -
Vorgängerin *f*, -, -nen
Der neue Abteilungsleiter ist ein ganz anderer Mensch als sein Vorgänger.

prédécesseur *m*

Le nouveau chef de service est très différent de son prédécesseur.

Vorsitzende [ˈfoːə*zits(ə)ndə]] *m/f.*, -n, -n
Sie ist seit acht Jahren Vorsitzende des Betriebsrates.

président *m*, **-e** *f*

Elle préside depuis huit ans le comité d'entreprise.

Zusammenarbeit [tsuˈzamənarbait] *f*, -, *kein Pl.*
Die Zusammenarbeit mit der neuen Kollegin klappt gut.

collaboration *f*

Il y a une bonne collaboration entre ma nouvelle collègue et moi.

zusammenarbeiten [tsu'zam-mənarbait(ə)n] *V/i., + Präp.* (mit), arbeitete zusammen, hat zusammengearbeitet
collaborer, faire équipe

Edith ist sehr nervös. Mit ihr kann man nicht gut zusammenarbeiten.
Edith est très nerveuse. C'est difficile de travailler avec elle.

zuständig ['tsu:ʃtɛndiçº] *Adj., keine Komp.*
responsable

Wer ist in Ihrer Firma für Reklamationen zuständig?
Qui est responsable des réclamations dans votre maison?

6.5 Post und Telefon | 1-2000

6.5 Poste et téléphone

Anschrift

Adresse [a'drɛsə] *f, -, -n*
adresse *f*
Wie ist seine neue Adresse?
Quelle est sa nouvelle adresse?

Anruf ['anru:f] *m, -es, -e*
appel *m;* **coup de téléphone** *m*
Gab es einen Anruf für mich?
Il y a eu un appel pour moi?

anrufen ['anru:f(ə)n] *V/t.,* rief an, hat angerufen
téléphoner
Ich werde Sie morgen bestimmt anrufen.
Je vous téléphonerai à coup sûr demain.

Anschrift ['anʃrift] *f, -, -en*
adresse *f*
Die Anschrift war falsch. Deshalb kam der Brief zurück.
C'était la mauvaise adresse. C'est pourquoi la lettre est revenue.

besetzt [bə'zɛtst] *Adj., keine Komp.*
occupé
Ich habe versucht, dich anzurufen, aber es war dauernd besetzt.
J'ai essayé de te téléphoner, mais c'était toujours occupé.

Brief [bri:f] *m, -(e)s, -e*
lettre *f*
Der Brief von Frau Klausen muß schnell beantwortet werden.
Il faut répondre rapidement à la lettre de Mme Klausen.

Briefmarke ['bri:fmarkə] *f, -, -n*
Hast du eine 80-Pfennig-Brief-
marke für mich?

timbre *m*
Tu as un timbre à 1 mark pour
moi?

Empfänger [ɛm'pfɛŋə*] *m, -s, -*
Empfängerin *f, -, -nen*
‚Empfänger unbekannt' stand auf
dem Umschlag.

destinataire *m/f*

Sur l'enveloppe il y avait marqué
«destinataire inconnu».

Gespräch [gə'ʃprɛ:ç] *n, -(e)s, -e*
Auf Apparat Nr. 7 ist ein Gespräch
für Sie.

communication *f*
Sur l'appareil 7 il y a une communication pour vous.

Paket [pa'ke:t] *n, -(e)s, -e*
Große Firmen schicken ihre Pa-
kete nicht mehr mit der Post, sondern mit einem privaten Paket-
dienst.

paquet *m*
Les grandes entreprises n'expé-
dient plus leurs paquets par la
poste, mais par un service privé
de distribution des paquets.

Porto ['pɔrto] *n, -s, -s* (Porti)
Wie hoch ist das Porto für diesen
Brief nach Kanada?

affranchissement *m;* **port** *m*
C'est combien, le port, pour cette
lettre pour le Canada?

Post [pɔst] *f, -, kein Pl.*
Bring bitte Briefmarken von der
Post mit.

(bureau de) poste *f*
Rapporte des timbres de la poste,
s'il te plaît.

Päckchen ['pɛkçən] *n, -s, -*
Es ist ein Päckchen für dich angekommen.

(petit) paquet *m;* **colis** *m*
Il y a un colis pour toi.

Telefon ['te:lefo:n] *n, -s, -e*
Man kann Petra jetzt anrufen.
Sie hat ein Telefon.

téléphone *m*
Petra a le téléphone. On peut lui
téléphoner maintenant.

Telefonbuch [tele'fo:nbu:x] *n,
-(e)s,* Telefonbücher
Deinen Namen konnte ich im Telefonbuch nicht finden.

annuaire *m*

Je n'ai pas pu trouver ton nom
dans l'annuaire.

telefonieren [telefo'ni:rən] *V/i.,*
telefonierte, hat telefoniert
Ich habe ihn lange nicht gesehen,
aber wir telefonieren jede Woche
miteinander.

téléphoner

Cela fait longtemps que je ne l'ai
pas vu, mais on se téléphone
toutes les semaines.

Telefonzelle [tele'fo:ntsɛlə] *f, -, -n*
Sie hat mich aus einer Telefonzel-
le angerufen.

cabine téléphonique *f*
Elle m'a appelé d'une cabine.

Telegramm [tele'gram] *n*, -s, -e
Dein Telegramm habe ich bekommen.

télégramme *m*
J'ai reçu ton télégramme.

2001-4000

Absender ['apzɛndə*] *m*, -s, -
Den Absender des Briefes kenne ich nicht.

expéditeur *m*
Je ne connais pas l'expéditeur de cette lettre.

Anschluß ['anʃlus] *m*, Anschlusses, Anschlüsse
Ich konnte nicht telefonieren. Mein Anschluß war gestört.

raccordement *m*; **appareil** *m*
Je ne pouvais pas téléphoner. Mon appareil était en dérangement.

Briefkasten ['bri:fkast(ə)n] *m*, -s, Briefkästen
Der Briefkasten wird dreimal täglich geleert.

boîte à lettres *f*
Il y a trois levées de courrier par jour.

Briefträger ['bri:ftrɛ:gə*] *m*, -s, -
Briefträgerin *f*, -, -nen
Bei uns kommt der Briefträger erst mittags.

facteur *m*, **-trice** *f*
Le facteur ne passe que vers midi.

Briefumschlag ['bri:fumʃla:k] *m*, -s, Briefumschläge
Auf dem Briefumschlag stand kein Absender.

enveloppe *f*
Il n'y avait pas d'expéditeur sur l'enveloppe.

Drucksache ['drukzaxə] *f*, -, -n
Diese Papiere kannst du als Drucksache schicken. Das ist billiger.

imprimé *m*
Tu peux expédier ces documents comme imprimés. C'est moins cher.

Einschreiben ['ainʃraib(ə)n] *n*, -s, -
Schick den Brief bitte als Einschreiben!

recommandé *m*
Expédie cette lettre en recommandé s'il te plaît!

Ferngespräch ['fɛə*ngəʃprɛ:ç] *n*, -s, -e
Die Gebühren für Ferngespräche werden billiger.

communication interurbaine/internationale *f*
La tarification des communications interurbaines va baisser.

Kabine [ka'bi:nə] *f, -, -n*
In der Kabine können Sie auch angerufen werden.

cabine *f*
Vous pouvez vous faire appeler à cette cabine.

Luftpost ['luftpɔst] *f, -, kein Pl.*
Trotz Luftpost war der Brief eine Woche unterwegs.

poste aérienne *f*
Même par avion, cette lettre a mis une semaine.

Ortsgespräch ['ɔrtsgeʃprɛç] *n, -s, -e*
Das Gespräch kostet nicht viel, es ist ein Ortsgespräch.

communication urbaine *f*

Cette communication n'est pas chère, c'est une communication urbaine.

Postamt ['pɔstamt] *n, -(e)s, Postämter*
Das Postamt ist morgens von 9.00 Uhr bis 12.00 Uhr geöffnet.

bureau de poste *m*

Le bureau de poste est ouvert le matin de 9 heures à midi.

Postanweisung ['pɔstanvai-zuŋ] *f, -, -en*
Bitte schick mir das Geld mit einer Postanweisung.

mandat postal *m*

Envoie-moi un mandat postal, s'il te plaît.

Postkarte ['pɔstkartə] *f, -, -n*
Wir schicken Ihnen eine Postkarte, wenn die Ware angekommen ist.

carte postale *f*
Nous vous enverrons une carte postale dès que la marchandise sera arrivée.

postlagernd ['pɔstla:gə*nt]
Adj., keine Komp.
Bitte schicke die Briefe postlagernd!

poste restante

Envoie-moi les lettres poste-restante, s'il te plaît!

Postleitzahl ['pɔstlait-tsa:l] *f, -, -en*
Kennst du die Postleitzahl von Hannover?

code postal *m*

Tu sais le code postal pour Hannovre?

telegrafieren [telegra'fi:rən] *V/i., telegrafierte, hat telegrafiert*
Ich telegrafiere euch, wann ich zurückkomme.

envoyer un télégramme

Je vous communiquerai la date de mon retour par télégramme.

6.6 Behörden, Polizei

1-2000

Amt [amt] *n*, -(e)s, Ämter
Das Einwohnermeldeamt ist im
1. Stock, Zimmer 112.

service *m;* **bureau** *m*
Le bureau de déclaration de résidence est au 1er étage, bureau
112.

Ausweis ['ausvais] *m*, -(e)s, -e
Für den Ausweis brauchen Sie ein
neues Foto.

carte d'identité *f*
Vous avez besoin d'une nouvelle
photo pour la carte d'identité.

Behörde [bə'hø:ə*də] *f*, -, -n

Er arbeitet als Beamter in der Ver-
kehrsbehörde.

administration *f;* **service admi-
nistratif** *m*
Il est fonctionnaire au service des
transports.

Feuerwehr ['fɔiə*ve:ə*] *f*, -, -en
Der Motorbrand wurde von der
Feuerwehr gelöscht.

(corps des sapeurs-)pompiers *m*
Les pompiers ont maîtrisé l'incendie du moteur.

Formular [fɔrmu'la:*] *n*, -s, -e
Für die Anmeldung müssen Sie
dieses Formular ausfüllen.

formulaire *m*
Pour l'inscription vous devez
remplir ce formulaire.

Gebühr [gə'by:ə*] *f*, -, -en
Der Reisepaß kostet 10,- Mark
Gebühr.

taxe *f*
Le passeport coûte 10 marks de
timbre fiscal.

Genehmigung [gə'ne:miguŋ] *f*,
-, -en
Auch für den Bau der Garage
brauchst du eine Baugenehmi-
gung.

permis *m;* **autorisation** *f*

Il te faut un permis de construire
pour le garage aussi.

gültig ['gyltiçᵒ] *Adj.*, keine Komp.
Der Ausweis ist fünf Jahre gültig.

valable
La carte d'identité est valable
cinq ans.

Maßnahme ['ma:sna:mə] *f*, -, -n
Die Maßnahmen der Polizei hatten keinen Erfolg.

mesure *f*
Les mesures prises par la police
n'ont pas eu de résultat.

öffentlich ['œf(ə)ntliç] *Adj.*
Dieser Gerichtsprozeß ist nicht
öffentlich.

public
Ce procès n'est pas public.

Polizei [poliˈtsai] *f, -, kein Pl.*
Die Parkuhren werden selten von der Polizei kontrolliert.

police *f*
Les parcmètres sont rarement contrôlés par la police.

Polizist [poliˈtsist] *m, -en, -en*
Polizistin [poliˈtsistin] *f, -, -nen*
Fragen Sie den Verkehrspolizisten dort. Er weiß sicher, wo die Uhlandstraße ist.

agent de police *m*

Demandez à l'agent là-bas. Il sait sûrement où se trouve la rue Uhland.

Unterlage [ˈʊntəˈlaːgə] *f, -e, -en, (meist Pl.)*
Für Ihren Antrag fehlen noch wichtige Unterlagen.

pièce justificatrice *f;* **document** *m*
Il manque encore des pièces importantes pour votre demande.

unterschreiben [ʊntəˈʃraib(ə)n] *V/t.,* unterschrieb, hat unterschrieben
Sie müssen Ihren Antrag noch unterschreiben.

signer

Vous devez encore signer votre demande.

Urkunde [ˈuːəˈkʊndə] *f, -, -n*
Die Geburtsurkunde Ihres Kindes können Sie morgen abholen.

acte *m*
Vous pouvez passer chercher l'acte de naissance de votre enfant demain.

verhaften [vɛəˈhaft(ə)n] *V/t.,* verhaftete, hat verhaftet
Wegen Fluchtgefahr ist der Täter verhaftet worden.

arrêter

On l'a placé sous mandat d'arrêt à cause d'une fuite possible.

verlängern [fɛəˈlɛŋəˈn] *V/t.,* verlängerte, hat verlängert
Der Ausweis kann verlängert werden.

proroger, prolonger

La carte d'identité peut être prorogée.

Verwaltung [fɛəˈvaltʊŋ] *f, -, -en*
Du mußt deinen neuen Wohnsitz bei der Stadtverwaltung anmelden.

services administratifs *m/pl*
Tu dois communiquer ta nouvelle résidence aux services administratifs municipaux.

Vorschrift [ˈfoːəˈʃrift] *f, -, -en*
Der Plan für das neue Haus entspricht in einigen Punkten nicht den Bauvorschriften.

prescription *f*
Le plan de ta nouvelle maison n'est, en certains points, pas conforme à la législation en matière de construction.

2001-4000

abmelden ['apmɛld(ə)n] *V/t., refl.,* meldete ab, hat abgemeldet
Hast du dich in deinem alten Wohnort schon abgemeldet?

faire une déclaration de changement de résidence
Tu as déjà fait ta déclaration de changement de résidence là où tu habitais avant?

Akte ['aktə] *f, -, -n*
Der Rechtsanwalt hat sich die Gerichtsakten angesehen.

dossier *m*
L'avocat a pris connaissance du dossier du procès.

---

anmelden ['anmɛld(ə)n] *V/t., refl., + Präp.* (für), meldete an, hat angemeldet
Das Auto wird morgen angemeldet.
Ich habe mich für die Prüfung angemeldet.

déclarer; inscrire; immatriculer

La voiture sera immatriculée demain.
Je me suis inscrit à l'examen.

Antrag ['antra:k] *m, -(e)s,* Anträge
Über den Antrag hat man noch nicht entschieden.

demande *f;* **requête** *f*
Aucune décision n'a été encore prise concernant votre demande.

---

ausfüllen ['ausfyl(ə)n] *V/t.,* füllte aus, hat ausgefüllt
Für den Antrag muß dieses Formular ausgefüllt werden.

remplir

Il faut remplir ce formulaire pour faire la demande.

---

beantragen [bə'antra:g(ə)n] *V/t.,* beantragte, hat beantragt
Wegen eines schweren Berufsunfalls hat er die Rente beantragt.

faire une demande (de...)

En raison d'un grave accident du travail, il a demandé sa mise à la retraite.

Bestimmung [bə'ʃtimuŋ] *f, -, -en*
In unserer Gemeinde gibt es die Bestimmung, daß Neubauten nicht mehr als zwei Stockwerke haben dürfen.

disposition *f*
Dans notre commune il existe une disposition selon laquelle les nouvelles constructions ne doivent pas dépasser deux étages.

---

eintragen ['aintra:g(ə)n] *V/t.,* trug ein, hat eingetragen
Sie müssen Ihren Namen in die Liste eintragen.

inscrire

Vous devez inscrire votre nom sur la liste.

Papiere [pa'pi:rə] *nur Pl.*
Der Polizist bat den Autofahrer um die Wagenpapiere.

papiers *m/pl*
L'agent de police a demandé les papiers de la voiture à l'automobiliste.

Paragraph [para'gra:f] *m*, -en, -en
Sie hat Paragraph 4 der Straßenverkehrsordnung verletzt.

article *m*
Elle a enfreint l'article 4 du code de la route.

Regelung ['re:gəluŋ] *f*, -, -en
Bei uns im Büro gibt es die Regelung, daß nur während der Pausen geraucht werden darf.

règlement *m;* **accord** *m*
Au bureau il y a un accord selon lequel on ne peut fumer que pendant les pauses.

Schalter ['ʃaltə*] *m*, -s, -
Briefmarken gibt es am Schalter 3.

guichet *m*
Pour les timbres, c'est le guichet 3.

Stempel ['ʃtɛmp(ə)l] *m*, -s, -
Ohne Behördenstempel ist die Genehmigung ungültig.

cachet *m*
Sans le cachet de l'administration cette autorisation n'est pas valable.

Zoll [tsɔl] *m*, -s, *kein Pl.*
Der Zoll hat uns an der Grenze nicht kontrolliert.

douane *f*
On n'a pas été contrôlés à la douane à la frontière.

6.7 Rechtswesen | 1-2000

6.7 Système juridique

bestrafen [bə'ʃtra:f(ə)n] *V/t.*, bestrafte, hat bestraft
Der Dieb ist mit vier Monaten Gefängnis bestraft worden.

punir
Le voleur a eu une peine de 4 mois de prison.

betrügen [bə'try:g(ə)n] *V/t.*, betrog, hat betrogen
Sie hat ihre Geschäftspartner betrogen.

escroquer
Elle a escroqué son associé.

Beweis [bə'vais] *m*, -es, -e
Sie ist verdächtig, aber es gibt noch keinen Beweis für ihre Schuld.

preuve *f*
Des soupçons pèsent sur elle, mais il n'y a pas encore de preuve de sa culpabilité.

---

beweisen [bə'vaiz(ə)n] *V/i.*, bewies, hat bewiesen
Die Polizei hat ihm bewiesen, daß er am Tatort war.

prouver
La police lui a prouvé qu'il se trouvait sur les lieux du crime.

Dieb [di:p] *m*, -(e)s, -e
Diebin ['di:bin] *f*, -, -nen
Der Dieb war der Polizei bekannt.

voleur *m*, **-euse** *f*
Le voleur était connu des services de police.

Gefängnis [gə'fɛŋnis] *n*, -ses, -se
Sie wurde zu einer Gefängnisstrafe verurteilt.

prison *f*
Elle a été condamnée à une peine d'emprisonnement.

Gericht [gə'riçt] *n*, -(e)s, -e
Das Gericht sprach ihn schuldig.

tribunal *m*
Le tribunal l'a reconnu coupable.

Gesetz [gə'zɛts] *n*, -es, -e
Manche Leute finden, daß die Gesetze nicht hart genug sind.

loi *f*
Certaines personnes trouvent que les lois ne sont pas suffisamment sévères.

Gewalt [gə'valt] *f*, -, *kein Pl.*
Nur mit Gewalt konnte er gestoppt werden.

violence *f*; **force** *f*
On a dû employer la force pour l'arrêter.

Mord [mɔrt] *m*, -es, -e
Er steht wegen Mordes vor Gericht.

meutre *m*
Il comparaît au tribunal pour meutre.

Prozeß [pro'tsɛs] *m*, Prozesses, Prozesse
Den Prozeß haben wir leider verloren.

procès *m*
Nous avons malheureusement perdu le procès.

Recht [rɛçt] *n*, -s, -e
Warum verteidigt ihr eure Rechte nicht?

droit *m*
Pourquoi ne défendez-vous pas vos droits?

Recht *n*, -s, *kein Pl.*
Das Recht ist auf eurer Seite.

justice *f*
La justice est de votre côté.

e justiz

Rechtsanwalt ['rɛçtsanvalt] *m,*-s, -anwälte, **Rechtsanwältin** [-anvɛltin] *f,* -, nen
Rechtsanwalt Dr. Sauer ist Spezialist für Steuerrecht.

avocat *m,* -e *f*

Mᵉ Sauer, docteur en droit, est spécialisé en droit fiscal.

Richter ['riçtə*] *m,* -s, -
Richterin ['riçtərin] *f,* -, -nen
Die Richterin war sehr hart.

juge *m*

La juge a été très sévère.

Schuld [ʃult] *f,* -, *kein Pl.*
Er leugnet seine Schuld.

culpabilité *f*

Il nie sa culpabilité.

schuldig ['ʃuldiç°] *Adj.*
Der Dieb wurde schuldig gesprochen.

coupable

Le voleur a été reconnu coupable.

stehlen ['ʃte:l(ə)n] *V/t.,* stahl, hat gestohlen
Mein Fahrrad ist gestohlen worden.

voler

On m'a volé ma bicyclette.

Strafe ['ʃtra:fə] *f,* -, -n
Sie bekam eine Geldstrafe.

peine *f;* **amende** *f*

Elle a eu une amende.

Urteil ['urtail] *n,* -s, -e
Auch der Rechtsanwalt fand das Urteil gerecht.

jugement *m*

L'avocat aussi a trouvé le jugement équitable.

Verbot [fɛə*'bo:t] *n,* -(e)s, -e
Dieses Verbot kannte ich nicht.

interdiction *f*

Je n'étais pas au courant de cette interdiction.

Verbrecher [fɛə*'brɛçə*] *m,* -s, -
Verbrecherin *f,* -, -nen
Der Verbrecher wurde zum zweitenmal wegen einer ähnlichen Tat verurteilt.

criminel *m*

C'est la deuxième fois que ce criminel est condamné pour des faits semblables.

Verdacht [fɛə*'daxt] *m,* -(e)s, *kein Pl.*
Die Polizei hatte einen Verdacht, konnte ihn aber nicht beweisen.

soupçon *m*

La police avait un soupçon mais n'a rien pu prouver.

verdächtig [fɛə*'dɛçtiç°] *Adj.*
Er hat sich verdächtig verhalten, aber er hat das Geld nicht gestohlen.

suspect

Il s'est comporté de façon suspecte mais n'a pas volé l'argent.

Verteidiger [fɛə*'taidigə*] *m*, -s, -
Verteidigerin *f*, -, -nen
    Der Verteidiger überzeugte den Richter von der Unschuld der Angeklagten.

(avocat *m*, -e *f* de la) défense
    La défense a convaincu le juge de l'innocence de l'accusé.

---

verurteilen [fɛə*'urtail(ə)n] *V/t.*,
verurteilte, hat verurteilt
    Er wurde zu einer Gefängnisstrafe verurteilt.

condamner
    Il a été condamné à une peine d'emprisonnement.

Zeuge ['tsɔigə] *m*, -n, -n
Zeugin ['tsɔigin] *f*, -, -nen
    Die Zeugin konnte sich genau an die Tatzeit erinnern.

témoin *m*
    La femme qui était témoin s'est rappelé exactement l'heure du délit.

2001-4000

Angeklagte ['angəkla:ktə] *m/f*, -n, -n
    Die Angeklagte leugnete ihre Schuld.

accusé *m*
    L'accusé a contesté sa culpabilité.

---

anklagen ['ankla:g(ə)n] *V/t.*, + *Präp.* (wegen), klagte an, hat angeklagt
    Er wurde wegen Mordes angeklagt.

inculper
    Il a été inculpé pour meurtre.

Anzeige ['antsaigə] *f*, -, -n
    Die Anzeige gegen ihn wurde zurückgenommen.

plainte *f*
    On a retiré la plainte contre lui.

---

anzeigen ['antsaig(ə)n] *V/t.*, + *Präp.* (wegen), zeigte an, hat angezeigt
    Er wurde wegen Raubs angezeigt.

porter plainte

    On a porté plainte contre lui pour vol à main armée.

Berufung [bə'ru:fuŋ] *f*, -, -en
    Gegen das Urteil legte die Rechtsanwältin Berufung ein.

appel *m*
    L'avocate a fait appel du jugement.

beschuldigen [bəˈʃuldig(ə)n] *V/t.,* beschuldigte, hat beschuldigt
Er wird beschuldigt, seine Kunden betrogen zu haben.

accuser (de)
Il est accusé d'avoir escroqué ses clients.

Betrüger [bəˈtry:gə*] *m,* -s, -
Betrügerin [bəˈtry:gərin] *f,* -, -nen
Paß auf! Er ist ein Betrüger.

escroc *m*

Attention! C'est un escroc.

Beute [ˈbɔitə] *f,* -, *kein Pl.*
Die Polizei konnte die Beute bis heute nicht finden.

butin *m*
La police n'a toujours pas réussi à retrouver le butin.

Einbrecher [ˈainbrɛçə*] *m,* -s, -
Einbrecherin *f,* -, -nen
Die Einbrecher waren genau informiert, wann niemand im Haus war.

cambrioleur *m*

Les cambrioleurs savaient pertinnement à quel moment il n'y avait personne à la maison.

ermorden [ɛə*ˈmɔrd(ə)n] *V/t.,* ermordete, hat ermordet
Das Opfer wurde ermordet.

assassiner

La victime a été assassinée.

erschießen [ɛə*ˈʃi:s(ə)n] *V/t.,* erschoß, hat erschossen
Einer der Täter wurde von der Polizei erschossen.

tuer (d'un coup de feu)

L'un des malfaiteurs a été tué d'une balle par la police.

Fall [fal] *m,* -(e)s, Fälle
Die Zeitungen berichten täglich über den Mordfall.

cas *m*
La presse publie des articles quotidiens sur le meurtre.

fliehen [ˈfli:(ə)n] *V/i.,* floh, ist geflohen
Der Angeklagte ist während seines Prozesses geflohen.

prendre la fuite

L'accusé a pris la fuite pendant son procès.

Häftling [ˈhɛftliŋ] *m,* -s, -e
Einige Häftlinge lernen im Gefängnis einen Beruf.

détenu *m*
Certains détenus ont appris un métier en prison.

Justiz [jusˈti:ts] *f,* -, *kein Pl.*
In der Presse wird die Justiz wegen der langen Dauer der Verfahren kritisiert.

justice *f*
La justice a été prise à partie dans la presse à cause de la longueur du procès.

Klage [ˈkla:gə] *f,* -, -n
Der Prozeßgegner hat seine Klage zurückgezogen.

action en justice *f*
La partie adverse s'est désistée.

Kommissar [kɔmi'sa:*] *m*, -s, -e
Kommissarin *f*, -, -nen
Er hat als Verkehrspolizist angefangen, jetzt ist er Kommissar geworden.

commissaire *m*

Il a débuté dans la police comme
agent de circulation, maintenant il
est commissaire.

Motiv [mo'ti:f] *n*, -s, -e
Die Kommissarin sucht immer
noch ein Motiv für die Tat.

mobile *m*
La commissaire cherche toujours
le mobile des faits.

Mörder ['mœrdə*] *m*, -s, -
Mörderin ['mœrdərin] *f*, -, -nen
Die Mörderin hat den Mord zuge-
geben.

assassin *m*; **meurtrier** *m*, -ière *f*

La meurtrière a avoué son crime.

Raub [raup] *m*, -(e)s, *kein Pl.*

Raub muß mit Gefängnis bestraft
werden.

vol avec violence *m*; **vol à main
armée**
Le vol avec violence doit être pas-
sible de prison.

schwören ['ʃvøːrən] *V/i.*, schwor,
hat geschworen
Er schwor, die Wahrheit gesagt
zu haben.

jurer

Il a juré avoir dit la vérité.

Staatsanwalt ['ʃta:tsanvalt] *m*,
-(e)s, -anwälte,
Staatsanwältin [-anvɛltin] *f*, -,
-nen
Der Staatsanwalt konnte dem An-
geklagten seine Schuld nicht beweisen.

procureur *m*

Le procureur n'a pas pu prouver
la culpabilité de l'accusé.

Täter ['tɛːtə*] *m*, -s, -
Täterin ['tɛːtərin] *f*, -, -nen
Die Zeugin konnte den Täter nicht
wiedererkennen.

auteur *m (d'un délit etc.)*; **coupable** *m*
Le témoin n'a pas pu identifier le
coupable.

töten ['tøːt(ə)n] *V/t.*, tötete, hat getötet
Bei dem Verkehrsunfall wurde eine Person getötet.

tuer

L'accident de la circulation a fait
un mort.

Verfahren [fɛə*'fa:rən] *n*, -s, -
Das Gerichtsverfahren wird bei
diesem schwierigen Fall sicher
sehr lange dauern.

procédure *f*
La procédure dans cette affaire
difficile risque d'être très longue.

Verhandlung [fɛə*'handluŋ] *f, -,
-en*
Die Verhandlung wurde unterbrochen.

audience *f*

L'audience a été interrompue.

Vernehmung [fɛə*'ne:muŋ] *f, -,
-en*
Die Vernehmung der Zeugen brachte die Polizei keinen Schritt weiter.

audition *f*

L'audition des témoins n'a pas fait avancer la police d'un pas.

---

verstoßen [fɛə*'ʃto:s(ə)n] *V/i., +
Präp.* (gegen), verstieß, hat verstoßen
Dem Firmeninhaber wird vorgeworfen, gegen das Arbeitsschutzgesetz verstoßen zu haben.

transgresser

On accuse le chef d'entreprise de n'avoir pas respecté la législation en matière de protection du travail.

7.1 Theater, Film, bildende Kunst | 1-2000

7.1 Théâtre, cinéma, arts

bekannt [bə'kant] *Adj.,* -er, am -esten

Der Schauspieler ist bisher nur durch seine Theaterrollen bekannt geworden.

connu

Cet acteur n'est connu jusqu'à présent que par ses rôles au théâtre.

berühmt [bə'ry:mt] *Adj.,* -er, am -esten

Sie ist durch den Film ‚Das Tal' berühmt geworden.

célèbre

Elle est devenue célèbre grâce au film «La Vallée».

Bühne ['by:nə] *f,* -, -n

Die Bühne im großen Theatersaal ist für dieses Stück nicht geeignet.

scène *f*

La scène de la grande salle du théâtre n'est pas adaptée à cette pièce.

Eintritt ['aintrit] *m,* -(e)s, *kein Pl.*

Der Eintritt kostet zwischen 8,- und 12,- Mark.

place *f*

Les places coûtent entre 8 et 12 marks.

Film [film] *m,* -(e)s, -e

In diesem Kino werden recht gute Filme gezeigt.

film *m*

On passe de bons films dans ce cinéma.

Instrument [instru'mɛnt] *n,* -(e)s, -e

Spielst du ein Musikinstrument?

instrument *m*

Tu joues d'un instrument de musique?

Kapitel [ka'pit(ə)l] *n,* -s, -

Der Roman hat sechs Kapitel.

chapitre *m*

Le roman a six chapitres.

Kino ['ki:no] *n,* -s, -s

Dieses Kino zeigt nachmittags Kinderfilme.

cinéma *m*

Ce cinéma passe des films pour enfants l'après-midi.

Kultur [kul'tu:ɐ*] *f,* -, -en

In unserer Stadt gibt es jeden Sommer ein spezielles Kulturprogramm.

culture *f*

Il y a tous les étés un programme culturel spécial dans notre ville.

Kunst [kunst] *f, -,* Künste
Der Musikabend wurde vom Kunstverein organisiert.

art *m*
La soirée musicale a été organisée par la société des amis des arts.

Künstler ['kynstlə*] *m, -s, -*
Künstlerin ['kynstlərin] *f, -, -nen*
Einige Bilder des Künstlers sind in der Hamburger Kunsthalle zu sehen.

artiste *m/f*

Quelques tableaux de l'artiste ont été exposés au Kunsthalle de Hambourg.

Literatur [litəra'tu:ə*] *f, -, -en*
Afrikanische Literatur ist in Europa nicht sehr bekannt.

littérature *f*
La littérature africaine n'est pas très connue en Europe.

malen ['ma:l(ə)n] *V/t.,* malte, hat gemalt
Wer hat dieses Bild gemalt?

peindre

Qui a peint ce tableau?

Maler ['ma:lə*] *m, -s, -*
Malerin ['ma:lərin] *f, -, -nen*
Die Arbeiten dieser Malerin sind ein Geheimtip.

peintre *m*

Seuls les initiés savent apprécier les œuvres de ce peintre.

Museum [mu'ze:um] *n, -s,* Museen
Das Museum ist auch am Sonntag geöffnet.

musée *m*

Le musée est ouvert aussi le dimanche.

Publikum ['pu:blikum] *n, -s, kein Pl.*
Das Publikum des Stadttheaters ist sehr kritisch.

public *m*

Le public du théâtre municipal a l'esprit très critique.

Rolle ['rɔlə] *f, -, -n*
Diese Rolle ist besonders schwierig zu spielen.

rôle *m*
Ce rôle est particulièrement difficile à interpréter.

Schauspieler ['ʃauʃpi:lə*] *m, -s, -,*
Schauspielerin *f, -, -nen*
Die Schauspieler des Stücks wurden von allen gelobt.

acteur *m,* **-trice** *f*

Les acteurs de cette pièce ont recueilli des éloges unanimes.

spielen ['ʃpi:l(ə)n] *V/t.,* spielte, hat gespielt
Sie hat schon als Schülerin Theater gespielt.

jouer

Elle a déjà fait du théâtre à l'école.

Theater [te'a:tə*] *n, -s, -*
Das Stadttheater hat ein treues Publikum.

théâtre *m*
Le théâtre municipal a un public fidèle.

Theaterstück [te'a:tə*ʃtyk] *n, -(e)s, -e*
Das Theaterstück hatte großen Erfolg.

pièce de théâtre *f*
La pièce de théâtre a remporté un grand succès.

Titel ['ti:t(ə)l] *m, -s, -*
Den Titel ihres neuesten Buches kenne ich nicht.

titre *m*
Je ne sais pas le titre de son dernier livre.

Vorstellung ['fo:ə*ʃtɛluŋ] *f, -, -en*
Die Vorstellungen sind gut besucht.

représentation *f*
Il y a beaucoup d'affluence aux représentations.

zeichnen ['tsaiçnən] *V/t.,* zeichnete, hat gezeichnet
Zeichnen ist mein Hobby.

dessiner

Mon hobby c'est le dessin.

Zuschauer ['tsu:ʃauə*] *m, -s, -*
Zuschauerin *f, -, -nen*
Die modernen Theaterstücke haben wenig Zuschauer.

spectateur *m,* **-trice** *f*

Les pièces modernes de théâtre ont un public restreint.

2001-4000

Akt [akt] *m, -(e)s, -e*
Nach dem 3. Akt gibt es eine Pause.

acte *m*
L'entracte est après le 3e acte.

Aufführung ['auffy:ruŋ] *f, -, -en*
Seit Monaten sind die Aufführungen ausverkauft.

représentation *f*
Depuis des mois les représentations se jouent à guichets fermés.

Ausstellung ['ausʃtɛluŋ] *f, -, -en*
Die Ausstellung des Malers war gut besucht.

exposition *f*
Il y a eu beaucoup de visiteurs à l'exposition de ce peintre.

Autor ['autɔr] *m, -s, -en*
Autorin [au'to:rin] *f, -, -nen*
Der Autor des Romans ist nicht sehr bekannt.

auteur *m*

L'auteur de ce roman n'est pas très connu.

beliebt [bə'li:pt] *Adj.*, -er, am -esten
Der Schauspieler ist beim Publikum sehr beliebt.

aimé
Cet acteur est très aimé du public.

Drama ['dra:ma] *n*, -s, Dramen
Komödien sind beim Publikum beliebter als Dramen.

drame *m*
Le public préfère les comédies aux drames.

Galerie [galə'ri:] *f*, -, -n
Die Galerie veranstaltet regelmäßig Ausstellungen junger Künstler.

galerie *f*
Cette galerie organise régulièrement des expositions consacrées à de jeunes artistes.

Gedicht [gə'diçt] *n*, -(e)s, -e
Der Autor las aus seinem neuesten Gedichtband vor.

poème *m*
L'auteur a lu en public des extraits de son nouveau recueil de poèmes.

Geschichte [gə'ʃiçtə] *f*, -, -n
Ich lese gerne Kurzgeschichten.

nouvelle *f*
J'aime beaucoup les nouvelles.

Komödie [ko'mø:diə] *f*, -, -n
Es gibt heute wenige Autoren, die Komödien schreiben.

comédie *f*
De nos jours il n'y a pas beaucoup d'auteurs de comédie.

Leser ['le:zə*] *m*, -s, -
Leserin ['le:zərin] *f*, -, -nen
Für den normalen Leser ist der Roman schwer zu verstehen.

lecteur *m*, **-trice** *f*
Ce roman est difficile à comprendre pour le lecteur moyen.

Lyrik ['ly:rik] *f*, -, *kein Pl.*
Moderne Lyrik findet großes Interesse.

poésie lyrique *f*
La poésie lyrique moderne a beaucoup de succès.

Motiv [mo'ti:f] *n*, -s, -e
Die Motive des Malers sind in allen Bildern ähnlich.

thème *m*
On retrouve les mêmes thèmes dans tous les tableaux du peintre.

Pinsel ['pinz(ə)l] *m*, -s, -
Der Pinsel ist zu dick.

pinceau *m*
Ce pinceau est trop épais.

Plakat [pla'ka:t] *n*, -(e)s, -e
Das Plakat finde ich zu bunt.

affiche *f*
Je trouve qu'il y a trop de couleurs sur cette affiche.

Regisseur [reʒi'sø'ə*] *m*, -s, -e
Regisseurin *f*, -, -nen
Eigentlich ist er Theaterregisseur, aber er macht auch Filme.

metteur en scène *m*

En fait, il est metteur en scène de théâtre, mais il fait aussi du cinéma.

Roman [ro'ma:n] *m, -s, -e*
In den Zeitungskritiken wurde der Roman gelobt.

roman *m*
Les critiques ont fait l'éloge de ce roman dans la presse.

Schriftsteller [ˈʃriftʃtɛlə*] *m, -s, -*
Schriftstellerin *f, -, -nen*
Das neue Buch der Schriftstellerin erscheint im Herbst.

écrivain *m*

Le dernier livre de cette femme écrivain sortira en automne.

Szene [ˈstseːnə] *f, -, -n*
Der Regisseur ließ die Szene noch einmal spielen.

scène *f*
Le metteur en scène a fait rejouer cette scène.

Zeichnung [ˈtsaiçnuŋ] *f, -, -en*
Die frühen Zeichnungen des Malers sind wenig bekannt.

dessin *m*
Les premiers dessins de ce peintre sont peu connus.

7.2 Musik | 1-2000

7.2 Musique

Beifall [ˈbaifal] *m, -s, kein Pl.*
Das Orchester bekam viel Beifall.

applaudissements *m/pl*
L'orchestre a recueilli beaucoup d'applaudissements.

Klavier [klaˈviːə*] *n, -s, -e*
Als Kind habe ich Klavierunterricht gehabt.

piano *m*
J'ai pris des leçons de piano, quand j'étais enfant.

klingen [ˈkliŋən] *V/i.,* klang, hat geklungen
Die Melodie klingt gut.

sonner

Cette mélodie est agréable à écouter.

Konzert [kɔnˈtsɛrt] *n, -(e)s, -e*
Im 3. Programm hören Sie um 19.30 Uhr ein Konzert mit Werken von Bach und Händel.

concert *m*
Sur le 3e programme, vous écouterez à 19 heures des œuvres de Bach et de Händel.

Lied [liːt] *n, -(e)s, -er*
Das Lied hat einen einfachen Text.

chant *m;* **chanson** *f*
Ce chant a un texte très simple.

232

Melodie [melo'di:] *f, -, -n*
Es wurden berühmte Melodien gespielt.

mélodie *f*
On a joué des mélodies célèbres.

Musik [mu'zi:k] *f, -, kein Pl.*
Arabische Musik klingt für Europäer sehr fremd.

musique *f*
La musique arabe est inhabituelle pour des Européens.

Oper ['o:pə*] *f, -, -n*
In dieser Oper wird der italienische Originaltext gesungen.

opéra *m*
Dans cet opéra le texte original est chanté en italien.

Orchester [ɔr'kɛstə*] *n, -s, -*
Sie spielt Klavier in einem Rundfunkorchester.

orchestre *m*
Elle joue du piano dans un orchestre de la radio.

Schallplatte ['ʃalplatə] *f, -, -n*
Sie sammelt Schallplatten mit alten Opernarien.

disque *m*
Elle collectionne les vieux disques de chants d'opéra.

singen ['ziŋən] *V/t., sang, hat gesungen*
Die Kinder sangen ihr ein Geburtstagslied.

chanter

Les enfants lui ont chanté une chanson d'anniversaire.

2001-4000

Chor [ko:ə*] *m, -(e)s, Chöre*
Auf der Schulfeier sang der Schulchor drei Lieder.

chœur *m*
Le chœur de l'école a chanté trois chansons à la fête de l'école.

Geige ['gaigə] *f, -, -n*
Geige spielen ist schwer zu lernen.

violon *m*
C'est difficile d'apprendre à jouer du violon.

Kapelle [ka'pɛlə] *f, -, -n*
Auf der Hochzeitsfeier spielte eine kleine Tanzkapelle.

orchestre *m*
Un petit orchestre a joué au mariage.

klassisch ['klasiʃ] *Adj.*
In der Stadthalle gibt es ein Gastkonzert mit klassischer Musik.

classique
Des musiciens en tournée ont donné un concert de musique classique dans la salle des fêtes.

Komponist [kɔmpo'nist] *m, -en, -en*, **Komponistin** *f, -, -nen*
Welcher Komponist hat die Melodie geschrieben?

compositeur *m*

Qui a composé cette mélodie?

Plattenspieler [ˈplat(ə)nʃpiːlə*] *m*, -s, -
Der Plattenspieler muß repariert werden.

tourne-disque *m*; **électrophone** *m*
Il faut faire réparer l'électrophone.

Rhythmus [ˈrytmus] *m*, -, Rhythmen
Nach dem Rhythmus dieser Musik kann man nicht gut tanzen.

rythme *m*
On ne peut pas danser sur le rythme de cette musique.

Sänger [ˈzɛŋə*] *m*, -s, -
Sängerin [ˈzɛŋərin] *f*, -, -nen
Die Sängerin begeisterte das Publikum.

chanteur *m*, **-euse** *f*
La chanteuse a enthousiasmé le public.

Schlager [ˈʃlaːgə*] *m*, -s, -
Man hört diesen Schlager überall.

tube *m*
On entend ce tube partout.

7.3 Medien | 1-2000

Fernsehapparat [ˈfɛə*nzeːaparaːt] *m*, -s, -e
Vergiß nicht, den Fernsehapparat auszumachen!

(poste de) télévision *m*
N'oublie pas d'éteindre la télé!

fernsehen [ˈfɛə*nzeː(ə)n] *V/i.*, sah fern, hat ferngesehen
Gestern abend habe ich ferngesehen.

regarder la télévision
Hier soir j'ai regardé la télé.

Fernsehen *n*, -s, *kein Pl.*
Das Programm des Fernsehens ist heute langweilig.

télévision *f*
Le programme de télévision n'est pas intéressant aujourd'hui.

Fernseher [ˈfɛə*nzeːə*] *m*, -s, -
Wir haben uns einen Farb-Fernseher gekauft.

(poste de) télévision *m*
Nous avons acheté une télé en couleurs.

Illustrierte [ilusˈtriːə*tə] *f*, -n, -n
In dieser Illustrierten gibt es jede Woche interessante Reiseberichte.

(journal) illustré *m*
Dans cet illustré il y a toutes les semaines d'intéressants reportages sur des voyages.

Nachrichten [ˈnaːxrɪçt(ə)n] *nur Pl.*
In den Fernsehnachrichten wurde gemeldet, daß der Innenminister entlassen worden ist.

informations *f/pl*
Au journal télévisé, on a annoncé le renvoi du ministre de l'Intérieur.

Presse [ˈprɛsə] *f, -, kein Pl.*
Das Programm der Regierung wurde in der ganzen Presse kritisiert.

presse *f*
Toute la presse a critiqué le programme du gouvernement.

Programm [proˈgram] *n, -s, -e*
Wir können 14 Fernsehprogramme empfangen.

chaîne *f*
On peut capter 14 chaînes télévisées.

Radio [ˈraːdjo] *n, -s, -s*
Auch bei der Arbeit höre ich Radio.

radio *f*
J'écoute la radio même en travaillant.

Rundfunk [ˈrʊntfʊŋk] *m, -s, kein Pl.*
Hast du den Wetterbericht im Rundfunk gehört?

radio (diffusion) *f*
Tu as écouté le bulletin météo à la radio?

senden [ˈzɛnd(ə)n] *V/t., sendete, hat gesendet*
Im 3. Programm wird viel klassische Musik gesendet.

transmettre
On retransmet beaucoup de musique classique sur la troisième chaîne.

Sendung [ˈzɛndʊŋ] *f, -, -en*
Sonntags gibt es viele Sportsendungen.

émission *f*
Il y a beaucoup d'émissions sportives le dimanche.

Sprecher [ˈʃprɛçə*] *m, -s, -*
Sprecherin [ˈʃprɛçərin] *f, -, -nen*
Die Nachrichtensprecherin ist beim Publikum beliebt.

speaker *m;* **présentateur** *m*
La présentatrice des informations est très aimée du public.

Unterhaltung [ʊntə*ˈhaltʊŋ] *f, -, kein Pl.*
Die Unterhaltungssendungen haben die besten Sendezeiten.

variétés *f/pl*
Les émissions de variétés sont toujours programmées aux meilleures tranches horaires.

Verlag [fɛə*ˈlaːk] *m, -(e)s, -e*
Das Buch erscheint im Verlag Karl Sommer.

maison d'édition *f*
Ce livre est édité par Karl Sommer.

Zeitung ['tsaituŋ] *f, -, -en*
Die Wohnung haben wir durch eine Anzeige in der Zeitung gefunden.

journal *m*
Nous avons notre appartement grâce à une annonce dans le journal.

2001-4000

Anzeige ['antsaigə] *f, -, -n*
Durch eine Zeitungsanzeige hat sie einen Käufer für ihr Auto gefunden.

annonce *f*
Elle a trouvé un acheteur pour sa voiture par une annonce dans le journal.

Auflage ['aufla:gə] *f, -, -n*
Die Auflage der Zeitung ist samstags am größten.

tirage *m*
C'est le samedi que ce journal a le plus fort tirage.

drucken ['druk(ə)n] *V/t.,* druckte, hat gedruckt
Der Verlag läßt die Bücher bei verschiedenen Firmen drucken.

imprimer

La maison d'édition fait imprimer ses livres par plusieurs firmes.

Empfang [ɛm'pfaŋ] *m, -s, kein Pl.*
Weil wir in einem Tal wohnen, ist der Fernsehempfang nicht besonders gut.

réception *f*
Comme nous habitons dans une vallée, on ne prend pas bien toutes les chaînes de la télé.

Hörer [hø:rə*] *m, -s, -*
Hörerin [hø:rərin] *f, -, -nen*
Bei dieser Sendung können die Hörer im Studio anrufen und sich einen Musiktitel wünschen.

auditeur *m,* **-trice** *f*

Les auditeurs peuvent téléphoner et choisir leur morceau de musique au cours de cette émission.

Interview ['intə*vju:] *n, -s, -s*
In den Nachrichten wurde ein Interview mit dem Präsidenten gesendet.

interview *f*
On a passé une interview du président au cours des informations.

Redaktion [redak'tsjo:n] *f, -, -en*
In der Redaktion der Zeitung arbeiten 14 Journalisten.

rédaction *f*
14 journalistes travaillent à la rédaction du journal.

Schlagzeile ['ʃla:ktsailə] *f, -, -en*
Die Hauptschlagzeile wurde kurz vor Redaktionsschluß noch geändert.

manchette *f;* **gros titre** *m*

On a modifié la manchette la plus grosse peu avant l'heure-limite de rédaction.

Störung [ˈʃtøːruŋ] *f,* -, -en
Die Sprecherin entschuldigte sich für die Programmstörung.

pertubation *f*
La présentatrice s'est excusée pour les pertubations de l'image.

Überschrift [ˈyːbəˈʃrift] *f,* -, -en
Die Überschrift des Berichts war gut gewählt.

titre *m*
Le titre du reportage était bien choisi.

übertragen [yːbəˈtraːg(ə)n] *V/t.,*
übertrug, hat übertragen
Die Tennisspiele werden täglich direkt übertragen.

retransmettre

Les matchs de tennis sont retransmis tous les jours en direct.

Übertragung [yːbəˈtraːguŋ] *f,*
-, -en
Die Übertragung des Fußballspiels begann 10 Minuten später als geplant.

retransmission *f*

La retransmission du match de foot a eu lieu avec 10 minutes de retard.

veröffentlichen [fɛəˈœf(ə)ntliç(ə)n] *V/t.,* veröffentlichte, hat veröffentlicht
Die Zeitungen veröffentlichten Teile der Geheimpapiere.

publier

Les journaux ont publié des extraits de documents secrets.

Veröffentlichung
[fɛəˈœf(ə)ntliçuŋ] *f,* -, -en
Die Veröffentlichung des Briefes bewies, daß die Politikerin gelogen hatte.

publication *f*

La publication de cette lettre a prouvé que cette personnalité politique avait menti.

Wetterbericht [ˈvɛtəˈbəriçt] *m,*
-(e)s, -e
Der Wetterbericht hat für Dienstag schlechtes Wetter angekündigt.

bulletin météorologique *m*

La météo a annoncé du mauvais temps pour mardi.

Zeitschrift [ˈtsaitʃrift] *f,* -, -en
Sie ist Fotografin bei einer Modezeitschrift.

revue *f*
Elle travaille comme photographe pour un magazine de mode.

Zuschrift [ˈtsuːʃrift] *f,* -, -en
Ein Teil der Leserzuschriften wird veröffentlicht.

lettre (de lecteur) *f*
On va publier des extraits du courrier des lecteurs.

7.4 Freizeitbeschäftigungen | 1-2000

Bild [bilt] *n, -(e)s, -er*
Die Bilder, die sie malt, gefallen mir.
Das Bild ist unscharf.

image *f;* **tableau** *m*
Les tableaux qu'elle fait me plaisent.
L'image est floue.

Eintrittskarte ['aintritskartə] *f, -, -n*
Im Vorverkauf sind die Eintrittskarten billiger.

place *f;* **billet** *m*
Les places sont moins chères quand on les prend à l'avance au bureau de location.

---

erholen [ɛə*'ho:l(ə)n] *V/refl.* erholte, hat erholt
Wir haben uns im Urlaub gut erholt.

se reposer
Nous nous sommes bien reposés pendant les vacances.

Foto ['fo:to] *n, -s, -s*
Diese Fotos habe ich noch nie gesehen.

photo *f*
Je n'ai jamais encore vu ces photos.

---

fotografieren [fotogra'fi:rən] *V/t., i.,* fotografierte, hat fotografiert
Bei diesem Licht kann man nicht fotografieren.

photographier
Impossible de photographier avec cet éclairage.

Freizeit ['fraitsait] *f, -, kein Pl.*
In ihrer Freizeit spielt sie Tennis.

loisirs *m/pl*
Elle fait du tennis pendant ses loisirs.

---

tanzen ['tants(ə)n] *V/i.,* tanzte, hat getanzt.
Nach dieser Musik läßt sich gut tanzen.

danser
On danse bien sur cette musique.

amüsieren [amy'zi:rən] *V/refl.,*
amüsierte, hat amüsiert
Wir haben uns auf der Feier gut
amüsiert.

s'amuser

Nous nous sommes bien amusés
à la fête.

---

ausgehen ['ausge:(ə)n] *V/i.,* ging
aus, ist ausgegangen
Wir gehen abends selten aus.

sortir

Nous sortons rarement le soir.

Bummel ['bum(ə)l] *m,* -s, -
Laß uns noch einen Bummel
durch die Stadt machen.

ballade *f*
Si nous allions faire un tour en
ville.

Dia ['di:a] *n,* -s, -s
Sie zeigte uns Dias von ihrer letzten Urlaubsreise.

diapositive *f*
Elle nous a montré des diaposi-
tives de son dernier voyage.

Fotoapparat ['fo:toapara:t] *m,*
-(e)s, -e
Der Fotoapparat ist vollautoma-
tisch.

appareil-photo *m*

Cet appareil-photo est entièrement automatique.

Hobby ['hɔbi] *n,* -s, -s
Für Hobbys hat sie keine Zeit.

hobby *m;* **centre d'intérêts** *m*
Elle n'a pas le temps d'avoir un
hobby.

Kamera ['kamə ra] *f,* -, -s
Ohne Batterien funktioniert diese
Kamera nicht.

caméra *f*
Cette caméra ne fonctionne pas
sans piles.

Rätsel ['rɛ:ts(ə)l] *n,* -s, -
Die Lösung des Rätsels war einfach.

énigme *f*
La solution de l'énigme était facile.

---

spazierengehen
[ʃpa'tsi:rənge:(ə)n] *V/i.,* ging spazieren, ist spazierengegangen
Wir sind am Fluß entlang spazierengegangen.

aller se promener

Nous sommes allés nous promener le long du fleuve.

---

stricken ['ʃtrik(ə)n] *V/t.,* strickte,
hat gestrickt
Pullover strickt sie selbst.

tricoter

Elle tricote elle-même ses pulls.

Tanz [tants] *m*, -es, Tänze
Darf ich Sie um diesen Tanz bitten?

danse *f*
M'accordez-vous cette danse?

---

wandern ['vandə*n] *V/i.*, wanderte, ist gewandert
Heute sind wir über 30 km gewandert.

faire de la marche

Aujourd'hui nous avons fait plus de 30 km de marche.

7.5 Sport   1-2000

7.5 Sport

Ball [bal] *m*, -(e)s, Bälle
Der Ball ist zu weich. Damit kann man nicht spielen.

balle *f;* **ballon** *m*
Cette balle est trop molle. On ne peut pas jouer avec.

Fußball ['fu:sbal] *m*, -(e)s, *kein Pl.*
Fußball ist bei uns die beliebteste Sportart.

football *m*
Le sport le plus populaire chez nous, c'est le football.

Fußball *m*, -(e)s, Fußbälle
Die Fußbälle sind aus Leder.

ballon de foot *m*
Les ballons de foot sont en cuir.

Kabine [ka'bi:nə] *f*, -, -n
Alle Kabinen sind z. Z. besetzt.

cabine *f*
Toutes les cabines sont occupées pour l'instant.

Mannschaft ['manʃaft] *f*, -, -en
Die Mannschaft hat die beiden letzten Spiele gewonnen.

équipe *f*
L'équipe a gagné les deux derniers matchs.

---

schwimmen ['ʃvimən] *V/i.*, schwamm, ist geschwommen
Auch mit 79 Jahren schwimmt er jeden Tag eine halbe Stunde.

nager

Même à 79 ans il nage tous les jours une demi-heure.

Spiel [ʃpi:l] *n*, -(e)s, -e
Das nächste Spiel wird schwer werden.

match *m*
Le prochain match sera difficile.

---

spielen ['ʃpi:l(ə)n] *V/i.*, spielte, hat gespielt
Fußballspielen ist sein Hobby.
Die Kinder spielen draußen.

jouer

Son hobby, c'est de jouer au foot.
Les enfants jouent dehors.

240

Sport [ʃpɔrt] *m*, -s, *kein Pl.*
Der Sportverein hat über 2000 Mitglieder.

sport *m*
L'association sportive compte plus de 2000 membres.

sportlich [ˈʃpɔrtliç] *Adj.*
Bernd ist sehr sportlich.

sportif
Bernd est très sportif.

Stadion [ˈʃtaːdjɔn] *n*, -s, Stadien
Das Stadion hat 25 000 Plätze.

stade *m*

Le stade a 25.000 places.

Tor [toː*] *n*, -(e)s, -e
Klaus hat bis jetzt die meisten Tore für die Mannschaft geschossen.

but *m*
Klaus a marqué la plupart des buts pour son équipe jusqu'à présent.

Training [ˈtrɛːniŋ] *n*, -s, *kein Pl.*
Zweimal pro Woche ist Training.

entraînement *m*
L'entraînement a lieu deux fois par semaine.

Ziel [tsiːl] *n*, -(e)s, -e
Fast alle Radfahrer haben das Ziel erreicht.

arrivée *f*
Presque tous les coureurs cyclistes ont atteint l'arrivée.

2000-4000

Golf [gɔlf] *n*, -s, *kein Pl.*
Beim Golfspielen muß man viel laufen.

golf *m*
Pour faire du golf il faut beaucoup marcher.

jagen [ˈjaːg(ə)n] *V/t., i.*, jagte, hat gejagt
Jagen ist in einigen Monaten des Jahres verboten.

chasser

La chasse est interdite pendant plusieurs mois de l'année.

radfahren [ˈraːtfaːrən] *V/i.*, fuhr Rad, ist radgefahren
Er fährt mit Freunden jeden Sonntag 3 Stunden Rad.

faire de la bicyclette

Tous les dimanches il fait 3 heures de vélo avec des amis.

reiten [ˈrait(ə)n] *V/i.*, ritt, hat geritten
Sie hat im Urlaub reiten gelernt.

faire du cheval/de l'équitation

Elle a appris à faire du cheval pendant les vacances.

Rekord [re'kɔrt] *m*, -(e)s, -e
Ihre Rekordzeit aus dem letzten Jahr hat sie noch nicht wieder erreicht.

record *m*
Elle n'a pas réussi à renouveler son record de l'an dernier.

---

rennen ['rɛnən] *V/i.*, rannte, gerannt
Warum rennst du so schnell? Wir haben doch Zeit.

courir
Pourquoi cours-tu si vite? Nous avons encore le temps.

Rennen *n*, -s, -
Das Autorennen war bis zum Schluß spannend.

course *f*
La course automobile est restée passionnante jusqu'à la fin.

---

rudern ['ru:də*n] *V/t., i.*, ruderte, hat gerudert
Er rudert das Boot geschickt in den Hafen.

faire de l'aviron , ramer
Il a bien ramé jusqu'au port.

Schiedsrichter ['ʃi:tsriçtə*] *m*, -s, -, **Schiedsrichterin** *f*, -, -nen
Der Schiedsrichter leitete das Spiel sehr gut.

arbitre *m*
L'arbitre a très bien mené le jeu.

---

schießen ['ʃi:s(ə)n] *V/i.*, schoß, hat geschossen
Sie schießt sehr sicher, weil sie eine vollkommen ruhige Hand hat.

tirer
Elle tire avec beaucoup d'assurance, car sa main ne tremble pas du tout.

Schwimmbad ['ʃvimba:t] *n*, -(e)s, Schwimmbäder
Das Wasser in diesem Schwimmbad ist geheizt.

piscine *f*
L'eau de cette piscine est chauffée.

---

segeln ['ze:g(ə)ln] *V/i.*, segelte, hat (ist) gesegelt
Bei diesem starken Wind ist es zu gefährlich zu segeln.

faire de la voile
Faire de la voile est trop dangereux par un vent aussi violent.

Ski [ʃi:] *m*, -s, -er
Kannst du Skilaufen?

ski *m*
Tu sais faire du ski?

Spieler ['ʃpi:lə*] *m*, -s, -
Spielerin ['ʃpi:lərin] *f*, -, -nen
Eine Spielerin ist verletzt worden.

joueur *m*, **-euse** *f*
Une joueuse a été blessée.

Sportart ['ʃpɔrtart] *f,* -, -en
Wasserball ist eine unbekannte
Sportart.

discipline sportive *f*
Le water-polo est une discipline
peu connue.

Sportler ['ʃpɔrtlə*] *m,* -s, -
Sportlerin ['ʃpɔrtlərin] *f,* -, -nen
Fast jeder Sportler ist Mitglied in
einem Verein.

sportif *f,* **-ive** *f*

Presque tous les sportifs font partie d'un club.

Sportplatz ['ʃpɔrtplats] *m,* -es,
Sportplätze
Der Sportplatz ist gut gepflegt.

terrain de sport *m*

Le terrain de sport est bien entretenu.

Start [ʃtart] *m,* -s, -s
Der Start des Radrennens ist in
einem Stadion.

départ *m*
Le départ de la course cycliste a
lieu dans un stade.

---

tauchen ['taux(ə)n] *V/i.,* tauchte,
hat (ist) getaucht
Sie kann fünf Minuten ohne Atem-
hilfe tauchen.

plonger

Elle peut plonger cinq minutes en
apnée.

Tennis ['tɛnis] *n,* -, *kein Pl.*
Durch häufiges Tennisspielen ist
mein rechter Arm viel dicker als
mein linker.

tennis *m*
A force de jouer au tennis mon
bras droit est plus développé que
mon bras gauche.

Trainer ['trɛːnə*] *m,* -s, -
Trainerin ['trɛːnərin] *f,* -, -nen
Die Mannschaft bekommt für die
nächste Saison einen neuen
Trainer.

entraîneur *m*

La saison prochaine l'équipe aura
un nouvel entraîneur.

---

trainieren ['trɛniːrən] *V/t., i.,* trai-
nierte, hat trainiert
Er hat die Mannschaft drei Jahre
trainiert.
Kurz vor Wettbewerben trainiere
ich weniger als normal.

entraîner

Il a entraîné l'équipe pendant trois
ans.
Avant les tournois, je m'entraîne
moins que d'habitude.

---

turnen ['turnən] *V/i.,* turnte, hat
geturnt
Turnen verlangt viel Kraft und
Mut.

faire de la gymnastique

Il faut beaucoup de force et d'au-
dace pour faire de la gymnastique.

Wettkampf [ˈvɛtkampf] *m,* -(e)s, Wettkämpfe

Sie gewann in diesem Jahr fast alle wichtigen Wettkämpfe.

compétition *f*

Elle a gagné presque toutes les compétitions cette année.

---

wetten [ˈvɛt(ə)n] *V/i., + Präp.* (um), wettete, hat gewettet

Wettest du um Geld beim Pferderennen?

parier

Est-ce que tu joues de l'argent aux courses de chevaux?

8.1 Staat und Politik | 1-2000

Ausländer ['auslɛndə*] *m, -s, -*
Ausländerin *f, -, -nen*
Sie ist Ausländerin, aber sie
spricht sehr gut Deutsch.

étranger *m, -ère f*

Elle est étrangère, mais elle parle
très bien allemand.

ausländisch ['auslɛndiʃ] *Adj.,*
keine Komp.
Ausländische Restaurants sind in
der Bundesrepublik sehr beliebt.

étranger

Les restaurants étrangers ont
beaucoup de succès en R.F.A.

Bürger ['byrgə*] *m, -s, -*
Bürgerin ['byrgərin] *f, -, -nen*
Die Bürger sind von der Stadt eingeladen worden, die Straßenbau-
pläne zu diskutieren.

citoyen *m, -ne f*

Les citoyens ont été invités par la
ville à participer à une discussion
sur les projets de voirie.

Bürgermeister ['byrgə*maistə*]
m, -s, -, **Bürgermeisterin** *f, -,*
-nen
Der Bürgermeister wurde schon
dreimal wiedergewählt.

maire *m*

Le maire a déjà été réélu trois fois.

Demokratie [demokra'ti:] *f, -, -n*
Von 1918 bis 1933 gab es in
Deutschland zum ersten Mal eine
Demokratie.

démocratie *f*
La démocratie a été instaurée
pour la première fois en Allemagne de 1918 à 1933.

demokratisch [demo'kra:tiʃ]
Adj.
Es wird bezweifelt, daß die Wah-
len demokratisch waren.

démocratique

On met en doute que ces élections aient été démocratiques.

frei [frai] *Adj., -er, am -esten*
Die politischen Häftlinge sind immer noch nicht frei.
In diesem Land kann ich frei meine Meinung sagen.

libre
Les détenus politiques n'ont toujours pas été libérés.
Je peux exprimer librement mon
opinion dans ce pays.

Freiheit ['fraihait] *f, -, -en*
Das Volk kämpft seit Jahren für seine Freiheit.

liberté *f*
Le peuple combat depuis des années pour sa liberté.

Grenze ['grɛntsə] *f, -, -n*
Die Grenze zwischen den beiden Ländern wurde geschlossen.

frontière *f*
La frontière entre les deux pays a été fermée.

Heimat ['haima:t] *f, -, kein Pl.*
Die Flüchtlinge dürfen nicht in ihre Heimat zurück.

patrie *f*
Les réfugiés n'ont pas le droit de retourner dans leur patrie.

international [intɛə*natsjo'na:l] *Adj.*
Auf der internationalen Währungskonferenz wurde die Dollarkrise diskutiert.

international

On a discuté de la crise du dollar lors de la conférence monétaire internationale.

Kanzler ['kantslə*] *m, -s, -*
Kanzlerin ['kantslərin] *f, -, nen*
Der Kanzler ist der Chef der Regierung.

chancelier *m*

Le chancelier est le chef du gouvernement.

Land [lant] *n, -(e)s, Länder*
Das Land braucht eine neue Regierung.

pays *m*
Ce pays a besoin d'un nouveau gouvernement.

Macht [maxt] *f, -, (kein Pl.)*
Das Militär ist in dem Land seit Jahren an der Macht.

pouvoir *m; puissance f*
Les militaires sont au pouvoir depuis des années dans ce pays.

Macht *f, -, Mächte*
Die beiden Großmächte USA und UdSSR verhandeln über eine Lösung des Konflikts.

Les deux grandes puissances les Etats-Unis et l'URSS négocient une solution au conflit.

Minister [mi'nistə*] *m, -s, -*
Ministerin [mi'nistərin] *f, -, -nen*
Die Ministerin wurde für den Mißerfolg verantwortlich gemacht.

ministre *m*

La responsabilité de l'échec a été attribuée au ministre.

Öffentlichkeit ['œf(ə)ntliçkait] *f, -, kein Pl.*
In der Öffentlichkeit wird die Außenpolitik der Regierung gelobt.

public *m*

En public, on fait l'éloge de la politique étrangère du gouvernement.

offiziell [ɔfi'tsjɛl] *Adj.*
Eine offizielle Äußerung der Regierung zu diesem Problem gibt es bis jetzt nicht.

officiel
Le gouvernement n'a pas encore fait de déclaration officielle à ce sujet.

Parlament [parla'mɛnt] *n*, -(e)s, -e
Die Regierungsparteien haben im Parlament eine große Mehrheit.

parlement *m*
Les partis au pouvoir ont une large majorité au parlement.

Partei [par'tai] *f*, -en
Das neue Programm wird in der Partei seit Monaten diskutiert.

parti *m (politique)*
On discute depuis des mois du nouveau programme au sein du parti.

Politik [poli'ti:k] *f*, -, *kein Pl.*
In der Finanzpolitik der Regierung ist keine klare Linie zu erkennen.

politique *f*
La politique budgétaire du gouvernement manque de clarté.

politisch [po'li:tiʃ] *Adj.*
Das ist eine wichtige politische Frage.

politique
C'est un problème politique important.

Präsident [prɛzi'dɛnt] *m*, -en, -en
Präsidentin *f*, -, -nen
Nächstes Jahr wird ein neuer Präsident gewählt.

président *m*, -e *f*
Le nouveau président sera élu l'an prochain.

regieren [re'gi:rən] *V/t., i.*, regierte, hat regiert
Das Land wird von fremden Mächten regiert.

gouverner
Le pays est gouverné par des puissances étrangères.

Regierung [re'gi:ruŋ] *f*, -, -en
Die Regierung ist seit zwei Jahren im Amt.

gouvernement *m*
Le gouvernement est en place depuis deux ans.

Republik [repu'bli:k] *f*, -, -en
1918 wurde Deutschland Republik.

république *f*
En 1918 l'Allemagne est devenue une république.

Staat [ʃta:t] *m*, -(e)s, -en
Der Staat hat sehr viel Einfluß auf das Leben der Bürger.

état *m*
L'état a beaucoup d'influence sur la vie des citoyens.

staatlich ['ʃta:tliç] *Adj.*, keine Komp.
Die Eisenbahn ist staatlich.

d'état, nationalisé
Les chemins de fer sont nationalisés.

Tradition [tradi'tsjo:n] *f,* -, -en
Es ist Tradition, daß der Parlamentspräsident Mitglied der stärksten Partei ist.

tradition *f*
La tradition veut que le président du Parlement appartienne au parti politique le plus fort.

Verfassung [fɛə*'fasuŋ] *f,* -, -en
Die Verfassung der Bundesrepublik ist noch sehr jung.

constitution *f*
La constitution de la République fédérale allemande est relativement récente.

---

verhandeln [fɛə*'hand(ə)ln] *V/t., i.,* verhandelte, hat verhandelt
Die beiden Länder verhandeln über einen Friedensvertrag.

négocier

Les deux pays négocient un traité de paix.

Verhandlung [fɛə*'handluŋ] *f,* -, -en
Die Verhandlungen sind bis jetzt ohne Ergebnis geblieben.

négociation *f*

Les négociations n'ont pas abouti jusqu'à présent.

Volk [fɔlk] *n,* -(e)s, Völker
Im Volk ist man mit der wirtschaftlichen Situation sehr unzufrieden.

peuple *m*
Le peuple est très mécontent de la situation économique.

Wahl [va:l] *f,* -, -en
Es ist offen, wer die nächste Wahl gewinnt.

élection *f*
On ne sait pas qui va remporter les prochaines élections.

---

wählen ['vɛ:l(ə)n] *V/t.,* wählte, hat gewählt
Im August wird ein neues Parlament gewählt.

élire

Un nouveau parlement sera élu au mois d'août.

2001-4000

Abgeordnete ['apgəɔrdnətə] *m/f,* -n, -n
Auch einige Abgeordnete der Regierungsparteien stimmten gegen den Ministerpräsidenten.

député *m*

Certains députés appartenant aux partis au pouvoir ont aussi voté contre le Premier ministre.

Abkommen ['apkɔmən] *n,* -s, -
Die beiden Staaten verhandeln über ein neues Handelsabkommen.

accord *m*
Les deux pays négocient un nouvel accord commercial.

Außenminister [ˈaus(ə)nministə*] m, -s, -
Die Konferenz der Außenminister blieb ohne Ergebnis.

ministre des Affaires étrangères m
La conférence des ministres des Affaires étrangères a échoué.

Außenpolitik [ˈaus(ə)npɔliti:k] f, -, kein Pl.
Im Parlament gab es Streit über die Außenpolitik.

politique étrangère f
Il y a eu une polémique au sein du Parlement à propos de la politique étrangère.

Botschaft [ˈbo:tʃaft] f, -, -en
Die Visaabteilung der Botschaft ist nur morgens geöffnet.

ambassade f
Le service des visas de l'ambassade n'est ouvert que le matin.

bürgerlich [ˈbyrgə*liç] Adj.
Die bürgerlichen Parteien sind gegen eine Änderung der Scheidungsgesetze.

bourgeois
Les partis conservateurs sont opposés à un amendement de la législation sur le divorce.

Demonstration [demɔnstraˈtsjo:n] f, -, -en
Im ganzen Land gab es Demonstrationen gegen die Schulreform.

manifestation f
Il y a eu des manifestations dans tout le pays contre la réforme scolaire.

Diplomat [diploˈma:t] m, -en, -en
Diplomatin [diploˈma:tin] f, -, -nen
Der Diplomat wird verdächtigt, ein Spion zu sein.

diplomate m/f
On soupçonne le diplomate d'être un espion.

diplomatisch [diploˈma:tiʃ] Adj.
Zwischen den beiden Ländern gibt es gute diplomatische Beziehungen.

diplomatique
Il y a de bonnes relations diplomatiques entre les deux pays.

einheimisch [ˈainhaimiʃ] Adj., keine Komp.
Die Bevölkerung wird aufgefordert, nur einheimische Produkte zu kaufen.

du pays, national
On invite la population à n'acheter que des produits du pays.

Fahne [ˈfa:nə] f, -, -n
Die französische Tricolore war Vorbild für viele europäische Nationalfahnen.

drapeau m
Beaucoup de drapeaux européens se sont inspirés du drapeau tricolore français.

Finanzminister
[fiˈnantsministə*] *m, -s, -*
Der Finanzminister fordert eine
Erhöhung der Umsatzsteuer.

ministre des finances *m*

Le ministre des finances est pour
une augmentation de la T.V.A.

gesetzlich [gəˈzɛtsliç] *Adj., keine
Komp.*
Bei dem Bau der Fabrik sind ge-
setzliche Vorschriften verletzt
worden.

légal

Lors de la construction de l'usine
on n'a pas respecté les dispositions légales.

Gleichberechtigung
[ˈglaiçbərɛçtigun] *f, -, kein Pl.*
Die Gewerkschaft fordert die volle
Gleichberechtigung von Mann
und Frau.

égalité des droits *f*

Les syndicats revendiquent une
égalité complète des droits entre
les hommes et les femmes.

Grundgesetz [ˈgruntgəzɛts] *n,
-es, kein Pl.*
Das Grundgesetz ist die vorläufige
Verfassung der Bundesrepublik.

loi fondamentale *f*

La loi fondamentale sert de constitution provisoire à la R.F.A.

herrschen [ˈhɛrʃ(ə)n] *V/i., + Präp.*
(über), herrschte, hat geherrscht
In dem Land herrscht seit Jahren
eine Militärregierung.

gouverner

Dans ce pays un gouvernement
militaire est au pouvoir depuis
des années.

Ideologie [ideoloˈgiː] *f, -, -n*
Es ist schwer, mit Leuten zu diskutieren, die fest an ihre Ideologie
glauben.

idéologie *f*
Il est difficile de discuter avec des
gens très attachés à leur idéologie.

inländisch [ˈinlɛndiʃ] *Adj., keine
Komp.*
Die inländische Industrie klagt
über die niedrigen Preise der aus-
ländischen Konkurrenz.

intérieur; national

L'industrie nationale se plaint des
prix peu élevés des concurrents
étrangers.

Innenminister [ˈinənministə*] *m,
-s, -*
Der Innenminister verteidigte die
Maßnahmen der Polizei.

ministre de l'intérieur *m*

Le ministre de l'Intérieur a défendu les mesures de la police.

Innenpolitik [ˈinənpolitiːk] *f, -,
kein Pl.*
In der Innenpolitik gibt es einen
heftigen Streit um die Krankenversicherung.

politique intérieure *f*

Il y a un débat très animé en politique intérieure à propos de l'assurance-maladie.

Kabinett [kabi'nɛt] *n, -s, -e*
Das Kabinett beschließt heute die Vorschläge des Innenministers.

cabinet *m*
Le cabinet doit adopter aujourd'hui une résolution sur les propositions du ministre de l'Intérieur.

Kaiser ['kaizə*] *m, -s, -*
Kaiserin ['kaizərin] *f, -, -nen*
Bis 1918 hatte Deutschland einen Kaiser.

empereur *m*, **impératrice** *f*

L'Allemagne avait un empereur jusqu'à 1918.

Kapitalismus [kapita'lismus] *m, -, kein Pl.*
Für den Politiker sind Kapitalismus und soziale Gerechtigkeit keine Gegensätze.

capitalisme *m*

Pour cet homme politique, capitalisme et justice sociale ne sont pas incompatibles.

kapitalistisch [kapita'listiʃ] *Adj.*
Es wird kritisiert, daß im kapitalistischen Wirtschaftssystem der Unterschied zwischen Armen und Reichen zu groß sei.

capitaliste
Dans le système économique capitaliste, on critique la grande différence entre les riches et les pauvres.

Koalition [koali'tsjo:n] *f, -, -en*
Die Koalition hat sich auf ein Regierungsprogramm geeinigt.

coalition *f*
La coalition s'est mise d'accord sur un programme de gouvernement.

König ['kø:niç°] *m, -s, -e*
Königin ['kø:nigin] *f, -, -nen*
Der schwedische König hat keine große politische Macht.

roi *m*, **reine** *f*

Le roi de Suède n'a pas beaucoup de pouvoir.

Königreich ['kø:niçraiç] *n,* -(e)s, -e
Es gibt nur noch wenige Königreiche, die meisten Länder sind Republiken.

royaume *m*

Il n'y a plus que quelques royaumes. La plupart des pays sont des républiques.

Kommunismus [kɔmu'nismus] *m, -, kein Pl.*
Der Streit zwischen Kapitalismus und Kommunismus war früher härter als heute.

communisme *m*

Les luttes entre communisme et capitalisme étaient autrefois plus dures qu'actuellement.

kommunistisch [kɔmu'nistiʃ] *Adj.*
Der Handel zwischen den kommunistischen und den kapitalistischen Ländern ist stärker geworden.

communiste
Les échanges commerciaux entre pays communistes et capitalistes se sont intensifiés.

konservativ [kɔnzɛrva'tiːf] *Adj.*
Die konservativen Parteien sind gegen die Schulreform.

conservateur
Les partis conservateurs sont contre la réforme scolaire.

Kundgebung ['kuntgeːbuŋ] *f, -, -en*
Die Kundgebung der Gewerkschaft war nur schwach besucht.

manifestation *f*
Peu de personnes ont participé à la manifestation organisée par le syndicat.

---

liberal [libe'raːl] *Adj.*
Die liberale und die konservative Partei haben eine Koalition vereinbart.

libéral
Le parti libéral et le parti conservateur ont formé une coalition.

Mehrheit ['meːə*hait] *f, -, -en*
Für ein solches Gesetz gibt es im Parlament keine Mehrheit.

majorité *f*
Ce type de loi n'a pas fait la majorité au Parlement.

Ministerpräsident [mi'nistə*prɛzidɛnt] *m, -en, -en*
Die Ministerpräsidentin ist im Volk beliebt.

ministre-président *m (R.F.A.)*
Le ministre-président est très populaire.

Nachfolger ['naːxfɔlgə*] *m, -s, -*
Nachfolgerin *f, -, -nen*
Der Nachfolger des gestorbenen Innenministers ist noch nicht bekannt.

successeur *m*
On ne sait pas encore qui va succéder au ministre de l'Intérieur décédé.

Nation [na'tsjoːn] *f, -, -en*
Die ganze Nation wünscht ein Ende des langen Krieges.

nation *f*
Toute la nation souhaite la fin de cette longue guerre.

---

national [natsjo'naːl] *Adj.*
Die nationalen Gesetze in Westeuropa sollen einheitlicher werden.

national
On devrait harmoniser les législations nationales au sein de l'Europe occidentale.

Opposition [ɔpozi'tsjoːn] *f, -, kein Pl.*
Die Oppositionsparteien kritisierten die Regierung.

opposition *f*
Les partis de l'opposition ont critiqué le gouvernement.

Propaganda [propa'ganda] *f, -, kein Pl.*
Die Regierung bezeichnet die Kritik der Opposition als Propaganda.

propagande *f*
Le gouvernement a qualifié de propagande les critiques de l'opposition.

Provinz, [pro'vints] *f, -, -en*
Während des Wahlkampfes besuchte der Präsident alle Provinzen.

province *f*
Au cours de la campagne électorale le président a visité toutes les provinces.

Provinz *f, -, kein Pl.*
In der Provinz gibt es nur wenige Theater.

province *f*
Il n'y a pas beaucoup de théâtres en province.

Rede ['re:də] *f, -, -n*
Die Rede des Politikers bekam viel Beifall.

discours *m*
Le discours de cet homme politique a été fortement applaudi.

Redner ['re:dnə*] *m, -s, -*
Rednerin ['re:dnərin] *f, -, -nen*
Die Redner auf der Kundgebung mußten von der Polizei geschützt werden.

orateur *m, -trice f*

Lors de la manifestation la police a dû protéger les orateurs.

Reform [re'fɔrm] *f, -, -en*
Seit Monaten gibt es heftigen Streit um die Reform der Steuergesetze.

réforme *f*
La réforme de la fiscalité donne lieu à de violents débats depuis des mois.

Regierungschef [re'gi:ruŋsʃɛf] *m, -s, -s,* **Regierungschefin** *f, -, -nen*
Die Regierungschefin ist auf einer Auslandsreise.

chef du gouvernement *m*

Le chef du gouvernement est en voyage à l'étranger.

Revolution [revolu'tsjo:n] *f, -, -en*
Wenn die soziale Lage nicht besser wird, besteht die Gefahr einer Revolution.

révolution *f*
S'il n'y a pas d'amélioration de la situation sociale, il y a danger de révolution.

Rücktritt ['ryktrit] *m, -s, -e*
Der Regierungschef nahm den Rücktritt des Finanzministers an.

démission *f*
Le chef du gouvernement a accepté la démission du ministre des finances.

sozial [zo'tsja:l] *Adj.*
Die alten Steuergesetze sind unsozial.

social
Les vieilles lois fiscales ne sont pas sociales.

Sozialismus [zotsja'lismus] *m, -, kein Pl.*
Der Sozialismus kam am Ende der 80er Jahre in eine große Krise.

socialisme *m*

Le socialisme passa par une crise à la fin des années 80.

sozialistisch [zotsja'listiʃ] *Adj.*
Die sozialistische Partei wählte einen neuen Parteivorsitzenden.

socialiste
Le parti socialiste a choisi un nouveau président.

Spion [ʃpi'o:n] *m, -s, -e*
Spionin [ʃpi'o:nin] *f, -nen*
Der Spion wurde verhaftet.

espion *m*, **-ne** *f*

L'espion a été arrêté.

Stellvertreter ['ʃtɛlfɛə*tre:tə*] *m, -s, -*, **Stellvertreterin** *f, -, -nen*
Der Stellvertreter des Regierungschefs leitet die Kabinettsitzung.

adjoint *m*, **suppléant** *m*

La séance de cabinet a été présidée par l'adjoint du chef de gouvernement.

stimmen ['ʃtimən] *V/i., + Präp.*
(für, gegen), stimmte, hat gestimmt
52,5 % der Wähler stimmten für die Regierungsparteien.

voter

52,5% des électeurs ont voté pour les partis au pouvoir.

unabhängig ['unaphɛŋiç°] *Adj.*
Das Land muß von Importen unabhängiger werden.

indépendant
Le pays doit moins dépendre des importations.

Unabhängigkeit
['unaphɛŋiçkait] *f, -, kein Pl.*
Unabhängigkeit von den Großmächten ist das wichtigste Ziel der Regierungspolitik.

indépendance *f*

L'indépendance vis-à-vis des grandes puissances est le but essentiel de la politique gouvernementale.

Unruhe ['unru:ə] *f, -, -n*
Bei dieser Unruhe kann man nicht arbeiten.
In den westlichen Provinzen des Landes gibt es politische Unruhen

troubles *m/pl*
En période de troubles on ne peut pas travailler.
Des troubles politiques agitent les provinces de l'ouest du pays.

Unterdrückung [untə*'drykuŋ] *f, -, kein Pl.*
Nur durch harte Unterdrückung der Opposition kann die Regierung an der Macht bleiben.

répression *f*

Le gouvernement ne peut se maintenir au pouvoir qu'en exerçant une forte répression de l'opposition.

Wahlkampf ['vaːlkampf] *m, -(e)s,*
Wahlkämpfe
Es ist noch nicht klar, wer im
Wahlkampf die besseren Argu-
mente hat.

campagne électorale *f*

Il est difficile de dire quel candidat
sera le plus convaincant au cours
de la campagne électorale.

8.2 Krieg und Frieden | 1-2000

8.2 Guerre et paix

Armee [arˈmeː] *f, -, -n*
In der Armee sind nur Berufssoldaten.

armée *f*
Cette armée ne compte que des
militaires de carrière.

Feind [faint] *m, -(e)s, -e*
Feindin ['faindin] *f, -, -nen*
Die Feinde wurden besiegt.

ennemi *m, -e f*

Les ennemis ont été vaincus.

Friede(n) ['friːd(ə)n] *m, -ns (-s),*
kein Pl.
Auch nach vier Jahren Krieg gibt
es keine Hoffnung auf Frieden.

paix *f*

Même après 4 ans de guerre il n'y
a pas d'espoir de paix.

friedlich ['friːtliç] *Adj.*
Nach den Kämpfen in der letzten
Woche ist die Situation an der
Grenze friedlich.

pacifique, calme
Après les combats de la semaine
dernière le calme est rétabli à la
frontière.

Gegner ['geːgnə*] *m, -s, -*
Gegnerin ['geːgnərin] *f, -, -nen*
Die früheren Kriegsgegner verhandeln über einen Friedensvertrag.

adversaire *m/f;* **ennemi** *m, -e f*

Les anciens ennemis négocient
un traité de paix.

Kampf [kampf] *m, -(e)s, Kämpfe*
Die Kämpfe in den Bergen werden immer härter.

combat *m*
Les combats se durcissent de
plus en plus dans les montagnes.

kämpfen ['kɛmpf(ə)n] *V/i., + Präp.*
(um, für, gegen), kämpfte, hat gekämpft
Sein ganzes Leben kämpfte er für
die Freiheit.

lutter

Il a lutté toute sa vie pour la liberté.

Krieg [kri:k] *m*, -(e)s, -e
Im letzten Krieg zwischen den beiden Ländern starben über 300 000 Menschen.

guerre *f*
Il y a eu plus de 300.000 morts au cours de la dernière guerre entre ces deux pays.

Militär [mili'tɛːə*] *n*, -s, *kein Pl.*
Das Militär fordert von der Regierung mehr Geld für neue Waffen.

armée *f*
L'armée veut obtenir du gouvernement plus d'argent pour un armement moderne.

siegen ['ziːg(ə)n] *V/i., + Präp.* (in, über), siegte, hat gesiegt
In einem Atomkrieg wird niemand siegen.

vaincre
Il n'y aura pas de vainqueur dans un conflit atomique.

Sieger ['ziːgə*] *m*, -s, -
Siegerin ['ziːgərin] *f*, -, -nen
Der Sieger verlangt, daß der Gegner alle Waffen abgibt.

vainqueur *m*
Le vainqueur exige que l'adversaire dépose les armes.

Soldat [zɔl'daːt] *m*, -en, -en
Soldatin [zɔl'daːtin] *f*, -, -nen
Die Armee hat über 250 000 Soldaten.

soldat *m*
L'armée compte plus de 250 000 soldats.

verteidigen [fɛə*'taidig(ə)n] *V/t., refl., + Präp.* (gegen), verteidigte, hat verteidigt
Mit dieser kleinen Armee kann das Land nicht verteidigt werden.
Sie konnten sich gegen die Feinde verteidigen.

défendre
Avec une armée si faible, le pays ne peut pas être défendu.
Ils se sont défendus contre les ennemis.

Waffe ['vafə] *f*, -, -n
Die Polizei hat die Waffe gefunden, mit der die Frau erschossen wurde.

arme *f*
La police a trouvé l'arme avec laquelle la femme a été abattue.

Widerstand ['viːdə*ʃtant] *m*, -(e)s, Widerstände
Schon nach der ersten Niederlage gab die Armee den Widerstand auf.

résistance *f*
Dès les premiers revers l'armée a renoncé à toute résistance.

zerstören [tsɛə*'tøːrən] *V/t.*, zerstörte, hat zerstört
Im letzten Weltkrieg wurden in Deutschland viele alte Städte zerstört.

détruire
Au cours de la dernière guerre mondiale beaucoup de vieilles villes allemandes ont été détruites.

Abrüstung [ˈaprystuŋ] *f, -, kein Pl.*

Seit Jahren verhandeln die Großmächte über eine militärische Abrüstung.

désarmement *m*

Depuis des années, les grandes puissances poursuivent des négociations un désarmement.

Alarm [aˈlarm] *m, -(e)s, -e*

Man gab Alarm, weil man einen Angriff des Feindes befürchtete.

alarme *f*

On a donné l'alarme, car on craignait une attaque de l'ennemi.

angreifen [ˈangraif(ə)n] *V/t., griff an, hat angegriffen*

Das Schiff wurde aus der Luft angegriffen.

attaquer

Le bateau a subi une attaque aérienne.

Angriff [ˈangrif] *m, -s, -e*

Die Stadt konnte gegen starke Angriffe verteidigt werden.

attaque *f*

La ville a pu se défendre contre de violentes attaques.

Atombombe [aˈtoːmbɔmbə] *f, -, -n*

Die Staaten einigten sich darauf, in Zukunft keine neuen Atombomben zu produzieren.

bombe atomique *f*

Les pays se sont mis d'accord pour ne plus produire de bombes atomiques à l'avenir.

besetzen [bəˈzɛts(ə)n] *V/t., besetzte, hat besetzt*

Die Grenzgebiete sind vom Feind besetzt worden.

occuper

Les régions frontalières sont occupées par l'ennemi.

besiegen [bəˈziːg(ə)n] *V/t., besiegte, hat besiegt*

Nach vier Tagen Kampf wurde der Gegner besiegt.

battre

Après quatre jours de combat l'adversaire a été battu.

Bundeswehr [ˈbundəsveːɐ*] *f, -, kein Pl.*

Der Verteidigungsminister der Bundesrepublik hat in Friedenszeiten das Oberkommando über die Bundeswehr.

l'armée fédérale (de R.F.A.) *f*

Le ministre de la Défense de la R.F.A. a, en temps de paix, le commandement suprême de l'armée fédérale.

erobern [ɛə*'o:bə*n] *V/t.*, eroberte, hat erobert
Der Feind brauchte sieben Monate, um die Hauptstadt zu erobern.

conquérir, prendre
L'ennemi a mis sept mois pour prendre la capitale.

Flucht [fluxt] *f, -, kein Pl.*
Tausende von Menschen sind auf der Flucht vor den feindlichen Truppen.

fuite *f*
Des milliers de personnes sont en fuite devant les troupes ennemies.

Flüchtling ['flyçtliŋ] *m*, -s, -e
Die Flüchtlinge wohnen seit Monaten in Zelten.

réfugié *m*
Depuis des mois les réfugiés sont hébergés sous des tentes.

General [genə'ra:l] *m*, -s, -e, Generäle
Die Generäle sind überzeugt, daß ihre Armee den Krieg gewinnen wird.

général *m*
Les généraux sont convaincus que leur armée va gagner la guerre.

Gewehr [gə've:ə*] *n*, -s, -e
Das Gewehr funktioniert nicht, weil es naß ist.

fusil *m*
Ce fusil ne fonctionne pas parce qu'il est mouillé.

---

grausam ['grauza:m] *Adj.*
Die jungen Soldaten wußten nicht, daß der Krieg so grausam ist.

féroce
Les jeunes soldats ignoraient que la guerre était aussi cruelle.

Großmacht ['gro:smaxt] *f*, -, Großmächte
Nach langer Pause verhandeln die Großmächte wieder über eine Raketenabrüstung.

grande puissance *f*
Après une longue interruption les grandes puisssances ont repris les négociations de désarmement appliqué aux missiles.

Heer [he:ə*] *n*, -(e)s, -e
Die meisten Soldaten sind beim Heer.

armée de terre *f*
La majorité des soldats font partie de l'armée de terre.

Held [hɛlt] *m*, -en, -en
Heldin ['hɛldin] *f*, -, -nen
Einige Kriegshelden wurden durch Presse und Rundfunk berühmt.

héros *m*, **héroïne** *f*
Certains héros de guerre sont devenus célèbres par la presse et par la radio.

Kanone [ka'no:nə] *f*, -, -n
Das Schiff verteidigte sich mit Kanonen gegen die Flugzeuge.

canon *m*
Le bateau a repoussé les attaques aériennes à coups de canon.

Kommando [kɔˈmando] *n,* -s, -s,
Alle Soldaten gehorchten den
Kommandos.

commandement *m*
Tous les soldats ont obéi au commandement.

Kommando *n, kein Pl.*
Nach der Niederlage verlor der
General das Kommando über seine Truppen.

commandement *m*
Après cette défaite le général a
perdu le commandement de ses
troupes.

Konflikt [kɔnˈflikt] *m,* -(e)s, -e
Der Krieg begann wegen eines
Grenzkonflikts.

conflit *m*
La guerre a éclaté à cause d'un
conflit frontalier.

Kugel [ˈkuːɡ(ə)l] *f,* -, -n
Der Soldat wurde von einer Kugel
getroffen.

balle *f*
Le soldat a été touché par une
balle.

Luftwaffe [ˈluftvafə] *f,* -, -n
Die Luftwaffe verlor bei dem Angriff drei Kampfflugzeuge.

armée de l'air *f*
Au cours de l'attaque, l'armée de
l'air a perdu trois avions de
chasse.

Marine [maˈriːnə] *f,* -, *kein Pl.*
Die Marine hat nicht genug Schiffe, um die ganze Küste verteidigen zu können.

marine *f*
La marine ne dispose pas d'assez
de bâtiments pour défendre toute
la côte .

marschieren [marˈʃiːrən] *V/i.,*
marschierte, ist marschiert
Die Soldaten mußten eine lange
Strecke zu Fuß marschieren.

marcher

Les soldats ont dû faire une longue marche à pied.

Niederlage [ˈniːdəˈlaːɡə] *f,* -, -n
Nach der Kriegsniederlage trat
die ganze Regierung zurück.

défaite *f*
Le gouvernement a donné sa démission après la défaite militaire.

Offizier [ɔfiˈtsiːəˈ] *m,* -s, -e
Die Offiziere sind alle Berufssoldaten.

officier *m*
Les officiers sont en général des
militaires de carrière.

Pistole [pisˈtoːlə] *f,* -, -n
Für diese Pistole passen die Kugeln nicht.

pistolet *m*
Ces balles ne conviennent pas à
ce pistolet.

Rakete [raˈkeːtə] *f,* -, -n
Die Rakete kann über 7000 km
weit fliegen.

fusée *f,* **missile** *m*
La portée de ce missile dépasse
7000 km.

Schlacht [ʃlaxt] *f,* -, -en
In dieser Schlacht gab es sehr
viele Tote und Verwundete.

bataille *f*
Il y a eu beaucoup de morts et de
blessés au cours de cette bataille.

Streitkräfte [ˈʃtraitkrɛftə] *nur Pl.*
Für die Streitkräfte werden jährlich über 30 % des Staatshaushaltes ausgegeben.

forces armées *f/pl*
Plus de 30% du budget annuel est affecté aux forces armées.

Truppe [ˈtrupə] *f, -, -n*
Die Truppen des Feindes marschierten gestern über die Grenze.

troupe *f*
Les troupes ennemies ont franchi hier la frontière.

Verbündete [fɛə*ˈbyndətə] *m/f, -n, -n*
Mit der Hilfe der Verbündeten konnte unser Land sich verteidigen.

allié *m,* **-e** *f*
Notre pays a pu se défendre grâce à l'aide de ses alliés.

Weltkrieg [ˈvɛltkriːk] *m, -(e)s, -e*
Nach dem 2. Weltkrieg wurde Europa politisch geteilt.

guerre mondiale *f*
La division politique de l'Europe s'est faite après la Seconde Guerre mondiale.

8.3 Kirche und Religion | 1-2000

8.3 Eglise et religion

beten [ˈbeːt(ə)n] *V/i., + Präp.* (für, um), betete, hat gebetet
Früher wurde bei uns vor dem Essen gebetet.

prier
Autrefois, nous faisions une prière avant le repas.

Bibel [ˈbiːb(ə)l] *f, -, -n*
Ich habe meiner Tochter eine Bibel gekauft.

bible *f*
J'ai acheté une bible à ma fille.

Christ [krist] *m, -en, -en*
Christin [ˈkristin] *f, -, -nen*
Die Christen fordern Hilfe für die armen Völker der Welt.

chrétien *m,* **-ne** *f*
Les chrétiens demandent qu'on vienne en aide aux peuples pauvres.

christlich [ˈkristliç] *Adj., keine Komp.*
Ihr Mann kommt aus einer sehr christlichen Familie.

chrétien
Son mari vient d'un milieu très chrétien.

Gebet [gə'be:t] *n*, -(e)s, -e
Meine Mutter spricht morgens immer ein Gebet.

prière *f*
Ma mère dit sa prière tous les matins.

Gewissen [gə'vis(ə)n] *n*, -s, *kein Pl.*
Ich habe nichts falsch gemacht. Ich habe ein gutes Gewissen.

conscience *f*
Je n'ai rien fait de mal. J'ai la conscience tranquille.

Glaube ['glaubə] *m*, -ns, *kein Pl.*
Welchen Glauben hat sie?

religion *f;* **foi** *f*
Quelle est sa religion?

glauben ['glaub(ə)n] *V/i., + Präp.* (an), glaubte, hat geglaubt
Er glaubt an die Wiedergeburt nach dem Tod.

croire (à)
Il croit à la réincarnation après la mort.

Gott [gɔt] *m*, -es, Götter
Glaubst du an die Existenz eines Gottes?

dieu *m*
Crois-tu à l'existence de Dieu?

Gottesdienst ['gɔtəsdi:nst] *m*, -(e)s, -e
Jeden Sonntag um 11.00 Uhr ist Gottesdienst.

messe *f;* **office religieux** *m;* **service** *m*
Il y a la messe tous les dimanches à 11 heures.

Kirche ['kirçə] *f*, -, -n
In unserer Stadt ist eine neue Kirche gebaut worden.
Es gibt viele verschiedene christliche Kirchen.

église *f;* **temple** *m*
On a construit une nouvelle église dans notre ville.
Il existe beaucoup d'églises chrétiennes.

Priester ['pri:stə*] *m*, -s, -
Priesterin ['pri:stərin] *f*, -, -nen
Er will Priester werden.

prêtre *m*
Il veut devenir prêtre.

Religion [reli'gjo:n] *f*, -, -en
○ Welche Religion hat sie?
□ Ich glaube, sie ist Jüdin.

religion *f*
○ Quelle est sa religion?
□ Je crois qu'elle est juive.

Seele ['ze:lə] *f*, -, -n
Der Leib stirbt, aber nicht die Seele.

âme *f*
Le corps meurt, mais pas l'âme.

Sünde ['zyndə] *f*, -, -n
Im Gebet bat er Gott um Verzeihung für seine Sünden.

péché *m*
Dans sa prière, il a demandé à Dieu de lui pardonner ses péchés.

Weihnachten ['vainaxt(ə)n] *n,*
(Sg. u. Pl.)
Ich wünsche Ihnen fröhliche
Weihnachten.

Noël *m*

Je vous souhaite un joyeux Noël.

2001-4000

Bischof ['biʃoːf] *m, -s,* Bischöfe
Die Bischöfe kritisierten die nach
ihrer Meinung unchristlichen
Scheidungsgesetze.

évêque *m*
Les évêques ont émis des critiques sur la législation du divorce
qui n'est, d'après eux, pas
conforme au christianisme.

evangelisch [evaŋˈgeːliʃ] *Adj.,*
keine Komp.
Mein Mann ist katholisch, ich bin
evangelisch.

protestant

Mon mari est catholique, je suis
protestante.

fromm [frɔm] *Adj.*
Er führt ein sehr frommes Leben.

pieux
Elle mène une existence très
pieuse.

heilig ['hailiç°] *Adj.*
Paulus wurde von der katho-
lischen Kirche heilig gesprochen.

saint
Paul a été sanctifié par l'Eglise
catholique.

Himmel ['him(ə)l] *m, -s, -*
„Die guten Menschen kommen in
den Himmel", erzählte der Pfarrer
den Kindern.

paradis *m*
«Les bons vont au paradis» ra-
contait le curé aux enfants.

Hölle ['hœlə] *f, -, kein Pl.*
Ändere dein Leben, sonst wirst
du für deine Taten in der Hölle
bestraft.

enfer *m*
Change de vie, sinon tu iras en
enfer à cause de tes péchés.

Islam [isˈlaːm] *auch* ['islam] *m, -s,*
kein Pl.
In vielen Ländern Afrikas und
Asiens ist der Islam die Hauptreli-
gion.

islam *m*

Dans de nombreux pays afri-
cains, l'islam est la religion la plus
répandue.

Jude ['juːdə] *m, -n, -n*
Jüdin ['jyːdin] *f, -, -nen*
Nach ihrer Heirat ist sie Jüdin ge-
worden.

juif *m,* **juive** *f*

Après son mariage, elle s'est
convertie au judaïsme.

katholisch [ka'to:liʃ] *Adj., keine Komp.*
Unser Kind wird katholisch erzogen.

catholique
Notre enfant aura une éducation religieuse catholique.

Muslim, Moslem ['muslim] *m,* Muslime
Mekka ist das geistige Zentrum der Muslime.

musulman *m,* **-e** *f*
La Mecque est le centre religieux des musulmans.

Ostern ['o:stə*n] *n, -, -*
An Ostern machen wir immer einen Kurzurlaub.

Pâques
Nous prenons toujours quelques jours de vacances à Pâques.

Papst ['pa:pst] *m, -es,* Päpste
Der Papst forderte die Kriegsgegner auf, Frieden zu schließen.

pape *m*
Le pape a demandé aux combattants de faire la paix.

Pfarrer ['pfarə*] *m, -s, -*
Pfarrerin ['pfarərin] *f, -, -nen*
Unsere Kirchengemeinde bekommt einen neuen Pfarrer.

curé *m;* **pasteur** *m*
Notre paroisse va avoir un nouveau curé.

religiös [reli'gjø:s] *Adj., -er, am -esten*
Er ist sehr religiös und geht regelmäßig zum Gottesdienst.

croyant
Il est très croyant et va régulièrement à la messe.

Teufel ['tɔif(ə)l] *m, -s, -*
Hast du Angst vor dem Teufel?

diable *m*
Tu as peur du diable?

8.4 Schule und Ausbildung | 1-2000

8.4 Ecole et formation (*cf. a* Apprendre et savoir 2.8)

aufmerksam ['aufmɛrkza:m] *Adj.*
Die Schüler hören dem Lehrer aufmerksam zu.

attentif
Les élèves écoutent attentivement le professeur.

Aufmerksamkeit ['aufmɛrkza:mkait] *f, -, kein Pl.*
In den ersten Schulstunden ist die Aufmerksamkeit der Schüler am größten.

attention *f*
Les élèves sont plus attentifs pendant les premières heures de cours.

Ausbildung ['ausbilduŋ] *f,* -, -en
Die Ausbildungszeit für die meisten Berufe dauert drei Jahre.

formation *f*
Dans la plupart des professions, la durée de formation est de trois ans.

---

auswendig ['ausvɛndiç°] *Adj., keine Komp.*
Die Adresse von Sonja weiß ich auswendig.

par cœur
Je ne sais pas par cœur l'adresse de Sonja.

---

bestehen [bə'ʃte:(ə)n] *V/t.,* bestand, hat bestanden
Fast alle Teilnehmer des Kurses haben die Prüfung bestanden.

réussir (à)
Presque tous les participants du cours ont réussi à l'examen.

Fehler ['fe:lə*] *m,* -s, -
In dem Text, den ich übersetzt habe, waren einige Fehler.

faute *f*
Il y avait quelques fautes dans le texte que j'ai traduit.

Ferien ['fe:riən] *nur Pl.*
Nicht alle Schüler verreisen.

Einige bleiben in den Ferien zu Hause.

vacances *f/pl*
Tous les élèves ne partent pas en vacances.

Certains restent chez eux pour les vacances.

Heft [hɛft] *n,* -(e)s, -e
Für jedes Schulfach hat Jörn ein eigenes Heft.

cahier *m*
Jörn a un cahier pour chaque matière.

Klasse ['klasə] *f,* -, -n
Knut ist in der 2. Klasse der Grundschule.

classe *f*
Knut est en cours élémentaire première année à l'école primaire.

Kugelschreiber ['ku:g(ə)lʃraibə*] *m,* -s, -
Ich schreibe lieber mit einem Bleistift als mit einem Kugelschreiber.

stylo-bille *m*
Je préfère écrire au crayon plutôt qu'au stylo-bille.

Kurs [kurs] *m,* -es, -e
In unserem Italienisch-Kurs sind nur fünf Teilnehmer.

cours *m*
Il n'y a que cinq participants dans notre cours d'italien.

---

leicht [laiçt] *Adj.,* -er, am -esten
Am Anfang war der Kurs leicht, später wurde er immer schwerer.

facile
Au début, le cours était facile, mais il est devenu de plus en plus difficile.

Lösung ['lø:zuŋ] *f,* -, -en
Acht von zehn Lösungen in meiner schriftlichen Prüfung waren richtig.

solution *f*
Dans les épreuves écrites, j'ai eu huit solutions de bonnes sur dix.

Note ['noːtə] *f*, -, -n
Unser Lehrer gibt recht gute Noten.

note *f*
Notre professeur donne plutôt des bonnes notes.

Pause ['pauzə] *f*, -, -n
Die Pausen zwischen den Unterrichtsstunden sind verschieden lang.

récréation *f;* pause *f*
Les pauses entre les heures de cours sont plus ou moins longues.

Prüfung ['pryːfuŋ] *f*, -, -n
Die schriftliche Prüfung war schwieriger als die mündliche.

examen *m*
L'écrit était plus difficile que l'oral.

Schule ['ʃuːlə] *f*, -, -n
Udo muß noch vier Jahre zur Schule gehen.
Ich fahre morgens mit dem Bus zur Schule.

école *f;* collège *m;* lycée *m*
Udo va encore aller à l'école pendant quatre ans.
Je prends le bus pour aller à l'école le matin.

Schüler ['ʃyːlə*] *m*, -s, -
Schülerin ['ʃyːlərin] *f*, -, -nen
An unserer Schule sind über 1000 Schüler und Schülerinnen.

élève *m/f*
Il y a plus de 1000 élèves (garçons et filles) dans notre école.

Student [ʃtuˈdɛnt] *m*, -en, -en
Studentin [ʃtuˈdɛntin] *f*, -, -nen
Für Studenten ist es in unserer Stadt schwer, eine Wohnung zu finden.

étudiant *m*, -e *f*

Les étudiants ont du mal à trouver à se loger dans notre ville.

studieren [ʃtuˈdiːrən] *V/t., i.*, studiere, hat studiert
Wo hast du studiert?
Sigrid studiert Geschichte.

faire des études

Où as-tu fait tes études?
Sigrid fait des études d'histoire.

Studium ['ʃtuːdjum] *n*, -s, Studien
Mein Studium hat fünf Jahre gedauert.

études *f/pl*
Mes études ont duré cinq ans.

Test [tɛst] *m*, -(e)s, -s
Mit kurzen Tests wurden wir auf die Prüfung vorbereitet.

test *m*
Nous nous sommes préparés à l'examen avec des tests courts.

Text [tɛkst] *m*, -es, -e
Bitte übersetzen Sie diesen Text ins Französische!

texte *m*
Traduisez ce texte en français, s'il vous plaît.

Thema ['teːma] *n*, -s, -en
Für die Prüfung können wir uns drei Themen aussuchen.

sujet *m*
Pour l'examen nous avons le choix entre trois sujets.

Übung ['y:buŋ] *f, -, -en*
In unserem Buch gibt es sehr viele Grammatikübungen.

exercice *m*
Il y a beaucoup d'exercices de grammaire dans notre livre.

Unterricht [untə*'riçt] *m, -s, kein Pl.*
Samstags haben wir keinen Unterricht.

cours *m*
Nous n'avons pas cours le samedi.

---

unterrichten ['untə*riçt(ə)n] *V/t., i.,* unterrichtete, hat unterrichtet
Unsere Lehrerin unterrichtet neben Italienisch auch Spanisch.
Er unterrichtet an einer Grundschule.

enseigner
Notre professeur enseigne l'italien et l'espagnol.
Il enseigne dans une école primaire.

Wörterbuch ['vœrtə*bu:x] *n, -(e)s, Wörterbücher*
○ Wie heißt das Wort auf deutsch?
□ Das weiß ich nicht. Sieh doch im Wörterbuch nach!

dictionnaire *m*
○ Comment dit-on ce mot en allemand?
□ Je ne sais pas, regarde dans le dictionnaire!

---

vorbereiten ['fo:ə*bərait(ə)n] *V/t., refl.,* bereitete vor, hat vorbereitet
Die Studenten haben sich ein Jahr für die Prüfungen vorbereitet.

préparer
Les étudiants se sont préparés pendant un an à l'examen.

Zeugnis ['tsɔiknis] *n, -ses, -se*
Ich bin mit den Noten in meinem Zeugnis sehr zufrieden.

bulletin *m (scolaire)*
Je suis très content de mes notes dans mon bulletin.

2001-4000

Aufgabe ['aufga:bə] *f, -, -n*
Die Aufgaben im Test waren zu schwierig.

devoir *m; épreuve f*
Les épreuves de ce test étaient trop difficiles.

Examen [ɛ'ksa:mən] *n, -s, - (Examina)*
Der wichtigste Teil des Examens ist eine schriftliche Hausarbeit.

examen *m*
La partie la plus importante de cet examen est un travail écrit à la maison.

Fremdsprache ['frɛmtʃpra:xə] *f,* -, -n
Welche Fremdsprachen sprechen Sie?

langue étrangère *f*
Quelles langues parlez-vous?

Füller ['fylə*] *m,* -s, -
Ich schreibe nur private Briefe mit dem Füller.

stylo *m*
Je n'écris mes lettres personnelles qu'a stylo.

Gymnasium [gym'na:zjum] *n,* -s, Gmnasien
An unseren Gymnasien ist Französisch die erste Fremdsprache.

lycée *m*
Le français est la première langue étrangère dans notre lycée.

Hausaufgabe ['hausaufga:bə] *f,* -, -n
Oberschüler müssen täglich viele Hausaufgaben machen.

devoir *m*
Les lycéens ont beaucoup de devoirs à faire tous les jours.

Hochschule ['ho:xʃu:lə] *f,* -, -n
Sonja zeichnet sehr gut und möchte später an einer Kunsthochschule studieren.

université *f*
Sonja est bonne en dessin et voudrait faire une école des Beaux-Arts, plus tard.

Institut [insti'tu:t] *n,* -s, -e
Das Institut für Germanistik ist das größte an unserer Universität.

institut *m*
L'Institut d'Etudes Allemandes est le plus grand de notre université.

Kindergarten ['kində*gart(ə)n] *m,* -s, Kindergärten
Unser Kind geht nachmittags in den Kindergarten.

jardin d'enfants *m*
Notre enfant va au jardin d'enfants l'après-midi.

Lehre ['le:rə] *f,* -, *kein Pl.*
Kurt macht eine Lehre als Elektriker.

apprentissage *m*
Kurt est apprenti-électricien.

lösen ['lø:z(ə)n] *V/t.,* löste, hat gelöst
Seit drei Stunden versuche ich diese Aufgabe zu lösen.

résoudre
Cela fait trois heures que j'essaie de résoudre ce problème.

Professor [pro'fɛsɔr] *m,* -s, -en
Professorin [profɛ'so:rin] *f,* -, -nen
Meine Prüfung mache ich bei Frau Professor Meile.

professeur *m (universitaire)*
Comme examinatrice, j'ai le professeur Meile.

Semester [ze'mɛstə*] *n,* -s, -
Ich studiere jetzt im 5. Semester
Tiermedizin.

semestre *m*
Je suis maintenant à mon 5ᵉ semestre de mes études de vétéri-
naire.

Stundenplan ['ʃtund(ə)nplan] *m,*
-(e)s, Stundenpläne
Im Fach Medizin ist der Stundenplan genau festgelegt.

emploi du temps *m*

L'emploi du temps est très précis
en médecine.

Tinte ['tintə] *f,* -, *kein Pl.*
Im Füller fehlt Tinte.

encre *f*
Il n'y a pas d'encre dans ce stylo.

Tafel ['ta:f(ə)l] *f,* -, -n
Der Lehrer schreibt die Aufgabe
an die Tafel.

tableau *m*
Le professeur écrit le problème
au tableau.

Unterrichtsstunde
['untə*riçtsʃtundə] *f,* -, -n
Wir haben täglich fünf Unterrichtsstunden.

heure de cours *f*

Nous avons tous les jours cinq
heures de cours.

9.1 Stadt und Dorf

1-2000

Bevölkerung [bə'fœlkəruŋ] *f, -, kein Pl.*

population *f*

Die Bevölkerung ist gegen die neue Straße.

La population est contre la construction de la nouvelle route.

Dorf [dɔrf] *n, -(e)s, Dörfer*

village *m*

Das Dorf hat 263 Einwohner.

Le village compte 263 habitants.

Gebäude [gə'bɔidə] *n, -s, -*

immeuble *m*, bâtiment *m*

Das Bürogebäude hat 16 Stockwerke.

Cet immeuble de bureaux a 16 étages.

Gemeinde [gə'maində] *f, -, -n*

commune *f*

Die Gemeinde hat viel Geld für den Straßenbau ausgegeben.

La commune a dépensé beaucoup d'argent pour la voirie.

Halle ['halə] *f, -, -n*

hall *m*

Die Ware liegt in Halle 3.

Les marchandises sont dans le hall 3.

Hof [ho:f] *m, -(e)s, Höfe*

cour *f*

In diesem Hof darf nicht geparkt werden.

On n'a pas le droit de stationner dans cette cour.

Ort [ɔrt] *m, -(e)s, -e*

localité *f*

In unserem Ort gibt es keine Post.

Il n'y a pas de bureau de poste dans notre localité.

Platz [plats] *m, -es, Plätze*

place *f*

Der Platz ist mittwochs wegen des Wochenmarktes für Autos gesperrt.

La place est interdite aux voitures le mercredi à cause du marché hebdomadaire.

Siedlung ['zi:dluŋ] *f, -, -en*

cité *f*

Die Häuser in der Siedlung sehen alle sehr ähnlich aus.

Les maisons de la cité se ressemblent toutes beaucoup.

Stadt [ʃtat] *f, -, Städte*

ville *f*

Das Zentrum der Stadt ist sehr alt.

Le centre-ville est très ancien.

Straße ['ʃtra:sə] *f, -, -n*
In welcher Straße ist das Geschäft?

rue *f*
Dans quelle rue se trouve ce magasin?

2001-4000

Bauernhof ['bauə*nho:f] *m, -(e)s, Bauernhöfe*
Zu dem Bauernhof gehören über 60 Hektar Land.

ferme *f*
La ferme a plus de 60 hectares de terre.

Bewohner [bə'vo:nə*] *m, -s, -*
Bewohnerin *f, -, -nen*
Fast alle Dorfbewohner haben an dem Fest teilgenommen.

habitant *m, -e f*
Presque tous les habitants du village sont venus à la fête.

Bezirk [bə'tsirk] *m, -s, -e*
Die Stadtbezirke in Wien haben Nummern.

arrondissement *m*
A Vienne, les arrondissements sont numérotés.

Brunnen ['brunən] *m, -s, -*
An der Seite des Brunnens ist ein Wasserhahn.

fontaine *f*
Il y a un robinet sur le côté de la fontaine.

Denkmal ['dɛŋkma:l] *n, -s, Denkmäler*
Das Denkmal wird von vielen Touristen besucht.

monument *m (historique)*
Beaucoup de touristes visitent ce monument.

Großstadt ['gro:sʃtat] *f, -, Großstädte*
Die nächste Großstadt ist 40 km von unserem Dorf entfernt.

grande ville *f*
La prochaine grande ville se trouve à 40 km de notre village.

Grundstück ['gruntʃtyk] *n, -(e)s, -e*
Das Grundstück ist ca. 900 m^2 groß.

terrain *m*
Le terrain fait environ 900 m^2.

Hauptstadt ['hauptʃtat] *f, -, Hauptstädte*
Die Hauptstadt der Niederlande ist Den Haag, nicht Amsterdam.

capitale *f*
C'est la Haye, pas Amsterdam qui est la capitale des Pays-Bas.

Rathaus ['raːthaus] *n*, -es, Rathäuser
Die Stadt will ein neues Rathaus bauen lassen.

hôtel de ville *m*, **mairie** *f*
La municipalité veut construire un nouvel hôtel de ville.

Schloß [ʃlɔs] *n*, Schlosses, Schlösser
Das Schloß kann nur morgens besichtigt werden.

château *m*
On peut visiter le château uniquement le matin.

Stall [ʃtal] *m*, -(e)s, Ställe
In diesem Stall stehen 45 Kühe.

étable *f*
Il y a 45 vaches dans cette étable.

Turm [turm] *m*, -(e)s, Türme
Der Turm ist 68 m hoch.

tour *f*
La tour fait 68 m de haut.

Umgebung [um'geːbuŋ] *f*, -, -en
Die Umgebung der Stadt ist sehr schön.

environs *m/pl*
Les environs de cette ville sont très beaux.

Vorort ['foːəˈʔɔrt] *m*, -(e)s, -e
Wir wohnen in einem Vorort von Köln.

banlieue *f*
Nous habitons dans la banlieue de Cologne.

Zoo [tsoː] *m*, -s, -s
Der Zoo hat auch im Winter geöffnet.

zoo *m*
Le zoo est aussi ouvert en hiver.

9.2 Landschaft

1-2000

9.2 Paysage

Aussicht ['ausziçt] *f*, -, *kein Pl.*
Die Aussicht von dem Berg ist herrlich.

vue *f*
Du haut de la montagne, on a une vue splendide.

Berg [bɛrk] *m*, -(e)s, -e
In den Bergen gibt es jetzt schon Schnee.

montagne *f*
Il y a déjà de la neige en montagne, maintenant.

Brücke ['brykə] *f*, -, -n
Über diese Brücke dürfen nur Wagen mit weniger als 4 t Gewicht fahren.

pont *m*
Seuls les véhicules ne dépassant pas 4 tonnes peuvent utiliser ce pont.

Feld [fɛlt] *n, -(e)s, -er*
Das Getreide steht noch auf den Feldern.

champ *m*
Les céréales n'ont pas encore été moissonnées dans les champs.

Felsen ['fɛlz(ə)n] *m, -s, -*
Am Strand liegen viele dicke Felsen.

rocher *m*
Il y a de gros rochers sur la plage.

Fluß [flus] *m, Flusses, Flüsse*
Wir sind mit einer Fähre über den Fluß gefahren.

fleuve *m*
On a pris le bac pour traverser le fleuve.

Gebirge [gə'birgə] *n, -s, -*
Die Berge in diesem Gebirge sind nicht sehr hoch.

massif (montagneux) *m*
Les montagnes de ce massif ne sont pas très hautes.

Gegend ['ge:g(ə)nt] *f, -, -en*
In unserer Gegend gibt es viele Industrieunternehmen.

région *f*
Il y a beaucoup d'entreprises industrielles dans notre région.

Hügel ['hy:g(ə)l] *m, -s, -*
Wegen ihrer vielen kleinen Hügel ist die Landschaft sehr schön.

colline *f*
Le paysage est très joli avec ses nombreuses petites collines.

Insel ['inz(ə)l] *f, -, -n*
Auf der Insel dürfen keine Autos fahren.

île *f*
Les voitures n'ont pas le droit de circuler sur l'île.

Küste ['kystə] *f, -, -n*
Die Bewohner der Küste wurden vor Hochwasser gewarnt.

côte *f*
On a prévenu les habitants de la côte des risques d'inondation.

Land [lant] *n, -(e)s, kein Pl.*
Die meisten Bauern in dieser Gegend haben wenig Land.

terres *f/pl*
Dans cette région la majorité des paysans ont peu de terres.

Landschaft ['lantʃaft] *f, -, -en*
Im Frühjahr ist die Landschaft auf der Insel am schönsten.

paysage *m*
C'est au printemps que le paysage de l'île est le plus beau.

Landstraße ['lantʃtra:sə] *f, -, -n*
Die Strecke über die Landstraße ist kürzer.

route départementale *f*
Le trajet est plus court par la route départementale.

Park [park] *m, -s, -s*
Im Stadtpark gibt es ein gemütliches Cafe.

parc *m*
Il y a un café sympathique dans le parc de la ville.

See [ze:] *m, -s, -n*
An Wochenenden ist der See voller Boote.

lac *m*
Il y a de nombreux bateaux sur le lac le week-end.

272

See f, -, kein Pl.
Nach einem Sturm hat die (Nord-)
See hohe Wellen.

mer f
Après une tempête, la mer (du
Nord) a de hautes vagues.

Tal [ta:l] n, -(e)s, Täler
Das Tal ist mit dem Auto schwer
zu erreichen.

vallée f
Cette vallée est difficilement accessible en voiture.

Ufer ['u:fə*] n, -s, -
Das ganze Ufer des Sees ist Na-
turschutzgebiet.

rive f
Toute la rive du lac est déclarée
site naturel protégé.

Wald [valt] m, -es, Wälder
In unserer Gegend gibt es nur wenige Wälder.

forêt f
Il n'y a pas beaucoup de forêts
dans notre région.

Weg [ve:k] m, -es, -e
Dieser Weg führt ins Tal.

chemin m
Ce chemin mène à la vallée.

Wiese ['vi:zə] f, -, -n
Hinter dem Haus ist eine große
Wiese.

prairie f
Derrière la maison se trouve une
grande prairie.

2001-4000

Bach [bax] m, -(e)s, Bäche
In dem Bach sind keine Fische.

ruisseau m
Il n'y a pas de poissons dans ce
ruisseau.

Boden ['bo:d(ə)n] m, -s, Böden
Für die Gemüsepflanzen ist der
Boden im Garten zu trocken.

terrain m
Le terrain, dans le jardin, est trop
sec pour les plantes potagères.

gebirgig [gə'birgiç°] Adj.
Die Gegend ist gebirgig.

montagneux
La région est très montagneuse.

Graben ['gra:b(ə)n] m, -s, Gräben
Im Sommer ist dieser Graben
trocken.

fossé m
En été le fossé est à sec.

Hang [haŋ] m, -(e)s, Hänge
Der Skihang ist für Anfänger zu
steil.

versant m; **pente** f
Pour des débutants en ski, cette
pente est trop abrupte.

Horizont [hori'tsɔnt] m, -(e)s, -e
Am Horizont kann man ein Schiff
erkennen.

horizon m
On aperçoit un bateau à l'horizon.

Kanal [ka'na:l] *m*, -s, Kanäle Durch den Kanal werden zwei Flüsse miteinander verbunden.	**canal** *m* Les deux fleuves sont reliés par un canal.
Sand [zant] *m*, -(e)s, *kein Pl.* Der Sand am Flußufer ist sehr fein.	**sable** *m* Le sable de la rive du fleuve est très fin.
Teich [taiç] *m*, -(e)s, -e In dem Teich sind viele Wasserpflanzen.	**étang** *m* Il y a beaucoup de plantes aquatiques dans l'étang.
Wüste ['vy:stə] *f*, -, -n Viele junge Wüstenbewohner ziehen in die Städte im Norden des Landes.	**désert** *m* Beaucoup de jeunes habitants du désert émigrent dans les villes au nord du pays.

9.3 Natur: Allgemeines

9.3 Nature: Généralités

dunkel ['duŋk(ə)l] *Adj.*, dunkler, am dunkelsten Die Wolken sind ganz dunkel.	**sombre** Les nuages sont très sombres.
Dunkelheit ['duŋk(ə)lhait] *f*, -, *kein Pl.* In der Dunkelheit ist das Haus schwer zu finden.	**obscurité** *f* Difficile de trouver la maison dans l'obscurité.
Erde ['εə*də] *f*, -, *kein Pl.* Auf der Erde wohnen bald über 5 Milliarden Menschen. Die Erde in dieser Gegend ist braun-rot.	**terre** *f* Bientôt, plus de 5 milliards d'habitants vivront sur la Terre. Dans cette région, la terre est d'un rouge brun.
Gipfel ['gipf(ə)l] *m*, -s, - Auf dem Gipfel des Berges ist eine kleine Hütte.	**sommet** *m* Un petit refuge se trouve au sommet de la montagne.
hell [hεl] *Adj.* Das Sonnenlicht macht den Raum sehr hell.	**clair** La lumière du soleil rend la pièce très claire.

Himmel ['hɪm(ə)l] *m*, -s, *kein Pl.*
Am Himmel ist keine Wolke zu sehen.

ciel *m*
On ne voit pas de nuage dans le ciel.

Karte ['kartə] *f*, -, -n
Ohne Wanderkarte hätten wir den Weg nicht gefunden.

carte *f*
Nous n'aurions pas trouvé le chemin sans la carte topographique.

Luft [lʊft] *f*, -, *kein Pl.*
Die Luft in den Bergen ist angenehm frisch.

air *m*
L'air est agréablement frais en montagne.

Meer [meːə*] *n*, -es, -e
Die Stadt liegt nur 10 km vom Meer entfernt.

mer *f*
Cette ville est à seulement 10 km de la mer.

Mond [moːnt] *m*, -(e)s, -e
Heute nacht ist Vollmond.

lune *f*
Ce soir, c'est la pleine lune.

Natur [naˈtuːə*] *f*, -, *kein Pl.*
Die Natur muß stärker vor den Menschen geschützt werden.

nature *f*
Il faut que les hommes protègent davantage la nature.

Norden ['nɔrd(ə)n] *m*, -s, *kein Pl.*
Im Norden des Landes gab es gestern den ersten Schnee.

nord *m*
Les premières chutes de neige se sont produites hier dans le nord du pays.

nördlich ['nœrtlɪç] *Adj.*
Wir wohnen in einem Dorf 20 km nördlich von Frankfurt.

au nord de...
Nous habitons un village à 20 km au nord de Francfort.

Osten ['ɔst(ə)n] *m*, -s, *kein Pl.*
Im Osten des Landes gibt es viele Seen.

est *m*
Il y a beaucoup de lacs à l'est du pays.

östlich ['œstlɪç] *Adj.*
Wolfsburg liegt östlich von Hannover.

à l'est de...
Wolfsburg se trouve à l'est de Hannovre.

Ozean ['oːtseaːn] *m*, -s, -e
Er ist mit einem kleinen Segelboot über den Indischen Ozean gefahren.

océan *m*
Il a traversé l'océan Indien à bord d'un petit voilier.

Rauch [raux] *m*, -(e)s, *kein Pl.*
Durch den Rauch bekamen wir Tränen in den Augen.

fumée *f*
La fumée nous a fait pleurer.

Schatten [ˈʃat(ə)n] *m*, -s, -
Sogar im Schatten war es über 30 °C heiß.

ombre *f*
Même à l'ombre il faisait plus de 30 degrés.

Sonne [ˈzɔnə] *f*, -, *kein Pl.*
Diese Pflanze darf nicht direkt im Sonnenlicht stehen.

soleil *m*
Cette plante ne doit être exposée directement au soleil.

Stein [ʃtain] *m*, -(e)s, -e
In der Erde in unserem Garten sind leider viele Steine.

pierre *f*
Il y a malheureusement beaucoup de pierres dans notre jardin.

Stern [ʃtɛrn] *m*, -s, -e
Der Nachthimmel ist so klar, daß man alle Sternbilder deutlich erkennt.

étoile *f*
La nuit est si claire qu'on reconnaît toutes les étoiles.

Süden [ˈzyːd(ə)n] *m*, -s, *kein Pl.*
Im Süden des Landes gab es gestern schwere Gewitter.

sud *m*
Il y avait hier, de gros orages dans le sud du pays.

südlich [ˈzyːtliç] *Adj.*
Italien liegt südlich der Alpen.

au sud de…
L'Italie est située au sud des Alpes.

Temperatur [tɛmpəraˈtuːə*] *f*, -, -en
Die Temperaturen werden diese Nacht auf unter 0 °C sinken.

température *f*

Cette nuit les températures vont descendre au-dessous de zéro.

Umwelt [ˈumvɛlt] *f*, -, *kein Pl.*
Der Schutz der Umwelt ist ein wichtiges politisches Thema geworden.

environnement *m*
La protection de l'environnement est devenue un important thème politique.

wachsen [ˈvaks(ə)n] *V/i.*, wuchs, ist gewachsen
In diesem Boden wachsen Kartoffeln besonders gut.

pousser

Les pommes de terre poussent très bien sur ce terrain.

Wasser [ˈvasə*] *n*, -s, *kein Pl.*
Vorsicht, das ist kein Trinkwasser!

eau *f*
Attention, cette eau n'est pas potable.

Welt [vɛlt] *f*, -, *kein Pl.*
Die Sahara ist die größte Wüste der Welt.

monde *m*
Le Sahara est le plus grand désert du monde.

Westen [ˈvɛst(ə)n] *m*, -s, *kein Pl.*
Der Wind kommt von Westen.

ouest *m*
Le vent vient de l'Ouest.

westlich ['vɛstlɪç] *Adj.*
Am westlichen Seeufer ist ein
Sandstrand.

à l'ouest de...
Il y a une plage de sable sur la rive
ouest du lac.

$$2001\text{-}4000$$

Ebbe ['ɛbə] *f, -, kein Pl.*
Am Nachmittag fährt kein Schiff
zur Insel. Es ist Ebbe.

marée basse *f*
Aucun bâteau ne part pour l'île
l'après-midi. C'est marée basse.

Festland ['fɛstlant] *n, -(e)s, kein
Pl.*
Sie arbeitet auf dem Festland,
aber sie wohnt auf der Insel.

continent *m*
Elle travaille sur le continent, mais
elle habite l'île.

Flachland ['flaxlant] *n, -(e)s, kein
Pl.*
Ich finde das Flachland lang-
weilig.

plaine *f;* **pays plat** *m*
Je trouve la pleine ennuyeuse.

fließen ['fliːs(ə)n] *V/i.,* floß, ist ge-
flossen
Der Bach fließt sehr langsam.

couler
Le ruisseau coule très lentement.

Flut [fluːt] *f, -, kein Pl.*
Wir können am Nachmittag im
Meer schwimmen. Dann ist Flut.

marée haute *f*
Nous pouvons nager dans la mer
cet après-midi. C'est marée
haute.

frieren ['friːrən] *V/i.,* fror, hat (ist)
gefroren
Diese Nacht soll es frieren.

geler
Il devrait geler cette nuit.

Kontinent ['kɔntinɛnt] *m, -s, -e*
Europa wird auch der ,alte Kontinent' genannt.

continent *m*
On appelle aussi l'Europe le
«vieux continent».

Planet [plaˈneːt] *m, -en, -en*
Der Planet Mars hat zwei Monde.

planète *f*
La planète Mars a deux satellites.

Pol [poːl] *m, -s, -e*
Vom 21. März bis zum 23. Sep-
tember scheint am Nordpol Tag
und Nacht die Sonne.

pôle *m*
Du 21 mars au 23 septembre, le
soleil brille jour et nuit au pôle
Nord.

Schlamm [ʃlam] *m, -s, kein Pl.*
Nach dem Hochwasser blieb am Ufer sehr viel Schlamm liegen.

boue *f*
Après les inondations, beaucoup de boue est restée sur les rives.

Strand [ʃtrant] *m, -(e)s, Strände*
Das Hotel hat einen eigenen Strand.

plage *f*
L'hôtel a une plage privée.

Weltall ['vɛltal] *n, -s, kein Pl.*
Es wurde ein neuer Fernsehsatellit ins Weltall geschossen.

cosmos *m,* **univers** *m*
On a envoyé un nouveau satellite de télévision dans le cosmos.

9.4 Tiere 1-2000
9.4 Animaux

Fisch [fiʃ] *m, -(e)s, -e*
In diesem See gibt es viele Fische.

poisson *m*
Il y a beaucoup de poissons dans ce lac.

Geflügel [gəˈflyːg(ə)l] *n, -s, kein Pl.*
Ißt du gerne Geflügel?

volaille *f*
Tu aimes de la volaille?

Hund [hunt] *m, -(e)s, -e*
Er hat Angst vor Hunden.

chien *m*
Il a peur des chiens.

Insekt [inˈzɛkt] *n, -s, en*
Unsere Obstbäume sind krank, weil Insekten die Blätter auffressen.

insecte *m*
Nos arbres fruitiers sont malades, à cause des insectes qui mangent les feuilles.

Kalb [kalp] *n, -(e)s, Kälber*
Für dieses Gericht kann man nur zartes Kalbfleisch nehmen.

veau *m*
On peut faire ce plat uniquement avec veau bien tendre.

Katze ['katsə] *f, -, -n*
Unsere Katze und unser Hund verstehen sich gut.

chat *m*
Notre chat et notre chien s'entendent bien.

Kuh [kuː] *f, -, Kühe*
Frische Kuhmilch hat ca. 3,7 % Fett.

vache *f*
Le lait de vache frais contient environ 3,7% de matières grasses.

Lebewesen [ˈleːbəveːz(ə)n] *n,*
-s, -
Auf dem Mond hat man noch keine Lebewesen entdeckt.

être vivant *m*

Sur la lune, on n'a pas encore découvert d'être vivant.

Pferd [pfeːɐ*t] *n,* -(e)s, -e
Auf diesem Pferd können auch Kinder reiten. Es ist sehr ruhig.

cheval *m*
Même les enfants peuvent monter ce cheval. Il est très doux.

Rind [rint] *n,* -(e)s, -er
In diesem Stall sind über 200 Rinder.

bovin *m*
Il y a plus de 200 bovins dans cette étable.

Schwein [ʃvain] *n,* -(e)s, -e
Ich esse lieber Schweinefleisch als Rindfleisch.

cochon *m;* **porc** *m*
Je préfère manger de la viande de porc plutôt que de la viande de bœuf.

Tier [tiːɐ*] *n,* -(e)s, -e
In dieser Wohnung darf man keine Haustiere haben.

animal *m*
On n'a pas le droit d'avoir des animaux domestiques dans cet immeuble.

Vieh [fiː] *n,* -s, *kein Pl.*
Der Bauer Janßen hat über 250 Stück Vieh in seinen Ställen.

bétail *m*
Monsieur Janßen, agriculteur, a plus de 250 têtes de bétail dans ses étables.

Vogel [ˈfoːg(ə)l] *m,* -s, Vögel
Im Winter füttern wir draußen die Vögel.

oiseau *m*
En hiver, nous donnons à manger aux oiseaux dehors.

Wild [vilt] *n,* -(e)s, *kein Pl.*
In diesem Tierschutzgebiet darf kein Wild geschossen werden.

gibier *m*
Il est interdit de chasser le gibier dans cette réserve naturelle.

2001-4000

Affe [ˈafə] *m,* -n, -n
Linda hat einen kleinen Affen als Haustier.

singe *m*
Linda a un petit singe comme animal domestique.

bellen [ˈbɛl(ə)n] *V/i.,* bellte, hat gebellt
Wenn fremde Leute kommen, bellt unser Hund sofort.

aboyer

Notre chien se met à aboyer dès que des étrangers arrivent.

Biene ['bi:nə] *f,* -, -n
Unser Nachbar hat vier Bienen-
häuser.

abeille *f*
Notre voisin a quatre ruches.

Elefant [ele'fant] *m,* -en, -en
In Indien werden Elefanten als Arbeitstiere verwendet.

éléphant *m*
En Inde, les éléphants servent de
bêtes de somme.

Ente ['ɛntə] *f,* -, -n
Zum Mittagessen gibt es einen
Entenbraten.

canard *m*
On mange du canard rôti à midi.

Feder ['fe:də*] *f,* -, -n
Unser Vogel verliert Federn. Er ist
sicher krank.

plume *f*
Notre oiseau pert ses plumes.
Il est sûrement malade.

Fliege ['fli:gə] *f,* -, -n
Die Küche ist voller Fliegen.

mouche *f*
La cuisine est pleine de mouches.

---

fressen ['frɛs(ə)n] *V/t.,* fraß, hat
gefressen
Unsere Katze frißt gerne Fisch.

manger

Notre chat aime bien manger du
poisson.

---

füttern ['fytə*n] *V/t.,* fütterte, hat
gefüttert
Unser Hund wird nur einmal am
Tag gefüttert.

donner à manger (à)

On donne à manger à notre chien
une fois par jour seulement.

Gans [gans] *f,* -, Gänse
Bernd kann Gänse und Enten
nicht unterscheiden.

oie *f*
Bernd ne sait pas distinguer les
oies des canards.

Hahn [ha:n] *m,* -(e)s, Hähne
Wir haben 12 Hühner und einen
Hahn.

coq *m*
Nous avons 12 poules et un coq.

Haustier ['hausti:ə*] *n,* -(e)s, -e
○ Hast du ein Haustier?
□ Ja, einen Hund.

animal domestique *m*
○ Tu as un animal domestique?
□ Oui, un chien.

Henne ['hɛnə] *f,* -, -n
Die alten Hennen legen weniger
Eier als die jungen.

poule *f*
Les vieilles poules pondent moins
d'œufs que les jeunes.

Kaninchen [ka'ni:nçən] *n,* -s, -
Das Gemüse in unserem Garten
müssen wir vor den Kaninchen
schützen.

lapin *m*
Nous devons protéger les légumes du jardin contre les lapins.

Lamm [lam] *n, -(e)s, Lämmer*
In den meisten Metzgereien in unserer Stadt kann man kein Lammfleisch kaufen.

agneau *m*
La plupart des bouchers de notre ville ne vendent pas d'agneau.

Löwe ['lø:və] *m, -n, -n*
In diesem kleinen Zoo gibt es keine Löwen.

lion *m*
Il n'y a pas de lions dans ce petit zoo.

Maus [maus] *f, -, Mäuse*
Im Keller in unserem Haus sind Mäuse.

souris *f*
A la cave, nous avons des souris.

Ochse ['ɔksə] *m, -n, -n*
Ich kenne einen Bauern, der noch Ochsen als Arbeitstiere hat.

bœuf *m*
Je connais un paysan qui se sert encore de bœufs comme bêtes de somme.

Pelz [pɛlts] *m, -es, -e*
Diese Pelzjacke ist sehr warm.

fourrure *f*
Cette veste de fourrure est très chaude.

Rasse ['rasə] *f, -, -n*
Wie heißt diese Hunderasse?

race *f*
Comment s'appelle cette race de chiens?

Ratte ['ratə] *f, -, -n*
Im Hühnerstall habe ich eine Ratte gesehen.

rat *m*
J'ai vu un rat dans le poulailler.

Schaf [ʃa:f] *n, -(e)s, -e*
Der Pullover ist aus Schafswolle.

mouton *m*
Ce pull est en laine.

Schlange ['ʃlaŋə] *f, -, -n*
Diese Schlange ist ungefährlich.

serpent *m*
Ce serpent n'est pas dangereux.

Schmetterling ['ʃmɛtə*liŋ] *m, -s, -e*
Erika sammelt Schmetterlinge.

papillon *m*
Erika collectionne les papillons.

Schwanz [ʃvants] *m, -es, Schwänze*
Hunde dieser Rasse haben einen sehr kurzen Schwanz.

queue *f*
Les chiens de cette race ont la queue très courte.

Taube ['taubə] *f, -, -n*
Es gibt zu viele Tauben in unserer Stadt.

pigeon *m*
Il y a trop de pigeons dans notre ville.

Wolf [vɔlf] *m, -(e)s, Wölfe*
In Mitteleuropa gibt es fast keine Wölfe mehr.

loup *m*
Il ne reste plus de loup en Europe centrale.

Wurm [vurm] *m, -(e)s, Würmer*
Er fängt Fische mit lebenden Würmern.

ver de terre *m*
Il pêche au ver de terre.

---

zahm [tsa:m] *Adj.*
Ist der Vogel zahm?

apprivoisé
Cet oiseau est-il apprivoisé?

Ziege ['tsi:gə] *f, -, -n*
Ich esse gerne Ziegenkäse.

chèvre *f*
J'aime bien le fromage de chèvre.

---

züchten ['tsyçt(ə)n] *V/t.,* züchtete, hat gezüchtet
Diese Katzenrasse ist gezüchtet worden.

élever; croiser

Cette race de chats est le résultat d'un croisement.

9.5 Pflanzen | 1-2000

9.5 Plantes

Baum [baum] *m, -(e)s, Bäume*
Der Baum ist über 80 Jahre alt.

arbre *m*
Cet arbre a plus de 80 ans.

Blatt [blat] *n, -(e)s, Blätter*
In diesem Jahr sind die Blätter sehr früh von den Bäumen gefallen.

feuille *f*
Les feuilles sont tombées très tôt cette année.

Blume ['blu:mə] *f, -, -n*
Welche Blume magst du am liebsten?

fleur *f*
Quelle est ta fleur préférée?

Blüte ['bly:tə] *f, -, -n*
Diese Blume hat blaue Blüten.

fleur *f*
Cette fleur est bleue.

Ernte ['ɛrntə] *f, -, -n*
Die Ernte des letzten Jahres war schlechter als dieses Jahr.

moisson *f;* **récolte** *f*
La récolte de l'année dernière n'a pas été aussi bonne que celle de cette année.

Getreide [gə'traidə] *n, -s, kein Pl.*
Wegen des feuchten Sommers war die Getreideernte nicht sehr gut.

céréales *f/pl;* **blé** *m*
La moisson a été médiocre à cause de l'été humide.

Gras [gra:s] *n, -es, kein Pl.*
Weil es wenig geregnet hat, ist das Gras gelb geworden.

herbe *f*
L'herbe a jauni à cause du manque de pluie.

Pflanze ['pflantsə] *f, -, -n*
Für trockenes Klima ist die Pflanze nicht geeignet.

plante *f*
Cette plante n'est pas adaptée à un climat sec.

pflanzen ['pflants(ə)n] *V/t.,* pflanzte, hat gepflanzt
Die Bäume müssen im Herbst gepflanzt werden.

planter

Il faut planter les arbres en automne.

Wurzel ['vurts(ə)l] *f, -, -n*
Die Wurzeln dieser Pflanze sind über einen Meter tief in der Erde.

racine *f*
Les racines de cette plante vont à plus d'un mètre sous terre.

Zweig [tsvaik] *m, -(e)s, -e*
Durch den Sturm hat der Baum einige Zweige verloren.

branche *f*
L'arbre a perdu quelques branches à cause de l'orage.

2001-4000

Ast [ast] *m, -(e)s, Äste*
Im Herbst sollte man die Äste der Obstbäume schneiden.

branche *f*
Il faut tailler les branches des arbres fruitiers en automne.

blühen ['bly:(ə)n] *V/i.,* blühte, hat geblüht
Diese Blume blüht im Herbst.

fleurir

Cette fleur fleurit en automne.

Rose ['ro:zə] *f, -, -n*
Fast alle Rosen sind durch den starken Frost kaputtgegangen.

rose *f*
A cause du gel, presque toutes les roses ont crevé.

säen ['zɛ:(ə)n] *V/t.,* säte, hat gesät
Der Weizen wird schon im März gesät.

semer
On sème le blé dès mars.

Samen ['za:mən] *m, -s, -*	**semence** *f;* **graine** *f*
Es gibt verschiedene Sorten von Grassamen.	Il existe plusieurs variétés de graines de gazon.
Stamm [ʃtam] *m, -(e)s, Stämme*	**tronc** *m*
Der Stamm des Baumes ist innen faul.	Le tronc de l'arbre est pourri à l'intérieur.
Stiel [ʃti:l] *m, -(e)s, -e*	**tige** *f*
Vorsicht, die Stiele der Blume sind sehr zart!	Attention, les tiges de la fleur sont très fragiles!
Strauß [ʃtraus] *m, -es, Sträuße*	**bouquet** *m*
Der Blumenstrauß ist wirklich sehr schön.	Ce bouquet de fleurs est vraiment très beau.
Tomate [to'ma:tə] *f, -, -n*	**tomate** *f*
Für den Salat brauchen wir Tomaten.	Il nous faut des tomates pour la salade.
Traube ['traubə] *f, -, -n*	**raisin** *m*
Die Trauben schmecken sauer.	Les raisins sont acides.

9.6 Wetter und Klima

1-2000

9.6 Temps et climat

Frost [frɔst] *m, -es, kein Pl.*	**gel** *m*
Die Pflanze muß vor Frost geschützt werden.	Cette plante doit être protégée du gel.
Gewitter [gə'vitə*] *n, -s, -*	**orage** *m*
Mach alle Fenster zu! Es gibt gleich ein Gewitter.	Ferme toutes les fenêtres, il va y avoir un orage!
Hitze ['hitsə] *f, -, kein Pl.*	**chaleur** *f*
Andreas kann große Hitze nicht vertragen.	Andreas ne supporte pas les grosses chaleurs.
kalt [kalt] *Adj., kälter, am kältesten*	**froid**
Zieh dich warm an! Draußen ist es kalt.	Habille-toi chaudement, il fait froid dehors.

Kälte ['kɛltə] *f, -, kein Pl.*
Die Kälte ist ungewöhnlich für die Jahreszeit.

froid *m*
A cette époque de l'année, ce froid est inhabituel.

Klima ['kli:ma] *n, -s, Klimata (Klimate)*
Im Norden des Landes ist das Klima feucht und kalt.

climat *m*
Le climat est humide et froid dans le nord du pays.

kühl [ky:l] *Adj.*
Das Wasser ist zu kühl zum Baden.

frais
La température de l'eau est trop fraîche pour se baigner.

Nebel ['ne:b(ə)l] *m, -s, kein Pl.*
Der Nebel ist so dicht, daß man kaum 20 Meter weit sehen kann.

brouillard *m*
Le brouillard est si épais qu'on y voit à peine à 20 mètres.

Regen ['re:g(ə)n] *m, -s, kein Pl.*
Der Wetterbericht hat für morgen Regen gemeldet.

pluie *f*
La météo annonce de la pluie pour demain.

regnen ['re:gnən] *V/i.,* regnete, hat geregnet
Es hat schon seit Wochen nicht geregnet.

pleuvoir
Cela fait des semaines qu'il n'a pas plu.

scheinen ['ʃainən] *V/i.,* schien, hat geschienen
Wir hatten im Urlaub gutes Wetter. Jeden Tag schien die Sonne.

briller
On a eu beau temps en vacances. Le soleil brillait tous les jours.

Schnee [ʃne:] *m, -s, kein Pl.*
Zum Skifahren gibt es leider nicht genug Schnee.

neige *f*
Il n'y a malheureusement pas assez de neige pour faire du ski.

schneien ['ʃnai(ə)n] *V/i.,* schneite, hat geschneit
Seit zwei Stunden schneit es.

neiger
Il neige depuis deux heures.

sonnig ['zɔniç°] *Adj.*
In den letzten Tagen war das Wetter meistens sonnig.

ensoleillé
Le temps a été presque toujours ensoleillé ces derniers jours.

Sturm [ʃturm] *m, -(e)s, Stürme*
Der Sturm hat schwere Schäden verursacht.

tempête *f*
La tempête a provoqué de graves dégâts.

stürmen ['ʃtyrmən] *V/i.,* stürmte, hat gestürmt
Draußen stürmt und schneit es.

faire rage *(à propos de la tempête)*
La tempête de neige fait rage.

Tropfen ['trɔpf(ə)n] *m*, -s, -
Es gibt Regen. Die ersten Tropfen fallen schon.

goutte *f*
Il pleut. Les premières gouttes tombent déjà.

---

warm [varm] *Adj.*, wärmer, am wärmsten
Du brauchst keine Jacke. Es ist warm draußen.

chaud
Tu n'as pas besoin de veste. Il fait chaud dehors.

Wärme ['vɛrmə] *f*, -, *kein Pl.*
Der Ofen macht eine angenehme Wärme.

chaleur *f*
Le poêle donne une chaleur agréable.

---

wehen [ve:(ə)n] *V/i.*, wehte, hat geweht
Seit Stunden weht ein starker Wind.

souffler
Un vent fort souffle depuis des heures.

Wetter ['vɛtɐ*] *n*, -s, *kein Pl.*
Wie wird das Wetter morgen?

temps *m*
Quel temps fera-t-il demain?

Wind [vint] *m*, -(e)s, -e
Der Wind kommt von Westen.

vent *m*
Le vent vient de l'Ouest.

Wolke ['vɔlkə] *f*, -, -n
Die Wolken wurden immer dunkler.

nuage *m*
Les nuages devinrent de plus en plus noirs.

2001-4000

Blitz [blits] *m*, -es, -e
Hast du den Blitz gesehen?

éclair *m*
Tu as vu l'éclair?

Donner ['dɔnɐ*] *m*, -s, *kein Pl.*
Hast du den Donner gehört? Es gibt gleich ein Gewitter.

tonnerre *m*
Tu as entendu le tonnerre?
Un orage va éclater.

Eis [ais] *n*, -es, *kein Pl.*
Das Eis trägt. Man kann darauf laufen.

glace *f*
La glace est solide. On peut faire du patin dessus.

Hochwasser ['ho:xvasɐ*] *n*, -s, *kein Pl.*
Wegen des Hochwassers müssen die Küstenbewohner ihre Häuser verlassen.

inondations *f/pl*

Les riverains ont dû évacuer leurs maisons à la suite des inondations.

Katastrophe [katas'troːfə] *f, -, -n*
Die Flutkatastrophe forderte viele Opfer.

catastrophe *f (naturelle)*
Les grandes marées catastrophiques ont fait de nombreuses victimes.

---

mild [milt] *Adj., -er, am -esten*
Typisch für die Gegend ist das milde Winterklima.

doux
La douceur du climat en hiver est caractéristique pour cette région.

---

neblig ['neːbliçº] *Adj.*
Fahr langsamer, es ist neblig!

brumeux
Ralentis, il y a de la brume!

---

regnerisch ['reːgnəriʃ] *Adj.*
Das Wetter ist seit Tagen kalt und regnerisch.

pluvieux
Le temps est froid et pluvieux depuis des jours.

Schauer ['ʃauə*] *m, -s, -*
Nach dem kurzen Schauer schien wieder die Sonne.

averse *f*
Le soleil a brillé de nouveau après cette courte averse.

Sonnenschein ['zɔnənʃain] *m, -s, kein Pl.*
Ich wünsche euch für euren Urlaub viel Sonnenschein.

rayon de soleil *m*

Je vous souhaite beaucoup de soleil pour vos vacances.

anmachen ['anmax(ə)n] *V/t.,*
machte an, hat angemacht
Mach bitte den Fernsehapparat
an!

allumer

Allume la télé, s'il te plaît!

---

ansein ['anzain] *V/i.,* war an, ist
angewesen
Warum ist in der Garage das Licht
an?

être allumé

Pourquoi est-ce que la lumière du
garage est allumée?

Apparat [apa'ra:t] *m,* -s, -e
Der Fernsehapparat steht im
Wohnzimmer.

appareil *m*
Le poste de télévision est dans le
salon.

---

ausmachen ['ausmax(ə)n] *V/t.,*
machte aus, hat ausgemacht
Vergiß nicht, das Radio auszumachen!

éteindre

N'oublie pas d'éteindre la radio!

---

aussein ['auszain] *V/i.,* war aus,
ist ausgewesen
Es ist kalt hier. Ist der Ofen aus?

être éteint

Il ne fait pas chaud ici. Le poêle
est éteint?

Automat [auto'ma:t] *m,* -en, -en
Wo gibt es hier einen Zigaretten-
automaten?

distributeur automatique *m*
Où y-a-t-il un distributeur de cigarettes par ici.

---

automatisch [auto'ma:tiʃ] *Adj.*
Das Licht geht automatisch an.

automatique
La lumière s'éteint automatiquement.

Computer [kɔm'pju:tə*] *m,* -s, -
Unsere Rechnungen werden alle
von einem Computer ge-
schrieben.

ordinateur *m*
Toutes nos factures sont établies
sur ordinateur.

Dampf [dampf] *m,* -(e)s, Dämpfe
Diese Maschine funktioniert noch
mit Dampfkraft.

vapeur *f*
Cette machine fonctionne encore
à la vapeur.

dicht [dɪçt] *Adj.*, -er, am -esten
Die Gasleitung ist nicht dicht.

étanche
La conduite de gaz fuit.

Draht [dra:t] *m*, -(e)s, Drähte
Die Leitungen kannst du mit Draht zusammenbinden.

fil métallique *m*
Tu peux assembler les conduites à l'aide d'un fil métallique.

elektrisch [e'lɛktrɪʃ] *Adj.*, *keine Komp.*
Er benutzt einen elektrischen Rasierapparat.

électrique
Il utilise un rasoir électrique.

Energie [enɛr'gi:] *f*, -, -n
Die Kosten für Heizenergie sind gesunken.

énergie *f*
Les frais de chauffage ont baissé.

Funk [fuŋk] *m*, -s, *kein Pl.*
Die Polizei hat über Funk einen Krankenwagen gerufen.

radio *f*
La police a appelé une ambulance par radio.

funktionieren [fuŋktsjo'ni:rən] *V/i.*, funktionierte, hat funktioniert
Die Waschmaschine funktioniert nicht.

marcher

La machine à laver ne marche pas.

Gas [ga:s] *n*, -es, -e
Wir haben einen Gasherd.

gaz *m*
On a une cuisinière à gaz.

Glas [gla:s] *n*, -es, *kein Pl.*
Auf der Kiste steht: ‚Vorsicht Glas!'

verre *m*
«Fragile, verre» est écrit sur cette caisse.

Kabel ['ka:b(ə)l] *n*, -s, -
Für diese Stromstärke ist das Kabel nicht stark genug.

câble *m;* **fil électrique** *m*
Le câble n'est pas assez fort pour ce voltage.

Lärm [lɛrm] *m*, -s, *kein Pl.*
Leider macht die Maschine sehr viel Lärm.

bruit *m*
Malheureusement, cette machine fait beaucoup de bruit.

Leitung ['laituŋ] *f*, -, -en
Im letzten Winter ist unsere Wasserleitung eingefroren.

conduite *f*
L'hiver dernier, notre conduite d'eau a gelé.

leuchten ['lɔiçt(ə)n] *V/i.*, leuchtete, hat geleuchtet
Die Lampe leuchtet sehr stark.

éclairer

Cette lampe éclaire beaucoup.

Licht [lɪçt] *n*, -(e)s, -er
Mach bitte das Licht aus!

lumière *f*
Eteins la lumière, s'il te plaît!

Maschine [ma'ʃiːnə] *f*, -, -n
Diese Maschine ist sehr teuer.

machine *f*
Cette machine coûte très cher.

Motor ['moːtɔr] *m*, -s, -en
Der Motor der Maschine macht
ein komisches Geräusch.

moteur *m*
Le moteur de la machine fait un
bruit bizarre.

Pumpe ['pumpə] *f*, -, -n
Die Pumpe der Waschmaschine
ist kaputt.

pompe *f*
La pompe de la machine à laver
est cassée.

Rohr [roːə*] *n*, -(e)s, -e
Das Rohr hat ein Loch.

tuyau *m*
Le tuyau est percé.

Schalter ['ʃaltə*] *m*, -s, -
Der Lichtschalter ist links neben
der Tür.

interrupteur *m*
L'interrupteur se trouve à gauche,
à côté de la porte.

Strom [ʃtroːm] *m*, -s, *kein Pl.*
Die neue Waschmaschine
braucht weniger Strom als die
alte.

courant électrique *m*
Cette nouvelle machine à laver
consomme moins de courant que
l'ancienne.

Technik ['tɛçnik] *f*, -, -en
Die Technik moderner Automoto-
ren wird immer komplizierter.

technique *f*
La technique des moteurs auto-
mobiles devient de plus en plus
compliquée.

technisch ['tɛçniʃ] *Adj.*
Diese Maschine ist eine technische Sensation.

technique
Cette machine est extraordinaire
du point de vue technique.

2001-4000

Atomenergie [a'toːmenɛrgiː] *f*, -,
kein Pl.
Ein großer Teil des Stroms in der
Bundesrepublik wird aus Atomenergie gewonnen.

énergie nucléaire *f*

En R.F.A. l'énergie nucléaire produit la majeure partie du courant
électrique.

bedienen [bə'diːnən] *V/t.*, be-
diente, hat bedient
Die Maschine darf nur von einem
Fachmann bedient werden.

manier , manœuvrer

Seul un spécialiste peut manœuvrer cette machine.

Brett [brɛt] *n*, -(e)s, -er
Die Bretter sind 22 mm stark.

planche *f*
Les planches ont 22 mm d'épaisseur.

Dichtung [ˈdiçtuŋ] *f,* -, -en
Die Dichtung des Wasserhahns ist kaputt.

joint *m*
Le joint du robinet d'eau est usé.

Elektrizität [elɛktritsiˈtɛːt] *f,* -, *kein Pl.*
Elektrizität ist die sauberste Energieart.

électricité *f*
L'électricité est la forme d'énergie la plus propre.

Feder [ˈfeːdə*] *f,* -, -n
Durch eine Feder wird die Tür automatisch zugezogen.

ressort *m*
La porte se ferme automatiquement grâce à un ressort.

Gebrauchsanweisung [gəˈbrauxsanvaizuŋ] *f,* -, -en
Bitte lesen Sie die Gebrauchsanweisung genau durch!

mode d'emploi *m*
Lisez attentivement le mode d'emploi!

Instrument [instruˈmɛnt] *n,* -s, -e
Mein Arzt hat in seiner Praxis alle wichtigen medizinischen Instrumente.

instrument *m;* appareil *m*
Mon médecin dispose de tous les appareils médicaux importants dans son cabinet.

Kapazität [kapatsiˈtɛːt] *f,* -, -en
Die Fabrik hat keine Produktionskapazität mehr frei.

capacité *f*
La capacité productrice de cette usine est saturée.

Konstruktion [kɔnstrukˈtsjoːn] *f,* -, -en
Wegen ihrer einfachen technischen Konstruktion ist die Maschine leicht zu reparieren.

construction *f*
Cette machine est facile à réparer, en raison de la simplicité de sa conception technique.

Lautsprecher [ˈlautʃprɛçə*] *m,* -s, -
Für dieses Radio sind die Lautsprecher zu klein.

haut-parleur *m*
Les haut-parleurs sont trop petits pour cette radio.

Modell [moˈdɛl] *n,* -s, -e
Für dieses alte Modell gibt es keine Ersatzteile mehr.

modèle *m*
Il n'y a plus de pièces de rechange pour ce vieux modèle.

Rost [rɔst] *m,* -(e)s, *kein Pl.*
Die Eisentür muß vor Rost geschützt werden.

rouille *f*
La porte métallique doit être protégée de la rouille.

Skala [ˈskaːla] *f,* -, Skalen
Laut Skala ist der Öltank voll.

jauge *f;* échelle graduée *f*
D'après la jauge, le réservoir d'huile est plein.

Spannung [ˈʃpanʊŋ] *f,* -, -en
In unserem Land ist die Strom-
spannung niedriger.

voltage *m*
Dans notre pays, le voltage est
inférieur.

Struktur [ʃtrukˈtuːəˀ] *f,* -, -en
Die Verkehrsstruktur in unserem
Gebiet soll verbessert werden.

structure *f*
Il faut améliorer les structures de
la circulation dans notre région.

Verfahren [fɛəˀˈfaːrən] *n,* -s, -
Das neue Herstellungsverfahren
ist wirtschaftlicher.

procédé *m*
Le nouveau procédé de fabrication est plus rentable.

10.2 Materialien | 1-2000

10.2 Matériaux

Asche [ˈaʃə] *f,* -, -en
Der Ofen ist voll Asche.

cendre *f*
Le poêle est plein de cendre.

Blech [blɛç] *n,* -s, -e
Das Blech ist zu dick, um es zu
schneiden.

tôle *f*
Cette tôle est trop épaisse pour
qu'on la découpe.

Eisen [ˈaiz(ə)n] *n,* -s, -
Die Leiter ist aus Eisen.

fer *m*
L'échelle est en fer.

Erdöl [ˈeːəˀtøːl] *n,* -s, *kein Pl.*
Die Preise für Erdöl sind wieder
gestiegen.

pétrole *m*
Les prix du pétrole ont de nouveau augmenté.

fein [fain] *Adj.*
Der Wollstoff ist sehr fein.

fin
Ce lainage est très fin.

fest [fɛst] *Adj.,* -er, am -esten
Die Schraube sitzt ziemlich fest.

serré
Cette vis est trop serrée.

flüssig [ˈflysiçˀ] *Adj.*
Das Öl sollte warm und sehr flüssig sein.

liquide
L'huile devrait être chaude et liquide.

Flüssigkeit [ˈflysiçkait] *f,* -, -en
Vorsicht! Diese Flüssigkeit ist
giftig.

liquide *m*
Attention! Ce liquide est toxique.

Gold [gɔlt] *n, -(e)s, kein Pl.*
Das Armband ist aus Gold.

or *m*
Ce bracelet est en or.

grob [ˈɡrɔp] *Adj.*, gröber, am gröbsten
Der Sand ist zu grob.

grossier
Ce sable est trop grossier.

Gummi [ˈɡumi] *n, -s, kein Pl.*
Die Schuhe sind aus Gummi.

caoutchouc *m*
Ces chaussures sont en caoutchouc.

hart [hart] *Adj.*, härter, am härtesten
Für Treppen verwendet man hartes Holz.

dur

Pour les escaliers, on utilise du bois dur.

heiß [hais] *Adj.*, -er, am -esten
Das Öl ist heiß. Paß auf!

chaud
L'huile est chaude. Fais attention!

hohl [hoːl] *Adj.*
Die Tür ist innen hohl.

creux
La porte est creuse de l'intérieur.

Holz [hɔlts] *n, -es, Hölzer*
In der Wohnung ist ein Holzfußboden.

bois *m*
Le plancher de l'appartement est en bois.

klar [klaː*] *Adj.*
Das Wasser in dem See ist klar und sauber.

clair
L'eau du lac est claire et propre.

Kohle [koːlə] *f, -, -n*
Wir haben einen Kohleofen in der Küche.

charbon *m*
Nous avons un poêle à charbon dans la cuisine.

Kunststoff [ˈkunstʃtɔf] *m, -(e)s, -e*
Die Fenster sind aus Kunststoff.

plastique *m*

Les fenêtres sont en plastique.

leicht [laiçt] *Adj.*, -er, am -esten
Die neuen Autos sind viel leichter als die alten.

léger
Les nouvelles voitures sont bien plus légères que les anciennes.

Material [mateˈrjaːl] *n, -s, Materialien*
Aus was für einem Material ist die Tasche?

matière *f;* **matériau** *m*

En quelle matière est ce sac?

Metall [meˈtal] *n, -s, -e*
Das Tor ist aus Metall.

métal *m*
Le portail est en métal.

Mischung ['mɪʃʊŋ] *f, -, -en*
Der Motor läuft mit einer Mischung aus Benzin und Öl.

mélange *m*
Le moteur fonctionne avec un mélange d'essence et d'huile.

---

naß [nas] *Adj.,* nässer, am nässesten (nassesten)
Das Holz ist naß.

mouillé

Le bois est mouillé.

---

neu [nɔɪ] *Adj.,* -er, am -esten
Der neue Apparat funktioniert besser.

neuf, nouveau
Cet appareil neuf marche mieux.

Öl [ø:l] *n, -(e)s, -e*
Das Motoröl muß gewechselt werden.

huile *f*
Il faut faire une vidange de moteur.

Papier [pa'pi:ə*] *n, -s, -e*
Gib mir bitte ein Blatt Papier!

papier *m*
Passe-moi une feuille de papier, s'il te plaît!

Plastik ['plastɪk] *n, -s, kein Pl.*
Beim Camping verwenden wir Plastikgeschirr.

plastique *m*
On se sert de vaisselle en plastique quand on fait du camping.

Pulver ['pʊlfə*] *n, -s, -*
Der Schnee ist fein wie Pulver.

poudre *f*
La neige est aussi fine que de la poudre.

---

schwer [ʃveːə*] *Adj.*
Dieser Stoff ist warm, aber sehr schwer.

lourd
Ce tissu est chaud, mais très lourd.

Silber ['zɪlbə*] *n, -s, kein Pl.*
Deine Silberkette gefällt mir gut.

argent *m*
Je trouve ta chaîne en argent très jolie.

Stahl ['ʃtaːl] *m, -s, Stähle*
Er arbeitet in der Stahlindustrie.

acier *m*
Il travaille dans la sidérurgie.

Stoff [ʃtɔf] *m, -(e)s, -e*
Die Verwendung gefährlicher chemischer Stoffe soll besser kontrolliert werden.

produit *m*
L'utilisation de produits chimiques dangereux devrait être mieux contrôlée.

---

trocken ['trɔk(ə)n] *Adj.*
Ist die Wäsche schon trocken?

sec
Le linge est déjà sec?

---

weich [vaɪç] *Adj.,* -er, am -(e)sten
Der Teppich ist angenehm weich.

doux *(au toucher)*
C'est agréable, le tapis est tout doux.

Wolle ['vɔlə] *f, -, kein Pl.*
Der Mantel ist aus reiner Wolle.

laine *f*
Ce manteau est en pure laine.

Ziegel ['tsi:g(ə)l] *m, -s, -*
Das Haus ist aus roten Ziegeln gebaut.

brique *f;* **tuile** *f*
La maison est construite en briques rouges.

2001-4000

Aluminium [alu'mi:njum] *n, -s, kein Pl.*
Das Fahrrad ist aus Aluminium. Es ist leicht und rostet nicht.

aluminium *m*
Le vélo est en aluminium. Il est léger et ne rouille pas.

auflösen ['auflø:z(ə)n] *V/t.,* löste auf, hat aufgelöst
Das Pulver muß in Wasser aufgelöst werden.

dissoudre
Cette poudre doit être dissoute dans de l'eau.

Baumwolle ['baumvɔlə] *f, -, kein Pl.*
Der Pullover ist aus Baumwolle.

coton *m*
Ce pull est en coton.

Blei [blai] *n, -(e)s, kein Pl.*
Der Automotor läuft auch mit bleifreiem Benzin.

plomb *m*
Le moteur de la voiture fonctionne aussi avec de l'essence sans plomb.

Kupfer ['kupfə*] *n, -s, kein Pl.*
Die Kanne ist aus Kupfer.

cuivre *m*
Ce pichet est en cuivre.

locker ['lɔkə*] *Adj.*
Die Schraube sitzt locker.

desserré
La vis est desserrée.

lose ['lo:zə] *Adj.*
Ein Knopf an der Jacke ist lose.

branlant; mal attaché; détaché
Il y a un bouton de la veste qui est décousu.

rein [rain] *Adj.*
Ist die Hose aus reiner Baumwolle?

pur
Ce pantalon est en pur coton?

stabil [ʃta'bi:l] *Adj.*
Das Regal ist sehr stabil.

solide
L'étagère est très solide.

11.1 Reise | 1-2000

abfahren ['apfa:rən] *V/i.,* fuhr ab, ist abgefahren Der Zug fährt um 19.12 Uhr ab.	**partir** Ce train part à 19h12.
Abfahrt ['apfa:*t] *f, -, -en* Abfahrt ist um 7.00 Uhr.	**départ** *m* Départ à 7 heures.
Abreise ['apraizə] *f, -, -n* Die Abreise ist nach dem Frühstück.	**départ** *m (en voyage)* On part après le petit déjeuner.
abreisen ['apraiz(ə)n] *V/i.,* reiste ab, ist abgereist Frau Pauls ist schon gestern abgereist.	**partir en voyage** Madame Pauls est déjà partie en voyage hier.
ankommen ['ankɔmən] *V/i.,* kam an, ist angekommen Das Gepäck kommt erst morgen an.	**arriver** Les bagages n'arriveront que demain.
Ankunft ['ankunft] *f, -, kein Pl.* Die genaue Ankunftszeit des Zuges kenne ich nicht.	**arrivée** *f* Je ne sais pas à quelle heure arrive exactement le train.
Aufenthalt ['aufənthalt] *m, -(e)s, -e* In Hannover haben Sie 40 Minuten Aufenthalt.	**arrêt** *m* A Hannovre, vous avez 40 minutes d'arrêt.
Ausland ['auslant] *n, -s, kein Pl.* Sie hat drei Jahre im Ausland gelebt.	**étranger** *m* Elle a passé trois ans à l'étranger.
Gepäck [gə'pɛk] *n, -s, kein Pl.* Sie dürfen nur 20 kg Gepäck mitnehmen.	**bagages** *m/pl* Vous n'avez droit qu'à 20 kilos de bagages.
Hotel [ho'tɛl] *n, -s, -s* Das Hotel hat nur Doppelzimmer.	**hôtel** *m* Cet hôtel n'a que des chambres pour deux personnes.

Koffer ['kɔfə*] *m, -s, -*
Trägst du bitte den Koffer?

valise *f*
Tu portes la valise, s'il te plaît.

Landkarte ['lantkartə] *f, -, -n*
Diesen kleinen Ort kann ich auf
der Landkarte nicht finden.

carte *f (routière)*
Je n'arrive pas à trouver ce petit
village sur la carte.

packen ['pak(ə)n] *V/t.,* packte, hat
gepackt
Ich habe schon meine Koffer gepackt.

faire ses valises

J'ai déjà bouclé mes valises.

Passagier [pasa'ʒi:ə*] *m, -s, -e*
Passagierin [pasa'ʒi:rin] *f, -, -nen*
Das Flugzeug hat Platz für 250
Passagiere.

passager *m,* **-ère** *f*

L'avion peut transporter 250 passagers.

Paß [pas] *m,* Passes, Pässe
Der Paß ist noch zwei Jahre
gültig.

passeport *m*
Ce passeport est encore valable
deux ans.

Rast [rast] *f, -, kein Pl.*
Während der Autofahrt haben wir
zweimal Rast gemacht.

arrêt *m*
Pendant notre trajet en voiture,
nous avons fait deux arrêts.

Reise ['raizə] *f, -, -n*
Die Reise dauert 10 Tage.

voyage *m*
Le voyage dure dix jours.

reisen ['raiz(ə)n] *V/i.,* reiste, ist ge-
reist
Wir sind vier Wochen durch
Schweden gereist.

voyager

Nous avons voyagé quatre semaines en Suède.

Stadtplan ['ʃtatpla:n] *m, -(e)s,*
Stadtpläne
Dieser Stadtplan ist nur für die
Innenstadt.

plan (d'une ville) *m*

Ce plan n'est que pour le centre-
ville.

Ticket ['tikət] *n, -s, -s*
Das Ticket ist ein Jahr gültig.

billet *m;* **ticket** *m*
Ce billet est valable un an.

Tourist [tu'rist] *m, -en, -en*
Touristin [tu'ristin] *f, -, -nen*
Im Sommer gibt es in München
viele Touristen.

touriste *m/f*

Il y a beaucoup de touristes à
Munich l'été.

übernachten [y:bə*'naxt(ə)n] *V/i.*
übernachtete, hat übernachtet
Du kannst bei mir übernachten.

coucher

Tu peux coucher chez moi.

Unterkunft ['untə*kunft] *f, -,* Unterkünfte
Ich suche eine Unterkunft für vier Tage.

hébergement *m*

Je cherche un hébergement pour quatre jours.

---

unterwegs [untə*'ve:ks] *Adv.*
Das Wetter unterwegs war gut.

en route
Nous avons eu beau temps en route.

---

verpassen [fɛə*'pas(ə)n] *V/t.,*
verpaßte, hat verpaßt
Du mußt gehen, sonst verpaßt du den Zug.

rater

Il faut que tu t'en ailles, sinon tu vas rater ton train.

Verpflegung [fɛə*'pfle:guŋ] *f, -,*
kein Pl.
Die Verpflegung in dem Gasthaus war gut.

nourriture *f*

La nourriture était bonne à l'hôtel.

---

verreisen [fɛə*'raiz(ə)n] *V/i.,* ver-
reiste, ist verreist
Zu Ostern verreisen wir immer.

partir en vacances

Nous partons toujours en vacances à Pâques.

2001-4000

Abflug ['apflu:k] *m, -(e)s,* Abflüge
Man muß 40 Minuten vor dem Abflug am Flughafen sein.

décollage *m*
Il faut être à l'aéroport 40 minutes avant le décollage de l'appareil.

---

auspacken ['auspak(ə)n] *V/t.,*
packte aus, hat ausgepackt
Soll ich den Koffer auspacken?

défaire ses valises

Je dois défaire la valise?

Ausreise ['ausraizə] *f, -, -n*
Bei der Ausreise gab es keine Zollkontrolle.

sortie d'un territoire *f*
Il n'y a pas eu de contrôle de la douane lorsque nous avons quitté le territoire.

Besichtigung [bə'ziçtiguŋ] *f, -,*
-en
Eine Besichtigung des Schlosses ist leider nicht möglich.

visite *f*

La visite du château n'est malheureusement pas possible.

buchen ['buːx(ə)n] *V/t.,* buchte, hat gebucht
Unsere Urlaubsreise haben wir schon fest gebucht.

réserver
Nous avons déjà fait les réservations pour notre départ en vacances.

Camping ['kɛmpiŋ] *n,* -s, *kein Pl.*
Ich mache gerne Campingurlaub.

camping *m*
J'aime bien faire du camping en vacances.

Campingplatz ['kɛmpiŋplats] *m,* -es, Campingplätze
Im Sommer sind die Campingplätze an der Küste alle besetzt.

terrain de camping *m*
En été au bord de la mer tous les campings sont complets.

einpacken ['ainpak(ə)n] *V/t.,* packte ein, hat eingepackt
Ich habe vergessen, Strümpfe einzupacken.

emporter dans ses bagages
J'ai oublié d'emporter des chaussettes.

Einreise ['ainraizə] *f,* -, -n
Das Visum ist für mehrere Einreisen gültig.

entrée sur le territoire *f*
Ce visa permet d'entrer plusieurs fois sur le territoire.

erreichen [ɛə*'raiç(ə)n] *V/t.,* erreichte, hat erreicht
Kann man den Ort mit dem Zug erreichen?

accéder (à)
Est-ce qu'il y a une liaison ferroviaire pour cette localité?

Führer ['fyːrə*] *m,* -s, -
Führerin ['fyːrərin] *f,* -, -nen
Im Sommer arbeitet sie als Touristenführerin.

guide *m*
En été, elle travaille comme guide.

Hinfahrt ['hinfaː*t] *f,* -, -en
Bei der Hinfahrt sind wir über Frankfurt gefahren.

aller *m*
Nous sommes passés par Francfort à l'aller.

Pension [pãˈzjoːn] *f,* -, -en
Die Pension liegt ruhig.

pension *f*
Cette pension est située dans un endroit calme.

Reisebüro ['raizəbyroː] *n,* -s, -s
Zugfahrkarten können Sie auch im Reisebüro kaufen.

agence de voyages *f*
Vous pouvez prendre vos billets de train dans cette agence.

reservieren [rezɛrˈviːrən] *V/t.,* reservierte, hat reserviert
Für uns sind drei Plätze reserviert worden.

réserver
On nous a réservé trois places.

Rückfahrkarte ['rykfa:ˈkartə] *f,* -, -n
Die Rückfahrkarte ist billiger.

aller-retour *m*
L'aller-retour est moins cher.

Rückfahrt ['rykfa:ˈt] *f,* -, -en
Bei der Rückfahrt hält der Zug auch in Würzburg.

retour *m*
Le train s'arrête aussi à Würzburg au retour.

Rückkehr ['rykke:əˈ] *f,* -, *kein Pl.*
Einen Tag nach der Rückkehr fängt die Arbeit wieder an.

retour (de voyage) *m*
On reprend le travail le lendemain du retour.

Saison [zɛˈzɔ̃:] *f,* -, *kein Pl.*
In der Hochsaison ist es hier schwierig, ein Hotelzimmer zu finden.

saison *f*
En pleine saison, il est difficile de trouver une chambre d'hôtel ici.

Sehenswürdigkeit
['ze:ənsvyrdiçkait] *f,* -, -en
Wien ist eine Stadt voll Sehenswürdigkeiten.

curiosité *f*
Il y a beaucoup de choses à voir à Vienne.

Station [ʃtaˈtsjo:n] *f,* -, -en
Bei der nächsten Station müssen wir aussteigen.

station *f*
Il faut que nous descendions au prochain arrêt.

umsteigen ['umʃtaig(ə)n] *V/i.,*
stieg um, ist umgestiegen
In Köln müssen Sie umsteigen.

changer *(de train)*

On doit changer à Cologne.

verzollen [fɛəˈtsɔl(ə)n] *V/t.,* verzollte, hat verzollt
Das Gepäck muß nicht verzollt werden.

déclarer à la douane

Les bagages ne doivent pas être déclarés à la douane.

Visum ['vi:zum] *n,* -s, Visa
Ich habe ein Visum für vier Wochen beantragt.

visa *m*
J'ai fait une demande de visa pour quatre semaines.

Zelt [tsɛlt] *n,* -(e)s, -e
Das Zelt hat Platz für vier Personen.

tente *f*
La tente peut abriter quatre personnes.

Zimmervermittlung
['tsiməˈfɛəˈmitluŋ] *f,* -, -en
Die Zimmervermittlung ist mittags geschlossen.

syndicat d'initiative *m (service hébergement)*
Le syndicat d'initiative est fermé à midi.

11.2 Straßenverkehr | 1-2000

abbiegen ['apbi:g(ə)n] *V/i.*, bog ab, ist abgebogen
An der Kreuzung darf man nicht links abbiegen.

tourner
Il est interdit de tourner à gauche au carrefour.

Ampel ['amp(ə)l] *f*, -, -n
Die Ampel ist nachts ausgeschaltet.

feux *m/pl*
Les feux de circulation ne fonctionnent pas la nuit.

---

anhalten ['anhalt(ə)n] *V/t., i.*, hielt an, hat angehalten
Die Taxis können Sie an der Straße anhalten.
Würden Sie bitte anhalten? Ich möchte aussteigen.

(s')arrêter
Vous pouvez arrêter un taxi le long de cette rue.
Vous pouvez vous arrêter s'il vous plaît? Je voudrais descendre de voiture.

Ausfahrt ['ausfa:*t] *f*, -, -en
Vor der Ausfahrt kannst du nicht parken.

sortie de garage *f*
Tu ne peux pas te garer devant la sortie de garage.

Autobahn ['autoba:n] *f*, -, -en
Nach Bremen fährst du am besten über die Autobahn.

autoroute *f*
Le mieux pour aller à Brême, c'est de prendre l'autoroute.

Fahrer ['fa:rə*] *m*, -s, -
Fahrerin ['fa:rərin] *f*, -, -nen
Die Busfahrerin war schuld an dem Unfall.

conducteur *m*; **-trice** *f*
La conductrice de bus a provoqué l'accident.

Fahrplan ['fa:*pla:n] *m*, -(e)s, Fahrpläne
Der Fahrplan ist geändert worden.

horaire *m*; **indicateur** *m*
Les horaires de train ont changé.

Fahrrad ['fa:*rat] *n*, -(e)s, -räder
Er fährt mit dem Fahrrad zur Arbeit.

bicyclette *f*
Il prend sa bicyclette pour aller travailler.

Fahrt [fa:*t] *f*, -, -en
Die Fahrt dauert 3 Stunden.

voyage *m*
Le voyage dure trois heures.

Fußgänger ['fu:sgɛŋə*] *m*, -s, -
Fußgängerin *f*, -, -nen
Diese Straße ist für Fußgänger
sehr gefährlich.

piéton *m*

Cette rue est très dangereuse
pour les piétons.

Geschwindigkeit
[gə'ʃvindiçkait] *f*, -, -en
Der Unfall geschah wegen zu ho-
her Geschwindigkeit.

vitesse *f*

L'accident a été provoqué par un
excès de vitesse.

halten ['halt(ə)n] *V/t.*, hielt, hat gehalten
Halt! Von rechts kommt ein Auto.

s'arrêter

Stop! Il y a une voiture qui arrive à
droite.

Kreuzung ['krɔitsuŋ] *f*, -, -en
An dieser Kreuzung ist viel Verkehr.

croisement *m*
Il y a beaucoup de circulation à ce
croisement.

Kurve ['kurvə] *f*, -, -n
Vorsicht, die Kurve ist scharf!

virage *m*
Attention, ce virage est très serré!

langsam ['laŋza:m] *Adj.*
Fahr bitte langsamer!

lent
Conduis plus lentement, s'il te
plaît!

parken ['park(ə)n] *V/t., i.*, parkte,
hat geparkt
Auf der Straße kannst du hier
nicht parken.

garer, stationner

Tu ne peux pas stationner ici en
pleine rue.

Rad [ra:t] *n*, -(e)s, Räder
Ein Rad am Kinderwagen ist
locker.

roue *f*
La voiture d'enfant a une roue qui
ne tient plus.

Schild [ʃilt] *n*, -(e)s, -er
Sie hat das Stop-Schild nicht beachtet.

panneau *m*
Elle n'a pas vu le panneau du
stop.

schnell [ʃnɛl] *Adj.*
Ich fahre gerne schnell Auto.

vite
J'aime bien conduire vite.

stoppen ['ʃtɔp(ə)n] *V/t., i.*, stoppte, hat gestoppt
Das Auto wurde von der Polizei
gestoppt.
Das Auto stoppte plötzlich.

arrêter, s'arrêter

Cette voiture a été arrêtée par la
police.
La voiture s'est arrêtée brusque-
ment.

Taxi ['taksi] *n, -s, -s*
Würden Sie mir bitte ein Taxi rufen?

taxi *m*
Vous pouvez m'appeler un taxi, s'il vous plaît?

Umleitung ['umlaituŋ] *f, -, -en*
Bei einer Umleitung sind wir in die falsche Richtung gefahren.

déviation *f*
Nous nous sommes trompés de direction en prenant une déviation.

Unfall ['unfal] *m, -s, Unfälle*
Die Zahl der Verkehrsunfälle steigt wieder.

accident *m*
Le nombre des accidents est à nouveau en augmentation.

Verkehr [fɛə*'keːə*] *m, -s, kein Pl.*
Am Wochenende wird auf den Autobahnen starker Verkehr erwartet.

circulation *f*
On s'attend à une forte circulation ce week-end, sur les autoroutes.

2001-4000

Einfahrt ['ainfaːt] *f, -, -en*
Das Tor der Einfahrt ist geschlossen.

sortie de voiture *f;* **entrée** *f*
Le portail de l'entrée est fermé.

Fahrgast ['faː*gast] *m, -(e)s, Fahrgäste*
Der Kapitän begrüßte die Fahrgäste.

passager *m*
Le capitaine a accueilli les passagers.

Fahrkarte ['faː*kartə] *f, -, -n*
Fahrkarten gibt es aus dem Automaten.

billet *m*
On peut prendre ses billets au distributeur.

Fahrschein ['faː*ʃain] *m, -(e)s, -e*
Mit diesem Fahrschein können Sie auch die U-Bahn benutzen.

ticket *m*
Avec ce ticket, vous pouvez aussi prendre le métro.

Geschwindigkeitsbegrenzung [gə'ʃvindiçkaitsbəgrɛntsuŋ] *f, -, -en*
Die Geschwindigkeitsbegrenzung wird kaum beachtet.

limitation de vitesse *f*
La limitation de vitesse n'est guère respectée.

Haltestelle ['haltəʃtɛlə] *f, -, -n*
Die Bushaltestelle ist 300 m weiter links, vor der Post.

arrêt *m*
L'arrêt du bus est à 300 m plus loin, devant la poste.

Höchstgeschwindigkeit
['hø:çstgəʃvindiçkait] *f*, -, -en
Das Auto hat eine Höchstgeschwindigkeit von 160 km/h.

vitesse maximum *f*

Cette voiture a une vitesse maximum de 160km/h.

Spur [ʃpu:ə*] *f*, -, -en
Um links abzubiegen, mußt du die
Fahrspur wechseln.

voie *f*
Pour tourner à gauche, tu dois
changer de voie.

Tempo ['tɛmpo] *n*, -s, *kein Pl.*
Die Lastwagen fahren oft mit sehr
hohem Tempo.

allure *f*
Les poids lourds roulent souvent
très vite.

überholen [y:bə*'ho:l(ə)n] *V/t.,*
überholte, hat überholt
Warum überholst du das Auto
nicht?

doubler

Pourquoi est-ce tu ne doubles
pas?

Verkehrszeichen
[fɛə*'ke:ə*stsaiç(ə)n] *n*, -s, -
Weißt du, was dieses Verkehrszeichen bedeutet?

**signal / panneau de signalisation
routière** *m*
Tu sais ce que veut dire ce panneau?

---

vorbeifahren ['fo:ə*'baifa:rən] *V/
i.*, fuhr vorbei, ist vorbeigefahren
Der Bus fuhr an der Haltestelle
vorbei, ohne anzuhalten.
Fahr bitte beim Bäcker vorbei und
hol Brot!

passer *(en voiture, en bus etc...)*

Le bus est passé devant l'arrêt
sans s'arrêter.
Passe donc chez le boulanger
prendre du pain!

Vorfahrt ['fo:ə*fa:*t] *f*, -, *kein Pl.*
Das Taxi hatte Vorfahrt.

priorité *f*
Le taxi avait la priorité.

Zusammenstoß [tsu'zamən-
ʃto:s] *m*, -es, Zusammenstöße
Hatten Sie Schuld an dem Zusammenstoß?

collision *f*

Etiez-vous responsable de cette
collision?

304

11.3 Kraftfahrzeuge — 1-2000

11.3 Véhicules

Auto ['auto] *n*, -s, -s
Das Auto muß dringend gewaschen werden.

voiture *f*
La voiture a bien besoin dêtre lavée.

Benzin [bɛn'tsiːn] *n*, -s, *kein Pl.*
Der Motor verbraucht wenig Benzin.

essence *f*
Le moteur consomme peu d'essence.

Bus [bus] *m*, -ses, -se
Wann fährt der Bus?

bus *m*
Le bus part à quelle heure?

Diesel ['diːz(ə)l] *m*, -s, *kein Pl.*
Das Auto hat einen Dieselmotor.

diesel *m*
Cette voiture a un moteur diésel.

Lastwagen ['lastvaːg(ə)n] *m*, -s, - (-wägen), (Lastkraftwagen = LKW)
Dieser Lastkraftwagen hat über 45 Tonnen Gesamtgewicht.

poids-lourd *m;* **camion** *m*
Ce poid-lourd dépasse les 45 tonnes.

Motorrad ['moːtɔə*raːt] *n*, -(e)s, Motorräder
Im Sommer fahre ich gerne Motorrad.

moto *f*
J'aime faire de la moto en été.

Panne ['panə] *f*, -, -n
Wir sind später gekommen, weil wir eine Reifenpanne hatten.

panne *f*
Nous sommes arrivés en retard à cause d'une crevaison.

Parkplatz ['parkplats] *m*, -es, Parkplätze
Der Parkplatz ist besetzt.

parking *m*
Le parking est complet.

Reifen ['raif(ə)n] *m*, -s, -
Hast du Winterreifen an deinem Auto?

pneu *m*
Tu as mis des pneus-neige à ta voiture?

Reparatur [reparaˈtuːə*] *f*, -, -en
Kleine Reparaturen mache ich selbst.

réparation *f*
Je fais moi-même les petites réparations.

reparieren [repaˈriːrən] *V/t.*, reparierte, hat repariert
Das Türschloß muß repariert werden.

réparer
Il faut faire réparer la serrure de la porte.

Straßenbahn [ˈʃtraːs(ə)nbaːn] *f, -, -en*
Die Straßenbahn Nr. 8 fährt zum Meisterplatz.

tram *m*

Le tram n° 8 va à Meisterplatz.

---

tanken [ˈtaŋk(ə)n] *V/t., i.,* tankte, hat getankt
Bitte tanken Sie das Auto voll!
Ich muß noch tanken.

prendre de l'essence

Le plein, s'il vous plaît!
Il faut que je prenne de l'essence.

Tankstelle [ˈtaŋkʃtɛlə] *f, -, -n*
An dieser Tankstelle gibt es kein Diesel.

station-service *f*
Cette station-service n'a pas de diésel.

U-Bahn [ˈuːbaːn] *f, -, -en*
Mit der U-Bahn sind Sie am schnellsten in der Stadt.

métro *m*
Ce qui va le plus vite pour aller en ville, c'est le métro.

Wagen [ˈvaːg(ə)n] *m, -s, -*
Der Wagen ist 12 Jahre alt, ist aber nur 60 000 km gelaufen.

voiture *f*
Cette voiture a 12 ans, mais le moteur n'a que 60.000 km.

2001-4000

abschleppen [ˈapʃlɛp(ə)n] *V/t.,* schleppte ab, hat abgeschleppt
Der Wagen mußte abgeschleppt werden.

remorquer, dépanner

Il a fallu remorquer la voiture.

Anhänger [ˈanhɛŋəˀ] *m, -s, -*
Mit dem Wagen darf man Anhänger bis 600 kg ziehen.

remorque *f*
Cette voiture peut tirer une remorque de 600 kg maximum.

Autofahrer [ˈautofaːrəˀ] *m, -s, -*
Autofahrerin [-faːrərin] *f, -, -nen*
Bei dem Autofahrer wurde ein Alkoholtest gemacht.

automobiliste *m;* **conducteur** *m*

On a fait subir un alcootest à l'automobiliste.

Baujahr [ˈbaujaːˀ] *n, -(e)s, -e*
Das Auto ist Baujahr 1989.

année de construction *f*
Cette voiture a été construite en 1989.

Bremse [ˈbrɛmzə] *f, -, -n*
Die Bremsen ziehen nicht gleichmäßig.

frein *m*
Les freins ne fonctionnent pas uniformément.

bremsen [ˈbrɛmz(ə)n] *V/i.*, bremste, hat gebremst
Der Fahrer konnte nicht mehr bremsen und fuhr gegen das Verkehrsschild.

freiner
Le conducteur n'a pas pu freiner et est rentré dans le panneau de signalisation.

Führerschein [ˈfyːrə*ʃain] *m,* -s, -e
Sigrid hat endlich ihren Führerschein bekommen.

permis de conduire *m*
Sigrid a eu son permis de conduire.

hupen [ˈhuːp(ə)n] *V/i.*, hupte, hat gehupt
Der Fahrer hupt ohne Grund.

klaxonner
Le chauffeur klaxonne sans motif.

Kofferraum [ˈkɔfə*raum] *m,* -(e)s, Kofferräume
Der Kofferraum des neuen Modells ist größer.

coffre *(d'une voiture) m*
Le coffre du nouveau modèle est plus spacieux.

Moped [ˈmoːpɛt] *n,* -s, -s
Jens fährt mit dem Moped zur Schule.

cyclomoteur *m;* **vélomoteur** *m*
Jens va à l'école en vélomoteur.

Parkuhr [ˈparkuːə*] *f,* -, -en
Vergiß nicht, Geld in die Parkuhr zu stecken.

parcmètre *m*
Pense à mettre de la monnaie dans le parcmètre.

Rücklicht [ˈryklɪçt] *n,* -(e)s, -er
Das rechte Rücklicht funktioniert nicht.

feux-arrière *m/pl*
Le feu-arrière droit ne marche pas.

Scheinwerfer [ˈʃainvɛrfə*] *m,* -s, -
Im linken Scheinwerfer ist die Birne kaputt.

phare *m*
L'ampoule du phare gauche est grillée.

Sitzplatz [ˈzitsplats] *m,* -es, Sitzplätze
Der Bus hat 55 Sitzplätze.

place assise *f*
L'autobus a 55 places assises.

Traktor [ˈtraktɔr] *m,* -s, -en
Mit dem neuen Traktor geht die Feldarbeit schneller.

tracteur *m*
Le travail aux champs va plus vite avec le nouveau tracteur.

11.4 Eisenbahn, Flugzeug, Schiff | 1-2000

aussteigen ['aus∫taig(ə)n] *V/i.,*
stieg aus, ist ausgestiegen
An welcher Station muß ich aussteigen?

descendre

Je dois descendre à quel arrêt?

Bahn [ba:n] *f, -, -en*
Ich fahre gerne mit der Bahn.

chemin de fer *m*
J'aime bien voyager en train.

Bahnhof ['ba:nho:f] *m, -(e)s,*
Bahnhöfe
In diesem Ort gibt es keinen
Bahnhof.

gare *f*

Cette localité n'a pas de gare.

Boot [bo:t] *n, -(e)s, -e*
Zu dieser Insel fährt ein Linien-
boot.

bateau *m*
Un service de bateaux relie l'île au
continent.

---

einsteigen ['ain∫taig(ə)n] *V/i.,*
stieg ein, ist eingestiegen
Steig ein! Wir wollen losfahren.

monter *(en voiture/dans le train)*

Allez monte! On part!

Eisenbahn ['aiz(ə)nba:n] *f, -, -en*
Nach der Eisenbahnbrücke müs-
sen Sie rechts abbiegen.

chemin de fer *m*
Vous devez tourner à droite après
le pont du chemin de fer.

---

fliegen ['fli:g(ə)n] *V/i.,* flog, ist ge-
flogen
Fliegen Sie, oder fahren Sie mit
der Bahn?

prendre l'avion

Vous prenez l'avion ou le train?

Flug [flu:k] *m, -(e)s, Flüge*
Wegen Nebels wurde der Flug
gestrichen.

vol *m*
Le vol a été supprimé à cause du
brouillard.

Flughafen ['flu:kha:f(ə)n] *m, -s,*
Flughäfen
Ich bringe dich zum Flughafen.

aéroport *m*

Je t'emmène à l'aéroport.

Flugplatz ['flu:kplats] *m, -es,*
Flugplätze
Der Flugplatz liegt 30 km vor der
Stadt.

terrain d'aviation *m*

Le terrain d'aviation est à 30 km
de la ville.

Flugzeug ['flu:ktsɔik] *n, -s, -e*
Das Flugzeug hat Verspätung.

avion *m*
L'avion a du retard.

Hafen ['ha:f(ə)n] *m, -s, Häfen*
Das Schiff bleibt nur einen Tag im Hafen.

port *m*
Le bateau reste un seul jour dans le port.

Kapitän [kapi'tɛ:n] *m, -s, -e*
Kapitänin [kapi'tɛ:nin] *f, -, -nen*
Er ist Kapitän eines Flußschiffes.

capitaine *m;* **commandant** *m*

Il est patron d'un bateau de rivière.

landen ['land(ə)n] *V/i.,* landete, ist gelandet
Das Flugzeug ist noch nicht gelandet.

atterrir

L'avion n'a pas encore atterri.

Lokomotive [lɔkomo'ti:və] *f, -, -n*
Im Frankfurter Bahnhof wurde die Lokomotive gewechselt.

locomotive *f*
On a changé de locomotive à la gare de Francfort.

Mannschaft ['manʃaft] *f, -, -en*
In Hamburg übernahm eine andere Mannschaft das Schiff.

équipage *m*
A Hambourg, le bateau a changé d'équipage.

Pilot [pi'lo:t] *m, -en, -en*
Pilotin [pi'lo:tin] *f, -, -nen*
Die Pilotin begrüßte die Fluggäste.

pilote *m*

Le pilote a accueilli les passagers.

Schiff [ʃif] *n, -(e)s, -e*
Das Schiff fährt regelmäßig von Hamburg nach Nordamerika.

bateau *m*
Le bateau assure régulièrement la liaison Hambourg–Amérique du Nord.

starten ['ʃtart(ə)n] *V/t., i.,* startete, ist gestartet
Sie konnte den Motor nicht starten.
Das Flugzeug soll um 8.15 Uhr starten.

mettre en route; partir

Elle n'arrivait pas à mettre le moteur en route.
L'avion doit partir à 8h15.

Untergrundbahn, U-Bahn ['untə*gruntba:n] *f, -, -en*
Es soll eine neue Untergrundbahn gebaut werden.

métro *m*

On va construire un nouveau métro.

Zug [tsu:k] *m, -(e)s, Züge*
Wir fahren mit dem Zug, nicht mit dem Auto.

train *m*
On part en train, pas en voiture.

2001-4000

abfliegen ['apfli:g(ə)n] *V/i.,* flog ab, ist abgeflogen
Das Flugzeug ist schon abgeflogen.

décoller

L'avion a déjà décollé.

ablegen ['aple:g(ə)n] *V/i.,* legte ab, hat abgelegt
Pünktlich um 16.00 Uhr legte das Schiff ab.

lever l'ancre

Le bateau a levé l'ancre à 16 heures justes.

abstürzen ['apʃtyrts(ə)n] *V/i.,* stürzte ab, ist abgestürzt
Kurz nach dem Start stürzte das Flugzeug ab.

s'écraser

L'avion s'est écrasé au sol juste après son départ.

anlegen ['anle:g(ə)n] *V/i.,* legte an, hat angelegt
Das Schiff legt im Osthafen an.

faire escale

Le bateau fait escale dans le port de l'Est.

auslaufen ['auslauf(ə)n] *V/i.,* lief aus, ist ausgelaufen
Das Schiff läuft morgen aus.

partir *(en parlant d'un bateau)*

Le bateau part demain.

Bahnsteig ['ba:nʃtaik] *m,* -(e)s, -e
Der Zug fährt von Bahnsteig 6 ab.

quai *m*
Le train part quai 6.

Besatzung [bə'zatsuŋ] *f,* -, -en
Moderne Schiffe fahren nur mit einer kleinen Besatzung.

équipage *m*
A bord des bateaux modernes, l'équipage est très restreint.

ertrinken [ɛə*'triŋk(ə)n] *V/i.,* ertrank, ist ertrunken
Drei Matrosen sind bei dem Schiffsunglück ertrunken.

se noyer

Trois marins se sont noyés au cours du naufrage.

Fluglinie ['flu:kli:njə] *f,* -, -n
Diese Fluglinie ist sehr pünktlich.

ligne aérienne *f*
Cette ligne aérienne est très ponctuelle.

Gleis [glais] *n,* -es, -e
Der Zug kommt auf Gleis 3 an.

voie *f*
Le train arrive voie 3.

Schiene ['ʃi:nə] *f,* -, -n
Das Schienennetz der Bahn soll modernisiert werden.

rail *m*
On va moderniser le réseau ferroviaire.

Matrose [ma'tro:zə] *m*, -n, -n
Matrosin [ma'tro:zin] *f*, -, -nen
Die meisten Matrosen des Schiffes kommen aus asiatischen Ländern.

marin *m*

La plupart des marins de ce bateau sont d'origine asiatique.

Seereise ['ze:raizə] *f*, -, -n
In meinem nächsten Urlaub mache ich eine Seereise.

croisière *f;* **traversée** *f*
Je ferai une croisière pour mes prochaines vacances.

untergehen ['untə*ge:(ə)n] *V/i.,*
ging unter, ist untergegangen
Nach dem Zusammenstoß ging das kleinere Schiff langsam unter.

couler

A la suite d'une collision, le plus petit bateau a coulé.

Wrack [vrak] *n*, -s, -s
Das Wrack soll gehoben werden.

épave *f*
On va repêcher l'épave.

Afrika ['a:frika] *n*	**l'Afrique** *f*
Amerika [a'me:rika] *n*	**l'Amérique** *f*
Asien ['a:zjən] *n*	**l'Asie** *f*
BRD [be:ɛr'de:] = Bundesrepublik Deutschland, (die)	**la R.F.A.** *f* = République fédérale d'Allemagne
Bundesrepublik ['bundəsrepubli:k] *f*	**la République fédérale d'Allemagne**
DDR [de:de:'ɛr] = Deutsche Demokratische Republik, (die)	**la R.D.A.** *f* = République démocratique allemande
Deutschland ['dɔitʃlant] *n*	**l'Allemagne** *f*
England ['ɛŋlant] *n*	**l'Angleterre** *f*
Europa [ɔi'ro:pa] *n*	**l'Europe** *f*
Großbritannien [gro:sbri'tanjən] *n*	**la Grande-Bretagne** *f*
Kanada ['kanada] *n*	**le Canada** *m*
Schweiz [ʃvaits] (die)	**la Suisse** *f*
Sowjetunion [zɔ'vjɛtunjo:n] (die)	**l'Union soviétique** *f*
USA [u:ɛs'a:] (die)	**les Etats-Unis** *m/pl*
Österreich ['ø:stəraiç] *n*	**l'Autriche** *f*
Australien [aus'tra:ljən] *n*	**l'Australie** *f*
Belgien ['bɛlgjən] *n*	**la Belgique** *f*
China ['çi:na] *n*	**la Chine** *f*

Dänemark ['dɛ:nəmark] *n*	le Danemark *m*
Frankreich ['fraŋkraiç] *n*	la France *f*
Griechenland ['gri:ç(ə)nlant] *n*	la Grèce *f*
Indien ['indjən] *n*	l'Inde *f*
Irland ['irlant] *n*	l'Irlande *f*
Italien [i'ta:ljən] *n*	l'Italie *f*
Japan ['ja:pan] *n*	le Japon *m*
Jugoslawien [jugo'sla:vjən] *n*	la Yougoslavie *f*
Niederlande ['ni:də*landə] (die), *Pl.*	les Pays-Bas *m/pl*
Norwegen ['nɔrve:g(ə)n] *n*	la Norvège *f*
Polen ['po:l(ə)n] *n*	la Pologne *f*
Portugal ['pɔrtugal] *n*	le Portugal *m*
Rußland ['ruslant] *n*	la Russie *f*
Schweden ['ʃve:d(ə)n] *n*	la Suède *f*
Spanien ['ʃpa:njən] *n*	l'Espagne *f*
Türkei [tyr'kai] (die)	la Turquie *f*
Ungarn ['uŋgarn] *n*	la Hongrie *f*

12.2 Nationalitäten, Bewohner, Sprachen

12.2 Nationalités, habitants, langues

Amerikaner [ameri'ka:nə*] *m* **Amerikanerin** [ameri'ka:nərin] *f, -, -nen*	Américain *m*, -e *f*
amerikanisch [ameri'ka:niʃ] *Adj.*	américain

arabisch [aˈraːbiʃ] *Adj.*	**arabe**
britisch [ˈbritiʃ, ˈbriːtiʃ] *Adj.*	**britannique**
deutsch [ˈdɔitʃ] *Adj.* Er hat einen deutschen Paß.	**allemand** Il a un passeport allemand.
Deutsch(e) [ˈdɔitʃ(ə)] *n*, -n, *kein Pl.* Ihr Deutsch ist ausgezeichnet. Das Deutsch(e) gilt als schwierige Sprache.	**allemand** *m* Elle parle très bien allemand. L'allemand est réputé être une langue difficile.
Deutsche [ˈdɔitʃə] *m/f*, -n, -n	**Allemand** *m*, **-e** *f*
englisch [ˈɛŋliʃ] *Adj.*	**anglais**
Englisch(e) [ˈɛŋliʃ(ə)] *n*, -n, *kein Pl.*	**anglais** *m (la langue)*
Engländer [ˈɛŋlɛndə*] *m*, -s, - **Engländerin** [ˈɛŋlɛndərin] *f*, -, -nen	**Anglais** *m*, **-e** *f*
Europäer [ɔiroˈpɛːə*] *m*, -s, - **Europäerin** [ɔiroˈpɛːərin] *f*, -, -nen	**Européen** *m*, **-ne** *f*
europäisch [ɔiroˈpɛːiʃ] *Adj.*	**européen**
Schweizer [ˈʃvaitsə*] *m*, -s, - **Schweizerin** [ˈʃvaitsərin] *f*, -, -nen	**Suisse** *m*, **-sse** *f*
sowjetisch [zɔˈvjɛtiʃ] *Adj.*	**soviétique**
Österreicher [ˈøːstəraiçə*] *m*, -s, - **Österreicherin** [ˈøːstəraiçərin] *f*, -, -nen	**Autrichien** *m*, **-ne** *f*
österreichisch [ˈøːstəraiçiʃ] *Adj.*	**autrichien**

2001-4000

Afrikaner [afriˈkaːnə*] *m*, -s, - **Afrikanerin** [afriˈkaːnərin] *f*, -, -nen	**Africain** *m*, **-e** *f*
afrikanisch [afriˈkaːniʃ] *Adj.*	**africain**
Chinese [çiˈneːzə] *m*, -n, -n **Chinesin** [çiˈneːzin] *f*, -, -nen	**Chinois** *m*, **-e** *f*
Chinesisch(e) [çiˈneːziʃ(ə)] *n*, -n, *kein Pl.*	**chinois** *m (la langue)*

chinesisch [çi'ne:ziʃ] *Adj.*	chinois
Franzose [fran'tso:zə] *m*, -n, -n **Französin** [fran'tsø:zin] *f*, -, -nen	Français *m*, -e *f*
Französisch(e) [fran'tsø:ziʃ] *n*, -n, *kein Pl.*	français *m (la langue)*
französisch [fran'tsø:ziʃ] *Adj.*	français
Grieche ['gri:çə] *m*, -n, -n **Griechin** ['gri:çin] *f*, -, -nen	Grec *m*, Grecque *f*
Griechisch(e) ['gri:çiʃ(ə)] *n*, -n, *kein Pl.*	grec *m (la langue)*
Holländer ['hɔlɛndə*] *m*, -s, - **Holländerin** ['hɔlɛndərin] *f*, -, -nen	Hollandais *m*, -e *f*
Holländische ['hɔlɛndiʃə] *n*, -n, *kein Pl.*	hollandais *m (la langue)*
holländisch ['hɔlɛndiʃ] *Adj.*	hollandais
Inder ['ində*] *m*, -s, - **Inderin** ['indərin] *f*, -, -nen	Indien *m*, -ne *f*
indisch ['indiʃ] *Adj.*	indien
Ire ['i:rə] *m*, -n, -n **Irin** ['i:rin] *f*, -, -nen	Irlandais *m*, -e *f*
irisch ['i:riʃ] *Adj.*	irlandais
Italiener [ita'lje:nə*] *m*, -s, - **Italienerin** [ita'lje:nərin] *f*, -, -nen	Italien *m*, -ne *f*
Italienisch(e) [ita'lje:niʃ(ə)] *n*, -n, *kein Pl.*	italien *m (la langue)*
italienisch [ita'lje:niʃ] *Adj.*	italien
Japaner [ja'pa:nə*] *m*, -s, - **Japanerin** [ja'pa:nərin] *f*, -, -nen	Japonais *m*, -e *f*
Japanisch(e) [ja'pa:niʃ(ə)] *n*, -n, *kein Pl.*	japonais *m (la langue)*
japanisch [ja'pa:niʃ] *Adj.*	japonais
Pole ['po:lə] *m*, -n, -n **Polin** ['po:lin] *f*, -, -nen	Polonais *m*, -e *f*
Polnisch(e) ['pɔlniʃ(ə)] *n*, -n, *kein Pl.*	polonais *m (la langue)*

polnisch ['pɔlniʃ] *Adj.*	**polonais**
Russe ['rusə] *m,* -n, -n **Russin** ['rusin] *f,* -, -nen	**Russe** *m/f*
Russisch(e) ['rusiʃ(ə)] *n,* -n, *kein Pl.*	**russe** *m (la langue)*
russisch ['rusiʃ] *Adj.*	**russe**
Spanier ['ʃpa:njə*] *m,* -s, - **Spanierin** ['ʃpa:njərin] *f,* -, -nen	**Espagnol** *m,* **-e** *f*
Spanisch(e) ['ʃpa:niʃ(ə)] *n,* -n, *kein Pl.*	**espagnol** *m (la langue)*
spanisch ['ʃpa:niʃ] *Adj.*	**espagnol**

13 Zeit

13 Le temps

13.1 Jahreseinteilung | 1-2000

13.1 L'année

Feiertag ['faiə*ta:k] *m*, -es, -e
Morgen ist ein Feiertag. Dann muß ich nicht arbeiten.

jour férié *m*
Demain, c'est jour férié. Je ne travaille donc pas.

Frühjahr ['fry:ja:*] *n*, -es, -e
Im Frühjahr ist das Wasser im Meer noch zu kalt zum Baden.

printemps *m*
Au printemps, l'eau est encore trop froide au bord de la mer pour se baigner.

Frühling ['fry:liŋ] *m*, -s, -e
Diese Blumen blühen schon im Frühling.

printemps *m*
Ces fleurs fleurissent déjà au printemps.

Herbst [hɛrpst] *m*, -es, -e
Dieses Jahr hat es schon im Herbst geschneit.

automne *m*
Il est déjà tombé de la neige en automne cette année.

Jahr [ja:*] *n*, -es, -e
Im nächsten Jahr werden wir euch bestimmt besuchen.

année *f*
L'année prochaine, on vous rendra certainement visite.

Jahreszeit ['ja:rəstsait] *f*, -, -en
Für mich ist der Sommer die schönste Jahreszeit.

saison *f*
Je trouve que l'été est la plus belle des saisons.

Monat ['mo:nat] *m*, -s, -e
Ich habe im nächsten Monat Geburtstag.

mois *m*
Le mois prochain, c'est mon anniversaire.

Sommer ['zɔmə*] *m*, -s, -
Der letzte Sommer war heiß und trocken.

été *m*
L'été dernier a été chaud et sec.

Tag [ta:k] *m*, -(e)s, -e
Sie steht jeden Tag zur gleichen Zeit auf.

jour *m*
Elle se lève tous les jours à la même heure.

Winter [ˈvintə*] *m*, -s, -
Sie fährt jeden Winter in die Alpen zum Skifahren.

hiver *m*
Tous les hivers elle va faire du ski dans les Alpes.

Woche [ˈvɔxə] *f*, -, -n
Bis Weihnachten sind es nur noch drei Wochen.

semaine *f*
Il ne reste plus que trois semaines avant Noël.

Halbjahr [ˈhalpjaː*] *n*, -(e)s, -e
Im letzten Halbjahr lief das Geschäft sehr gut.

semestre *m*
Les affaires ont bien marché le semestre dernier.

jährlich [ˈjɛːə*liç] *Adj., keine Komp.*
Die Gebühren werden jährlich bezahlt.

annuel
Le paiement de ces taxes est annuel.

monatlich [ˈmoːnatliç] *Adj., keine Komp.*
Unser Gehalt bekommen wir monatlich.

mensuel, par/au mois
Nous avons un salaire mensuel.

täglich [ˈtɛːkliç] *Adj., keine Komp.*
Die Tabletten müssen Sie dreimal täglich nehmen.

quotidien, par jour
Vous devez prendre vos comprimés trois fois par jour.

Vorjahr [ˈfoːə*jaː*] *n*, -(e)s, -e
Die Ernte des Vorjahres war besser.

année dernière *f*
La récolte de l'année dernière était meilleure.

Wochenende [ˈvɔx(ə)nɛndə] *n*, -s, -e
Am Wochenende sind wir selten zu Hause.

week-end *m*
Nous restons rarement à la maison le week-end.

Wochentag [ˈvɔx(ə)ntaːk] *m*, -(e)s, -e
Das Geschäft ist an allen Wochentagen vormittags geöffnet.

jour de semaine *m;* **jour ouvrable** *m*
Ce magasin est ouvert le matin tous les jours ouvrables.

wöchentlich [ˈvœç(ə)ntliç] *Adj., keine Komp.*
Ich gehe wöchentlich einmal ins Hallenbad zum Schwimmen.

hebdomadaire
Je vais nager à la piscine une fois par semaine.

13.2 Monatsnamen

13.2 Les mois

Januar ['janua:*] *m*, -(s), -e
Sie hat am sechsten Januar Ge-
burtstag.
Wir heiraten im Januar.

janvier *m*
Le six janvier, c'est son anniver-
saire.
Nous allons nous marier en janvier.

Februar ['fe:brua:*] *m*, -(s), -e	**février** *m*
März [mɛrts] *m*, -, -e	**mars** *m*
April [a'pril] *m*, -(s), -e	**avril** *m*
Mai [mai] *m*, -(s), -e(n)	**mai** *m*
Juni ['ju:ni] *m*, -(s), -s	**juin** *m*
Juli ['ju:li] *m*, -(s), -s	**juillet** *m*
August [au'gust] *m*, -(s), -e	**août** *m*
September [zɛp'tɛmbə*] *m*, -(s), -	**septembre** *m*
Oktober [ɔk'to:bə*] *m*, -(s), -	**octobre** *m*
November [no'vɛmbə*] *m*, -(s), -	**novembre** *m*
Dezember [de'tsɛmbə*] *m*, -(s), -	**décembre** *m*

13.3 Wochentage

13.3 Les jours de la semaine

Montag ['mo:nta:k] *m*, -s, -e
(Am) Montag muß ich nicht arbeiten.

lundi *m*
Je ne travaille pas lundi.

Dienstag ['di:nsta:k] *m*, -s, -e	**mardi** *m*
Mittwoch ['mitvɔx] *m*, -s, -e	**mercredi** *m*
Donnerstag ['dɔnə*sta:k] *m*, -s, -e	**jeudi** *m*
Freitag ['fraita:k] *m*, -s, -e	**vendredi** *m*
Samstag ['zamsta:k] *m*, -s, -e **Sonnabend** ['zɔna:b(ə)nt] *m*, -s, -e	**samedi** *m*
Sonntag ['zɔnta:k] *m*, -s, -e	**dimanche** *m*

13.4 Tageszeit

13.4 Les moments de la journée

Abend [ˈaːb(ə)nt] *m*, -s, -e
Ich rufe dich am Abend an.

soir *m;* **soirée** *f*
Je te téléphone ce soir.

---

abend *Adv.*
Mittwoch abend sind wir bei Jochen eingeladen.

…soir
Nous sommes invités chez Jochen mercredi soir.

---

abends [ˈaːb(ə)nts] *Adv.*
Abends bin ich meistens zu Hause.

le soir
En général, je suis chez moi le soir.

Mittag [ˈmitaːk] *m*, -s, -e
Er ist bis Mittag im Büro.

midi *m*
Il est au bureau jusqu'à midi.

---

mittags [ˈmitaːks] *Adv.*
Mittags esse ich in der Kantine.

à midi
Je mange à la cantine à midi.

Mitternacht [ˈmitəˌnaxt] *f*, -, *kein Pl.*
Um Mitternacht war die Feier zu Ende.

minuit *m*
La fête s'est terminée à minuit.

---

morgen [ˈmɔrg(ə)n] *Adv.*
Donnerstag morgen habe ich einen Termin beim Arzt.

matin
J'ai rendez-vous chez le médecin jeudi matin.

Morgen *m*, -s, -
Ich stehe jeden Morgen um 7.00 Uhr auf.

matin *m*
Je me lève tous les matins à 7 heures.

---

morgens [ˈmɔrg(ə)ns] *Adv.*
Morgens habe ich keinen Hunger.

le matin
Je n'ai pas faim le matin.

Nachmittag [ˈnaːxmitaːk] *m*, -s, -e
Ines war bis zum Nachmittag bei uns.

après-midi *m*
Inès a été chez nous jusqu'en début d'après-midi.

Nacht [naxt] *f*, -, Nächte
Letzte Nacht habe ich gut geschlafen.

nuit *f*
J'ai bien dormi la nuit dernière.

---

nachts [naxts] *Adv.*
Um 1.00 Uhr nachts hat er mich geweckt.

la nuit (+ *l'heure:* du matin)
Il m'a réveillé à 1 heure du matin.

Vormittag ['fo:ə*mita:k] *m,* -s, -e
Sie arbeitet nur am Vormittag.

matin *m;* **matinée** *f*
Elle ne travaille que le matin.

13.5 Uhrzeit

13.5 L'heure

Uhr [u:ə*] *f,* -, -en
Der Film fängt um 19.00 Uhr an.

heure *f*
Le film commence à 19 heures.

halb [halp] *Adj., keine Komp.*
Ich bin um halb fünf zurück.

demi
Je serai de retour à quatre heures et demie.

Minute [mi'nu:tə] *f,* -, -n
Es ist zwei Minuten vor zehn.

minute *f*
Il est dix heures moins deux.

Sekunde [ze'kundə] *f,* -, -n
Er ist 100 Meter in 10,8 Sekunden gelaufen.

seconde *f*
Il a couru les 100 mètres en 10 secondes et huit dixièmes.

Stunde ['ʃtundə] *f,* -, -n
Bitte kommen Sie in zwei Stunden.

heure *f*
Repassez dans deux heures s'il vous plaît.

um [um] *Präp.*
Herr Funke kommt um 15.00 Uhr.

à
Monsieur Funke vient à 15 heures.

Viertel ['firt(ə)l] *n,* -s, -
Es ist Viertel nach sieben.

quart *m*
Il est sept heures et quart.

Viertelstunde [firt(ə)l'ʃtundə] *f,* -, -n
Wir sind eine Viertelstunde zu spät gekommen.

quart d'heure *m*
Nous sommes arrivés un quart d'heure en retard.

13.6 Sonstige Zeitbegriffe
13.6 Autres notions temporelles

13.6.1 Substantive   1-2000

13.6.1 Substantifs

Anfang ['anfaŋ] *m*, -s, Anfänge
Am Anfang des Spiels war er besser.

début *m*
Il a mieux joué en début de match.

Augenblick ['aug(ə)nblik] *m*, -s, -e
Warten Sie bitte einen Augenblick!

instant *m*
Attendez un instant, je vous prie!

Beginn [bə'gin] *m*, -s, *kein Pl.*
Am Beginn war der Film langweilig.

début *m;* **commencement** *m*
Au début, le film était ennuyeux.

Datum ['da:tum] *n*, -s, Daten
Welches Datum steht in dem Brief?

date *f*
La lettre est datée de quel jour?

Ende ['ɛndə] *n*, -s, *kein Pl.*
Am Ende des Gesprächs fand man doch noch eine Lösung.

fin *f*
On a fini par trouver une solution à la fin de l'entretien.

Jahrhundert [ja:*'hundə*t] *n*, -s, -e
Die Brücke wurde im letzten Jahrhundert gebaut.

siècle *m*
Ce pont a été construit au siècle dernier.

Jahrzehnt [ja:*'tse:nt] *n*, -s, -e
In den letzten Jahrzehnten gab es in Europa keine Kriege.

décennie *f*
Au cours des dernières décennies il n'y a plus eu de guerre en Europe.

Mal [ma:l] *n*, -(e)s, -e
Das nächste Mal müssen die Arbeiten besser geplant werden.

fois *f*
La prochaine fois, il faudra mieux organiser les travaux.

Moment [mo'mɛnt] *m*, -s, -e
Bitte haben Sie einen Moment Geduld!

moment *m*
Veuillez patienter encore un moment!

Schluß [ʃlus] *m,* Schlusses, *kein Pl.*
Einige Zuschauer gingen schon vor dem Schluß der Veranstaltung nach Hause.

fin *f*
Quelques spectateurs sont partis avant la fin de la représentation.

Vergangenheit [fɛə*'gaŋənhait] *f, -, kein Pl.*
In der Vergangenheit gab es solche Maschinen nicht.

passé *m*
Il n'y avait pas ce genre de machines dans le passé.

Zeit [tsait] *f, -,* -en
In der letzten Zeit habe ich ihn nicht gesehen.

temps *m*
Les derniers temps, je ne le rencontre plus.

Zeitpunkt ['tsaitpuŋkt] *m,* -(e)s, -e
Zum Zeitpunkt der Tat war er bei Freunden.

moment *m;* **époque** *f*
Au moment du crime, il était chez des amis.

Zukunft ['tsuːkunft] *f, -, kein Pl.*
Du mußt auch an die Zukunft denken.

avenir *m*
Tu dois penser aussi à l'avenir.

2001-4000

Frist [frist] *f, -,* -en
Der Einspruch kommt zu spät. Die Frist ist um 2 Tage überschritten.

délai *m*
C'est trop tard pour faire opposition. Le délai a expiré il y a deux jours.

Gegenwart ['geːg(ə)nvart] *f, -, kein Pl.*
Sie lebt nur in der Gegenwart, an die Zukunft denkt sie nicht.

présent *m*
Elle ne vit que dans le présent et ne pense pas à l'avenir.

Höhepunkt ['høːəpuŋkt] *m,* -s, -e
Dieser Film war der Höhepunkt der Münchener Filmtage.

apogée *m*
Ce film était l'apogée du festival de cinéma de Munich.

Jahresende ['jaːrəsɛndə] *n,* -s, *kein Pl.*
Am Jahresende gibt es in unserer Firma immer eine Feier.

fin de l'année *f*
Il y a toujours une fête dans notre entreprise, à la fin de l'année.

Mittelalter ['mit(ə)laltə*] *n*, -s, *kein Pl.*
Über die Geschichte des Mittelalters weiß ich wenig.

Moyen Âge *m*
Je sais très peu de choses sur l'histoire du Moyen Âge.

Verspätung [fɛə*'ʃpɛːtuŋ] *f*, -, -en
Der Zug hatte 12 Minuten Verspätung.

retard *m*
Le train avait 12 minutes de retard.

Verzögerung [fɛə*'tsøːgəruŋ] *f*, -, -en
Wegen des schlechten Wetters gab es Verzögerungen beim Bau des Hauses.

lenteurs *f/pl*
La construction de la maison a pris du retard à cause du mauvais temps.

Weile ['vailə] *f*, -, *kein Pl.*
Es dauert nur noch eine Weile, dann bin ich fertig.

laps de temps *m;* **moment** *m*
J'en ai encore pour un petit moment, et je suis prêt.

Zeitalter ['tsaitaltə*] *n*, -s, -
Ich hätte gerne im Zeitalter der Renaissance gelebt.

époque *f*
J'aurais bien aimé vivre à l'époque de la Renaissance.

Zeitraum ['tsaitraum] *m*, -(e)s, Zeiträume
Dieser Plan soll in einem Zeitraum von drei Jahren verwirklicht werden.

période *f*
Ce plan doit être réalisé sur une période de trois ans.

13.6.2 Verben

13.6.2 Verbes

---

anfangen ['anfaŋən] *V/i.*, fing an, hat angefangen
Wann fängt das Konzert an?

commencer

Le concert commence quand?

---

andauern ['andauə*n] *V/i.*, dauerte an, hat angedauert
Der Sturm dauerte die ganze Nacht an.

durer

La tempête a duré toute la nuit.

beenden [bə'ɛnd(ə)n] *V/t.,* beendete, hat beendet

finir

Wir haben unseren Streit beendet.

On a mis fin à notre dispute.

beginnen [bə'gin(ə)n] *V/t., i.,* begann, ist/hat begonnen

commencer

Die Arbeiten sind sofort begonnen worden.

On a tout de suite commencé les travaux.

Die Schulferien beginnen morgen.

Les vacances scolaires commencent demain.

dauern ['dauə*n] *V/i.,* dauerte an, hat gedauert

durer

Das Gespräch wird nicht lange dauern.

L'entretien ne durera pas longtemps.

enden ['ɛnd(ə)n] *V/i.,* endete, hat geendet

se terminer

Das Fußballspiel endet um 10.00 Uhr.

Le match de foot se termine à 10 heures.

fortsetzen ['fɔrtzɛts(ə)n] *V/t.,* setzte fort, hat fortgesetzt

poursuivre

Nach einer Pause setzten wir die Fahrt fort.

Nous avons poursuivi le voyage après une pause.

verkürzen [fɛə*'kyrts(ə)n] *V/t.,* verkürzte, hat verkürzt

réduire

Die Arbeitszeit wird verkürzt.

Le temps de travail sera réduit.

verschieben [fɛə*'ʃi:b(ə)n] *V/t., refl.,* verschob, hat verschoben

reporter

Der Termin wurde um eine Woche verschoben.

Le rendez-vous a été reporté d'une semaine.

verspäten [fɛə*'ʃpɛ:t(ə)n] *V/refl.,* verspätete, hat verspätet

être en retard

Warum hast du dich so lange verspätet?

Pourquoi es-tu autant en retard?

13.6.3 Adjektive   1-2000

13.6.3 Adjectifs

dauernd ['dauə*nt] *Adj., keine Komp.*
Ich werde dauernd gestört.

permanent
Je suis dérangé en permanence.

endgültig ['ɛntgyltiç°] *Adj., keine Komp.*
Du mußt dich jetzt endgültig entscheiden.

définitif
Tu dois te décider maintenant une fois pour toutes.

früh [fry:] *Adj., früher, am frühesten*
Wir sind am frühen Abend fertig gewesen.
Er ist ein früherer Kollege von mir.

tôt, ancien *(employé à la forme comparative)*
On a terminé tôt dans la soirée.
C'est un de mes anciens collègues.

gleichzeitig ['glaiçtsaitiç°] *Adj., keine Komp.*
Ich kann nicht beide Arbeiten gleichzeitig machen.

simultané
Je ne peux pas faire ces deux choses en même temps.

häufig ['hɔifiç°] *Adj.*
Das ist schon häufiger passiert.

fréquent
Cela s'est déjà produit bien des fois.

heutig ['hɔitiç°] *Adj., keine Komp.*
Die Meldung stand in der heutigen Zeitung.

d'aujourd'hui
La nouvelle était dans le journal d'aujourd'hui.

kurz [kurts] *Adj., kürzer, am kürzesten*
Wir haben eine kurze Pause gemacht.

court
Nous avons fait une courte pause.

lang [laŋ] *Adj., länger, am längsten*
Er war lange Zeit krank.

long
Il a été longtemps malade.

modern [mo'dɛrn] *Adj.*
Die Wohnung ist modern möbliert.

moderne
L'appartement est meublé dans un style moderne.

nächste ['nɛːçstə] *Adj., keine Komp.*
Nächstes Jahr wird er Rentner.

prochain
Il prendra sa retraite l'année prochaine.

plötzlich ['plœtsliç] *Adj., keine Komp.*
Sie ist ganz plötzlich gestorben.

soudain
Elle est morte subitement.

pünktlich ['pyŋktliç] *Adj.*
Bitte sei morgen pünktlich um 19.00 Uhr da.

à l'heure
Rendez-vous demain ici à 19 heures, sois à l'heure, s'il te plaît.

rechtzeitig ['reçt-tsaitiç°] *Adj.*
Den Verletzten konnte rechtzeitig geholfen werden.

à temps
On a pu secourir les blessés à temps.

regelmäßig ['reːg(ə)lmɛːsiç°] *Adj.*
Gehst du regelmäßig zum Zahnarzt?

régulier
Vas-tu régulièrement chez le dentiste?

spät [ʃpɛːt] *Adj., -er, am -esten*
Sie können auch am späten Abend anrufen.

tard
Vous pouvez m'appeler même tard dans la soirée.

ständig ['ʃtɛndiç°] *Adj., keine Komp.*
Sie ist ständig am Rauchen.

continuel
Elle fume continuellement.

vorig ['foːriç°] *Adj., keine Komp.*
Voriges Jahr hat er seine Prüfung gemacht.

précédent
Il a passé son examen l'année dernière.

vorläufig ['foːəˈrlɔifiç°] *Adj., keine Komp.*
Das ist nur eine vorläufige Lösung.

provisoire
Ce n'est qu'une solution provisoire.

2001-4000

bisherig [bisˈheːriç°] *Adj., keine Komp.*
Mit der bisherigen Regelung sind wir zufrieden.

jusqu'à présent; actuel
Nous sommes satisfaits du réglement actuel.

damalig ['da:ma:liç°] *Adj., keine Komp.* | de cette époque

Dafür war der damalige Chef verantwortlich. | Le patron de l'époque était chargé de cela.

dauerhaft ['dauə*haft] *Adj., -er, am -esten* | durable

Der neue Kunststoff ist dauerhafter und trotzdem billiger. | Ce nouveau plastique dure plus longtemps et est pourtant moins cher.

gegenwärtig ['ge:g(ə)nvɛrtiç°] *Adj., keine Komp.* | actuel

Es gibt viel Kritik an der gegenwärtigen Regierung. | Le gouvernement actuel est en butte à de nombreuses critiques.

gelegentlich [gə'le:g(ə)ntliç] *Adj., keine Komp.* | occasionnel

Ich besuche Petra gelegentlich. | Je ne vais voir Petra qu'occasionnellement.

jahrelang ['ja:rəlaŋ] *Adj., keine Komp.* | depuis des années

Sie wohnt schon jahrelang in dieser Wohnung. | Elle habite dans cet appartement depuis des années.

künftig ['kynftiç°] *Adj., keine Komp.* | futur

Wir müssen auch an die Folgen für künftige Generationen denken. | Nous devons aussi penser aux conséquences pour les futures générations.

kurzfristig ['kurtsfristiç°] *Adj.* | à court terme

Der Plan ist kurzfristig geändert worden. | Ce plan a été modifié à court terme.

langfristig ['laŋfristiç°] *Adj.* | à long terme

Das Problem muß langfristig gelöst werden. | Ce problème doit être résolu à long terme.

rasch [raʃ] *Adj., -er, am -esten* | rapide

Wir werden uns rasch entscheiden. | Nous nous déciderons rapidement.

unregelmäßig ['unre:g(ə)lmɛ:siç°] *Adj.* | irrégulier

Sie hat eine unregelmäßige Arbeitszeit. | Elle a des horaires de travail irréguliers.

vorübergehend
[for'ry:bə*ge:ənt] *Adj., keine Komp.*
Herr Behrens arbeitet vorübergehend in einer anderen Abteilung.

provisoire

Monsieur Behrens travaille provisoirement dans un autre service.

13.6.4 Adverbien

1-2000

13.6.4 Adverbes

bald [balt] *Adv.*
Bald ist Feierabend.

bientôt
La journée de travail est bientôt finie.

bereits [bə'raits] *Adv.*
Das ist bereits erledigt.

déjà
C'est déjà fait.

bisher [bis'he:ə*] *Adv.*
Das neue Modell habe ich bisher noch nicht gesehen.

jusqu'à présent
Je n'ai pas encore vu le nouveau modèle.

damals ['da:ma:ls] *Adv.*
Damals gab es noch keine Computer.

autrefois
Autrefois il n'y avait pas encore d'ordinateurs.

danach [da'na:x] *Adv.*
Erst war ich beim Arzt. Danach habe ich eingekauft.

ensuite
Je suis d'abord allée chez le médecin, ensuite j'ai fait des courses.

dann [dan] *Adv.*
Erst das Programm wählen und dann einschalten.
Ich brauche noch eine Woche Zeit. Dann ist die Zeichnung bestimmt fertig.

après
Choisir d'abord le programme, allumer après.
J'en encore besoin d'une semaine, après l'esquisse sera sûrement prête.

diesmal ['di:sma:l] *Adv.*
Bitte sei diesmal pünktlich!

cette fois (-ci)
S'il te plaît arrive à l'heure cette fois-ci!

eben ['e:b(ə)n] *Adv.*
Die Post ist eben gekommen.

juste
Le courrier vient juste d'arriver.

eher ['e:ə*] *Adv.*
Warum haben Sie uns nicht eher informiert?

plus tôt
Pourquoi ne nous avez-vous pas prévenus plus tôt?

endlich ['ɛntliç] *Adv.*
Wann kommt das Taxi endlich?

enfin
Quand va-t-il finir par arriver, ce taxi?

erst [ɛə*st] *Adv.*
Ich gehe erst nach dem Fernseh-film schlafen.

seulement
J'irai me coucher seulement après avoir regardé le film à la télé.

früher ['fry:ə*] *Adv.*
Wir essen heute eine Stunde früher.

plus tôt
Nous mangeons une heure plus tôt, aujourd'hui.

gestern ['gɛstə*n] *Adv.*
Gestern hatte ich noch kein Fieber.

hier
Hier je n'avais pas encore de fièvre.

gleich [glaiç] *Adv.*
Einen Moment, ich komme gleich.

tout de suite
Un instant, j'arrive tout de suite.

heute ['hɔitə] *Adv.*
Heute soll es regnen.

aujourd'hui
On a annoncé de la pluie pour aujourd'hui.

immer ['imə*] *Adv.*
Er ist immer nett und höflich.

toujours
Il est toujours gentil et poli.

inzwischen [in'tsviʃ(ə)n] *Adv.*
Während ich spüle, kannst du in-zwischen die Küche aufräumen.

entre-temps
Pendant que je fais la vaisselle, tu peux ranger la cuisine.

jemals ['je:ma:ls] *Adv.*
Ich zweifle, daß er jemals Erfolg haben wird.

un jour
Je doute qu'il réussisse un jour.

jetzt [jɛtst] *Adv.*
Jetzt oder nie! Du mußt dich ent-scheiden.

maintenant
C'est maintenant ou jamais! Il faut que tu te décides.

kaum [kaum] *Adv.*
Er lacht kaum.

à peine
Il ne rit presque jamais.

lange ['laŋə] *Adv.*
Ihre Gespräche dauern immer lange.

longtemps
Leurs entretiens durent toujours longtemps.

längst ['lɛŋst] *Adv.*
Du hättest das längst erledigen müssen.

depuis longtems
Tu aurais dû régler cela depuis longtemps.

manchmal ['mançma:l] *Adv.*
Er kann manchmal sehr unfreundlich sein.

parfois
Il peut être parfois très désagréable.

mehrmals ['me:ə*ma:ls] *Adv.*
Ich habe wegen der Sache mehrmals mit ihr gesprochen.

plusieurs fois
Je lui ai parlé plusieurs fois de cette affaire.

meistens ['maistəns] *Adv.*
Morgens trinke ich meistens nur einen Kaffee.

la plupart du temps
La plupart du temps je prends du café le matin.

nachher [na:x'he:ə*] *Adv.*
Gehen wir nachher noch etwas essen?

après; plus tard
Et après on va manger quelque part?

neulich ['nɔiliç] *Adv.*
Wir haben neulich einen Brief von Gunter bekommen.

l'autre jour
L'autre jour, nous avons reçu une lettre de Gunter.

nie [ni:] *Adv.*
Ich habe noch nie geraucht.

ne ... jamais
Je n'ai encore jamais fumé.

niemals ['ni:ma:ls] *Adv.*
Ohne deine Hilfe hätte ich das niemals geschafft.

jamais
Sans ton aide, je n'y serais jamais arrivé.

noch [nɔx] *Adv.*
Arbeitest du noch als Verkäuferin?
Wie lange müssen wir noch warten?

encore
Tu travailles encore comme vendeuse?
On va attendre encore longtemps?

nochmals ['nɔxma:ls] *Adv.*
Sie muß nochmals zum Arzt.

encore une fois
Elle doit retourner chez le médecin.

nun [nu:n] *Adv.*
Du hast gekündigt. Was machst du nun?

et maintenant
Tu as donné ta démission. Et maintenant qu'est-ce que tu vas faire?

oft [ɔft] *Adv.*
Wir gehen oft zusammen aus.

souvent
Nous sortons souvent ensemble.

schließlich ['ʃli:sliç] *Adv.*
Schließlich hat es doch noch geklappt.

finalement
Finalement ça s'est arrangé.

schon [ʃo:n] *Adv.*
Kann das Kind schon laufen?

déjà
L'enfant marche déjà?

selten [ˈzɛlt(ə)n] *Adv.*
Wir gehen selten ins Kino.

rarement
On va rarement au cinéma.

soeben [zoˈeːb(ə)n] *Adv.*
Sie ist soeben nach Hause gekommen.

juste
Elle vient juste de rentrer.

sofort [zoˈfɔrt] *Adv.*
Ich komme sofort.

immédiatement
J'arrive immédiatement.

später [ˈʃpɛːtə*] *Adv.*
Laß uns später essen, nicht jetzt.

plus tard
Si on mangeait plus tard, pas maintenant?

spätestens [ˈʃpɛːtəstəns] *Adv.*
Spätestens um 9.00 Uhr muß ich im Büro sein.

au plus tard
Je dois être au bureau à 9 heures au plus tard.

übermorgen [ˈyːbə*mɔrg(ə)n] *Adv.*
Übermorgen ist ein Feiertag.

après-demain
Après-demain c'est un jour férié.

vor kurzem [foːə*ˈkurtsəm] *Adv.*
Ich habe vor kurzem noch mit ihr gesprochen.

il n'y a pas longtemps
Je lui ai parlé il n'y a pas longtemps.

vorbei [foːə*ˈbai] *Adv.*
Hoffentlich ist das schlechte Wetter bald vorbei.

fini
Espérons que le mauvais temps est bientôt fini.

vorgestern [ˈfoːə*gɛstə*n] *Adv.*
Der Unfall ist vorgestern passiert.

avant-hier
L'accident s'est produit avant-hier.

vorher [ˈfoːə*heːə*] *Adv.*
Warum haben Sie mir das nicht vorher gesagt?

avant
Pourquoi ne m'avez-vous pas raconté ça avant?

vorhin [foːə*ˈhin] *Adv.*
○ Haben Sie Frau Pauls gesehen?
□ Ja, vorhin war sie noch in ihrem Zimmer.

à l'instant
○ Vous n'avez pas vu Madame Pauls?
□ Si, elle était dans sa chambre à l'instant.

wann [van] *Adv.*
Wann wollen wir uns treffen?

quand
Quand allons-nous nous voir?

wieder ['vi:də*] *Adv.*
Du mußt ihn daran erinnern, sonst vergißt er es wieder.

de nouveau
Il faut que tu le lui rappelles, sinon il va de nouveau oublier.

zuerst [tsu'e:ə*st] *Adv.*
Was soll zuerst gemacht werden?

en premier
Qu'est-ce qu'il faut faire en premier?

zuletzt [tsu'lɛtst] *Adv.*
Vorige Woche habe ich ihn zuletzt gesehen.

la dernière fois
La dernière fois que je l'ai vu, c'était la semaine dernière.

zunächst [tsu'nɛ:çst] *Adv.*
Zunächst habe ich es nicht verstanden, aber man hat es mir dann erklärt.

d'abord
D'abord je n'avais pas compris, mais on m'a expliqué.

2001-4000

bislang [bis'laŋ] *Adv.*
Bislang bin ich mit diesem Auto sehr zufrieden.

jusqu'à présent
Je suis très content de cette voiture jusqu'à présent.

daraufhin [darauf'hin] *Adv.*
Petra ging zuerst. Daraufhin sind wir auch gegangen.

là-dessus
Petra est partie en premier. Là-dessus, nous sommes aussi partis.

dazwischen [da'tsviʃ(ə)n] *Adv.*
Ich habe um 14.00 und 16.00 Uhr eine Verabredung. Dazwischen habe ich keine Zeit.

entre-temps
J'ai rendez-vous à 14 heures et à 16 heures. Entre-temps, je suis pris.

demnächst [de:m'nɛ:çst] *Adv.*
Mein Bruder heiratet demnächst.

prochainement
Mon frère se marie prochainement.

heutzutage ['hɔit-tsuta:gə] *Adv.*
Heutzutage leben die Menschen länger als früher.

aujourd'hui, de nos jours
Aujourd'hui, les gens vivent plus longtemps qu'autrefois.

jedesmal ['je:dəs'ma:l] *Adv.*
Wir freuen uns jedesmal über deinen Besuch.

chaque fois
Nous nous réjouissons à chaque fois de ta visite.

kürzlich ['kyrtsliç] *Adv.*
Ich habe ihn kürzlich getroffen.

dernièrement
Je l'ai rencontré dernièrement .

neuerdings ['nɔiə*'diŋs] *Adv.*
Ralf raucht neuerdings nicht mehr.

depuis peu de temps
Ralf s'est arrêté de fumer depuis peu de temps.

zeitweise ['tsaitvaizə] *Adv.*
Sie arbeitet zeitweise in einem Cafe.

de temps en temps
De temps en temps, elle travaille dans un café.

zuweilen [tsu'vail(ə)n] *Adv.*
Zuweilen lese ich gerne einen Kriminalroman.

de temps à autre
De temps à autre, j'aime bien lire un roman policier.

13.6.5 Präpositionen

ab [ap] *Präp.*
Das Geschäft ist ab 9.00 Uhr geöffnet.

à partir de
Le magasin est ouvert à partir de 9 heures.

bis [bis] *Präp.*
Die Veranstaltung dauert bis Mitternacht.

jusqu'à
La manifestation dure jusqu'à minuit.

in [in] *Präp.*
Er ruft in einer Stunde wieder an.

dans
Il va rappeler dans une heure.

innerhalb ['inə*halp] *Präp.*
Sie kommen innerhalb der nächsten Woche zurück.

au cours de; en
Ils seront de retour dans le courant de la semaine prochaine.

nach [naːx] *Präp.*
Sie war nach einer Woche wieder gesund.

au bout de, après
Elle était remise au bout d'une semaine.

seit [zait] *Präp.*
Ich habe seit vier Wochen nichts von ihm gehört.

depuis
Je n'ai pas de nouvelles de lui depuis quatre semaines.

um [um] *Präp.*
Sie ist um 19.00 Uhr gegangen.

à
Elle est partie à 19 heures.

vor [foːə*] *Präp.*
Vor Weihnachten habe ich wenig Zeit.

avant
Avant Noël, j'ai peu de temps.

während [ˈvɛːrənt] *Präp.*
Während der Ferien ist die Bibliothek geschlossen.

pendant
La bibliothèque est fermée pendant les vacances.

zwischen [ˈtsviʃ(ə)n] *Präp.*
Sie wollen uns zwischen Weihnachten und Neujahr besuchen.

entre
Ils veulent venir nous voir entre Noël et le jour de l'an.

13.6.6 Konjunktionen

13.6.6 Conjonctions

als [als] *Konj.*
Sie bremste sofort, als sie den Radfahrer sah.

lorsque
Lorsqu'elle a vu le cycliste, elle a tout de suite freiné.

bevor [bəˈfoːə*] *Konj.*
Ich möchte zu Hause sein, bevor es dunkel ist.

avant que
J'aimerais bien rentrer avant qu'il ne fasse nuit.

ehe [ˈeːə] *Konj.*
Sie lief weg, ehe ich etwas sagen konnte.

avant que
Elle est partie en courant avant que je puisse dire quoi que ce soit.

nachdem [naˈxdeːm] *Konj.*
Nachdem er gegessen hatte, trank er eine Tasse Kaffee.

après que
Il a pris un café après avoir mangé.

seitdem [zaitˈdeːm] *Konj.*
Ina hatte mit 25 Jahren einen Unfall. Seitdem ist sie blind.

depuis
Ina a eu un accident à 25 ans. Depuis elle est aveugle.

sobald [zoˈbalt] *Konj.*
Ich rufe Sie an, sobald ich etwas Neues weiß.

dès que
Je vous téléphone dès que j'ai du nouveau.

solange [zoˈlaŋə] *Konj.*
Solange mein Wagen in der Werkstatt ist, fahre ich mit dem Bus zur Arbeit.

tant que
Tant que ma voiture est chez le garagiste, je prends le bus pour aller travailler.

wenn [vɛn] *Konj.*
Wenn ich ihn sehe, frage ich ihn.

quand
Quand je le verrai, je lui demanderai.

14.1 Substantive | 1-2000

14.1 Substantifs

Abstand ['apʃtant] *m,* -(e)s, Abstände
Der Ofen muß 40 cm Abstand zur Wand haben.

distance *f*
Le poêle doit être placé à une distance de 40 cm du mur.

Breite ['braitə] *f,* -, -n
Der Tisch hat eine Breite von 80 cm.

largeur *f*
La table fait 80 cm de large.

Ende ['ɛndə] *n,* -s, -n
Der Speisewagen ist am Ende des Zuges.

fin *f*
Le wagon-restaurant se trouve en queue de train.

Entfernung [ɛntˈfɛrnuŋ] *f,* -, -en
Wegen der großen Entfernung konnte ich ihn nicht erkennen.

éloignement *m;* **distance** *f*
Je ne l'ai pas reconnu à cause de la distance.

Größe ['grøːsə] *f,* -, -n
Die genaue Größe der Wohnung kenne ich nicht.

taille *f;* **dimension** *f*
Je ne sais pas quelles sont les dimensions exactes de l'appartement.

Was ist Ihre Schuhgröße?

Quelle pointure faites-vous?

Höhe ['høːə] *f,* -, -n
Hast du die Höhe des Raums gemessen?

hauteur *f*
Tu as mesuré la hauteur du plafond?

Lage ['laːgə] *f,* -, -n
Die Lage des Hauses ist phantastisch.

emplacement *m;* **site** *m*
L'emplacement de la maison est extraordinaire.

Länge ['lɛŋə] *f,* -, -n
Das Bett gibt es in drei verschiedenen Längen.

longueur *f*
Ce lit existe en trois longueurs.

Lücke ['lykə] *f,* -, -n
Zwischen ihren Häusern ist nur eine schmale Lücke.

vide *m*
Il y a un petit espace vide entre leurs maisons.

Mitte ['mɪtə] *f*, -, -n
In der Mitte des Raums steht ein
großer Tisch.

milieu *m*
Il y a une grande table au milieu de
la pièce.

Nähe ['nɛ:ə] *f*, -, *kein Pl.*
Sie wohnt in der Nähe des Bahn-
hofs.

proximité *f*
Elle habite à côté de la gare.

Ort [ɔrt] *m*, -(e)s, -e
Ort und Zeit des Treffens müssen
noch verabredet werden.

lieu *m*
Il faut encore décider du lieu et de
l'heure du rendez-vous.

Platz [plats] *m*, -es, Plätze
In meinem Auto ist noch Platz.

An diesem Platz im Garten gibt es
viel Sonne.

place *f*
J'ai encore de la place dans ma
voiture.
Cet endroit du jardin est très ensoleillé.

Punkt [puŋkt] *m*, -(e)s, -e
Hast du einen Treffpunkt verabredet?

endroit *m*
Tu as convenu d'un endroit où se
rencontrer?

Rand [rant] *m*, -(e)s, Ränder
Der Weg führt am Rand des Wal-
des entlang.

bord *m*
Le chemin longe le bord de la
forêt.

Raum [raum] *m*, -(e)s, Räume
Der Raum zwischen den Häusern
ist sehr eng.

espace *m*; **place** *f*
L'espace entre les deux maisons
est très étroit.

Richtung ['rɪçtuŋ] *f*, -, -en
Ich glaube, wir fahren in die falsche Richtung.

direction *f*
Je crois que nous avons pris la
mauvaise direction.

Seite ['zaitə] *f*, -, -n
Auf beiden Seiten der Straße stehen Bäume.

côté *m*
Il y a des arbres des deux côtés
de la route.

Spitze ['ʃpɪtsə] *f*, -, -n
Wegen des Schnees konnten wir
die Spitze des Berges nicht erreichen.

sommet *m*
Nous n'avons pas pu atteindre le
sommet de la montagne à cause
de la neige.

Stelle ['ʃtɛlə] *f*, -, -n
Diese Stelle am Fuß tut weh.

endroit *m*
Le pied me fait mal à cet endroit.

Strecke ['ʃtrɛkə] *f*, -, -n
Die Strecke von Kiel nach Mainz
bin ich mit dem Auto gefahren.

trajet *m*
J'ai fait le trajet Kiel–Mayence en
voiture.

Tiefe ['tiːfə] *f,* -, -n
Der Hafen hat eine Wassertiefe von 12 Metern.
Der Schrank hat eine Tiefe von 60 cm.

profondeur *f*
Le port a 12 mètres de profondeur.
L'armoire fait 60 cm de profondeur.

2001-4000

Außenseite ['aus(ə)nzaitə] *f,* -, -n
Die Außenseite der Haustür ist dreckig.

(côté) extérieur *m*
La porte est sale à l'extérieur.

Hintergrund ['hintə*grunt] *m,* -(e)s, Hintergründe
Im Hintergrund der Bühne waren Häuser auf Pappe gemalt.

arrière-plan *m*

On a peint des maisons en carton à l'arrière-plan de la scène.

Innenseite ['inənzaitə] *f,* -, -en
Die Innenseite des Koffers ist aus Kunststoff.

(côté) intérieur *m*
L'intérieur de la valise est en plastique.

Oberfläche ['oːbə*flɛçə] *f,* -, -n
Die Oberfläche des Tisches ist sehr glatt.

surface *f*
La surface de la table est très lisse.

Position [poziˈtsjoːn] *f,* -, -en
Seit Tagen gibt es von dem Schiff keine Positionsmeldung.

position *f*
On n'a plus de nouvelles de la position du navire depuis des jours.

Vordergrund ['fordə*grunt] *m,* -(e)s, Vordergründe
Das kleine Mädchen im Vordergrund des Fotos bin ich.

premier plan *m*

La petite fille, au premier plan sur la photo, c'est moi.

Vorderseite ['fordə*zaitə] *f,* -, -n
Die Vorderseite des Hauses soll gestrichen werden.

façade *f*
La façade de la maison a besoin d'être ravalée.

Zentrum ['tsɛntrum] *n,* -s, Zentren
Die Straßen im Stadtzentrum sind sehr eng.

centre *m*

Les rues du centre-ville sont très étroites.

14.2 Adjektive — 1-2000

breit [brait] *Adj.*, er, am -esten
Der Rhein wird in Holland sehr breit.

large
En Hollande, le Rhin devient très large.

eng [ɛŋ] *Adj.*
Die Hose ist mir zu eng.

Der Raum ist eng.
Die Blumen sind eng nebeneinander gepflanzt.

étroit, serré
Ce pantalon est trop serré pour moi.
Cette pièce est étroite.
Les fleurs sont plantées très serrées les unes à côté des autres.

entfernt [ɛnt'fɛə*nt] *Adj.*, -er, am -esten
Wie weit ist Mainz von Frankfurt entfernt?

éloigné
Quelle est la distance entre Mayence et Francfort?

hoch [hoːx] *Adj.*, höher, am höchsten
Wie hoch ist der Raum?

haut
Quelle est la hauteur du plafond?

kurz [kurts] *Adj.*, kürzer, am kürzesten
Die Hose ist zu kurz.

court
Le pantalon est trop court.

lang [laŋ] *Adj.*, länger, am längsten
Die Brücke ist über 2 km lang.

long
Ce pont fait plus de 2 km de long.

linke ['liŋkə] *Adj.*, keine Komp.
Der Eingang ist an der linken Seite des Hauses.

gauche
L'entrée est du côté gauche de la maison.

nah(e) [naː(ə)] *Adj.*, näher, am nächsten
Wo ist die nächste Bushaltestelle?

proche
Où se trouve l'arrêt de bus le plus proche?

ober(e) ['oːbə*('oːbərə)] *Adj.*,
Die Strümpfe liegen in der obersten Schublade.

supérieur, du haut
Les chaussettes sont dans le tiroir du haut.

offen ['ɔf(ə)n] *Adj.*, keine Komp.
Ich schlafe bei offenem Fenster.

ouvert
Je dors la fenêtre ouverte.

rechte [ˈrɛçtə] *Adj., keine Komp.*
Die Apotheke ist von hier aus das fünfte Haus auf der rechten Straßenseite.

droit
La pharmacie est la cinquième maison sur la droite.

schief [ʃiːf] *Adj.*
Der Tisch steht schief.

de travers
La table n'est pas droite.

tief [tiːf] *Adj.*
Wie tief ist das Regal?

Ist das Wasser des Sees sehr tief?

profond
Quelle est la profondeur de l'étagère?
Le lac est-il profond?

unter(e) [ˈʊntə*(ˈʊntərə)] *Adj.*
Das Buch steht im untersten Fach des Regals.

inférieur, du bas
Ce livre est sur l'étagère du bas.

weit [vait] *Adj., -er, am -esten*
Sie trägt gern weite Röcke.

Er wohnt nicht weit von hier.

loin; large *(vêtements)*
Elle aime bien porter des jupes larges.
Il n'habite pas loin d'ici.

2001-4000

aufrecht [ˈaufrɛçt] *Adj., keine Komp.*
Der Behälter muß immer aufrecht stehen.

droit
Il faut tenir le récipient droit.

senkrecht [ˈzɛŋkrɛçt] *Adj., keine Komp.*
Das Flugzeug stürzte fast senkrecht ab.

vertical
L'avion s'est écrasé au sol presque à la verticale.

umgeben [ʊmˈgeːb(ə)n] *Part. II* von ‚umgeben'
Der See ist von Felswänden umgeben.

entouré
Le lac est entouré de rochers.

waag(e)recht [ˈvaːkrɛçt(ˈvaːgərɛçt] *Adj., keine Komp.*
Der Kühlschrank muß waag(e)recht stehen.

horizontal
Il faut mettre le frigidaire à l'horizontale.

zentral [tsɛnˈtraːl] *Adj.*
Die Wohnung liegt sehr zentral.

central
L'appartement est en plein centre.

14.3 Adverbien 1-2000

14.3 Adverbes

abwärts [ˈapvɛrts] *Adv.* Der Fahrstuhl fährt abwärts.	**vers le bas** L'ascenseur descend.
aufwärts [ˈaufvɛrts] *Adv.* Der Weg führt steil aufwärts.	**vers le haut** Le chemin a une côte très raide.
auseinander [ausaiˈnandə*] *Adv.* Die Häuser stehen weit auseinander.	**éloigné (l'un de l'autre)** Les maisons sont éloignées les unes des autres.
außen [ˈaus(ə)n] *Adv.* Das Auto sah außen gut aus.	**de l'extérieur** Vue de l'extérieur, la voiture était bien.
da [da:] *Adv.* Wer ist da an der Tür? Setz dich da auf den Stuhl.	**là** Qui est là? Assieds-toi là sur la chaise.
dahin [ˈda:hin] *Adv.* Stell die Kiste dahin!	**là (-bas)** Pose la caisse là-bas!
daneben [daˈne:b(ə)n] *Adv.* Siehst du den großen Sessel dort? Die Frau daneben ist Frau Patzke.	**à côté** Tu vois le grand fauteuil là-bas? A côté, c'est Madame Patzke.
daran [ˈda:ran] *Adv.* Die Wand ist zu dünn. Daran kann man das Regal nicht befestigen.	**là-dessus; y** La cloison est trop mince. On ne peut pas y fixer l'étagère.
darauf [ˈda:rauf] *Adv.* Siehst du den Tisch dort? Darauf kannst du die Bücher legen.	**dessus** Tu vois cette table? Tu peux poser les livres dessus.
darin [ˈda:rin] *Adv.* Du hast gestern ein Paket bekommen. Was war darin?	**dedans** Tu as reçu un paquet hier. Qu'est-ce qu'il y avait dedans?
darunter [daˈruntə*] *Adv.* Die Wohnung im 3. Stock links ist vermietet. Die Wohnung darunter ist noch frei.	**(en-) dessous** L'appartement du 3e étage à gauche est loué. Celui qui est en-dessous est encore à louer.

davor ['da:fo:ə*] *Adv.*
Das ist eine Einfahrt. Davor darfst du nicht parken.

devant
C'est une sortie de garage. Tu n'as pas le droit de te garer devant.

dazwischen [da:'tsviʃən] *Adv.*
Siehst du den blauen BMW und den gelben Ford dort? Das Auto dazwischen ist meins.

entre (les deux)
Tu vois la BMW bleue et la Ford jaune là-bas? La voiture entre les deux, c'est la mienne.

dort [dɔrt] *Adv.*
Dort möchte ich gerne wohnen.

là (-bas), y
J'aimerais bien y habiter.

draußen ['draus(ə)n] *Adv.*
Warst du heute schon draußen?

dehors
Tu es déjà sorti aujourd'hui?

drinnen ['drinən] *Adv.*
Komm rein! Drinnen ist es schön warm.

à l'intérieur, dedans
Entre donc! A l'intérieur il fait bien chaud.

entlang [ɛnt'laŋ] *Adv.*
Der Zug ist lange direkt am Rhein entlang gefahren.

le long de
Le train a roulé longtemps directement le long du Rhin.

geradeaus [gə'ra:dəaus] *Adv.*
Gehen Sie geradeaus und dann die zweite Straße links rein.

tout droit
Allez tout droit, puis prenez la deuxième rue à gauche.

heraus [hɛ'raus] *Adv.*
Bitte kommen Sie heraus!

(en) dehors
Sortez d'ici s'il vous plaît!

herein [hɛ'rain] *Adv.*
Herein bitte! Die Tür ist offen.

(en) dedans
Entrez donc! La porte est ouverte.

herum [hɛ'rum] *Adv.*
Um den ganzen See herum gibt es einen Wanderweg.

autour
Il y a un chemin de randonnée tout autour du lac.

herunter [hɛ'runtə*] *Adv.*
Herunter vom Baum! Du kannst dir wehtun.

du haut de
Descends de cet arbre! Tu peux te faire mal.

hier [hi:ə*] *Adv.*
Der Schlüssel muß hier in diesem Zimmer sein.

ici
La clé doit être ici dans cette pièce.

hierher ['hi:ə*'hɛə*] *Adv.*
Setz dich hierher! Der Sessel ist bequemer.
Bitte legen Sie die Zeitung hierher!

(par) ici
Assieds-toi ici! Ce fauteuil est plus confortable.
Posez le journal ici, s'il vous plaît.

hinauf [hi'nauf] *Adv.*
Bis zum Gipfel hinauf braucht man mindestens drei Stunden.

en haut
Pour monter jusqu'au sommet il faut compter au moins trois heures.

---

hinaus [hi'naus] *Adv.*
Hinaus mit dir!

dehors
Sors d'ici!

---

hinein [hi'nain] *Adv.*
Bitte gehen Sie schon hinein. Ich komme gleich.

dedans
Entrez donc, je vous prie. Je suis à vous tout de suite.

---

hinten ['hint(ə)n] *Adv.*
Im Auto sitze ich am liebsten hinten.

derrière
En voiture, je préfère être derrière.

---

hinüber [hi'ny:bə*] *Adv.*
Die Ampel ist grün. Wir können hinübergehen.

au-delà, de l'autre côté
Le feu est au vert. On peut traverser.

---

innen ['inən] *Adv.*
Das Haus ist aus dem 19. Jahrhundert, aber innen ist alles neu.

à l'intérieur
Cette maison date du XIXe siècle, mais à l'intérieur tout est neuf.

---

irgendwo ['irgəntvo:] *Adv.*
Irgendwo habe ich meine Brieftasche verloren.

quelque part
J'ai perdu mon portefeuille.

---

links [liŋks] *Adv.*
Vorsicht! Links kommt ein Auto.

à gauche
Attention! Il y a une voiture qui arrive à gauche.

---

mitten ['mit(ə)n] *Adv.*
Das Geschäft ist mitten in der Stadt.

au milieu
Ce magasin est en plein centre.

---

nirgends ['nirg(ə)nts] *Adv.*
Ich habe die Tasche nirgends gefunden.

nulle part
Je n'ai trouvé le sac nulle part.

---

nirgendwo ['nirg(ə)ntvo:] *Adv.*
Ich habe ihn nirgendwo getroffen.

nulle part
Je ne l'ai rencontré nulle part.

---

oben ['o:b(ə)n] *Adv.*
Die Katze sitzt oben im Baum.

en haut
Le chat est perché en haut de l'arbre.

---

quer [kve:ə*] *Adv.*
Der Bus stand quer auf der Straße.

en travers
Le bus était en travers de la route.

rechts [rɛçts] *Adv.*
Die Drogerie ist rechts neben dem Rathaus.

à droite
La droguerie est à droite à côté de l'hôtel de ville.

rückwärts ['rykvɛrts] *Adv.*
Man muß rückwärts aus der Einfahrt rausfahren.

en arrière, à reculons
Il faut sortir en marche arrière de la sortie de garage.

überall ['y:bə*al] *Adv.*
Ich habe überall gesucht.

partout
Je l'ai cherché partout.

unten ['unt(ə)n] *Adv.*
Das Fahrrad steht unten im Keller.

en bas
Le vélo est en bas dans la cave.

voraus [fo'raus] *Adv.*
Ich kenne den Weg nicht. Fahr du deshalb voraus.

en tête; devant
Je ne connais pas le chemin. Passe donc devant.

vorbei [fo:ə*'bai] *Adv.*
Sie ist an mir vorbeigegangen, ohne zu grüßen.

le long de; à côté de
Elle est passée à côté de moi sans me dire bonjour.

vorn(e) [fɔrn(ə)] *Adv.*
Vorn(e) am Haus ist die Lampe kaputt.

devant
La lampe devant la maison ne marche plus.

vorwärts ['fo:ə*vɛrts] *Adv.*
Fahren Sie bitte noch einen Meter vorwärts!

en avant
Avancez encore la voiture d'un mètre, s'il vous plaît.

weg [vɛk] *Adv.*
Ist das weit weg?
Meine Handschuhe sind weg.

loin; pas là *(= parti/disparu)*
C'est loin?
Mes gants ne sont pas là.

wo [vo:] *Adv.*
Wo liegt der Ort?

où
Où se trouve cet endroit?

woher [vo'he:ə*] *Adv.*
Woher kommen Sie?

de quel endroit, d'où
Vous êtes de quel endroit?

wohin [vo'hin] *Adv.*
Wohin hast du die Tageszeitung gelegt?

dans quelle direction; où
Où as-tu mis le journal?

zurück [tsu'ryk] *Adv.*
Herr Kammer kommt morgen zurück.

en arrière; de retour
Monsieur Kammer sera de retour demain.

2001-4000

dahinter [da'hintə*] Adv.
Das Haus ist direkt an einer lauten Straße, aber im Garten dahinter ist es ruhig.

derrière
La maison est située dans une rue bruyante, mais, derrière dans le jardin, c'est calme.

dorthin ['dɔrthin] Adv.
Bitte leg die Post dorthin.

là-bas; y
Pose le courrier là-bas, s'il te plaît!

drüben ['dry:b(ə)n] Adv.
Mannheim liegt drüben auf der anderen Seite des Flusses.

de l'autre côté
Mannheim est de l'autre côté du fleuve.

herab [hɛ'rap] Adv.
Steig bitte von der Leiter herab!

en bas; vers le bas
Descends donc de l'échelle, s'il te plaît!

heran [hɛ'ran] Adv.
Stell doch den Stuhl näher an den Tisch heran!

tout près
Mets donc la chaise plus près de la table!

herauf [hɛ'rauf] Adv.
Das Mädchen ist allein den Baum heraufgeklettert.

en haut; vers le haut
La petite fille est montée toute seule sur l'arbre.

hindurch [hin'durç] Adv.
Ich habe Angst, durch diesen engen Tunnel hindurchzufahren.

à travers
J'ai peur de traverser ce tunnel étroit.

hinterher [hintə*'he:ə*] Adv.
Fahr du voraus, ich fahre hinterher.

après (les autres)
Tu roules devant, je te suis.

hinunter [hi'nuntə*] Adv.
Diesen Berg kann man nur langsam hinunterfahren.

en bas
On ne peut descendre ce col qu'en roulant lentement.

14.4 Präpositionen

14.4 Prépositions

an [an] *Präp. (+ Dat., Akk.)*
Dein Mantel hängt an der Garderobe.
Bitte häng den Mantel an die Garderobe.

à
Ton manteau est au portemanteau.
Mets ton manteau au portemanteau s'il te plaît.

---

auf [auf] *Präp. (+ Dat., Akk.)*
Sie sitzt auf dem Balkon.
Setz dich doch auf den Balkon!

sur
Elle est assise sur le balcon.
Mets-toi donc sur le balcon!

---

aus [aus] *Präp. (+ Dat., Akk.)*
Er ist gerade aus dem Haus gegangen.
Sie kommt aus Brasilien.

de
Il vient de sortir de la maison.

Elle vient du Brésil.

---

außerhalb ['ausə*halp] *Präp. (+ Gen.)*
Wir wohnen außerhalb der Stadt.

à l'extérieur de

Nous habitons à l'extérieur de la ville.

---

bei [bai] *Präp. (+ Dat.)*
Du kannst bei mir übernachten.

chez
Tu peux passer la nuit chez moi.

---

bis [bis] *Präp. (+ Akk.)*
Am ersten Tag sind wir bis Freiburg gefahren.

jusqu'à
Le premier jour nous sommes allés jusqu'à Fribourg.

---

durch [durç] *Präp. (+ Akk.)*
Wir können durch den Park gehen.

par
On peut passer par le parc.

---

gegenüber [ge:g(ə)n'y:bə*] *Präp. (+ Dat.)*
Das Haus liegt gegenüber der Bank.

en face de

La maison est en face de la banque.

---

hinter ['hintə*] *Präp. (+ Dat., Akk.)*
Hinter dem Haus kann man parken.
Das Heft ist hinter den Schrank gefallen.

derrière
On peut se garer derrière la maison.
Le cahier est tombé derrière l'armoire.

in [in] *Präp. (+ Dat., Akk.)*
In diesem Restaurant kann man gut essen.
Laß uns in dieses Restaurant gehen und etwas essen.

dans
On mange bien dans ce restaurant.
Allons dans ce restaurant prendre quelque chose.

innerhalb ['inə*halp] *Präp. (+ Gen.)*
Innerhalb des Stadtzentrums ist es schwer, einen Parkplatz zu finden.

à l'intérieur de; dans
Il est difficile de trouver une place pour se garer dans le centre-ville.

neben ['ne:b(ə)n] *Präp. (+ Dat., Akk.)*
Ich habe neben ihr gesessen.
Ich habe mich neben sie gesetzt.

à côté de
J'étais assis à côté d'elle.
Je me suis assis à côté d'elle.

oberhalb ['o:bə*halp] *Präp. (+ Gen.)*
Oberhalb der Berghütte führt der Weg weiter.

au-delà
Au-delà de ce refuge, le chemin continue.

über ['y:bə*] *Präp. (+ Dat., Akk.)*
Die Klingel ist über der Eingangstür.
Wir sind mit einer Fähre über den Fluß gefahren.

au-dessus de; sur
La sonnette est au-dessus de la porte d'entrée.
On a traversé le fleuve en ferry.

um [um] *Präp. (+ Akk.)*
Er trägt immer einen Schal um den Hals.

autour de
Il a toujours un foulard autour du cou.

unter ['untə*] *Präp. (+ Dat., Akk.)*
Die Tasche liegt unter deiner Jacke.
Wer hat die Tasche unter die Jacke gelegt?

au-dessous de; sous
Le sac est sous ta veste.
Qui a mis le sac sous la veste?

von [fɔn] *Präp. (+ Dat.)*
Sie ist vom Büro direkt nach Hause gegangen.

de
Elle est rentrée directement chez elle en sortant du bureau.

vor [fo:ə*] *Präp. (+ Dat., Akk.)*
Vor dem Bahnhof stehen immer Taxis.
Stell die dreckigen Stiefel bitte vor die Tür.

devant
Il y a toujours des taxis devant la gare.
Mets tes bottes sales devant la porte, s'il te plaît.

zu [tsu:] *Präp. (+ Dat.)*
Gehst du zum Bäcker und holst
Brot?

chez; à
Tu vas chez le boulanger prendre
du pain?

---

zwischen ['tsviʃ(ə)n] *Präp. (+ Dat.,
Akk.)*
Zwischen den beiden Häusern ist
ein Tor.
Stell die Stehlampe zwischen die
beiden Sessel.

entre

Il y a un portail entre les deux
maisons.
Mets le lampadaire entre les deux
fauteuils.

15.1 Mengenbegriffe | 1-2000

15.1 Notions quantitatives (*cf. a* Pronoms indéfinis 22.0)

alle ['alə] *Pron.*
Wo sind die Zigaretten? Hast du alle allein geraucht?

tout
Où sont les cigarettes? Tu les as toutes fumées?

Anzahl ['antsa:l] *f, -, kein Pl.*
Eine kleine Anzahl von Kollegen ist gegen die Lösung.

nombre *m*; **quantité** *f*
Un petit nombre de confrères est opposé à cette solution.

bißchen ['bisçən] *Pron.*
Es hat nur ein bißchen geregnet.

un (petit) peu
Il n'a plu qu'un petit peu.

bloß [blo:s] *Adv.*
Wir haben bloß wenig Zeit.

seulement, ne … que
Nous n'avons que peu de temps.

doppelt ['dɔp(ə)lt] *Adj., keine Komp.*
Es kamen doppelt so viele Gäste wie erwartet.

le double

Il est venu deux fois plus d'invités que prévu.

Drittel ['drit(ə)l] *n, -s, -*
Ein Drittel des Grundstücks wurde verkauft.

tiers *m*
Un tiers du terrain a été vendu.

Dutzend ['duts(ə)nt] *n, -s, -*
In der Packung sind ein Dutzend Eier.

douzaine *f*
Il y a une douzaine d'œufs dans cette boîte.

einmal ['ainma:l] *Adv.*
Nehmen Sie einmal täglich drei Tabletten.

une fois
Prenez trois comprimés une fois par jour.

einzige ['aintsigə] *Adj., keine Komp.*
Sie war die einzige Zeugin.

seul

Elle était le seul témoin.

etwa ['ɛtva] *Adv.*
Die Fahrt dauert etwa zwei Stunden.

environ
Le voyage dure environ deux heures.

etwas ['ɛtvas] *Pron.*
Möchtest du etwas zu essen?
Der Kuchen ist etwas zu süß.
Kannst du mir etwas Geld geben?

quelque chose; un peu (de)
Tu veux manger quelque chose?
Le gâteau est un peu trop sucré.
Tu peux me donner un peu d'argent?

fast [fast] *Adv.*
Wir haben es fast geschafft.

presque
Nous avons presque fini.

ganz [gants] *Adj., keine Komp.*
Ich habe den ganzen Abend gelesen.

Er ist ein ganz guter Handwerker.
Habt ihr das ganze Obst gegessen?

tout (le/la); entier
J'ai lu toute la soirée.

C'est un très bon artisan.
Vous avez mangé tous les fruits?

genug [gə'nu:k] *Adv.*
Haben wir genug Getränke für die Gäste?

assez (de)
Nous avons assez de boissons pour les invités?

genügen [gə'ny:g(ə)n] *V/i.,* genügte, hat genügt
Die Getränke genügen für alle.

suffire

Il y a assez à boire pour tout le monde.

gering [gə'riŋ] *Adj.*
Es gab nur geringe Schwierigkeiten.

minime
Les difficultés étaient minimes.

gesamt [gə'zamt] *Adj., keine Komp.*
Das gesamte Gebäude wurde durch das Feuer zerstört.

entier

L'immeuble tout entier a été la proie des flammes.

Gruppe ['grupə] *f, -, -n*
Nur als Gruppe kann man das Schloß besichtigen.

groupe *m*
On ne peut visiter le château qu'en groupe.

halb [halp] *Adj., keine Komp.*
Das Stadion war nur halb gefüllt.

à moitié
Le stade n'était qu'à moitié plein.

Hälfte ['hɛlftə] *f, -, -n*
Die Hälfte des Gartens gehört uns.

moitié *f*
La moitié du jardin nous appartient.

höchstens ['hø:çstəns] *Adv.*
Die Fahrt von München nach Hamburg dauert höchstens zehn Stunden.

(au) maximum
Le voyage Munich Hambourg dure dix heures au maximum.

Inhalt ['inhalt] *m*, -(e)s, -e
Die Flasche hat 1,5 l Inhalt.

contenance *f*; **capacité** *f*
La bouteille a une contenance de 1,5 l.

knapp [knap] *Adj.*, -er, am -esten
Das Benzin wird knapp, ich muß tanken.

juste
Il ne reste plus beaucoup d'essence, il faut que je fasse le plein.

leer [le:ə*] *Adj.*
Die Flasche ist leer.

vide
La bouteille est vide.

Masse ['masə] *f*, -, -n
Wir haben eine Masse Blumen verkauft.

masse *f*; **tas** *m*
Nous avons vendu un tas de fleurs.

mehrere ['me:rərə] *Pron.*
Sie hat mehrere Kleider probiert, aber keines gefiel ihr.

plusieurs
Elle a essayé plusieurs robes, mais aucune ne lui a plu.

mehrfach ['me:ə*'fax] *Adj. keine Komp.*
Ich habe ihr mehrfach geschrieben.

plusieurs fois

Je lui ai écrit plusieurs fois.

meiste ['maistə] *Adj. Superlativ*
Die meisten Bücher sind heute Taschenbücher.

la plupart de...
Aujourd'hui, la plupart des livres sont des livres de poche.

Menge ['mɛŋə] *f*, -, -n
Für die Gardinen brauchst du eine (große) Menge Stoff.

quantité *f*
Tu as besoin d'une grande quantité de tissu pour les rideaux.

messen ['mɛs(ə)n] *V/t.*, maß, hat gemessen
Ich messe regelmäßig den Benzinverbrauch des Autos.

mesurer

Je mesure régulièrement la consommation d'essence de la voiture.

mindestens ['mindəstəns] *Adv.*
Eine Kinokarte kostet mindestens 7,- DM.

au moins
Un billet de cinéma coûte au moins 7 DM.

Nummer ['numə*] *f*, -, -n
Er hat eine neue Telefonnummer bekommen.

numéro *m*
Il a un nouveau numéro de téléphone.

paar [pa:*] *Indefinitpronomen*
Bitte warten Sie ein paar Minuten!

quelques
Attendez quelques minutes, s'il vous plaît!

Prozent [proˈtsɛnt] *n*, -(e)s, -e
Wir bekommen 4,5 % mehr Lohn.

pour cent *m*
On a 4,5 % d'augmentation.

Rest [rɛst] *m*, -(e)s, -e
Bitte iß den Rest auch noch!

reste *m*
Finis aussi le reste, s'il te plaît!

schätzen [ˈʃɛts(ə)n] *V/t.*, schätzte,
hat geschätzt
Sein Alter kann man schlecht
schätzen.

évaluer

Il est difficile de lui donner un âge.

Stück [ʃtyk] *n*, -(e)s, -e
Ich habe acht Stück Kuchen gekauft.

morceau *m*; **part** *f*
J'ai pris huit parts de gâteau.

Summe [ˈzumə] *f*, -, -n
Die Summe der Rechnung stimmt
nicht.
Ich habe die Summe schon bezahlt.

somme *f*
Le montant de l'addition est faux.

J'ai déjà payé cette somme.

Teil [tail] *m*, -s, -e
Der letzte Teil des Buches ist besonders spannend.

partie *f*
La dernière partie du livre est cap-
tivante.

übrig [ˈyːbrɪçʰ] *Adj.*, *keine Komp.*
Ist noch Kaffee übrig?

restant
Il reste encore du café?

Umfang [ˈumfaŋ] *m*, -s, Umfänge
Wie groß ist der Umfang des
Brunnens?

circonférence *f*; **volume** *m*
La fontaine fait combien de circonférence?

viel [fiːl] *Adj.*, mehr, am meisten
Die Arbeit im Garten kostet viel
Zeit.

beaucoup
Le jardinage prend beaucoup de
temps.

Viertel [ˈfiːəˑt(ə)l] *n*, -s, -
Im ersten Viertel des Jahres haben wir gute Geschäfte gemacht.

quart *m*
Au cours du premier trimestre de
l'année, nous avons fait de
bonnes affaires.

voll [fɔl] *Adj.*
Danke, keinen Wein mehr! Mein
Glas ist noch halb voll.

plein
Plus de vin pour moi, merci!
Mon verre est encore à moitié
plein.

wenig [ˈveːnɪçʰ] *Adj.*
Er soll weniger essen.

peu, *(+ comparatif)* **moins**
Il faut qu'il mange moins.

wenigstens ['veːniçst(ə)ns] *Adv.*
Du hättest mich wenigstens informieren können, daß du wegfährst.

au moins; au minimum
Tu aurais pu au moins me dire que tu partais en voyage.

wieviel ['viːfiːl] *Adv.*
Wieviel Gäste hast du eingeladen?

combien
Tu as invité combien de personnes?

Zahl [tsaːl] *f., -, -en*
Die Zahl der Verletzten ist noch unbekannt.

nombre *m*
On ne connaît pas encore le nombre de blessés.

zählen ['tsɛːl(ə)n] *V/t.,* zählte, hat gezählt
Hast du das Geld gezählt?

compter

Tu as compté l'argent?

zunehmen ['tsuːneːmən] *V/i.,* nahm zu, hat zugenommen
Die Zahl der Autos hat stark zugenommen.

augmenter

Le nombre des voitures a beaucoup augmenté.

zusätzlich ['tsuːzɛtsliç] *Adj., keine Komp.*
Zusätzlich muß noch eine Gebühr bezahlt werden.

en plus

Il faut en plus payer encore une taxe.

zuviel [tsuˈfiːl] *Pron.*
Du hast zuviel Salz in die Suppe getan.

trop
Tu as mis trop de sel dans la soupe.

2001-4000

Achtel ['axt(ə)l] *n, -s, -*
Etwa ein Achtel aller Pflanzen sind im Winter erfroren.

huitième *m*
Environ un huitième de toutes les plantes ont gelé cet hiver.

allermeisten ['aləˈmaist(ə)n] *Adj., keine Komp.*
Die allermeisten Pflanzen haben den Winter gut überstanden.

la plupart de

La plupart des plantes a bien résisté à l'hiver.

ausreichen ['ausraiç(ə)n] *V/i.,* reichte aus, hat ausgereicht
Die Zahl der Sitzplätze im Saal reichte nicht aus.

être suffisant

Le nombre des places assises dans la salle était insuffisant.

Betrag [bə'tra:k] *m, -(e)s, Beträge*
Wie ist der Betrag?

montant *m*
Le montant s'éléve à combien?

betragen [bə'tra:g(ə)n] *V/i.,* be-
trug, hat betragen
Die Strecke beträgt ungefähr 25
Kilometer.

s'élever (à)

La distance s'élève à 25 kilomètres environ.

Durchschnitt ['durʃnit] *m, -s, -*
Wir verbrauchen im Durchschnitt
4000 Liter Heizöl im Jahr.

moyenne *f*
Nous consommons en moyenne
4000 litres de fuel par an.

durchschnittlich ['durʃnitliç]
Adj., keine Komp.
Der Zug hat eine durchschnitt-
liche Geschwindigkeit von 100
km/h erreicht.

en moyenne

Le train a roulé à une moyenne de
100 km/h.

Höhe ['hø:ə] *f, -, -n*
Die Höhe des Schadens wird cir-
ca 6000 DM betragen.

montant *m*
Le montant des dégâts s'élève à
environ 6.000 marks.

insgesamt [insgə'zamt] *Adv.*
Insgesamt fahren 42 Personen
mit.

en tout
42 personnes en tout sont du
voyage.

keinerlei ['kainə*lai] *Adj., indekl.*
An der Grenze gab es keinerlei
Kontrolle.

aucun
Il n'y a eu aucun contrôle à la
frontière.

lediglich ['le:dikliç] *Adv.*
Die Versicherung zahlt lediglich
60 % der Kosten.

seulement
L'assurance paie seulement 60%
des frais.

Paar [pa:*] *n, -(e)s, -e*
Ich habe ihr ein Paar Ohrringe gekauft.

paire *f*
Je lui ai acheté une paire de bou-
cles d'oreilles.

pro [pro:] *Präp. (+ Akk.)*
Pro Kilogramm Mehl muß man
drei Eier nehmen.

par
Il faut prendre trois œufs par kilo.

reichlich ['raiçliç] *Adj.*
Es wurde reichlich getrunken.

copieux
On a bu copieusement.

sämtlich ['zɛmtliç] *Adj., keine
Komp.*
Wegen des Streiks sind sämtliche
Tageszeitungen mit Verspätung
erschienen.

tous les

A cause de la grève tous les journaux ont paru en retard.

teilweise ['tailvaizə] *Adj., keine Komp.*	**en partie**
Du hast teilweise recht, aber nicht ganz.	Tu as en partie raison, mais pas tout à fait.
umfangreich ['umfaŋraiç] *Adj.*	**étendu**
Ihr Wissen ist sehr umfangreich.	Ses connaissances sont très étendues.
ungefähr ['ungəfɛ:ə*] *Adj., keine Komp.*	**environ**
Ich wiege ungefähr 70 Kilo.	Je pèse environ 70 kilos.
vergrößern [fɛə*'grø:sə*n] *V/t.,* vergrößerte, hat vergrößert	**agrandir**
Das Foto ist stark vergrößert worden.	Cette photo a été très agrandie.
Zunahme ['tsu:na:mə] *f, -, -n*	**augmentation** *f*
Eine so starke Zunahme des Luftverkehrs wurde nicht erwartet.	On n'avait pas prévu une telle augmentation du trafic aérien.

15.2 Grundzahlen

15.2 Nombres cardinaux

null [nul]	**zéro**
eins [ains]	**un**
zwei [tsvai]	**deux**
drei [drai]	**trois**
vier [fi:ə*]	**quatre**
fünf [fynf]	**cinq**
sechs [zɛks]	**six**
sieben ['zi:b(ə)n]	**sept**
acht [axt]	**huit**
neun [nɔin]	**neuf**
zehn [tse:n]	**dix**

elf [ɛlf]	onze
zwölf [tsvœlf]	douze
dreizehn ['draitseːn]	treize
vierzehn ['firtseːn]	quatorze
fünfzehn ['fynftseːn]	quinze
sechzehn ['zɛçtseːn]	seize
siebzehn ['ziːptseːn]	dix-sept
achtzehn ['axtseːn]	dix-huit
neunzehn ['nɔintseːn]	dix-neuf
zwanzig ['tsvantsiç]	vingt
einundzwanzig ['ainunt'tsvantsiç°]	vingt et un
zweiundzwanzig ['tsvaiunt'tsvantsiç°]	vingt-deux
dreißig ['draisiç°]	trente
vierzig ['firtsiç°]	quarante
fünfzig ['fynftsiç°]	cinquante
sechzig ['zɛçtsiç°]	soixante
siebzig ['ziːptsiç°]	soixante-dix
achtzig ['axtsiç°]	quatre-vingts
neunzig ['nɔintsiç°]	quatre-vingt-dix
hundert ['hundəˑt°]	cent
tausend ['tauz(ə)nt°]	mille
Million [mil'joːn] *f*, -, -en	million *m*
Milliarde [mil'jardə] *f*, -, -n	milliard *m*

356

15.3 Maße und Gewichte

15.3 Poids et mesures

Durchmesser [ˈdʊrçmɛsə*] *m*, -s, -
Die Rohre haben verschiedene Durchmesser.

diamètre *m*
Les tuyaux ont des diamètres différents.

Gewicht [gəˈvɪçt] *n*, -(e)s, -e
Postpakete dürfen bis zu 20 kg Gewicht haben.

poids *m*
Les paquets-poste ne doivent pas dépasser 20 kilos.

Grad [graːt] *m* -(e)s, -e, (°)
Es ist draußen 2 Grad unter 0.

degré *m*
Il fait une température de moins deux degrés.

Gramm [gram] *n*, -s, -e, (g)
200 Gramm Schinken bitte!

gramme *m*
200 grammes de jambon, s'il vous plaît.

Hektar [ˈhɛktaː*] *m*, -s, -, (ha)
Der Bauer hat über 40 Hektar Land.

hectare *m*
Ce paysan a plus de 40 hectares de terres.

Kilo(-gramm) [ˈkiːlo(gram)] *n*, -s, -(e), (kg)
Wieviel Kilo(-gramm) Kartoffel hast du gekauft?

kilo (gramme) *m*
Tu as acheté combien de kilos de pommes de terre?

Kilometer [kiloˈmeːtə*] *m*, -s, -, (km)
Wir müssen noch etwa 100 Kilometer fahren.

kilomètre *m*
Il nous reste encore environ 100 kilomètres.

Liter [ˈliːtə*] *m*, -s, -, (l)
In der Flasche sind 1,5 Liter Milch.

litre *m*
Il y a un litre et demi de lait dans cette bouteille.

Maß [maːs] *n*, -es, -e
Die Maße der Möbel habe ich auf einen Zettel geschrieben.

mesure *f*; **dimension** *f*
J'ai noté les dimensions des meubles sur un bout de papier.

Maßstab [ˈmaːsʃtaːb] *m*, -(e)s, Maßstäbe
Kauf lieber eine Karte mit einem kleineren Maßstab.

échelle *f*
Achète plutôt une carte à une plus petite échelle.

Meter ['me:tə*] *m* (n), -s, -, (m)
Das Zimmer ist über fünf Meter lang.

mètre *m*
La pièce fait plus de cinq mètres de long.

Pfund [pfunt] *n,* -(e)s, -e
Ich möchte zwei Pfund Tomaten.

livre *f*
Je voudrais un kilo de tomates.

Quadratmeter [kva'dra:tme:tə*] *m,* -s, -, (m²)
Das Grundstück ist 950 Quadratmeter groß.

mètre carré *m*

Le terrain a une superficie de 950 mètres carrés.

Tonne ['tɔnə] *f,* -, -n, (t)
Lastwagen mit über 12 Tonnen Gewicht dürfen nicht über die Brücke fahren.

tonne *f*
Les camions dépassant 12 tonnes n'ont pas le droit de passer sur ce pont.

Zentimeter [tsɛnti'me:tə*] *m,* -s, (cm)
Bitte machen Sie die Hose um zwei Zentimeter kürzer!

centimètre *m*

Vous pouvez me raccourcir ce pantalon de deux centimètres, s'il vous plaît.

16.1 Ordnung und Einteilung | 1-2000

16.1 Ordre et répartition

allein [a'lain] *Adj., keine Komp.*
Die Arbeit schaffe ich allein.
Ich bin allein wegen dir gekommen.

seul
J'arrive à faire ce travail tout seul.
Je suis venu uniquement pour toi.

ander- ['andər-] *Pron., Adj.*
Alle anderen hatten frei, nur ich mußte arbeiten.

Ich habe am anderen Tag mit ihr gesprochen.

autre
Tous les autres avaient congé, il n'y avait que moi qui devais travailler.
Je lui en ai parlé un autre jour.

auch [aux] *Adv.*
Möchtest du auch ein Eis?

aussi
Tu veux aussi une glace?

außer ['ausə*] *Präp. (+ Dat.)*
Außer dieser Karte kam keine Post.

à part; sauf
A part cette carte, il n'y avait pas de courrier.

beide ['baidə] *Pron.*
Beide sind 32 Jahre alt.

tous/toutes les deux
Ils ont tous les deux 32 ans.

Beziehung [bə'tsi:uŋ] *f, -, -en*
Zwischen den beiden Ereignissen besteht eine Beziehung.
Zu meinem Chef habe ich eine gute Beziehung.

rapport *m;* **contact** *m*
Les deux événements sont en rapport.
J'ai un très bon contact avec mon patron.

eigentlich ['aig(ə)ntliç] *Adj., keine Komp.*
Ihre eigentlichen Interessen an der Sache kenne ich nicht.
Eigentlich wollten wir das Haus nicht kaufen, sondern nur mieten.

véritable; réel
Je ne connais pas leurs véritables intérêts dans cette affaire.
En réalité nous ne voulions pas vendre la maison mais seulement la louer.

einander [ai'nandə*] *Pron.*
Wir sind einander erst einmal begegnet.

l'un l'autre; mutuellement
Nous nous sommes rencontrés seulement une fois.

einschließlich [ˈainʃliːsliç] *Präp.* *(+ Gen.)*
Einschließlich der Heizkosten kostet die Wohnung 860,- DM Miete pro Monat.

y compris

L'appartement coûte 860 marks de loyer y compris les frais de chauffage.

---

einzeln [ˈaints(ə)ln] *Adj., keine Komp.*
Jedes einzelne Teil der Maschine wurde geprüft.

individuel; un à un

Chaque élément de cette machine a été contrôlé un à un.

---

entsprechend [ɛntˈʃprɛç(ə)nt] *Präp. (+ Gen.)*
Alle Angestellten werden entsprechend ihrer Leistung bezahlt.

en fonction de; suivant

Tous les employés sont rémunérés en fonction de leurs performances.

---

fehlen [ˈfeːl(ə)n] *V/i.,* fehlte, hat gefehlt
Ein Teil der Zeitung fehlt.
Es fehlen noch Steine. Diese hier reichen nicht für die ganze Mauer.

manquer

Il manque une partie du journal.
Il manque encore des pierres. Celles-ci ne suffisent pas pour tout le mur.

---

folgende [ˈfɔlg(ə)ndə] *Adj., keine Komp.*
Über folgende Punkte müssen wir noch sprechen.

suivant

Nous devons discuter des points suivants.

Gegensatz [ˈgeːg(ə)nzats] *m,* -es, Gegensätze
Trotz großer Gegensätze wird weiter verhandelt.

opposition *f*

Les négociations se poursuivent malgré des points de vue diamétralement opposés.

Gegenteil [ˈgeːg(ə)ntail] *n,* -s, -e
Er macht genau das Gegenteil von meinem Rat.

contraire *m*

Il fait exactement le contraire de ce que je lui ai conseillé.

---

gehören [gəˈhøːr(ə)n] *V/i.,* gehörte, hat gehört
Wem gehören diese Sachen?
Diese Sachen gehören in den Schrank.

être à; devoir *(au conditionnel)*

A qui sont ces affaires?
Ces affaires devraient être dans l'armoire.

gemeinsam [gə'mainzaːm] *Adj.,
keine Komp.*
Laß uns gemeinsam ins Kino
gehen.
Sie haben ein gemeinsames Geschäft.

commun; ensemble

Si on allait ensemble au cinéma?

Ils ont une affaire en commun.

jeweils ['jeːvails] *Adv.*
Die Miete muß jeweils am ersten
Tag des Monats bezahlt werden.

chaque fois
Le loyer doit être payé le premier
du mois.

letzte ['lɛtstə] *Adj., keine Komp.*
Ich lese gerade die letzten Seiten
des Buches.

dernier
Je suis en train de lire les dernières pages de ce livre.

mit [mit] *Präp. (+ Dat.)*
Ich bin mit ihm essen gegangen.

avec
Je suis allé au restaurant avec lui.

miteinander [mitai'nandə*] *Adv.*
Wir spielen oft Schach miteinander.

ensemble; l'un avec l'autre
Nous jouons souvent aux échecs
ensemble.

mittlere ['mitlərə] *Adj., keine
Komp.*
Die Fotos sind im mittleren Fach.

du milieu

Les photos sont sur l' étagère du
milieu.

nächste ['nɛːçstə] *Adj., keine
Komp.*
An der nächsten Station müssen
wir aussteigen.

prochain

Il faut descendre à la prochaine
station.

nebenbei [neːb(ə)n'bai] *Adv.*
Beim Lesen kann ich nebenbei
keine Musik hören.

à côté; et
Je ne peux pas lire, et écouter de
la musique.

nebeneinander
[neːb(ə)nai'nandə*] *Adv.*
In der Schule haben wir nebeneinander gesessen.

l'un à côté de l'autre

A l'école, nous étions assis l'un à
côté de l'autre.

nur [nuə*] *Adv.*
Den Ort kann man nur zu Fuß
erreichen.

seulement
Cet endroit est accessible seulement à pied.

ohne ['oːnə] *Präp. (+ Akk.)*
Ohne Wörterbuch kann ich den
Text nicht übersetzen.

sans
Je ne peux pas traduire ce texte
sans dictionnaire.

ordnen ['ɔrdnən] *V/t.*, ordnete, hat geordnet.
Die Bücher sind nach Themen geordnet.

ranger; classer

Les livres sont classés par thème.

Ordnung ['ɔrdnuŋ] *f, -, kein Pl.*
Er ist für die Ordnung im Lager verantwortlich.

ordre *m*
C'est lui qui est responsable de l'ordre dans l'entrepôt.

Regel ['re:g(ə)l] *f, -, -n*
Die Regel dieses Spiels kenne ich nicht.

règle *f*
Je ne connais pas les règles de ce jeu.

Reihe ['raiə] *f, -, -n*
Wir haben die Plätze 24 und 25 in Reihe 12.

rangée *f*
Nous avons les places 24 et 25 à la douzième rangée.

Reihenfolge ['raiənfɔlgə] *f, -, -n*
In welcher Reihenfolge sollen die Arbeiten gemacht werden?

ordre (chronologique) *m*
Dans quel ordre doit-on faire les travaux?

solcher ['zɔlçə*] (solche, solches) *Pron.*
Solche Blumen haben wir auch im Garten.

tel

Nous avons aussi de ces fleurs dans le jardin.

sonst [zɔnst] *Adv.*
Wer will sonst noch mitspielen?
Du mußt gehen, sonst kommst du zu spät.
Ich habe lange nichts von ihm gehört. Wir haben uns sonst jede Woche getroffen.

sinon; aussi; d'habitude
Qui veut aussi jouer à ce jeu?
Il faut que tu partes, sinon tu seras en retard.
Cela fait longtemps que je n'ai pas eu de ses nouvelles. D'habitude, nous nous voyions toutes les semaines.

sonstige ['zɔnstigə] *Adj., keine Komp.*
In dem Geschäft kann man Geschirr und sonstige Haushaltswaren kaufen.

n'importe lequel; divers

Dans ce magasin on peut se procurer de la vaisselle et divers articles ménagers.

statt [ʃtat] *Präp. (+ Gen.)*
Statt des Radios schenke ich ihr lieber eine Uhr.

au lieu de
Au lieu d'une radio, je préfère lui offrir une montre.

System [zys'te:m] *n, -s, -e*
Welches System hat dein Computer?

sytème *m*
Ton ordinateur, c'est quel système?

trotz [trɔts] *Präp. (+ Gen.)*
Trotz der Kälte haben sie draußen weitergearbeitet.

malgré
Ils ont continué à travailler dehors malgré le froid.

Unordnung [ˈunɔrdnuŋ] *f, -, kein Pl.*
Auf seinem Schreibtisch ist eine große Unordnung.

désordre *m*
Il y a beaucoup de désordre sur son bureau.

unterscheiden [untə*ˈʃaid(ə)n] *V/ t., unterschied, hat unterschieden*
Die beiden Zwillinge kann ich nicht unterscheiden.

faire la différence; distinguer
Je ne sais pas faire la différence entre ces jumeaux.

Unterschied [ˈuntə*ʃiːt] *m, -(e)s, -e*
Bei den Geräten gibt es große Preis- und Qualitätsunterschiede.

différence *f*
Il existe de grandes différences de prix et de qualité pour ces appareils.

Verhältnis [fɛə*ˈhɛltnis] *n, -ses, -se*
Das Pulver muß mit Wasser im Verhältnis 3:1 gemischt werden.

proportion *f*
Il faut mélanger l'eau et la poudre dans les proportions suivantes: 3 parts de poudre, une part d'eau.

voneinander [fɔnaiˈnandə*] *Adv.*
Wir haben voneinander viel gelernt.

l'un de/à l'autre
Nous nous sommes beaucoup apporté (l'un à l'autre).

zusammen [tsuˈzamən] *Adv.*
Wir arbeiten seit acht Jahren zusammen.

ensemble
Cela fait huit ans que nous travaillons ensemble.

2001-4000

Abschnitt [ˈapʃnit] *m, -s, -e*
Hast du jeden Abschnitt des Textes genau gelesen?

partie *f;* **section** *f*
As-tu bien lu chaque partie du texte?

anstatt [anˈʃtat] *Präp. (+ Gen.)*
Anstatt einer Blume würde ich ihr lieber ein Buch schenken.

à la place de
A la place d'une fleur, j'aimerais mieux lui offrir un livre.

Anteil ['antail] *m*, -s, -e
Der größte Anteil an dem Unternehmen gehört einer Bank.

partie *f;* **part** *f*
C'est une banque qui possède la plus grande partie de cette entreprise.

---

ausgenommen ['ausgɑnɔmən]
Konj.
Der Arzt hat jeden Tag Sprechstunde, ausgenommen am Wochenende.

excepté

Ce médecin reçoit tous les jours en consultation sauf le week-end.

---

auslassen ['auslas(ə)n] *V/t.,* ließ
aus, hat ausgelassen
In der Zeile ist ein Wort ausgelassen worden.

omettre

On a omis un mot dans cette ligne.

Ausnahme ['ausna:mə] *f*, -, -n
Sie können heute früher gehen, aber das ist eine Ausnahme.

exception *f*
Vous pouvez partir plus tôt aujourd'hui, mais c'est une exception.

---

ausschließlich ['ausʃli:sliç] *Adv.,*
Präp. (+ Gen. o. Dat.)
Sie trinkt abends ausschließlich schwarzen Tee.

exclusif; à l'exception de

Le soir, elle boit exclusivement du thé.

---

beispielsweise ['baiʃpi:lsvaizə]
Adv.
Alle Kopien sind schlecht, schauen Sie sich beispielsweise diese hier an.

par exemple

Toutes les copies sont mauvaises, regardez celle-ci, par exemple.

Bestandteil [bə'ʃtantail] *m*, -s, -e
Es gibt heute Farben ohne giftige Bestandteile.

élément *m;* **composant** *m*
Il existe aujourd'hui des couleurs sans composants toxiques.

---

betreffen [bə'trɛf(ə)n] *V/t.,* betraf,
hat betroffen
Ich bin von der neuen Regelung nicht betroffen.

concerner

Le nouveau réglement ne me concerne pas.

---

derartig ['de:ə*a:*tiç] *Adj., keine*
Komp.
Eine derartige Krankheit gibt es selten.

pareil; de ce genre

Une maladie de ce genre est rare.

Detail [de'tai] *n*, -s, -s
Über einige Details des Vertrages müssen wir noch sprechen.

détail *m*
Nous devons encore discuter de certains détails du contrat.

direkt [di'rɛkt] *Adj.*, -er, am -esten
Das ist der direkteste Weg.
Direkt neben der Post ist ein Supermarkt.

direct
C'est le chemin le plus direct.
Il y a un supermarché juste à côté de la poste.

einheitlich ['ainhaitliç] *Adj.*
Die Regelung ist in allen Firmen einheitlich.

standard
C'est un règlement standard dans toutes les entreprises.

Einzelheit ['aints(ə)lhait] *f*, -, -en
Die genauen Einzelheiten des Plans kenne ich nicht.

détail *m*; **particularité** *f*
Je ne connais pas toutes les particularités de ce projet.

Element [ele'mɛnt] *n*, -(e)s, -e
Die Elemente des Systems passen alle zusammen.

élément *m*
Les éléments du système sont combinables.

entgegengesetzt [ɛnt'ge:g(ə)ngəzɛtst] *Adj., keine Komp.*
Es wurden zwei entgegengesetzte Vorschläge gemacht.

opposé

On a fait deux propositions opposées.

erforderlich [ɛə*'fɔrdə*liç] *Adj.*,
Für diese Arbeit ist viel Erfahrung erforderlich.

nécessaire
Il est nécessaire d'avoir beaucoup d'expérience pour ce travail.

erfordern [ɛə*'fɔrdə*n] *V/t.*, erforderte, hat erfordert
Dieser Beruf erfordert Fremdsprachenkenntnisse.

requérir

Cette profession requiert des connaissances de langues étrangères.

Ersatz [ɛə*'zats] *m*, -es, *kein Pl.*
Für den kranken Mitarbeiter wurde noch kein Ersatz gefunden.

remplacement *m*
On n'a pas encore réussi à remplacer le collègue malade.

folgen ['fɔlg(ə)n] *V/i.*, folgte, ist (hat) gefolgt
Wann folgt der 2. Teil des Berichts?
Ich zeige Ihnen den Weg. Bitte folgen Sie mir!

venir après; suivre

Quand aura-t-on la deuxième partie du rapport?
Je vais vous montrer le chemin. Suivez-moi, s'il vous plaît.

Gebiet [gə'bi:t] *n*, -(e)s, -e
Er ist Fachmann auf seinem Gebiet.
Große Gebiete des Landes sind Wüste.

domaine *m*; **région** *f*
Il est spécialiste, dans son domaine.
Dans ce pays, il y a de vastes régions désertiques.

gegenseitig [ˈgeːg(ə)nzaitiç°]
Adj., keine Komp.
Sie haben sich gegenseitig beleidigt.

mutuel

Ils se sont insultés mutuellement.

Hauptsache [ˈhauptzaxə] *f, -, -n*
Gute Qualität des Materials ist die Hauptsache.

principal *m*
Le principal, c'est que le matériel soit de bonne qualité.

hierbei [ˈhiːə*bai] *Adv.*
Hierbei kann ich dir nicht helfen.

en faisant ...; pour cela
Je ne suis pas en mesure de t'aider pour cela.

hierfür [ˈhiːə*fyːə*] *Adv.*
Hierfür brauchst du Spezialwerkzeug.

pour ceci; à cet effet
Tu as besoin d'outils spéciaux pour ceci.

Hinsicht [ˈhinziçt] *f, -, -en*
In dieser Hinsicht muß ich Ihnen recht geben.

égard *m*
Je dois te donner raison à cet égard.

hinsichtlich [ˈhinziçtliç] *Präp. (+ Gen.)*
Hinsichtlich dieses Punktes gab es verschiedene Meinungen.

à propos de

Il y avait des divergences d'opinion à propos de ce point.

Klasse [ˈklasə] *f, -, -n*
Sie ist erster Klasse gereist.
Das ist das beste Auto in dieser Preisklasse.

classe *f;* **catégorie** *f*
Elle a voyagé en première classe.
C'est la voiture la plus intéressante dans cette catégorie de prix.

Kombination [kɔmbinaˈtsjoːn] *f, -, -en*
Die Sendung war eine gelungene Kombination von Information und Unterhaltung.

combinaison *f;* **mélange** *m*

Cette émission était un mélange réussie d'informations et de variétés.

Liste [ˈlistə] *f, -, -n*
Ihren Namen kann ich in der Liste nicht finden.

liste *f*
Je n'arrive pas à trouver votre nom sur cette liste.

Niveau [niˈvoː] *n, -s, -s*
Die Ausstellung hatte hohes Niveau.

niveau *m*
Cette exposition était d'un niveau élevé.

Original [ɔrigiˈnaːl] *n, -s, -e*
Wo ist das Original des Briefes? Ich habe nur eine Kopie.

original *m*
Où est passé l'original de cette lettre? Je n'en ai qu'une copie.

Schwerpunkt [ˈʃveːəˈpuŋkt] *m*, -(e)s, -e
Kürzere Arbeitszeiten sind der Schwerpunkt der Forderungen.

point capital *m*; **essentiel** *m*

L'essentiel des revendications porte sur la réduction du temps de travail.

Serie [ˈzeːrjə] *f*, -, -n
Das ist der fünfte Band einer Serie von Abenteuerromanen.

série *f*
C'est le cinquième tome d'une série de romans d'aventures.

Typ [tyːp] *m*, -s, -en
Die Maschinen des neuen Typs sind schneller und leiser.

type *m*
Les machines de ce nouveau type sont plus rapides et moins bruyantes.

überflüssig [ˈyːbəˈflysiçˀ] *Adj.*
Dieser Raum muß nicht geheizt werden. Das ist überflüssig.

superflu; inutile
On n'a pas besoin de chauffer cette pièce. C'est superflu.

umgekehrt [ˈumgəkeːəˀt] *Adj.*
Sie hat es umgekehrt gemacht, nicht, wie ich es ihr geraten habe.

inverse
Elle a fait l'inverse de ce que je lui avais conseillé.

untereinander [untəˈaiˀnandəˀ] *Adv.*
Stell die Kisten untereinander.

Wir haben selten Streit untereinander.

l'un sous l'autre; entre

Mets les caisses les unes sous les autres.
Il y a rarement des disputes entre nous.

ursprünglich [ˈuːəˀʃpryŋliç] *Adj.*
Ursprünglich war die Reise anders geplant.

à l'origine
A l'origine, le voyage était programmé différemment.

verschiedenartig [fɛəˈʃiːd(ə)nartiçˀ] *Adj.*
Trotz verschiedenartiger Meinungen verstehen wir uns gut.

divers

Malgré la diversité de nos opinions nous nous entendons bien.

weiter [ˈvaitəˀ] *Adj.*,
Gibt es noch weitere Probleme als diese?
Wir sollen morgen Bescheid bekommen, man hat mir weiter nichts gesagt.

autre, de plus
Y-a-t-il d'autres problèmes que ceux-ci?
Nous devrions être informés demain, on ne m'a rien dit de plus.

16.2 Ordnungszahlen

16.2 Nombres ordinaux

erste ['eːəˈstə]	**premier**
zweite ['tsvaitə]	**deuxième, second**
dritte ['dritə]	**troisième**
vierte ['fiːəˈtə]	**quatrième**
fünfte ['fynftə]	**cinquième**
sechste ['zɛkstə]	**sixième**
sieb(en)te ['ziːptə, 'ziːb(ə)ntə]	**septième**
achte ['axtə]	**huitième**
neunte ['nɔintə]	**neuvième**
zehnte ['tseːntə]	**dixième**
elfte ['ɛlftə]	**onzième**
zwölfte ['tsvœlftə]	**douzième**
dreizehnte ['draitseːntə]	**treizième**
vierzehnte ['firtseːntə]	**quatorzième**
fünfzehnte ['fynftseːntə]	**quinzième**
sechzehnte ['zɛçtseːntə]	**seizième**
siebzehnte ['ziːptseːntə]	**dix-septième**
achtzehnte ['axtseːntə]	**dix-huitième**
neunzehnte ['nɔintseːntə]	**dix-neuvième**
zwanzigste ['tsvantsiçstə]	**vingtième**
einundzwanzigste ['ainuntˈtsvantsiçstə]	**vingt et unième**
zweiundzwanzigste ['tsvaiuntˈtsvantsiçstə]	**vingt-deuxième**
dreißigste ['draisiçstə]	**trentième**
vierzigste ['firtsiçstə]	**quarantième**
fünfzigste ['fynftsiçstə]	**cinquantième**
sechzigste ['zɛçtsiçstə]	**soixantième**

siebzigste [ˈziːptsiçstə]	**soixante-dixième**
achtzigste [ˈaxtsiçstə]	**quatre-vingtième**
neunzigste [ˈnɔintsiçstə]	**quatre-vingt-dixième**
hundertste [ˈhundə*tstə]	**centième**
tausendste [ˈtauz(ə)ntstə]	**millième**
millionste [milˈjoːnstə]	**millionième**
erstens [ˈɛrst(ə)ns]	**premièrement**
zweitens [ˈtsvait(ə)ns]	**deuxièmement**
drittens [ˈdrit(ə)ns]	**troisièmement**
viertens [ˈfiːə*t(ə)ns]	**quatrièmement**

17.1 Art und Weise | 1-2000

Art [a:*t] *f*, -, -en
Ihre Art zu sprechen, finde ich komisch.

façon *f*
Je trouve sa façon de parler drôle.

---

genau [gə'nau] *Adj.*, -er, am -esten
Hast du genau gemessen? Paßt der Schrank in das Zimmer?

exact
Tu as pris les mesures exactes? L'armoire rentre dans la pièce?

---

gleichmäßig ['glaiçmɛ:siç°] *Adj.*
Die Geschenke für die Kinder sollen gleichmäßig verteilt werden.

régulier; égal
Il faut distribuer de façon égale les cadeaux aux enfants.

---

grundsätzlich ['gruntzɛtsliç] *Adj.*
Grundsätzlich bin ich für den Vorschlag.

en principe
J'approuve en principe cette proposition.

---

irgendwie ['iə*g(ə)ntvi:] *Adv.*
Irgendwie werden wir den richtigen Weg noch finden.

d'une manière ou d'une autre
D'une manière ou d'une autre, nous trouverons le bon chemin.

---

so [zo:] *Adv.*
So hat man mir das erklärt.
Das Auto startete nicht, weil es so kalt war.

ainsi; si
C'est ainsi qu'on me l'a expliqué.
Il faisait si froid que la voiture ne démarrait pas.

---

sogar [zo'ga:*] *Adv.*
Er hat viele Talente, er kann sogar gut kochen.

même
Il sait faire beaucoup de choses, il sait même faire la cuisine.

Weise ['vaizə] *f*, -, -n
Auf diese Weise hat sie Erfolg gehabt.

manière *f*
Elle a réussi, de cette manière.

ausdrücklich [ˈausdrykliç] *Adj.*
Ich habe ihn ausdrücklich gewarnt.

exprès
Je l'ai expressément mis en garde.

ausführlich [ˈausfyːə*liç] *Adj.*
Er hat einen ausführlichen Bericht geschrieben.

complet
Il a fait un rapport complet par écrit.

gründlich [ˈgryntliç] *Adj.*
Sie arbeitet sehr gründlich.

minutieux
Elle est très minutieuse dans son travail.

hastig [ˈhastiçˀ] *Adj.*
Ich sah sie hastig zum Bus laufen.

précipité
Je l'ai vue se précipiter pour prendre le bus.

konsequent [kɔnzeˈkvɛnt] *Adj.*,
-er, am- esten
Die Regierung bleibt konsequent und ändert ihre Politik nicht.

conséquent; logique

Le gouvernement est conséquent dans ses orientations et ne change pas sa politique.

typisch [ˈtyːpiʃ] *Adj.*
Das ist ein typisches Beispiel.

typique
C'est un exemple typique.

üblich [ˈyːpliç] *Adj.*
Wie üblich bin ich um 17.00 Uhr zu Hause.

habituel
Je serai chez moi à 17 heures comme d'habitude.

unverändert [ˈunfɛə*ˈɛndə*t] *Adj.*
Das Wetter ist seit Tagen unverändert.

inchangé
Le temps reste inchangé depuis des jours.

17.2 Grad, Vergleich

17.2 Comparaison, gradation

allgemein [ˈalɡəˈmain] *Adj.*
Das ist ein allgemeines Verbot.

général
Il s'agit d'une interdiction générale.

als [als] *Konj.*
Seine Leistungen waren dieses Jahr besser als im letzten.

que
Ses résultats ont été cette année, meilleurs que l'année passée.

---

anders ['andə*s] *Adv.*
So geht das nicht, das muß man anders machen.

autrement
Ça ne peut pas continuer comme ça, il faut agir autrement.

äußerst ['ɔisə*st] *Adv.*
Der Preis ist äußerst günstig.

extrêmement
Ce prix est extêmement intéressant.

---

bedeutend [bə'dɔit(ə)nt] *Adj.*
Das war damals eine bedeutende Erfindung.
Die Arbeit dauerte bedeutend länger als geplant.

considérable
A l'époque, c'était une invention considérable.
Le travail a mis considérablement plus longtemps que prévu.

---

beinah(e) ['baina:(ə)] *Adv.*
Beinahe hätte ich den Termin vergessen.

presque
J'ai failli oublier ce rendez-vous.

---

besonder- [bə'zɔndər-] *Adj., keine Komp.*
Das ist ein ganz besonderes Essen.

particulier; spécial
Ce n'est pas un repas tout particulier.

---

besonders [bə'zɔndə*s] *Adv.*
Dieser Auftrag muß besonders schnell erledigt werden.

particulièrement
Cette commande doit être exécutée particulièrement vite.

---

dringend ['driŋənt] *Adj.*
Ich habe eine dringende Bitte an dich. Leih mir 10,- DM.

urgent
J'ai un service urgent à te demander: prête-moi 10 marks.

---

ebenfalls ['e:b(ə)nfals] *Adv.*
Hast du das ebenfalls erst heute erfahren?

également
Toi aussi, tu en as entendu parler seulement aujourd'hui?

---

ebenso ['e:b(ə)nzo:] *Adv.*
Sie kann ebenso gut Englisch sprechen wie ich.

aussi bien
Elle parle anglais aussi bien que moi.

---

erheblich [ɛə*'he:pliç] *Adj.*
Die Stahlpreise sind erheblich gestiegen.

considérable
Les prix de l'acier ont considérablement augmenté.

---

genauso [gə'nauzo:] *Adv.*
Ich habe es genauso gemacht, wie du es mir erklärt hast.

de la même façon
Je l'ai fait de la même façon que tu m'as expliqué.

gerade [gəˈraːdə] *Adv.*
Gerade dieser Punkt ist wichtig.

Er ist gerade weggegangen.

justement
C'est justement ce point qui est important.
Il vient de partir.

hauptsächlich [ˈhauptzɛçliç] *Adj., keine Komp.*
Hauptsächlich die Öltemperatur muß kontrolliert werden.

principal
Il faut principalement contrôler la température de l'huile.

heftig [ˈhɛftɪçˀ] *Adj.*
Er hat heftig geschimpft.

violent
Il a violemment protesté.

insbesondere [insbəˈzɔndərə] *Adv.*
Der Mantel gefällt mir, insbesondere die Farbe.

surtout

Ce manteau me plaît, surtout la couleur.

recht [rɛçt] *Adv.*
Ihr Schulzeugnis ist recht gut.

vraiment; fort
Votre bulletin scolaire est vraiment bon.

sehr [zeːəˀ] *Adv.*
Sie war sehr freundlich zu mir.

très
Elle a été très aimable avec moi.

total [toˈtaːl] *Adj., keine Komp.*
Die Stadt wurde im Krieg total zerstört.

entier
Pendant la guerre, la ville a été entièrement détruite.

unterschiedlich [ˈuntəˀʃiːtlɪç] *Adj.*
Die beiden Schwestern haben sehr unterschiedliche Meinungen.

différent
Les deux sœurs ont des opinions très différentes.

Vergleich [fɛəˀˈglaiç] *m,* -s, -e
Im Vergleich zu früher leben die Menschen heute länger.

comparaison
En comparaison avec autrefois les gens deviennent plus vieux aujourd'hui.

vergleichen [fɛəˀˈglaiç(ə)n] *V/t.,* verglich, hat verglichen
Er hat die verschiedenen Angebote genau verglichen.

comparer

Il a comparé les différentes offres très attentivement.

verschieden [fɛəˀˈʃiːd(ə)n] *Adj.*
Die beiden Schwestern sehen sehr verschieden aus.

différent
Les deux sœurs n'ont aucune ressemblance.

vollkommen [fɔlˈkɔmən] *Adj.*
Er ist vollkommen gesund.

parfait
Il est en parfaite santé.

vollständig [ˈfɔlʃtɛndiç°] *Adj.*
Er ist vollständig betrunken.

total
Il est complètement soûl.

völlig [ˈfœliç°] *Adj., keine Komp.*
Dein Rat war völlig richtig.

tout à fait
Ton conseil était tout à fait pertinent.

vor allem [foːəˈʔaləm]
Wir haben vor allem über Politik diskutiert.

avant tout
Notre discussion a avant tout porté sur la politique.

wenig [ˈveːniç°] *Adj.*
Ich habe wenig Lust zu tanzen.

peu
Je n'ai pas très envie de danser.

wie [viː] *Adv.*
Wie konnte das passieren?
Seine Füße waren kalt wie Eis.

Es war so, wie ich es vermutete.

comment; comme; que
Comment ça se fait?
Il avait les pieds aussi froids que des glaçons.
C'était comme je l'avais supposé.

ziemlich [ˈtsiːmliç] *Adv.*
Er hat ziemlich lange Haare.

relativement
Il a des cheveux relativement longs.

zu [tsuː] *Adv.*
Das dauert viel zu lange.

trop
Ça dure beaucoup trop longtemps.

zumindest [tsuˈmindəst] *Adv.*
Du hättest mich zumindest fragen können.

au moins
Tu aurais pu au moins me demander mon avis.

2001-4000

absolut [apzoˈluːt] *Adj., keine Komp.*
Das ist das absolut beste Gerät.

Er will das Gerät absolut kaufen.

absolu
Cet appareil est vraiment le meilleur.
Il veut absolument acheter cet appareil.

ähnlich [ˈɛːnliç] *Adj.*
Wir haben ähnliche Interessen.

similaire; semblable
Nous avons des intérêts similaires.

allermeist [ˈalə*ˈmaist] *Adj., keine Komp.*
Der jüngste Kandidat bekam die allermeisten Stimmen.

la plupart de; le plus de
Le candidat le plus jeune a rassemblé le plus de suffrages.

Ausmaß [ˈausmaːs] *n, -es, -e*
Das Ausmaß der Wirtschaftskrise wird immer größer.

étendue *f*; proportion *f*
La crise économique prend des proportions de plus en plus critiques.

außerordentlich [ˈausə*ˈɔrd(ə)ntliç] *Adj.*
Das war eine außerordentliche Leistung.
Über das Geschenk hat sie sich außerordentlich gefreut.

extraordinaire
C'était une performance extraordinaire.
Ce cadeau lui a fait un plaisir extraordinaire.

einigermaßen [ˈainigə*ˈmaːs(ə)n] *Adv.*
Mit dem Ergebnis war man einigermaßen zufrieden.

à peu près; passablement
Le résultat a été à peu près satisfaisant.

relativ [ˈrelatiːf] *Adj., keine Komp.*
Er hat relativ viel Glück gehabt.

relatif
Il a eu une chance relative.

überwiegend [yːbə*ˈviːg(ə)nt] *Adj., keine Komp.*
In dem Betrieb arbeiten überwiegend Frauen.

prépondérant
Il y a une majorité de femmes qui travaillent dans cette firme.

verhältnismäßig [fɛə*ˈhɛltnismɛːsiç°] *Adv.*
Es gab verhältnismäßig wenig Ärger.

toute proportion gardée
Il y a eu peu de problèmes, toute proportion gardée.

vorwiegend [ˈfoːə*viːg(ə)nt] *Adj., keine Komp.*
Am Wochenende ist er vorwiegend bei seinen Eltern.

généralement
Il est généralement chez ses parents le week-end.

weitgehend [ˈvaitgeːənt] *Adj.*
Wir sind uns weitgehend einig.

étendu; large
Dans une large mesure, nous sommes d'accord.

zumeist [tsuˈmaist] *Adv.*
Ich esse zumeist in der Kantine.

la plupart du temps
Je mange à la cantine la plupart du temps.

18 Farben

18 Couleurs

blau [blau] Adj.	**bleu**
braun [braun] Adj.	**marron, brun**
Farbe ['farbə] *f,* -, -n Die Farbe finde ich zu hell.	**couleur** *f* Je trouve la couleur trop claire.
gelb [gɛlp] Adj.	**jaune**
grau [grau] Adj.	**gris**
grün [gry:n] Adj.	**vert**
lila ['li:la] Adj.	**lilas**
rosa ['ro:za] Adj.	**rose**
rot [ro:t] Adj., -er, am -esten	**rouge**
schwarz [ʃvarts] Adj., schwärzer, am schwärzesten	**noir**
weiß [vais] Adj., weisser, am weis-sesten	**blanc**

$+$ ◯

19 Formen

1-2000

19 Formes

Ecke ['ɛkə] *f*, -, -n
Dort an der Straßenecke müssen Sie rechts fahren.

coin *m*
Tournez à droite là-bas, au coin de la rue.

flach [flax] *Adj.*
Das Land ist flach.

plat
C'est un pays plat.

Fläche ['flɛçə] *f*, -, -n
Die Fläche ist 350 m² groß.

surface *f*
Cette surface fait 350 m².

Form [fɔrm] *f*, -, -en
Der Hut hat eine komische Form.

forme *f*
Ce chapeau a une drôle de forme.

gerade [gə'ra:də] *Adj., keine Komp.*
Die Bäume stehen in einer geraden Linie.

droit

Les arbres sont en ligne droite.

glatt [glat] *Adj.*, -er, am -esten
Kann man das Blech wieder glatt machen?

lisse
Peut-on redresser la tôle?

Kreis [krais] *m*, -es, -e
Wir saßen in einem Kreis.

cercle *m*
Nous étions assis en cercle.

Kugel ['ku:g(ə)l] *f*, -, -n
Der Käse hat die Form einer Kugel.

boule *f*
Le fromage a la forme d'une boule.

Linie ['li:njə] *f*, -, -en
Diese Linie ist die Grenze.

ligne *f*
Cette ligne, c'est la frontière.

niedrig ['ni:drɪçʲ] *Adj.*
Die Zimmer sind niedrig.

bas
Les pièces sont basses.

rund [rʊnt] *Adj.*, -er, am -esten
Der Platz ist fast rund.

rond
La place est presque ronde.

scharf [ʃarf] *Adj.*, schärfer, am schärfsten
Vorsicht, der Kasten hat scharfe Ecken!

coupant; aiguisé

Attention, cette caisse a des coins coupants!

schmal [ʃmaːl] *Adj., (Komp. auch schmäler, am schmälsten)*
Die Treppe ist schmal.

étroit
L'escalier est étroit.

spitz [ʃpits] *Adj., -er, am -esten*
Er hat eine spitze Nase.

pointu
Il a un nez pointu.

steil [ʃtail] *Adj.*
Der Weg geht steil nach oben.

raide
Cette côte est très raide.

stumpf [ʃtumpf] *Adj.*
Das Messer ist stumpf.

émoussé
Le couteau ne coupe pas.

2001-4000

Dicke [ˈdikə] *f, -, -n*
Die Dicke der Bretter ist verschieden.

épaisseur *f*
Il y a des différences dans l'épaisseur des planches.

Kante [ˈkantə] *f, -, -n*
Das Blech hat scharfe Kanten.

bord *m*
La plaque de tôle a des bord coupants.

Knoten [ˈknoːt(ə)n] *m, -s, -*
Ich kann den Knoten nicht öffnen.

nœud *m*
Je n'arrive pas à défaire le nœud.

Kreuz [krɔits] *n, -es, -e*
Welche Bedeutung hat das Kreuz, das vor einigen Worten steht?

croix *f*
Que veut dire la croix qui figure devant certains mots?

Quadrat [kvaˈdraːt] *n, -(e)s, -e*
Die Fläche des Wohnzimmers ist fast ein Quadrat.

carré *m*
La surface du séjour forme presque un carré.

riesig [ˈriːziç] *Adj.*
In der Nähe des Flughafens wird ein riesiges Hotel gebaut.

géant; immense
On est en train de construire un immense hôtel prés de l'aéroport.

Strich [ʃtriç] *m, -(e)s, -e*
Die Striche an der Wand hat unser Sohn gemacht.

trait *m*
C'est notre fils qui a fait des traits sur le mur.

winzig [ˈvintsiç] *Adj.*
Wo hast du diesen winzigen Fernsehapparat gekauft?

minuscule
Où as-tu acheté cette minuscule télé?

20 Ursache und Wirkung | 1-2000

20 Causes et effets

abhängig [ˈaphɛnɪçˀ] *Adj.*
Der Start der Rakete ist vom Wetter abhängig.

dépendant
Le lancement de la fusée dépend du temps qu'il fera.

Anlaß [ˈanlas] *m,* Anlasses, Anlässe
Was war der Anlaß eures Streits?

occasion

Pour quelle raison avez-vous commencé à vous disputer?

Bedingung [bəˈdiŋuŋ] *f,* -, -en
Die Bedingungen für den Erfolg sind Ruhe und Geduld.

condition *f*
Calme et patience sont les conditions de la réussite.

entstehen [ɛntˈʃteː(ə)n] *V/i.,* entstand, ist entstanden
Wodurch ist der Schaden entstanden?

être causé

Par quoi les dégâts ont été causés?

entwickeln [ɛntˈvik(ə)ln] *V/t., refl.*
Die Maschine wurde ganz neu entwickelt.
Die Pflanzen haben sich gut entwickelt.

développer
Cette machine a été mise au point récemment.
Les plantes ont bien poussé.

Entwicklung [ɛntˈvikluŋ] *f,* -, -en
Keiner weiß, wohin die politische Entwicklung geht.

évolution *f*
Personne ne sait comment la situation politique va évoluer.

Ergebnis [ɛəˀˈgeːpnis] *n,* -ses, -se
Das Ergebnis der Wahlen ist noch nicht bekannt.

résultat *m*

On ne connaît pas encore le résultat des élections.

Folge [ˈfɔlgə] *f,* -, -n
Das Unglück wird Folgen haben.

conséquence *f*
Cet accident aura des conséquences.

Grund [grunt] *m,* -(e)s, Gründe
Es gibt keinen Grund, sich darüber aufzuregen.

raison *f*
Il n'y a pas de raison de s'énerver pour cela.

Quelle [ˈkvɛlə] *f, -, -n*
Was ist die Quelle deiner Informationen?

source *f*
D'où proviennent tes informations?

Ursache [ˈuːə*zaxə] *f, -, -n*
Die Ursache des Fehlers wurde gefunden.

cause *f*
On a trouvé la cause de l'erreur.

Voraussetzung
[foˈrauszɛtsung] *f, -, -en*
Trockenes Wetter ist Voraussetzung für die Arbeiten.

condition préalable *f*

Pour effectuer ces travaux le temps doit être sec, c'est la condition préalable.

warum [vaˈrum] *Adv.*
Warum ist das passiert?

pourquoi
Pourquoi est-ce arrivé?

wegen [ˈveːg(ə)n] *Präp. (+ Gen.)*
Wegen des starken Windes wurde das Feuer immer größer.

à cause de; en raison de
Le feu s'est propagé en raison d'un vent violent.

Wirkung [ˈvirkuŋ] *f, -, -en*
Die Tabletten haben eine starke Wirkung.

effet *m*
Les comprimés font beaucoup d'effet.

Zusammenhang [tsuˈzamənhaŋ] *m, -s, Zusammenhänge*
Zwischen den beiden Ereignissen besteht ein Zusammenhang.

lien *m;* **rapport** *m*

Il y a un lien entre ces deux événements.

Zweck [tsvɛk] *m, -(e)s, -e*
Welchen Zweck hat Ihre Frage?

but *m*
Dans quel but posez-vous cette question?

2001-4000

abhängen [ˈaphɛŋən] *V/i., +Präp.*
(von), hing ab, hat abgehangen
Der Erfolg hängt von einer guten Organisation ab.

dépendre (de)

La réussite dépend d'une bonne organisation.

anläßlich [ˈanlɛsliç] *Präp. (+ Gen.)*
Anläßlich der neuen Situation müssen wir noch einmal über die Sache reden.

à l'occasion de
Devant ces faits nouveaux, il nous faut réexaminer la question.

Ausweitung [ˈausvaituŋ] *f, -, -en*
Die Länder drohen mit einer Ausweitung des Krieges.

extension *f*
Les pays menacent d'étendre la guerre.

Auswirkung ['ausvirkuŋ] *f*, -, -en
Die höheren Ölpreise werden wirtschaftliche Auswirkungen haben.

répercussion *f*; **incidence** *f*
L'augmentation du prix du pétrole aura des répercussions sur l'économie.

bedingen [bə'diŋən] *V/t., i.,* bedingte, hat bedingt
Die langen Lieferzeiten sind durch Streiks bedingt.

provoquer; exiger
La longueur des délais de livraison est causée par des grèves.

beruhen [bə'ru:ən] *V/i., + Präp.* (auf)
Sein Rat beruht auf langer Erfahrung.

se baser (sur)
Son conseil se base sur une longue expérience.

dank [daŋk] *Präp.* (+ Gen.)
Dank ihrer Hilfe haben wir es geschafft.

grâce à
Nous avons réussi grâce à votre aide.

ergeben [ɛə*'ge:b(ə)n] *V/t., refl., + Präp.* (aus), ergab, hat ergeben
Die Untersuchung ergab, daß er schuldig ist.
Aus der Untersuchung ergab sich, daß er schuldig ist.

donner; fournir; résulter
Il est coupable selon les résultats fournis par l'enquête.
Il est résulté de l'enquête qu'il est coupable.

Faktor ['faktɔr] *m*, -s, -en
Für diese Entwicklung sind mehrere Faktoren verantwortlich.

facteur *m*
Plusieurs facteurs ont provoqué cette évolution.

Funktion [fuŋk'tsjo:n] *f*, -, -en
Was ist die Funktion dieses Schalters?

fonction *f*
Quelle est la fonction de cet interrupteur?

führen ['fy:rən] *V/i., + Präp.* (zu), führte, hat geführt
Ein technischer Fehler führte zu dem Unfall.

mener (à)
Un vice technique est la cause de l'accident.

Grundlage ['gruntla:gə] *f*, -, -en
Für diesen Verdacht gibt es keine Grundlage.

fondement *m*
Ce soupçon ne repose sur aucun fondement.

Herkunft ['he:ə*kunft] *f*, -, *kein Pl.*
Die Ware ist spanischer Herkunft.

provenance *f*
Cette marchandise est de provenance espagnole.

Konsequenz [kɔnzeˈkvɛnts] *f, -, -en*
Der Fehler hatte schlimme Konsequenzen.

conséquence *f*
L'erreur a eu de graves conséquences.

Prinzip [prinˈtsiːp] *n, -s, Prinzipien*
Die Bremsen funktionieren nach einem neuen Prinzip.

principe *m*
Ces freins fonctionnent selon un nouveau principe.

Reaktion [reakˈtsjoːn] *f, -, -en*
Die schnelle Reaktion der Fahrerin verhinderte einen Unfall.

réaction *f;* **réflexe** *m*
La conductrice a pu éviter l'accident grâce à des réflexes rapides.

sofern [zoˈfɛrn] *Konj.*
Sofern es keine besonderen Probleme gibt, ist der Wagen morgen fertig.

dans la mesure où
La voiture sera réparée demain, dans la mesure où il n'y aura aucun problème particulier.

Ursprung [ˈuːəˈʃpruŋ] *m, -s, Ursprünge*
Die Ursprünge dieser alten Kultur sind unbekannt.

origine *f*
Les origines de cette culture ancienne sont inconnues.

verdanken [fɛəˈdaŋk(ə)n] *V/t., verdankte, hat verdankt*
Das ist dem Zufall zu verdanken.

devoir (à)
Ceci est dû au hasard.

verursachen [fɛəˈuːəˈzax(ə)n] *V/t., verursachte, hat verursacht*
Das Hochwasser verursachte eine Katastrophe.

provoquer
Les inondations ont provoqué une catastrophe.

vorkommen [ˈfoːəˈkɔmən] *V/i., kam vor, ist vorgekommen*
Dieser Fehler darf nicht wieder vorkommen.

arriver
Il ne faut pas que cette faute se reproduise.

wirksam [ˈvirkzaːm] *Adj.*
Die neuen Bestimmungen sind ab 1. Januar wirksam.

efficace; en vigueur
Les nouvelles dispositions entrent en vigueur le 1er janvier.

Wirksamkeit [ˈvirkzaːmkait] *f, -, kein Pl.*
Ich zweifle an der Wirksamkeit des Medikaments.

efficacité *f*
Je doute de l'efficacité de ce médicament.

21 Zustand und Veränderung | 1-2000

Ablauf ['aplauf] *m, -(e)s, Abläufe*
Es gab mehrere Vorschläge für den Ablauf des Programms.

déroulement *m*
Plusieurs propositions ont été faites pour le déroulement du programme.

---

allmählich [al'mɛːliç] *Adj., keine Komp.*
Er beruhigte sich allmählich.

peu à peu
Il s'est peu à peu calmé.

---

fertig ['fɛrtiç°] *Adj., keine Komp.*
Ist das Essen fertig?

prêt
Le repas est prêt?

---

schmelzen ['ʃmɛlts(ə)n] *V/t.,* schmolz, hat geschmolzen
Das Metall hat man geschmolzen.

fondre

On a fondu le métal.

Veränderung [fɛə*'ɛndəruŋ] *f, -, -en*
Jeder bemerkte die Veränderung ihres Verhaltens.

modification *f*

Tout le monde a remarqué la modification intervenue dans son comportement.

Wechsel ['vɛks(ə)l] *m, -s, kein Pl.*
Es gab einen Wechsel in der Leitung des Unternehmens.

changement *m*
Il y a eu un changement à la tête de l'entreprise.

---

zu sein ['tsuː zain]
Der Kühlschrank ist nicht zu.

être fermé
Le frigidaire n'est pas fermé.

Zustand ['tsuːʃtant] *m, -(e)s, Zustände*
Dieser Zustand muß verändert werden.

situation *f;* **état** *m*

Il faut changer la situation.

2001-4000

ansteigen ['anʃtaig(ə)n] *V/i.,* stieg an, ist angestiegen
Die Temperatur steigt weiter an.

être en hausse

Les températures sont à nouveau en hausse.

Anzeichen ['antsaiç(ə)n] *n*, -s, - Es gibt Anzeichen, daß sich die Situation verbessert.	**signe** *m* Il y a des signes qui indiquent une amélioration de la situation.
ausbreiten ['ausbrait(ə)n] *V/refl.*, breitete aus, hat ausgebreitet Die Krise breitet sich aus.	**s'étendre** La crise s'étend.
Ausgangspunkt ['ausgaŋspuŋkt] *m*, -(e)s, -e Was war eigentlich der Ausgangspunkt unseres Gesprächs?	**point de départ** *m* Quel a été, en fait, le point de départ de notre discussion?
erweitern [ɛə*'vaitə*n] *V/t.*, erweiterte, hat erweitert Die Firma hat ihr Produktprogramm erweitert.	**diversifier** La société a diversifié sa gamme de produits.
Erweiterung [ɛə*'vaitəruŋ] *f*, -, -en Man plant eine Erweiterung des Stadtparkes.	**extension** *f* On prévoit d'agrandir le parc de la ville.
Gleichgewicht ['glaiçgəviçt] *n*, -(e)s, *kein Pl.* Bergsteiger brauchen ein gutes Gefühl für das Gleichgewicht.	**équilibre** *m* Ceux qui font de la montagne doivent avoir un bon sens de l'équilibre.
Phase ['fa:zə] *f*, -, -n Die Entwicklung ist in einer schwierigen Phase.	**phase** *f* La mise au point se trouve dans une phase difficile.
Rückgang ['rykgaŋ] *m*, -(e)s, Rückgänge Der Rückgang der Verkaufszahlen beunruhigt die Geschäftsleitung.	**chute** *f* La chute du chiffre des ventes préoccupe la direction.
steigen ['ʃtaig(ə)n] *V/i.*, stieg, ist gestiegen Die Flut steigt nicht mehr.	**monter** La mer est étale.
Verlauf [fɛə*'lauf] *m*, -(e)s, Verläufe Ich bin mit dem Verlauf der Verhandlung zufrieden.	**cours** *m* Je suis satisfait du cours des négociations.

verlaufen [fɛə*'lauf(ə)n] *V/i.,* verlief, ist verlaufen
Die Krankheit ist normal verlaufen.

suivre son cours; se dérouler

La maladie a suivi son cours normal.

Vorgang ['fo:ə*gaŋ] *m,* -(e)s, Vorgänge
Man hat mir von dem Vorgang berichtet.

affaire *f*

On m'a informé de ce qui s'est passé.

22 Pronomen

22 Pronoms

22.1 Personalpronomen | 1-2000

22.1 Pronoms personnels

ich [iç] *1. P. Sg. Nom.* Ich verstehe das nicht.	**je** Je ne comprends pas ça.
mir [miːə*] *1. P. Sg. Dat.* Gib mir bitte den Zucker!	**me; moi** Passe-moi le sucre s'il te plaît!
mich [miç] *1. P. Sg. Akk.* Hast du mich gestern nicht gesehen?	**me** Tu ne m'as pas vu hier?
du [duː] *2. P. Sg. Nom.* Was bist du von Beruf?	**tu** Quelle est ta profession?
dir [diːə*] *2. P. Sg. Dat.* Kann ich dir etwas zeigen?	**te; toi** Que puis-je te montrer?
dich [diç] *2. P. Sg. Akk.* Ich liebe dich.	**te** Je t'aime.
Sie [ziː] *2. P. Sg. Nom.* Frau Birner, haben Sie heute abend Zeit?	**vous** Madame Birner, vous êtes libre ce soir?
Ihnen [ˈiːnən] *2. P. Sg. Dat.* Ich soll Ihnen diesen Brief geben, Frau Schulz.	**vous** Je dois vous remettre cette lettre, Madame Schulz.
Sie *2. P. Sg. Akk.* Ja, ich rufe Sie morgen an, Herr Meier.	**vous** Oui, Monsieur Meier, je vous téléphonerai demain.
er [eːə*] *3. P. Sg. Nom. m* Wann ist er gegangen? Der Wein schmeckt gut, er ist aus Norditalien.	**il** *(personne),* **il/elle** *(chose)* Quand est-il parti? Ce vin est bon, il vient du nord de l'Italie.
ihm [iːm] *3. P. Sg. Dat. m* Ich habe mit ihm gesprochen. Wenn der Computer dich etwas fragt, mußt du ihm ‚ja' oder ‚nein' antworten.	**lui** Je lui ai parlé. Si l'ordinateur te pose une question, tu dois lui répondre par«oui» ou par «non».

ihn [i:n] *3. P. Sg. Akk. m*
Der neue Kollege ist komisch, ich mag ihn nicht.
Den neuen Schrank, wie findest du ihn?

le / la *(selon le genre du substantif)*
Le nouveau collègue est bizarre, je ne l'aime pas.
La nouvelle armoire, comment tu la trouves?

---

sie [zi:] *3. P. Sg. Nom. f*
Petra ist in Köln. Dort studiert sie Physik.
Ich suche die Taschenlampe. Weißt du, wo sie ist?

elle *(personne),* **il/ elle** *(chose)*
Petra est à Cologne. Elle y étudie la physique.
Je cherche la lampe de poche. Tu sais où elle est?

---

ihr [i:ə*] *3. P. Sg. Dat. f*
Ich habe ihr das versprochen.
Die Puppe ist schön, man kann ihr verschiedene Kleider anziehen.

lui
Je le lui ai promis.
La poupée est jolie, on peut lui mettre divers habits.

---

sie [zi:] *3. P. Sg. Akk. f*
Ich habe sie zum Essen eingeladen.
Die Kaffeemaschine funktioniert nicht, hast du sie kaputtgemacht?

la *(personne),* **le/la** *(chose)*
Je l'ai invitée à manger.

La cafetière électrique ne marche pas, tu l'as cassée?

---

es [ɛs] *3. P. Sg. Nom. n*
Das Kind weint, weil es Bauchschmerzen hat.
Ich kenne das Haus, es liegt am Stadtwald.

il / elle *(personne + chose)*
L'enfant pleure parce qu'il a mal au ventre.
Je connais la maison, elle est en bordure d'un bois.

---

ihm [i:m] *3. P. Sg. Dat. n*
Das Kind spielt mit der Schere. Du mußt sie ihm wegnehmen.
Das neue Automodell gefällt mir ganz gut, aber es fehlt ihm ein starker Motor.

lui
L'enfant joue avec les ciseaux. Tu devrais les lui enlever.
Le nouveau modèle me plaît, mais il lui manque un moteur puissant.

---

es [ɛs] *3. P. Sg. Akk. n*
○ Wo ist das Kind?
□ Ich habe es im Garten gesehen.

Ich habe euch letzte Woche ein Paket geschickt, habt ihr es bekommen?

le / la *(personne + chose)*
○ Où est l'enfant?
□ Je l'ai vu dans le jardin.

Je vous ai envoyé un paquet la semaine dernière, vous l'avez reçu?

---

wir [vi:ə*] *1. P. Pl. Nom.*
Wir haben uns noch nicht entschieden.

nous, on
Nous ne nous sommes pas encore décidés.

uns [uns] *1. P. Pl. Dat.*
Bitte sage uns früh genug Bescheid.

nous
Préviens-nous à temps, s'il te plaît.

---

uns *1. P. Pl. Akk.*
Sie wird uns besuchen.

nous
Elle va venir nous voir.

---

ihr [iːə*] *2. P. Pl. Nom.*
Habt ihr Lust spazierenzugehen?

vous *(pluriel de tu)*
Vous avez envie de faire une promenade?

---

euch [ɔiç] *2. P. Pl. Dat.*
Wer hat euch das gesagt?

vous *(pluriel de tu)*
Qui vous a raconté ça?

---

euch *2. P. Pl. Akk.*
Ich möchte euch nicht stören.

vous *(pluriel de tu)*
Je ne veux pas vous déranger.

Sie [ziː] *2. P. Pl. Nom.*
Kommen Sie bitte, meine Damen, hier ist die Modenschau!
Würden Sie bitte die Türen schließen, meine Herren!

vous *(souvent intraduit en français)*
Entrez, Mesdames, le défilé de mode, c'est par ici!
Messieurs, fermez les portes, s'il vous plaît.

Ihnen [ˈiːnən] *2. P. Pl. Dat.*
Sehr geehrte Damen! Ich danke Ihnen für den freundlichen Brief.

vous *(personne)*
Mesdames, je vous remercie de votre aimable lettre.

Sie [ziː] *2. P. Pl. Akk.*
Meine Herren, ich rufe Sie morgen an.

vous *(intraduit en français)*
Messieurs, je vous téléphonerai demain.

---

sie *3. P. Pl. Nom*

Für dieses Ziel haben sie, die Franzosen und ihre Verbündeten, lange gekämpft.
Hier sind die Kartoffeln, sie müssen noch gekocht werden.

ils / elles *(personnes+choses),*
eux / elles *(personnes+choses)*
Les Français et leurs alliés ont, eux, lutté pour atteindre ce but.

Voilà les pommes de terre, elles ne sont pas encore cuites.

---

ihnen [ˈiːnən] *3. P. Pl. Dat.*
○ Hast du den Pflanzen schon Wasser gegeben?
□ Nein, ich habe ihnen noch keins gegeben.

leur / les *(selon le verbe)*
○ Tu as déjà arrosé les plantes?

□ Non, je ne les ai pas encore arrosées.

---

sie [ziː] *3. P. Pl. Akk.*
Warum grüßen die Nachbarn nicht mehr? Hast du sie geärgert?

Die Bücher kannst du haben, ich schenke sie dir.

les / leur *(selon le verbe)*
Pourquoi les voisins ne nous disent plus bonjour? Tu les as fâchés?

Tu peux prendre ces livres, je te les donne.

22.2 Reflexivpronomen | 1-2000

mir [miːə*] *1. P. Sg. Dat.* Ich kann mir selbst helfen.	**me** Je peux très bien me débrouiller.
mich [miç] *1. P. Sg. Akk.* Ich muß mich noch waschen.	**me** Il faut encore que je me lave.
dir [diːə*] *2. P. Sg. Dat.* Willst du dir wirklich selbst die Haare schneiden?	**te** Tu veux vraiment te couper toi-même les cheveux?
dich [diç] *2. P. Sg. Akk.* Du hast dich im Termin geirrt, wir fahren erst morgen.	**te** Tu t'es trompé de date, nous partons demain.
sich [ziç] *3. P. Sg. Dat.* Er nimmt sich selbst immer das beste Stück.	**se** Il prend toujours le meilleur morceau.
sich *3. P. Sg. Akk.* Sie hat sich selbst bedient.	**se** Elle s'est servie toute seule.
uns [uns] *1. P. Pl. Dat.* Wir haben uns einen Kaffee gemacht.	**nous** Nous nous sommes fait du café.
uns *1. P. Pl. Akk.* Wir haben uns sehr über die Arbeitsbedingungen aufgeregt.	**nous** Nous nous sommes énervés à cause des conditions de travail.
euch [ɔiç] *2. P. Pl. Dat.* Wollt ihr euch eine Wohnung kaufen?	**vous** *(pluriel de tu)* Vous voulez vous acheter un appartement?
euch *2. P. Pl. Akk.* Ihr könnt euch hierhin setzen.	**vous** *(pluriel de tu)* Vous pouvez vous asseoir là.
sich [ziç] *2. P., Sg. u. Pl., Akk.* Haben Sie sich schon angemeldet? Bitte bedienen Sie sich selbst!	**se / vous** *(selon forme verbale)* Vous vous êtes déjà inscrit? Servez-vous, je vous prie!

22.3 Possessivpronomen | 1-2000

22.3 Pronoms possessifs

mein [main] *1. P. Sg.*
Das ist mein Mantel!

mon / ma / mes
C'est mon manteau!

dein [dain] *2. P. Sg.*
Sind das deine Zigaretten?

ton / ta / tes
Ce sont tes cigarettes?

Ihr [iːə*] *2. P., Sg. u. Pl.*
Ihr Telegramm habe ich noch nicht bekommen.

votre / vos
Je n'ai pas encore reçu votre télégramme.

sein [zain] *3. P. Sg. n. + m.*
Ich habe an seine Tür geklopft.

son / sa / ses
J'ai frappé à sa porte.

ihr [iːə*] *3. P., Sg. f. und Pl. m/f*
Sie hat mir ihre Skier geliehen.
Bernd und Klaus haben die Reisegruppe in ihren zwei Autos mitgenommen.

son / sa / ses / leur(s)
Elle m'a prêté ses skis.
Bernd et Klaus ont emmené le groupe de voyageurs dans leurs (deux) voitures.

unser ['unzə*] *1. P. Pl.*
Wir haben unseren Arzt gefragt.

notre / nos
Nous avons demandé à notre médecin.

euer ['ɔiə*] *2. P. Pl.*
Wer paßt auf eure Kinder auf?

votre / vos
Qui garde vos enfants?

22.4 Demonstrativpronomen | 1-2000

22.4 Pronoms démonstratifs

dieser ['diːzə*] (diese, dieses)
Dieses Kleid habe ich selbst genäht.

ce(t) / cette / ces
J'ai fait cette robe moi-même.

jener ['jeːnə*] (jene, jenes)
Wer hat jenes Bild gemalt?

ce(t) / cette / ces
Qui a peint ce tableau?

selber [ˈzɛlbə*] (selbst)
Die Garage haben wir selber
(selbst) gebaut.

moi-même / toi-même *etc…*
Nous avons nous-mêmes construit notre garage.

2001-4000

derjenige [ˈdeːəˈjeːnigə] diejeni-
ge, dasjenige
Diejenigen, die für den Antrag
sind, sollen den Arm heben.

celui-qui/ celle(s) qui / ceux qui

Ceux qui sont pour cette motion
lèvent la main.

derselbe [deːəˈzɛlbə] dieselbe,
dasselbe
Ich stehe immer um dieselbe Zeit
auf.

le/la même, les mêmes

Je me lève toujours à la même
heure.

22.5 Frage- und Relativpronomen | 1-2000

22.5 Pronoms interrogatifs et pronoms relatifs

der, die, das [deːə*, diː, das] *For-
men wie Artikel, aber Gen.:* des-
sen, deren
Das Käsegeschäft, in dem du ein-
kaufst, ist wirklich gut.

qui, lequel

Le crémier chez qui tu fais tes
courses est vraiment excellent.

was [vas]

Was hat sie dir erzählt?
Das, was sie dir erzählt hat, stimmt.

**qu'est-ce qui; qu'est-ce que;
(ce)que**
Qu'est-ce qu'elle t'a raconté?
Ce qu'elle t'a raconté est exact.

was für [ˈvas fyːə*]
Aus was für einem Material ist die
Decke?

quel, quelle
Le plafond, c'est quel type de matériau?

welcher [ˈvɛlçə*] welche, welches
○ Welchen Wein sollen wir
nehmen?

□ Nimm denselben, den wir letzte Woche hatten.

lequel, laquelle
○ Quel vin allons-nous prendre?

□ Prends le même que celui que
nous avons pris la semaine
dernière.

wer [ve:ə*], wessen, wem, wen
Ich weiß nicht, wer dafür verant-
wortlich ist.
Wessen Mantel ist das?
Wem gehört der Mantel?
Wen hast du getroffen?

qui (est-ce qui)
Je ne sais pas qui s'occupe de ça.

C'est le manteau de qui?
Ce manteau, c'est à qui?
Qui est-ce que tu as rencontré?

22.6 Indefinitpronomen | 1-2000

22.6 Pronoms indéfinis

alle ['alə] alles
Sie wünschte allen ein gutes neues Jahr.

tout(e); tous/toutes les
Elle a souhaité la bonne année à
tous.

einer ['ainə*] eine, eins
○ Ist noch ein Stück Kuchen da?
□ Ja, im Kühlschrank steht noch
eins.

un(e); en
○ Il reste encore du gâteau?
□ Oui, il y en a encore un mor-
ceau dans le frigidaire.

einige ['ainigə]
Einigen hat das Spiel nicht gefallen.

quelques-un(e)s
Quelques-uns n'ont pas apprécié
ce jeu.

etwas ['ɛtvas]
Da ist etwas nicht in Ordnung.

quelque chose
Il y a quelque chose qui ne va pas.

irgendein(er) ['irg(ə)ntain(e*)] -ei-
ne, -ein(e)s, -welcher, -welche,
-welches
○ Welchen Tabak rauchst du?

□ Irgendeinen, der nicht zu teuer
ist.

n'importe lequel/laquelle

○ Qu'est-ce que tu fumes
comme tabac?
□ N'importe lequel, un qui ne soit
pas trop cher.

jeder ['je:də*] jede, jedes
Er kennt jede Straße in der Stadt.

chaque; tout
Il connaît toutes les rues de la
ville.

jemand ['je:mant]
Hast du jemanden gesehen?

quelqu'un
Tu as vu quelqu'un?

keiner [ˈkaɪnə*] keine, keines
Ich kenne keinen der Gäste.

pas un(e); aucun(e)
Je ne connais aucun des invités.

---

man [man]
Man sollte es zumindest versuchen, sie kennenzulernen.

on
On devrait au moins chercher à faire leur connaissance.

---

mancher [ˈmançə*] manche, manches
Manche (der) Gäste sind sehr interessant, manche weniger.

certain; plus d'un

Parmi les invités, certains sont très intéressants, d'autres moins.

---

nichts [nɪçts]
Er hat noch nichts gegessen.

(ne…) rien
Il n'a encore rien mangé.

---

niemand [ˈniːmant]
Du darfst niemandem darüber etwas erzählen.

personne
Tu ne dois en parler à personne.

---

welcher [ˈvɛlçə*] welche, welches
○ Ist noch Bier da?
□ Nein, aber ich kaufe welches.

lequel; quel; en
○ Il y a encore de la bière?
□ Non, mais je vais en acheter.

23 Konjunktionen   1-2000

23 Conjonctions

aber ['a:bə*]
Ich habe ihn eingeladen, aber er hat keine Zeit.

mais
Je l'ai invité, mais il n'a pas le temps (de venir).

als ob [als 'ɔp]
Er tat so, als ob er nicht wüßte.

comme si
Il a fait comme s'il ne le savait pas.

da [da:]
Wir mußten ein Taxi nehmen, da keine Busse mehr fuhren.

comme
Comme il n'y avait plus de bus, nous avons dû prendre un taxi.

damit [da'mit]
Stell die Milch in den Kühlschrank, damit sie nicht sauer wird.

pour que
Mets le lait au frigidaire pour qu'il ne tourne pas.

daß [das]
Ich habe gehört, daß Ulrike und Thomas sich scheiden lassen.

que
J'ai entendu dire qu'Ulrike et Thomas divorçaient.

denn [dɛn]
Ich glaube ihr nicht, denn sie hat schon öfter gelogen.

car
Je ne la crois pas, car elle dit souvent des mensonges.

deshalb ['dɛshalp]
Der Kühlschrank war zu teuer, deshalb haben wir ihn nicht gekauft.

c'est pourquoi; à cause de
Ce frigidaire était trop cher, c'est pourquoi nous ne l'avons pas acheté.

deswegen ['dɛsve:g(ə)n]
Das Auto hatte kein Benzin mehr, deswegen konnten wir nicht weiterfahren.

c'est pourquoi; à cause de
La voiture est tombée en panne d'essence, c'est pourquoi nous n'avons pas pu continuer.

falls [fals]
Falls du einkaufen gehst, bring bitte Butter mit.

si; au cas où
Si tu vas faire des courses, rapporte moi du beurre.

indem [in'de:m]
Dein Spanisch kannst du am schnellsten verbessern, indem du ein paar Wochen in Spanien lebst.

en *(+participe présent)*
C'est en passant quelques semaines en Espagne que tu feras le plus rapidement des progrès en espagnol.

inzwischen [inˈtsviʃ(ə)n]
Du kannst den Tisch decken, inzwischen koche ich einen Kaffee.

entre-temps
Tu peux mettre la table, entretemps je fais un café.

je ... desto [jeː ... ˈdɛsto]
Je reifer die Birnen sind, desto besser schmecken sie.

plus ... plus
Plus les poires sont mûres, plus elles sont bonnes.

jedoch [jeˈdɔx]
Die Wohnung ist schön, jedoch die Lage ist schlecht.

pourtant
L'appartement n'est pas mal, pourtant il n'est pas bien situé.

ob [ɔp]
Er fragte mich, ob ich ihm die Regel erklären könnte.

si
Il m'a demandé si je pouvais lui expliquer la règle.

obgleich [ɔpˈglaiç]
Obgleich ich vorsichtig war, ist der Film gerissen.

quoique
Quoique j'aie fait attention, le film s'est déchiré.

obwohl [ɔpˈvoːl]
Obwohl er starke Schmerzen hat, nimmt er nie ein Medikament.

bien que
Il ne prend jamais de médicaments bien qu'il ait de violentes douleurs.

oder [ˈoːdə*]
Gehst du auch schon oder bleibst du noch?

ou bien
Est-ce que tu t'en vas, ou bien est-ce que tu restes encore un peu?

so daß [zoˈdas]
Sie sprach sehr leise, so daß wir nicht alles verstehen konnten.

si bien que
Elle parlait très doucement si bien que nous ne comprenions pas tout.

sondern [ˈzɔndə*n]
Sie schreibt nie mit der Hand, sondern immer mit der Schreibmaschine.

mais *(au contraire)*
Elle n'écrit jamais à la main, toujours à la machine.

soweit [zoˈvait]
Soweit ich informiert bin, ist er morgen wieder da.

autant que
Autant que je sache, il sera de retour demain.

sowohl ... als auch [zoˈvoːl ... als aux]
Ich mag sowohl moderne als auch klassische Musik.

non seulement ... mais encore
J'aime bien non seulement la musique moderne, mais aussi la musique classique.

um so ['umzo]
Je wütender er wurde, um so röter wurde sein Gesicht.

plus... plus
Plus il était en colère, plus il rougissait.

um ... zu [um ... tsu]
Wir gingen in ein Cafe, um uns zu unterhalten.

pour
Nous sommes allés dans un café pour discuter.

und [unt]
Er sah einen Film, und sie las die Zeitung.

et
Il regardait un film, et elle lisait le journal.

während ['vɛ:rənt]

Während er einen Roman las, konnte er die Welt um sich vergessen.

pendant que; en *(+ participe présent)*
Il oubliait tout autour de lui, en lisant un roman.

weil [vail]
Weil es schneller geht, fahre ich lieber mit der U-Bahn.

parce que
Je préfère prendre le métro parce que ça va plus vite.

wenn [vɛn]
Wenn du sie bitten würdest, würde sie dir das Auto bestimmt leihen.

si
Si tu le lui demandais, elle te prêterait sûrement sa voiture.

zumal [tsu'ma:l]
Ich kann dir helfen, zumal ich Urlaub habe.

d'autant plus que
Je peux te donner un coup de main d'autant plus que je suis en vacances.

zwar ... aber ['tsva:* ... 'a:bə*]
Wir sind zwar oft verschiedener Meinung, aber wir streiten uns selten.

bien sûr ... mais
Nous sommes, bien sûr, souvent d'avis différents, mais nous nous disputons rarement.

24 Adverbien | 1-2000

24 Adverbes

also ['alzo]
Sie ist also 1961 geboren, dann ist sie ja jünger als ich.

donc
Elle est née en 1961, elle est donc plus jeune que moi.

außerdem ['ausə*de:m]
Er ist intelligent und außerdem auch nett.

en plus
Il est intelligent et en plus il est gentil.

dabei ['da:bai, da'bai]
Ich habe Fleisch geschnitten, dabei habe ich mich verletzt.

en
Je me suis blessé en coupant de la viande.

dadurch ['da:durç]
Er wurde schnell operiert und dadurch gerettet.

de cette façon; ainsi
On l'a opéré rapidement, il a été sauvé de cette façon.

dafür [da'fy:ə*]
○ Wie findest du die Idee?
□ Ich bin dafür!

pour
○ Que dis-tu de cette idée?
□ Je suis pour!

dagegen [da'ge:g(ə)n]
Die Ursache der Krankheit ist zwar bekannt, aber man hat noch kein Mittel dagegen gefunden.

contre
On connaît la cause de cette maladie, mais on n'a pas encore trouvé de remède.

daher ['da:he:ə*, da'he:ə*]
○ Aus welcher Richtung kommt der Bus?
□ Von daher.
Das Licht am Auto war die ganze Nacht an. Daher ist die Batterie jetzt leer.

de ce côté(-là); à cause de cela
○ Le bus arrive de quelle direction?
□ De ce côté-là.
Les phares sont restés allumés toute la nuit. C'est pour cela que la batterie est à plat.

damit ['da:mit]
Das Messer ist stumpf. Damit kann man nicht mehr schneiden.

avec cela
Ce couteau ne coupe plus. On ne peut plus couper avec.

darum ['da:rum]
Das Gesetz ist ungerecht. Darum bin ich dagegen.

pour cette raison
Cette disposition légale est injuste. C'est pourquoi je suis contre.

davon ['da:fɔn]
○ Weißt du, daß Bernd nach Bochum ziehen wird?
☐ Nein, davon hat er mir nichts gesagt.

en
○ Tu sais que Bernd part habiter Bochum?
☐ Non, il ne m'en a pas parlé.

nämlich ['nɛ:mliç]
Ich muß noch ein Geschenk kaufen, Karin hat nämlich morgen Geburtstag.

en effet
Il faut encore que j'achète un cadeau, en effet demain c'est l'anniversaire de Karin.

teils ... teils [tails ... tails]
Die Ausstellung war teils interessant, teils langweilig.

en partie ... en partie
L'exposition était en partie intéressante, en partie ennuyeuse.

trotzdem ['trɔtsde:m]
Die Straße war schlecht. Sie fuhr trotzdem sehr schnell.

quand même
La route était mauvaise. Elle conduisait quand même très vite.

weder ... noch ['ve:dǝ* ... nɔx]
Weder den Brief noch das Telegramm habe ich bekommen.

ni ... ni
Je n'ai reçu ni lettre ni télégramme.

weshalb [vɛs'halp]
Weshalb hat er schlechte Laune?

pour quelle raison
Pour quelle raison est-il de mauvaise humeur?

wie [vi:]
Wie ist das passiert?

comment
Comment c'est arrivé?

wieso [vi'zo:]
Wieso haben Sie mir das nicht gesagt?

pourquoi
Pourquoi ne me l'avez-vous pas dit?

zudem [tsu'de:m]
Die Hose ist häßlich und zudem paßt sie nicht.
Deutsch ist interessant und zudem nützlich.

de plus
Ce pantalon n'est pas joli et de plus il ne tombe pas bien.
L'allemand, c'est intéressant et de plus utile.

2001-4000

demgegenüber
['de:mge:g(ǝ)n'y:bǝ*]
Sie bezahlt 650,- DM Miete.
Demgegenüber ist unsere Wohnung billig.

en comparaison

Elle paye 650 marks de loyer.
Notre appartement est bon marché en comparaison.

demnach ['deːmˈnaːx]
Er hat ein Telegramm geschickt. Demnach kann er nicht rechtzeitig kommen.

par conséquent
Il a envoyé un télégramme. Par conséquent il ne pourra pas être là à temps.

insofern [inˈzoːfɛrn]
Die Qualität der Kamera ist gut.

Ich kann sie insofern empfehlen.

en ce sens
Cette caméra est de bonne qualité.
En ce sens je vous la recommande donc.

wobei [voˈbai]
Wobei hast du am meisten Spaß?

en quoi *(selon le verbe)*
Qu'est-ce qui t'amuses le plus?

wodurch [voˈdurç]
Wodurch haben sie am besten gelernt?

par quel moyen; comment
Comment ont-ils fait le plus de progrès?

womit [voˈmit]
Womit lernen sie sonst noch?

avec quoi
De quel autre moyen vous servez-vous pour apprendre?

wonach [voˈnaːx]
Wonach hat sie dich gefragt?

de quoi *(selon le verbe)*
Qu'est-ce qu'elle t'a demandé?

wozu [voˈtsuː]
Wozu lernen Sie das alles?

dans quel but
Dans quel but apprenez-vous tout cela?

Index

Les chiffres renvoient aux pages où les mots figurent.
Les nombres ne figurent pas dans cet index.

Remarques sur la phonétique

La transcription phonétique d'un mot est donnée entre crochets: [ ]

L'accentuation du mot est indiquée. Le système phonétique exposé permet une utilisation facile, on a évité d'avoir recours à trop de signes particuliers. Les particularités du son final sont présentées en détail au paragraphe 4.

1. Signes généraux

[']	devant la syllabe accentuée: *spielen* ['ʃpiːlən]
[ː]	marque une voyelle longue: *Nase* ['naːzə]
[*]	marque une tendance au rapprochement d'une voyelle ou à la disparition du r.*
[( )]	marque la prononciation facultative: *Kegel* ['keːg(ə)l].

2. Voyelles
2.1 Monophtongues

[i]	bitten, Mitte	[œ]	können, öffnen, Körper
[iː]	Miete, Drogerie	[ə]	Anfrage, erwähnen, Bekannte
[y]	glücklich, füllen, Physik	[ə*]	atone [ə] comme par ex. *er*
[yː]	fühlen, prüfen, Physiker		dans Vater, «r» dans inter-
[u]	kurz, Kusine		national qui n'est pas
[uː]	gut, Schuh		prononcé!
[e]	konsequent, Mechanik	[ɔ]	Stock, Kontrolle
[eː]	geben, Zeh, Gelee	[a]	Kaffee, Saft, warten
[øː]	hören, gewöhnlich	[aː]	nachdenken, Rad, fahren
[o]	probieren, Notiz, wohin	[aː*]	soit comme [aː] ou comme
[oː]	Bewohner, Zoo, Hof		[aːə*] c. a. d. avec un a- bref qui
[ɛ]	echt, ändern, Camping		continue à vibrer! klar, Wahr-
[ɛː]	allmählich, bestätigen		heit; on ne prononce pas le «r».

Nasales:

[ɛ̃ː]	Cousin	[ã]	Pension
[ɔ̃ː]	Saison	[ãː]	Chance, Restaurant

2.2 Diphtongues et autres combinaisons de voyelles

[iːə]	siehe	[uːə]	Ruhe
[iːə*]	Bier, Passagier	[uːə*]	Uhr, ursprünglich, beurlauben
[iə*]	irgendwie, (*variante de*	[eːə]	Ehe, gehen
	['irg(ə)ntviː])	[eːə*]	sehr, Beschwerde
[yːə]	Mühe	[ɛə*]	erkenntlich, vergessen,
[yːə*]	Tür		Erbse (*variante de* ['ɛrpsə])
[uə*]	Vorurteil (*variante de* [-urtail])		